Nationale Grenzen in Europa

Christian Banse/Holk Stobbe
(Hrsg.)

Nationale Grenzen
in Europa

Wandel der Funktion und Wahrnehmung
nationaler Grenzen
im Zuge der EU-Erweiterung

PETER LANG
Frankfurt am Main · Berlin · Bern · Bruxelles · New York · Oxford · Wien

Bibliografische Information Der Deutschen Bibliothek
Die Deutsche Bibliothek verzeichnet diese Publikation in der
Deutschen Nationalbibliografie; detaillierte bibliografische
Daten sind im Internet über <http://dnb.ddb.de> abrufbar.

Gedruckt auf alterungsbeständigem,
säurefreiem Papier.

ISBN 3-631-52338-6

© Peter Lang GmbH
Europäischer Verlag der Wissenschaften
Frankfurt am Main 2004
Alle Rechte vorbehalten.

Printed in Germany 1 2 3 4 5   7

www.peterlang.de

Inhaltsverzeichnis

Danksagung

Der vorliegende Band beschäftigt sich mit Veränderungen an den nationalen Grenzen in Europa. Im Gegensatz zu vielen Prozessen der Grenzüberschreitung, die einen ambivalenten oder paradoxen Charakter haben, war die grenzüberschreitende Zusammenarbeit mit den Autorinnen und Autoren dieses Bandes stimulierend und ertragreich. Wir möchten uns bei allen für ihre Beiträge und für ihre Geduld, die sie bei der Überarbeitung ihrer Texte aufgebracht haben, bedanken.

Unser besonderer Dank gilt Michael Neumann vom Soziologischen Seminar der Universität Göttingen, der uns stets mit seinen Ideen und Anregungen ermutigt hat.

Herzlich bedanken möchten wir uns zudem bei Uwe Speckmann, der uns beim Lektorat des Bandes zur Seite stand.

Auch dem Zentrum für Europa- und Nordamerikastudien in Göttingen (ZENS) und dem dort ansässigen DFG-Graduiertenkolleg „Die Zukunft des europäischen Sozialmodells" möchten wir Dank sagen, da sie uns die Infrastruktur zur Verfügung gestellt haben, ohne die der Sammelband nicht hätte entstehen können.

Dass ein solches Vorhaben mit Belastungen und einem hohen Zeitaufwand verbunden ist, mussten nicht nur wir, sondern auch unsere Freunde und Freundinnen erfahren, denen wir für ihr Verständnis und ihre Unterstützung dankbar sind.

Im Februar 2004
Christian Banse und Holk Stobbe

Einführung

Michael Neumann

„Bei der Sicherung der künftigen EU-Außengrenze setzen polnische Grenzschützer auf die Geheimnisse der Indianer. Derzeit bilden drei indianische Spezialbeamte aus dem amerikanischen Bundesstaat Arizona die Grenzer im Fährtenlesen und in der Verfolgung von Schmugglern und Schleusern in unwegsamem Waldgelände aus. Die Kosten der Schulung in Höhe von 50 000 Euro übernimmt die amerikanische Regierung."
FAZ vom 22.5.2003

Europas nationale Grenzen unterliegen nach innen und nach außen – geplant und induziert durch die Abkommen von Schengen (1985, 1990 - Grenzpolitik) und Amsterdam (1997 - Asyl- und Visa- und Einwanderungspolitik) und die europäische Osterweiterung – erheblichen Veränderungen. Dabei geht es nicht um neue Grenzziehungen, die territoriale Gewinne oder Verluste markieren, sondern um einen Wandel ihrer Funktionen und um – dies ist ebenfalls erheblich – Veränderungen in der Grenzwahrnehmung und -erfahrung und um neue Handlungsmöglichkeiten seitens der jeweiligen Bevölkerungen, speziell der Grenzanrainer. Die innereuropäische Öffnung zuvor weitgehend festgelegter, historisch tradierter oder politisch dezidierter nationaler Grenzen und Grenzräume einerseits, andererseits die Praxis, sie nach außen hermetisch zu schließen, konfrontieren die Bewohner dieser Grenzregionen auf eine bisher nicht erlebte Art mit kulturellen, sozialen und ökonomischen Differenzen. Ob und auf welche Weise die damit verbundenen neuen Grenzerfahrungen in den alltäglichen Lebenszusammenhang integriert werden – denn um soziale Integration soll es im europäischen Einigungsprozess auch gehen – ist für das Gelingen des Projekts „Europa" von zentraler Bedeutung. Von nicht geringerer Bedeutung dabei ist der damit verbundene soziale Ausschluss jener Menschen, die nicht Bewohner der „Festung Europa" sind. Es sind dies die beiden zentralen Themen – einerseits die Öffnung und Schließung nationaler Grenzen in Europa und andererseits die Bedeutung dieser Prozesse für die jeweiligen Bewohner der Grenzregionen – die in den Beiträgen des vorliegenden Bandes behandelt werden.

Nationale Grenzen legen fest, was zur Nation gehört und was nicht. Europäische Grenzen definieren, was zu Europa gehört und was nicht. Mit den veränderten Grenzfunktionen sind nicht die Nationen aufgehoben, wohl aber – jedenfalls innerhalb der Europäischen Gemeinschaft – einige Restriktionen, die den grenzüberschreitenden Verkehr zuvor erschwert haben. Auch wenn die binneneuropäischen Grenzen weiterhin bestehen, die Rede ist nach wie vor vom „grenzüberschreitenden Verkehr", haben sich doch die Grenzen

gravierend verändert: die Kontrollen der Personen, die die Grenzen überschreiten wollen, entfallen weitgehend. Das ist weitreichend, denn eine kontrollierte Person ist eben darum auch keine: als kontrollierte wird ihr die
Souveränität genommen, darüber zu entscheiden, ob sie die Grenze überschreiten will, wann und wo sie möchte. Was das bedeutet, zeigt die mit der
Binnenöffnung korrespondierende Schließung nach außen: ein strenges Ver-
bot, die Grenze zu überschreiten, und ein dichtes Kontrollsystem für die
Ausnahmen. Denn während die europäischen Nationalstaaten ihre Binnengrenzen abgerüstet haben, werden an den Außengrenzen der bisherigen und
der künftig erweiterten EU die entwickeltsten Formen technologischer Armierung und Überwachung in Anschlag gebracht, um den erweiterten europäischen Binnenraum vor erklärten Unzumutbarkeiten zu schützen, zu Was-
ser und zu Lande, mit Hilfe gar, wie zu lesen war, indianischer Fährtenex-
perten.

Die Auflösung binneneuropäischer Grenzregimes verbindet sich mit verschiedenen Absichten. Allgemein geht es um die Intensivierung und Deregulierung des europäischen Binnenmarktes, speziell um den leichteren Austausch wirtschaftlicher Güter und Dienstleistungen und um die grenzüberschreitende Erweiterung regionaler Arbeitsmärkte. Zudem geht es – jedenfalls symbolisch – um die Herstellung einer politischen und kulturellen europäischen Identität im grenznahen Bereich (auf meinem Reisepass steht: „Europäische Union". Bin ich nun Mitglied der Europäischen Union oder bin ich
Europäer?) und um den Ausbau sozialer wie kultureller Beziehungen in den
jeweiligen Grenzregionen. Diese Programme formulieren unterschiedliche
Praxen grenzüberschreitender Aktivitäten. Geht es einerseits um die Entwicklung rationalistischer Subsysteme, die über die Medien Geld und Macht
gesteuert werden, geht es zum anderen um die Förderung sozialer Integration
und kultureller Kommunikation, deren Steuerungsmedium sprachliche Verständigung ist. Die mit dem Funktionswandel der binneneuropäischen Grenzen freigesetzten Prozesse – systemische und lebensweltliche – unterliegen
unterschiedlichen Voraussetzungen, nämlich verschiedenen Differenzen, die
grenzüberschreitende Vergesellschaftungsprozesse zu verarbeiten haben,
ohne dass dabei die alte Leitdifferenz – der Unterschied zwischen den Nationen – bedeutungslos geworden wäre. Bei genauerer Betrachtung zeigt sich,
dass sich mit dem Programm der Grenzüberschreitung sehr komplexe, mit
ganz unterschiedlichen Ansprüchen versehene Prozesse verbinden. So lässt
sich zwar ökonomisches Kapital leicht transformieren, nicht aber (milieuge-
bundenes) soziales oder (kulturgebundenes) kulturelles Kapital. Hieraus
können leicht neue Konfliktlinien entstehen. Dabei ist nicht ausgeschlossen,
dass darüber hinaus alte Konflikte aktiviert werden. Es können sich aber auch
ganz neue Möglichkeiten grenzüberschreitender Verständigung dadurch

ergeben, dass sie zur Angelegenheit der Anrainer selbst wird. Immerhin ist
nicht auszuschließen, dass sich die sozialen und kulturellen Bedürfnisse der
Anrainer durch unproblematische Grenzüberschreitungen verändern und es
zu historisch neuen Verständigungsformen kommt. Während die öffentlich-
politische Rede die Bedeutung des grenzüberschreitenden Verkehrs betont
und grenzregionale Kooperationen und Austauschprozesse (Wirtschaft, Verwaltung, Polizei u.a.) an Umfang zunehmen, gibt es dagegen möglicherweise
für Deutsche in Kehl gar keine Veranlassung, häufig nach Straßburg zu fahren. Aber, dass sie es können, wenn sie wollen, und auf der anderen Seite
nicht länger den Erbfeind vermuten, das ist neu.

Im Vordergrund des Sammelbandes steht daher die Frage, wie sich die
Funktion und Wahrnehmung der nationalen Grenze in Europa politisch und
ökonomisch, vor allem aber sozial verändert hat. Die Beiträge untersuchen
die konkreten Eingrenzungs- und Ausgrenzungsmaßnahmen und die Grenzerfahrungen der Grenzregionbewohner angesichts der veränderten Situation.
Sie verweisen darauf, dass Grenzüberschreitungen oder auch nur soziale
Annäherungen über die Grenzen hinweg mit sehr unterschiedlichen Voraussetzungen – mentalen, kognitiven und historischen, aber auch politischen
Dispositionen und Interessen – verbunden sind. Die kleinen, aber auch großen Differenzen, die die jeweiligen nationalen Grenzen zum Ausdruck bringen, führen zu ganz unterschiedlichen Formen der gegenseitigen Wahrnehmung und zu verschiedenen Problemlagen und Konflikten, von denen die
weitere Entwicklung interregionaler Kooperationen nicht unberührt bleiben
wird. Die Art und Weise von Grenzbeziehungen, ihrer Wahrnehmung und
Verarbeitung ist ersichtlich auch eine Frage der Generationen. So zeigen die
Beiträge, dass Jugendliche Probleme, die noch die Eltern hatten, nicht mehr
haben. Neben pragmatischen Interessenformulierungen ist hier eine Art
Gleichgültigkeit gegenüber dem Nachbarn zu bemerken, die immerhin frei ist
von Ressentiments und Vorurteilen.

Die Liberalisierung und Deregulierung der binneneuropäischen Märkte
für Waren und Dienstleistungen führt vor allem in den Grenzregionen zu
neuen Formen der Vergesellschaftung, zu marktvermittelten Beziehungen
also, die das Gegenteil von unvermittelten Gemeinschaftsbeziehungen sind.
Solche Beziehungen, die ihren Ausdruck auf der gesellschaftlichen Ebene vor
allem im Begriff der Nation als einer Glaubens- und Gefühlsgemeinschaft
fanden oder wiederfinden (Weber 1985), sollen nunmehr durch eine neue
europäische Gefühlsgemeinschaft ersetzt oder zumindest ergänzt werden. Mit
diesen Ambitionen jedenfalls ist das Programm „Europäische Gemeinschaft"
ausgestattet. Es verbindet die binneneuropäische Verallgemeinerung des
Warencharakters der inter-gesellschaftlichen Beziehungen mit der Idee einer
sich damit einstellenden und verbindenden europäischen Vergemeinschaf-

tung. Man muss nicht an die grundlegenden Überlegungen von Ferdinand
Tönnies (1975) über die jeweilige Exklusivität von Vergemeinschaftung und
Vergesellschaftung erinnern, um festzustellen, dass das Eine – die Gemeinschaft – durch das Andere – die (Markt-) Gesellschaft – nicht zu haben ist.
Im Kleinen nun, nämlich im lokalen Maßstab der Grenzregionen und ihrer
respektiven Relationen, erscheinen – und die Beiträge dieses Bandes machen
das deutlich – die Widersprüche und Gegensätzlichkeiten des ganzen Unter-
nehmens gebündelt. In den Grenzregionen zeigen sich nicht nur die Wider-
sprüchlichkeiten, Ambivalenzen und auch Paradoxien, die sich aus der Realisierung der Marktvergesellschaftung und dem damit verbundenen Anspruch
der Vergemeinschaftung ergeben. Hier zeigt sich auch, was die Anrainer –
sie sind es schließlich, die in erster Linie von den Grenzveränderungen betroffen und auch herausgefordert sind – von diesen Veränderungen halten
und wie sie damit umgehen, welche Hoffnungen und/oder Befürchtungen sie
mit der veränderten Situation verbinden und welche handlungsbestimmende
Bedeutung dabei der Gedanke an Europa, gar an eine europäische Gemeinschaft, einnimmt.

Gegenüber der allgemeinen Feststellung, dass nationale Grenzen Differenzen und Unterschiede beschreiben und es bei der europäischen Integration
darum gehen soll, über diese Unterschiede Verständigungs- und Kooperati-
onsprozesse in Gang zu setzen und Konfliktpotentiale zu entschärfen, wird
überhaupt erst durch die Untersuchung von verschiedenen Grenzregionen
und ihrer Bewohner die Problemvielfalt deutlich, die sich mit diesem Programm verbindet. Vor Ort, nämlich in der Alltagswelt der Anrainer, bekommen die Probleme genaue Namen und erkennbare Gestalt. Hier lässt sich am
ehesten die qualitative Differenz ausmachen, die zwischen dem politisch-
administrativ formulierten Europaprogramm und der Interessenlage derer
besteht, an die es sich auch wendet: der Grenzanrainer. Welche Probleme,
Widersprüche und Möglichkeiten im Prozess der europäischen Integration in
Rechnung zu stellen sind, zeigt sich vor allem dort, wo diese Integrationsper-
spektive massiv vorangebracht wird: in den Grenzregionen selbst.

Die hier versammelten Arbeiten beschäftigen sich mit dem Wandel aus-
gewählter Grenzen in Europa. Nach einer theoretischen Auseinandersetzung
mit zentralen Begriffen der Grenzforschung werden zunächst jene nationalen
Grenzen betrachtet, die bereits durch die Schengener Abkommen und den
Vertrag von Amsterdam einem erheblichen (politischen) Funktionswandel
unterlagen; daran anschließend werden Grenzregionen untersucht, denen im
Zuge der EU-Erweiterung ein Funktionswandel bevorsteht. Schließlich stehen die EU-Grenzpolitik und die politischen Auswirkungen des Erweiterungsprozesses zur Diskussion. Im Mittelpunkt stehen die mit der EU-Politik
verbundenen Veränderungen für die jeweiligen Anrainer und für jene, die

durch die Verschärfung von Grenzregimes ausgeschlossen werden. Die Grenzziehungen – dies ist ein wesentlicher Ertrag der Beiträge des Bandes – haben sich zwar nicht aufgelöst, wohl aber verschoben. Während sie im Inneren Europas (einschließlich der geplanten Erweiterungen) immer problemloser zu überschreiten sind, entwickeln sie sich an den Außenrändern zu Barrieren, die schwer oder gar nicht für jene zu nehmen sind, die der EU betreten wollen.

Zur sozialwissenschaftlichen Entfaltung des Begriffs „Grenze" gehört nicht allein die Charakterisierung des jeweiligen Grenzregimes (seine Armierung, seine Durchlässigkeit oder Undurchdringlichkeit), sondern auch seine politische, soziale, kulturelle und symbolische, also insgesamt gesellschaftliche Realität. In einem ersten Beitrag informiert Christian Banse über den Erkenntnisstand der sozialwissenschaftlichen Forschung und zieht daraus konzeptionelle Konsequenzen für die weitere Forschung; in einem zweiten beschäftigt er sich mit Grenzsymboliken und ihren Modifikationen, insbesondere am Begriff der Grenzregion. Grenzziehungen gehören nicht nur zur anthropologischen Grundausstattung der menschlichen Spezies, sie sind konstitutiv für Prozesse der Vergesellschaftung und der Vergemeinschaftung. Sie vermitteln die Differenz zwischen dem Eigenen und dem Fremden und können so Identität sichern und Verständigung, aber auch Gegnerschaft möglich machen. Auf diesen Sachverhalt verweist der Beitrag von Konrad Thomas.

Das zweite und das dritte Kapitel dieses Bandes beschäftigen sich mit den Anrainern von Grenzen, jenen also, die mit Staatsgrenzen unmittelbare Erfahrungen machen oder gemacht haben, also auch in bestimmter Weise über Kenntnisse, oft auch soziale Verbindungen, mit und gegenüber der anderen Seite und ihrer Bewohner verfügen. Die Beiträge von Simone Ahrberg, Jørgen Kühl und Dieter Haller gehen an den nationalen Grenzen der „alten" EU der Frage nach, welche Konsequenzen sich mit dem Wegfall überwachter Staatsgrenzen für die Anrainer ergeben.

Das Autorenteam Irena Slachcicova, Markieta Domecka und Adam Mrozowicki sowie Jürgen Fridrich, Stefan Alscher und Stephanie Dittmer untersuchen den Erweiterungsprozess in Grenzregionen der „neuen" EU. Sie fragen nach der Bedeutung dieses Prozesses für das alltägliche Leben und Handeln der Anrainer – jenseits des offiziellen politischen Integrationsdiskurses. Im diesem Zusammenhang sind auch die so genannten *buffer zones* entstanden. Es handelt sich dabei um Staaten an den östlichen europäischen Außengrenzen (u.a. Polen, Ungarn, Tschechien, Slowakei), die bereits vor ihrem erwarteten Beitritt zur EU und zum Schengener Abkommen 2004 den Transit von Migranten in die EU begrenzen bzw. verhindern, wie Daniel Satra in seinem Beitrag belegt.

Die neue Situation an den „Rändern Europas", also vor den Mauern der gleichnamigen Festung, untersuchen Helmut Dietrich, Beat Leuthardt und Holk Stobbe im vierten Kapitel. Sie diskutieren im EU- und im internationalen Vergleich die Aufrüstung der europäischen Außengrenzen und ihre nahezu hermetische Schließung gegenüber denen, die sie überschreiten wollen. Wenn Europa - auch das erweiterte - mehr werden soll als ein Binnenmarkt, ist es nicht unerheblich festzustellen, was an Verständigungsprozessen und Interessen, aber auch an Ängsten und Animositäten unter den beteiligten nationalen Gesellschaften durch grenzüberschreitende Aktivitäten freigesetzt und auch, was durch deren Verhinderung nach außen bewirkt wird: Abbau von Grenzen nach innen und Schließung nach außen - eine keineswegs problemlose Konstellation. Der vorliegende Band bietet Grundlagen, um auf Differenzen jenseits des emphatischen Einheitsgestus „Europa" aufmerksam zu machen.

Literaturverzeichnis

Frankfurter Allgemeine Zeitung (FAZ/dpa) vom 22.5.2003

Tönnies, Ferdinand (1975): Gemeinschaft und Gesellschaft. Auszüge. In: Niklas, Bruno; Weiß, Johannes (Hrsg.): Gesellschaft-Organisation-Totalität-System. Hamburg.

Weber, Max (1985): Nationalität und Kulturprestige. In: ders.: Wirtschaft und Gesellschaft. Tübingen. S.242 – 24.

Kapitel 1: Der sozialwissenschaftliche Blick auf die nationale Grenze

Die nationale Grenze und die soziale Grenze

Sozialwissenschaftliche Deutungsprobleme und einige konzeptuelle Gedanken[1]

Christian Banse

Seit einiger Zeit wird in verschiedenen (sozial-) wissenschaftlichen Disziplinen darüber diskutiert, ob nationale Grenzen noch die Funktion haben, die sie lange Zeit für den Nationalstaat hatten, nämlich das Gebiet zu markieren, auf dem staatliche Organisationen für eine bestimmte Bevölkerung Leistungen erbringen wie einfordern. Der Einflussbereich wurde mit der Behauptung legitimiert, dass die Bevölkerung durch ihre spezifische Geschichte eine homogene Gemeinschaft darstellt, die durch kulturelle (Gellner 1997: 24), moralische und historische Gemeinsamkeiten sich von anderen Gemeinschaften unterscheidet.[2] Für die Frühformen von gemeinschaftlichen Lebensformen sowie von Symbolen und Ritualen interessiert sich die Ethnographie.[3] Für die Sozialwissenschaften, insbesondere die Soziologie, ist der wesentliche Forschungsgegenstand die Beantwortung der Frage, wie unter modernen Bedingungen gesellschaftliche Integration möglich wird (Abels 2001). Gesellschaft wurde dabei lange als ein Zusammenhang betrachtet, der sich im Nationalstaat und der dort vorherrschenden Kultur, Sprache und Wirtschaft ausdrückt, die wesentlich zur Integration beitrugen (Läpple 1991; Strassoldo 1982; Parsons 1969). Die Soziologie, um die es hier in erster Linie gehen wird, hat also lange Zeit gesellschaftliche Prozesse als Entwicklungen innerhalb national verfasster Behälter verstanden. Man kann also sagen, dass die sozialen Grenzen, die auf den verschiedenen Austausch- und Interaktions-Formen basieren, häufig als gleichbedeutend verstanden wurden mit den nationalen Grenzen, die Zugehörigkeiten und Besitztümer definieren. Anders ausgedrückt: Es gab eine Tendenz, soziale Beziehungen innerhalb der nationalen Grenzen zu betrachten.

In dem letzten Jahrzehnt haben einige gravierende politische und ökonomische Veränderungen das gesamte Forschungsparadigma dahingehend

verändert, dass die „Grenze" als Forschungsgegenstand zum Symbol für die
Diskussion um die Reichweite dieser Veränderungen wurde.[4] Die Rede ist
von der Auflösung des Einflussbereiches der Sowjetunion in Osteuropa, der
damit einhergehenden Auflösung der Systemgrenze des „Eisernen Vorhangs", der Neuschaffung verschiedener Staatsgrenzen, der Entwicklung
eines europäischen Binnenmarktes, der im neuen Maßstab stattfindenden
Migration und der mit der Chiffre „Globalisierung" bezeichneten internationalen Vernetzung, die besonders mit dem weltweiten Erfolg des Kommuni-
kationsmediums „Internet" assoziiert wird. In diesem Zusammenhang wird in
der sozialwissenschaftlichen Diskussion gefragt, ob die nationalen Grenzen
weiterhin gewährleisten, wie und dass gesellschaftliche Integration stattfindet, oder ob sich diese Grenzen zunehmend als ökonomisch wie politisch
hinderlich erweisen, so dass sie dementsprechend bald verschwunden sein
werden (Blake 2000; Beck 1999).[5]

Die folgenden Überlegungen befassen sich mit einer Tendenz in der Diskussion, der heutigen gesellschaftlichen Entwicklung Grenzenlosigkeit zu
attestieren und die einst „homogenen" Nationalkulturen als potentiell gefährdet zu betrachten. Dabei geht es in erster Linie um die Gestaltung eines kon-
zeptuellen Rahmens, in dem es überhaupt möglich wird, der behaupteten
Veränderung nachzugehen.

Entscheidend für die Bildung eines solchen theoretischen Rahmens ist
die Auseinandersetzung mit folgenden (historischen, methodologischen und
soziologischen) Fragen:

- Hat überhaupt ein Funktionswandel bzw. die Auflösung nationaler
Grenzen stattgefunden? Sind diese ökonomischen wie politischen, die kulturellen wie sozialen Grenzüberschreitungen überhaupt ein neues Phänomen?

- Wie kann die soziologische Forschung diese Fragen beantworten?

Die Soziologie versucht, gesellschaftliche Tatbestände anhand von sozialen Handlungen, Interaktionen und Kommunikation zu erklären, welche
soziale Systeme, Beziehungen und Lebenswelten erzeugen, indem soziale
Grenzen errichtet werden. Diese sind zumeist unsichtbar und werden zudem
vom soziologischen Beobachter definiert. Die nationale Grenze dagegen
stellt – zumindest für die Forschung – einen Sachverhalt dar, der vom Staat
definiert wird. Sie lässt sich keineswegs allein aus den Handlungen eines
Kollektivs herleiten und ist auf eine Weise institutionalisiert und sichtbar, die
den Akteuren nur einen beschränkten Handlungsspielraum lassen. Während
also die sozialen Grenzen im ständigen Fluss sind, ist es geradezu Eigen-
schaft der nationalen Grenze, diesen Fluss einzuschränken.

Die folgenden Gedanken sollen den Unterschied Soziale Grenze – Nationale Grenze für die Beantwortung der Frage nach dem Funktionswandel

nationaler Grenzen (der in der Literatur als gesellschaftliche Entgrenzung beschrieben wird) näher erläutern.

Diese Unterscheidung ist deshalb konzeptuell wichtig, weil mit ihr betont werden kann, wie die nationale Grenze zwar Ausdruck sozialer Verhältnisse und Beziehungen ist, aufgrund ihrer eigenen Dynamik und Widerständigkeit aber als nur ein Spezialfall sozialer Grenzen.

Die nationale Grenze

In der Soziologie ist der Blick auf die Gesellschaft häufig auf den nationalen Rahmen eingeschränkt gewesen. Gesellschaft wurde dabei lange als ein Zusammenhang betrachtet, der territorial, d.h. innerhalb der Grenzen des Nationalstaats, organisiert ist und weitgehend durch eine gemeinsame Sprache und Kultur bestimmt schien. Gesellschaften waren also National-Gesellschaften, Grenzen die End-Markierungen der spezifischen National-Vergesellschaftung.

Die Einschränkung des soziologischen Blicks auf das Geschehen innerhalb von nationalstaatlichen Grenzen ist nicht zuletzt der historischen Entwicklung des Fachs geschuldet. Die Soziologie steht in der Tradition der Polizei- und Staatswissenschaften (Eßbach 1996: 40) und ihre erste Hochphase fiel mit dem Aufbau der (nationalstaatlich verfassten) sozialen Sicherungssysteme zusammen (de Swaan 1994). So hat sich die Soziologie vielfach eine staatliche Perspektive zu eigen gemacht, die mit politischen Steuerungsmaßnahmen gesellschaftliche Dynamiken kontrollieren will.

Wenngleich es schon früh in der Soziologie Ansätze zur Relativierung der nationalstaatlichen Perspektive gab,[6] so sind diese marginal geblieben. In jüngster Zeit ist jedoch angesichts multipler Vergesellschaftungen ein „Unbehagen an einer allzu kompakten Gesellschaftsvorstellung" (Schwengel 1999: 35) entstanden. Es wird verstärkt der Ausschluss parallel zur Integration gedacht, zur Inklusion die Exklusion, zum Eigenen das Fremde. Sozialwissenschaftliche (und auch philosophische) Theorien entdecken die andere Seite der Grenze, erinnern an das Ausgegrenzte, das mit der kollektiven wie individuellen Identitätsbildung korrespondiert.

Besonders Tenbruck hat einen zu engen Begriff von Gesellschaft kritisiert, wenn er dem „Ein-Gesellschafts-Modell" vorwirft, nicht „zwischengesellschaftliche Beziehungen" (1989: 418) als Bedingungen für gesellschaftliche Entwicklung anzusehen, die ohne „grenzüberschreitende Vergesellschaftungen" (ebd.: 429) undenkbar sind.[7]

Für dieses Verhältnis abgeschlossener sozialer Zusammenhänge hat für die Soziologie Tönnies (1975) den Begriff „Gemeinschaft" (in Abgrenzung zur „Gesellschaft") definiert. Während Gemeinschaft durch ein einheitliches

Prinzip (Abstammung, Ort, Geist, Sprache, Bräuche) definiert und durch ein
vertrautes und ausschließendes Zusammenleben organisiert ist, sind in der
Gesellschaft die Verbindungen rein ideell. Gemeinsamkeiten entstehen nur
durch „Fiktionen der Subjekte" (ebd.: 101).[8]
     Diese Trennung sozialer Beziehungen in unterschiedliche Formen und
differente Bezeichnungen – wie sie von Tönnies in die Soziologie eingeführt
und von Weber (1980: 22) konkretisiert und auf verschiedene Phänomene
angewandt werden – ermöglicht, Gesellschaft nicht mehr allein als nationale
zu denken. Vielmehr kann soziologisch hinterfragt werden, welche Interaktionen und "Fiktionen" bzw. Vorstellungen überhaupt das Nationale und den
Nationalstaat konstituieren oder unterlaufen. An der nationalen Grenze erweist sich jede homogene Auffassung von Gesellschaft (oder Gemeinschaft)
als unzulänglich. Deren ständige Überschreitung stellt Beziehungen her, die
entweder auf Vergesellschaftungen, also auf rationalen Interessen und Vereinbarungen beruhen oder Vergemeinschaftungen, also gefühlte Zusammengehörigkeiten darstellen.
     Vergemeinschaftung wie Vergesellschaftung können nicht deckungs-
gleich mit der Nation in ihren Grenzen sein. Die Nation ist eine Imagination,
eine reale Fiktion und „vorgestellte Gemeinschaft" (Anderson 1991), da sie
durch (staatliche wie soziale) Praktiken "real gemacht" wird. Sie stellt keinen
Ausdruck realer Gemeinschaften dar.
     Die Kategorie Vergemeinschaftung erweist sich bei der eingehenden
Betrachtung der nationalen Grenze als sehr fruchtbar, weil sie dort – in der
von der nationalen Grenze beeinflussten Region – soziale Beziehungen erkennen hilft, die *trotz* der Grenze stattfinden (evtl. immer schon stattgefunden
haben), wie z.B. Heiraten, Freundschaften, frühere Beziehungen, die dann
getrennt wurden. Die Kategorie Vergesellschaftung dagegen ermöglicht die
Betrachtung von sozialen Beziehungen, die *wegen* der Grenze stattfinden,
wie grenzüberschreitender Handel aufgrund von Preisunterschieden. Die
nationale Grenze wird durch die doppelte Beobachtungsstrategie von Verge-
sellschaftungs- und Vergemeinschaftungsbeziehungen   in ihrer Paradoxie
erkennbar: als Trennungen produzierendes staatliches Instrument, das neue
"politische Gemeinschaften" (Weber 1988: 466) erzeugen soll; und gleichzeitig als Kontaktzone, die Austausch und Überschreitungen anregt.

Grenze und Staat

Um sich zu vergegenwärtigen, in welchem Verhältnis die nationale Grenze
zu gesellschaftlichen Beziehungen steht, kann es hilfreich sein, den willkürli-
chen Charakter und die spezielle Funktion von nationalstaatlichen Territori-
algrenzen historisch zu verdeutlichen.

Während lange Zeit für die Politische Geographie, die Geschichts- und Politikwissenschaft, den klassischen „Wissenschaften der nationalen Grenze" (Baud; van Schendel 1997; Heindl 1999; Paasi; Newman 1998), die nationale Grenze als Ausdruck unterschiedlicher Kulturen und diverser natürlicher Differenzen oder Gebiete angesehen wurde, setzt sich zunehmend die Auffassung durch, dass nationale Grenzen Ausdruck der politischen Interessen staatlicher Akteure sind, keineswegs aber den Interessen lokaler Akteure in der Grenzregion entsprechen müssen (Baud; Schendel 1990: 211).

Nationale Staatsgrenzen sind zunächst politische Linien, die das staatliche Hoheitsgebiet markieren. Das Territorium, der Einflussbereich staatlich gesetzter Regeln, wird durch Markierungen und Symbole sowie durch Recht und militärische Gewalt bestimmt und geschützt. Institutionalisierte Maßnahmen sollen dabei verhindern, dass es zu unerwünschten Grenzüberschreitungen kommt (Blake 2000: 19).

Ein Blick in die Begriffsgeschichte zeigt, dass diese konzeptuelle Vorstellung von Grenze aber nie die allein vorherrschende war. Schon in der Antike haben unterschiedliche Begriffe verschiedene Sachverhalte bezeichnet, die sich alle um Abschlussparadigmen drehten, die durch Grenzziehungen Wirklichkeitsbereiche konstituierten. Der Begriff „Grenze" hat sich historisch gewandelt und wurde dabei unterschiedlich gedeutet und konstruiert. Einst waren damit Staats- und eigentumsrechtliche Trennlinien ebenso gemeint wie verschiedene materielle Symbole und metaphysische Konzepte (Makropoulos 1998: 388). Heute werden diese in der deutschen Sprache alle mit dem Begriff „Grenze" bezeichnet.

Es gibt auch keine einheitliche räumliche Vorstellung von Grenzen. Sie können als Linie verstanden werden, die zwei Dinge oder Räume scharf voneinander trennt, also „Grenzen-Zwischen-Etwas" sind, was heute der englischen Bezeichnung für Grenzlinie (*„border"; „borderline"*) und kultureller Grenze (*„boundary"*) entspricht.[9] Sie können aber auch als äußerste Ausdehnung eines Dinges oder Raumes verstanden werden. Dieser Vorstellung entspricht eher die Bezeichnung „Grenze-Von-Etwas", analog zur *„frontier"* im amerikanischen Diskurs über Grenze (Eßbach 1999). Im Unterschied zum nationalen Grenzbegriff ist die Grenze bei der *„frontier"* der Siedler selbst, seine Besiedlung konstituiert das Eigentumsrecht an Boden. Konzeptuell ist diese Unterscheidung der beiden Grenzbegriffe von Bedeutung, weil die *„frontier"* auch eine Grenze des Wissens und der bekannten Welt ist (Bielefeld 2003: 49), während die *„border/boundary"* eine Grenze meint, bei der das hinter der Grenze liegende grundsätzlich bekannt ist und sie somit aus einer Beobachter-Perspektive „von oben" gezogen wird. Mit dieser Unterscheidung wird sichtbar, wie sehr sich der Konstruktionscharakter von „Grenze" im nationalstaatlichen Verständnis durchsetzt

Entscheidend für die nationalstaatliche Territorialisierung der Grenzvorstellung ist die im 16. Jahrhundert einsetzende politisch-juridische Begründung nationaler Grenzen für gleichberechtigte Staaten. Der Historiker Lucien Febvre konnte diesen Prozess an den Veränderungen französischer Begrifflichkeit für Grenze deutlich machen. Bis dahin waren die verschiedenen Herrschaftsbereiche durch verschiedene rechtliche (grundherrliche wie kirchliche) Zugehörigkeiten ausgedrückt, die keine bewachte Grenze verlangten. Der Begriff „*fins*" kennzeichnet ganze Geländestreifen und Randzonen eines Landes. Mit der Entstehung von nationalen Staaten bildet sich das juridisch verwendete „*limité*" und das militärische „*frontière*" heraus, das mit der Vorstellung einer vorrückenden Bewegung eines Staates" auf neues Gebiet verbunden ist.

„Aus einer Ansammlung von Untertanen, Vasallen, Mitgliedern eingeschränkter Gemeinschaften macht die Revolution die Körperschaft der Bürger eines Staates. Sie schafft die internen Schranken zwischen ihnen ab, um sie machtvoll zusammenzuschließen und zu einer kohärenten Masse mit klar umrissenen Kanten zu formen" (Febvre 1988: 33).

Am Ende dieser Entwicklung, die von dem Monopolisierungsprozess staatlicher Gewalt (Tilly 1985), passrechtlicher Kontrollmaßnahmen (Torpey 2000) und diverser nationaler Vereinheitlichungsmaßnahmen (Anderson 1991) begleitet wird, steht die Annahme homogener Nationalstaaten und ihrer Populationen. Der Begriff „*frontière*" hat schließlich die Bedeutung von „*limité*" aufgesogen. Die Grenze wird so nicht nur zum Graben zwischen getrennten Nationen, sondern auch zur „moralischen Grenze" (Febvre), die es zu verteidigen gilt, weil sie in biologistischer Analogie zu den Körpergrenzen bedrohliche Verletzungen erfahren kann. Man kann diese Entwicklung als politische Umdeutung von Vergesellschaftungsprozessen in solche der Vergemeinschaftung verstehen. Den konstruierten und damit vergänglichen Charakter nationaler Grenzen gilt es als Ausdruck von Gemeinsamkeiten zu schildern.

Vor allem in Deutschland entsteht eine metaphorische Tradition[10], die Grenzen als Außenhaut des Staatskörpers deutet und sie so als Außenseite eines Organismus versteht, gleichsam als Haut, die den Staats-Körper umschließt. Wenn ein Organismus begründet werden soll, muss es Gemeinsamkeiten geben bzw. müssen Gemeinsamkeiten imaginiert werden, die eine derartige Behauptung des Zusammenhaltes plausibel machen. Für Fichte stellt die „Gemeinschaft" (die durch Sprache gewährleistet scheint) diesen inneren Zusammenhalt her:

„Die ersten, ursprünglichen und wahrhaft natürlichen Grenzen der Staaten sind ohne Zweifel ihre innern Grenzen. Was dieselbe Sprache redet (...) versteht sich untereinander (...). Aus dieser innern, durch die geistige Natur des Menschen selbst gezogenen Grenzen ergibt sich die äußere Begrenzung der Wohnsitze (...)" (zit. n. Medick 1995).

Fehlt der Vorstellung innerer Gemeinsamkeiten die Legitimation, ist häufig von „natürlichen Grenzen" die Rede, einem Konzept, das geographisch bestimmte Räume als Realgebilde auffasst und das lange Zeit die Politische Geographie von Ratzel und Haushofer und schließlich die Geopolitik nationalsozialistischer Raumvorstellungen beherrschte (Schulz 2002).[11] So zeigt sich an dem Begriff der nationalen Grenze der Konstruktionscharakter der Grenzziehungen und ihrer Legitimierungen einerseits sowie die Grenze politischer Gemeinschaftsvorstellungen andererseits.

Grenzüberschreitungen

Historische Forschungen wie die zum Burgenland des 19. Jahrhunderts haben herausgearbeitet, wie mit der Etablierung nationaler Linien das grenzüberschreitende Verhalten der Bevölkerung beschränkt und durch Maßnahmen wie das Meldewesen und die Fremdengesetzgebung beeinflusst wird (Heindl 2000). Auch Sahlins Studie zur französisch-spanischen Grenzregion in den Pyrenäen des 17. bis 19. Jahrhunderts hat deutlich gemacht, dass die Grenzbevölkerung durchaus eigene Interessen strategisch mit der Frage nationaler Zugehörigkeit verfolgen kann (Sahlins 1989; Medick 1995). Seine Untersuchung zeigt, wie die Herstellung eines einheitlichen politisch-sozialen Raumes im souveränen Territorialstaat den Grenzbevölkerungen einen erheblichen Spielraum für Schmuggel, Arbeitsmigration etc. geöffnet hat, innerhalb dessen die staatliche Politik der Abschließung unterlaufen wurde:

„The historical appearance of territory - the territorialization of sovereignty - was matched and shaped by territorialization of the village communities, and it was the dialectic of local and national interests which produced the boundaries of national territory" (Sahlins 1989: 8).

Diese und andere Forschungsarbeiten, die regional spezifisch den Austauschprozess über eine nationale Grenze hinweg thematisieren, weisen auf einen paradoxen Sachverhalt hin: Die Trennungen, welche die Grenze produziert, entfalten gleichzeitig eine ökonomische und kulturelle Dynamik. Diese entsteht gerade aufgrund der Differenz, d.h. sie kommt aufgrund einer die politischen nationalen Einflussbereiche trennenden Grenze zustande.

Diese Befunde machen deutlich, wie wenig es möglich ist, eine unerwünschte Grenzüberschreitung nationaler Grenzen generell zu verhindern und die Vorstellung homogener nationaler Gemeinschaften oder Gesellschaften aufrecht zu erhalten. Daher ist es unabdingbar, von der Nation als *„imagined communitiy"* zu sprechen,

„because the members of even the smallest nation will never know most of their fellow-members, meet them, or even hear of them, yet in the minds of each lives the image of their communion" (Anderson 1991: 6).

Die Nation als vorgestellte Gemeinschaft muss mit diesen Vergesell-
schaftungsmaßnahmen Zugehörigkeit erst herstellen, wie sie durch den Reisepass als nationalen Zugehörigkeitsbeweis und die staatliche Regulierung
von Lebenschancen, wie sie z.b. im nationalen Sozialstaat manifestiert sind,
stattfindet. Gleichwohl als Ausdruck gesellschaftlicher Praktiken und nicht
gemeinschaftlicher Beziehungen sind sie trotzdem nicht weniger „real"
(Luhmann 2000: 423). Real sind auch sprachliche „Serialitäten", d.h. gemeinsame Politik- wie Zeitvorstellungen (Anderson 1998), wie sie von Massenmedien erzeugt werden. Real ist die gefühlte nationale Gemeinschaft
(Weber 1980: 528) vor allem als Erregungsgemeinschaft medialer Inszenierungen (Sloterdijk 1998).

Die Annahme, dass sich (auf welchem Gebiet auch immer) zwei deutlich
identifizierbare und damit abgrenzbare einheitliche Gemeinschaften treffen,
muss daher ebenso überdacht werden wie die Festlegung dessen, was diese
Gemeinsamkeit erzeugen soll. Denn mit den nationalen, geographischen wie
politischen Grenzen müssen sogenannte kulturelle Grenzen keineswegs über-
einstimmen (Osterhammel 1995: 116).[12]

Keine Nation, keine Gesellschaft, keine Kultur, keine noch irgendwie
behauptete Einheit kommt ohne Vergesellschaftungen aus, die über die Grenzen dieser Einheiten hinausgehen. Gesellschaft ist nicht gleichzusetzen mit
der Nation, gleichwohl gibt es (politische) Vergesellschaftungsprozesse, die
innerhalb der Nation stattfinden (z.b. der Sozialstaat). Gemeinschaft ist ebenfalls nicht gleichzusetzen mit Nation, gleichwohl gibt es Vergemeinschaf-
tungsversuche, die die Nation konstituieren helfen sollen (Medien, Ereignisse). Die nationale Grenze ist dabei Ausdruck politischer Vergesellschaftung,
ein Mittel zur Herstellung sozialer Zugehörigkeit, nicht aber Resultat verge-
meinschafteter sozialer Beziehungen.

Die soziale Dimension der nationalen Grenze

Eine zentrale Frage der Soziologie ist, wie gesellschaftliche Integration möglich wird, welche Faktoren und Bedingungen gewährleisten, dass es eine
innere Ordnung gibt.

Die Entdeckung grenzüberschreitender Prozesse provoziert Fragen nach
den Folgen für den Prozess der gesellschaftlichen Integration. Um die Integrationskraft nationaler Grenzen zu untersuchen, muss nachgewiesen werden,
wie und ob in dem sozialen Raum der durch die nationale Grenze geprägten
Grenzregion Veränderungen stattfinden, die die nationalstaatliche Integration
verhindern. Werden nationale Grenzen als stabile und vertrauenswürdige
Einrichtungen angesehen? Gibt es funktionale Äquivalente für die nationale

Grenze? Haben sich statt der territorialen Vorstellung von Grenze soziale Grenzziehungen gebildet?

Während das soziologische Modell des „closed system" (Strassoldo 1982) Grenzen auf Linien reduziert, die den Nationalstaat als ein Ganzes einschließen, betrachten andere Soziologietraditionen Grenzen unter dem Blickwinkel sich überschneidender Netzwerke und sozialer Kreise, Interaktionen und Austauschprozesse. Die Rolle und Funktion der nationalen Grenze, so die Annahme, hat sich verändert. Wenngleich diese Annahme auch mit quantitativen Daten, die den grenzüberschreitenden Verkehr von Personen und Gütern dokumentieren, belegbar ist, sind jedoch viele Bereiche unklar oder mehrdeutig geblieben.[13] Besonders der jeweilige historische Kontext der Grenzüberschreitung oder Grenzziehung wird häufig vernachlässigt. Viele mit der nationalen Grenze verbundenen Phänomene wie Schmuggel, undokumentierte Migration, aber auch die Grenzöffnungen begleitenden Einstellungen und Meinungen zu den „Anderen", die Frage nach der Identität und dem Zugehörigkeitsgefühl lassen sich durch quantitative Erhebungen nicht erfassen. Für die Durchlässigkeit der nationalen Grenze, so lässt sich zuspitzen, gilt das statistische Maß, nicht aber für die Wahrnehmungen und Interessen der Bevölkerung der Grenzregion.

Die soziale Grenze

In diesem Zusammenhang erfreuen sich soziologische Ansätze in den "Grenzwissenschaften" großer Beliebtheit, die sich theoretisch mit der Frage nach der Notwendigkeit und Praxis sozialer Grenzziehungen auseinandersetzen. Durch die (angesichts des konstatierten Bedeutungsverlusts nationaler Grenzen) weit verbreitete Annahme, dass an die Stelle nationaler Unterscheidungsregimes neue Selektionsmechanismen treten und sich andere Bedingungen von gesellschaftlicher Mitgliedschaft entwickeln, sind soziale Begrenzungsprozesse und Muster sozialer Interaktionen das Thema für eine Soziologie, die sich nicht als National-Wissenschaft versteht.

Die Funktion der nationalen Grenze hat sich vor allem aus der Sicht der soziologischen Theorien der Globalisierung und der Netzwerke verändert (Beck 1999; Newman; Paasi 1998; Bös; Preyer 2001). Während ein Theoriestrang davon ausgeht, dass Vereinheitlichungen stattfinden, dass Netzwerke für unhierarchische Strukturen sorgen und dass dabei Kommunikationen an die Stelle von Klassen u.ä. treten sowie eine Verflüssigung sozialer Verhältnisse erfolgt, vertreten Autoren eines anderen Theoriestrangs, dass es ein Zusammenspiel lokaler und regionaler Faktoren gibt. Hier geht es zunehmend um eine soziale Struktur, die nach der Legitimität bestehender gesellschaftlicher Institutionen fragt (Bös; Preyer 2001). Es geht angesichts sich verändernder

Territoriumsvorstellungen um neue politische und soziale Grenzen sowie um
Beziehungen zwischen universellen Prozessen und partikularen Entwicklungen. Das gesellschaftliche Individuum gehört – anders als bei traditionellen
Vorstellungen von Zugehörigkeiten zu gemeinschaftlichen Bindungen –
längst verschiedenen „sozialen Kreisen" (Simmel 1992: 456) an und damit
unterschiedlichen gesellschaftlichen Rollen.

So betrachtet ist die Grenz-Theorie schon lange ein zentraler Bestandteil
der Soziologie (Strassoldo 1982). Verschiedene soziale Systeme verlangen
verschiedene Rollendefinitionen: Nation, Familie, Ethnie, Dorf, Firma. Sie
alle markieren Grenzen bzw. ein Netz von Linien und ständigen Beziehungen
zwischen Drinnen und Draußen, Mitgliedschaften und Diskriminierungen.
Wie können sich da noch kollektive Identitäten bilden? Wie kann so noch
Integration stattfinden?

Welche Grenzen Identitäten schaffen, welche Interaktionen, Organisationen und kategorialen Differenzierungen zur Integration beitragen, sind für die
(politische) Soziologie deshalb die entscheidenden Fragen geworden.

Die „soziologische Grenze"

Als soziale Grenze kann man allgemein die von Simmel als „soziologische
Grenze" (1992: 698) verstandene Form der sozialen Abgrenzung bezeichnen,
wie sie durch Interaktionen, Gruppen und Organisationen mit Macht- oder
Rechtsgrenzen behauptet werden.[14] Dabei muss es nicht zur Verräumlichung
der Begrenzungsprozesse kommen, es kann aber dazukommen, weil die
sichtbar gezogene Linie eine "Klarheit" (Simmel 1992: 699) produziert.
Simmel stellt dem an ein staatliches Territorium gebundenen Begriff von
Grenze einen soziologischen gegenüber und betont symbolische und soziale
Elemente der Grenzziehung und –überschreitung:

„Wenn dieser Allgemeinbegriff des gegenseitigen Begrenzens von der räumlichen Grenze
hergenommen ist, so ist doch, tiefergreifend, diese letztere nur die Kristallisierung oder
Verräumlichung der allein wirklichen seelischen Begrenzungsprozesse. Nicht die Länder,
nicht die Grundstücke, nicht der Stadtbezirk und der Landbezirk begrenzen einander,
sondern die Einwohner oder Eigentümer üben die gegenseitige Wirkung aus, die ich (...)
andeutete. Die Grenze ist nicht eine räumliche Tatsache mit soziologischen Wirkungen,
sondern eine soziologische Tatsache, die sich räumlich formt" (Simmel 1992: 697)

Anstatt den vielleicht näher liegenden Begriff „soziale Grenze" zu verwenden, prägt Simmel den Begriff der „soziologischen Grenze", durch den er
m.E. zum Ausdruck bringen will, dass es das Wissen um die Grenze ist, die
den Akteur bei seinen Handlungen begleitet.

Es sind laut Simmel also die Handlungen, die Einwohner oder Eigentümer ausüben, welche eine Grenze erzeugen und wodurch sich eine Grenze

räumlich formen kann, aber nicht muss. Die räumliche Manifestierung, die „Verräumlichung seelischer Prozesse", ist für Simmel eine Form der Vergesellschaftung die soziale Differenzierung bewirkt. Auffallend ist bei Simmels Betonung von sozialen Begrenzungsprozessen seine Verwendung des Begriffes Grenze. Er unterscheidet nicht zwischen nationalen Grenze und der sozialen Grenze (- zumindest nicht explizit -), sondern stellt fest, dass jede Grenze, gleich ob eine des Anstandes oder des Nationalstaates, Ausdruck sozialer Geschehnisse ist. Was Simmel jedoch weitestgehend vernachlässigt, ist die besondere Wirkung, die die nationale Grenze, Ausdruck politischer Einflüsse, auf die Handelnden ausübt.[15]

Vergemeinschaftung und Vergesellschaftung

Auch Max Webers Begriffspaar Vergemeinschaftung – Vergesellschaftung bringt zum Ausdruck, wie sehr soziale Vorstellungen und gesellschaftliche Beziehungen materielle Realität prägen (Weber 1980: 21f). Bereits bei Tönnies werden unter dem Begriff Gemeinschaft einheitliche Verhaltensweisen und Prinzipien zusammengefasst, die eine soziale Verbindung grundlegend herstellen. Gemeinsame Sprache und gemeinsamer Glaube sind Voraussetzung, während der Begriff der strikt unterschiedenen Gesellschaft von getrennten Individuen ausgeht, die nur für den Moment des Güteraustausches z.B. einen gemeinsamen Ort und Wert benötigt. Die strikte Dichotomie Gemeinschaft – Gesellschaft von Tönnies (1975) wird von Weber differenziert und spezifiziert, indem er beiden Typen sozialer Beziehungen Einstellungsweisen zurechnet, mit denen soziale Handlungen begründet werden können und damit – im Sinne Webers verstehender Soziologie – deutbar sind. Vergemeinschaftung beruht auf einem Gefühl von Zusammengehörigkeit, das verhaltensorientierend wirkt und idealtypisch in der Familiengemeinschaft gesehen werden kann. Vergesellschaftung dagegen beruht auf dem wert- und zweckrationalen Interesse, das idealtypisch bei der gegenseitigen Beeinflussung in der Konkurrenzsituation auf dem Markt vorherrscht. Beide Formen sozialer Beziehungen können sich offen und geschlossen darstellen, also Grenzen verhindern oder konstituieren, indem sie Teilnahmebedingungen regeln. Dabei sind Mischformen der Typen nach Weber eher die Regel. Die Sprache ist beispielsweise Teil der Gemeinschaftsbeziehung, weil sie das Verstehen erleichtert und damit den Vergesellschaftungsprozess fördert. Sprache muss aber nicht an sich eine Vergemeinschaftung darstellen, sondern wird es erst dann, wenn „bewusste Gegensätze" zu Dritten geschaffen werden. Überhaupt ist für Weber beim „Gemeinschaftshandeln" (Weber 1980: 234) entscheidend, dass es nur als gefühltes Handeln, z.B. aufgrund der Annahme gemeinsamer Merkmale, zustande kommt. Der *Glaube* an den Unter-

schied ist für das Gemeinschaftsgefühl entscheidend, nicht die biologische
Anlage, die ethnische Herkunft oder die gemeinsame Tradition. Scharfe
Grenzen, die durch monopolistische Abschließungen entstehen, werden
durch die Vertiefung kleiner Differenzen produziert und für politisches Gemeinschaftshandeln (z.b. für die Nation) relevant. Es gibt aber keine festen
„ethnischen Grenzen", keine soziale Beziehungen, die nicht in irgendeiner
Weise Nachbarschaften durch Wanderungen oder Expansionen, also Grenzüberschreitungen, herstellen. Nationale Gemeinsamkeitsgefühle, so Weber,
sind deshalb „nichts Eindeutiges" (Weber 1980: 244), sondern können Resultat sozialer und ökonomischer Unterteilungen wie von Herrschaftsverhält-
nissen und von politischen Machtorganisationen sein. Keineswegs ist die
nationale Grenze also Ausdruck einer Gemeinschaft, vielmehr ist sie Bestandteil der (politischen) Vergesellschaftung, die ihrerseits Unterschiede
schaffen und Zusammengehörigkeiten festlegen soll, weshalb Bielefeld
(2003: 241) angesichts dieser Initiierung von „Als-Ob-Vergemeinschaftung"
spricht.

Feine Unterschiede

Dieses Unterschiede-Schaffen durch gesellschaftliche Handlung, dieses Un-
terscheidungsregime – im Unterschied zur Annahme grenzenloser Vergesellschaftung bzw. Zivilisation – erinnert an die Betonung „feiner Unterschiede"
von Bourdieu (1987). Er argumentiert, dass die Etablierung und Institutionalisierung soziale Zusammenhänge, sei es für soziale Definitionen oder für
Identitätsbildungen (was für ihn nicht wirklich getrennt ist), bedeutet, dass
soziokulturelle Grenzen errichtet werden. Identität kann in diesem Sinn nur
in Relation zu Differenz gedacht werden. Grenzen sind Symbol und Manifestation von Machtkämpfen, die sich im täglichen Leben und selbst im
sprachlichen Austausch ausdrücken. Den körperlich gewordenen „Unter-
scheidungssinn", der die gesellschaftlichen Unterscheidungen „ausführt",
deutet Bourdieu mit seinem Habitus-Konzept:

> „Aus gesellschaftlichen Unterteilungen und Gliederungen werden das gesellschaftliche
> Weltbild organisierende Teilungsprinzipien. Aus objektiven Grenzen wird der Sinn für
> Grenzen, die durch Erfahrung der objektiven Grenzen erworbene Fähigkeit zur praktischen
> Vorwegnahme dieser Grenzen, wird der *sense of one's place*, der ausschließen läßt (Ob-
> jekte, Menschen, Orte, etc.), was einen selbst ausschließt" (Bourdieu 1987: 734)

Bourdieu untersucht dementsprechend „praktische Zuschreibungen", die
durch Verhalten entstehen, wie begriffliche Kategorisierungen, die durch die
Zuweisung von diversen Eigenschaften und Merkmalen die Mitglieder einer
vorab bestimmten Gruppe geradezu definieren. Er bezieht sich dabei auf die
sozialpsychologischen Arbeiten von Tajfel, der den „Begriff der kategorialen

Differenzierung" (Tajfel 1982: 101) ausführt. Tajfel betont, wie sehr eine Identifikation mit der Gruppe von der wahrgenommenen Eindeutigkeit der Grenzen abhängt, diese wiederum von der „Existenz bestimmter Überzeugungen über sich selbst". Eine soziale Kategorisierung, wie sie Bourdieu versteht („mit Begriffen zugleich Gruppen schaffen" (Bourdieu 1987: 748)) und wie sie Tajfel sozialpsychologisch analysiert, kann als ein Orientierungssystem angesehen werden, das dazu beiträgt, als Bezugspunkt für das Individuum zu dienen. Unterschiede werden also nicht nur beschrieben, sondern sie richten – gerade durch Institutionalisierungen wie der nationalen Grenze –die Welt ein.

Bauman spricht in diesem Kontext von einer Überlappung von Strukturen sozialer Realität und dem Verhalten der Individuen, die er als kulturellen Code bezeichnet (Bauman 2000). Zeichen werden als Informationen gelesen und fungieren gleichzeitig als Veranlassung zum Handeln. Die Bedeutung muss von dem Akteur verstanden werden, um den Code zu kennen. Dieser Code ist nach Bauman mit einer Art Weltkarte verknüpft. Imaginäre Linien, Grenzziehungen, bedeuten für den, der sie zieht, zunächst kognitive Klarheit. Da aber „Grenzüberschreitungen" unvermeidlich sind, entsteht eine Grauzone (Bauman 1998). Die Grenzen sind zufällig und schwer aufrechtzuerhalten, aber gerade um die Ordnungsfunktion beizubehalten, sind sie Gegenstand ständiger Verschärfung und Neuziehung. Entscheidend für die Frage nach Grenzziehungen ist der Zusammenhang zwischen Grenzen und den sozialen Interessen, die zu ihrer Festlegung führen. Die Ordnung, an der ständig gearbeitet wird, produziert dabei notwendigerweise Ambivalenzen.

Soziale Grenzen sind also Resultat sozialer Beziehungen (Vergemeinschaftungen wie Vergesellschaftungen), die an hierarchische Strukturen und verschiedene Interessen gebunden sind und zudem als eine Art kognitive Anleitung ständig Überlappungen und Ambivalenzen produzieren.

Soziale Systemgrenzen und territoriale Grenzen

So ist die nationale Grenze selbst eine Variante der sozialen Grenzziehungen; leicht wird jedoch übersehen, dass die nationale Grenze eine eigene Dynamik entwickelt hat.

Grenzen sozialer Beziehungen (oder sozialer Systeme, wie es heute häufig heißt) folgen einer anderen Logik als die nationalen Grenzen, sind aber auch ohne räumliche Implikationen schwer vorstellbar. Bourdieu (1997) meint deshalb, dass die Interessen sich im physischen Raum ausdrücken, weil sich dort die Unterscheidungskriterien niederschlagen. Der Raum hat in dieser Theorie noch eine Bedeutung für die Art der Grenzsetzung.

Luhmann dagegen meint, dass territoriale, also auch nationale Grenzen, immer mehr zu vernachlässigen sind. Seine Theorie funktionaler Differenzierung betrachtet Grenzen in erster Linie als eine aus der Komplexitätsreduzierung entstandene Notwendigkeit, mit der durch die jeweils eigene Operationsweise eines Systems Differenz zur Umwelt oder zu einem anderen System erzeugt wird. Seine Typologie unterschiedlicher sozialer Systeme (einfache Interaktion, Organisation, Welt-Gesellschaft) unterscheidet sich radikal von dem struktur-funktionalistischen Ansatz Parsons, der Systeme der Gesellschaft stereotyp mit der nationalstaatlichen Organisation gleichsetzt. Luhmann widerspricht der Annahme undurchlässiger Grenzen und versteht Grenzen als funktional, die sich überschneiden und nicht auf Nationalstaaten begrenzt bleiben.

Luhmann diskutiert selbst (1982; 2000) die Frage nach der Verräumlichung bzw. Verortung der Systemgrenzen und stellt dabei auch die Frage nach den territorialen Grenzen in der heutigen ausdifferenzierten Weltgesellschaft. Grenzen eines Systems, so Luhmann, trennen nicht nur, sondern verbinden auch, da jedes System in Beziehung zu seiner Umwelt steht. Grenzen funktionieren als Differenzierungsmittel, da die Verarbeitung eines Umwelteinflusses nur geschehen kann, wenn diese auch klar abgegrenzt ist.

Territoriale Grenzen entsprechen diesen Systemgrenzen nur bedingt. In älteren sozialen Systemen ist die Konstituierung von Gemeinschaften in einem geschlossenen Raum elementar, um Zentrum und Peripherie, Freunde und Feinde zu unterscheiden. Eine „primär funktionale Differenzierung" (Luhmann 2000: 77) absolvierte ihre Operationen über den auf einem begrenzten Territorium allzuständigen souveränen Staat. Hierfür waren die Grenzen notwendige Voraussetzung: Man „muss einen Staat auf der Landkarte und in der Realität finden können" (Luhmann 2000: 190).

In der heutigen funktional ausdifferenzierteren Gesellschaft dagegen können die unterschiedlichen sozialen Beziehungen nicht mehr in einem politischen System ausgetragen werden. Territoriale Grenzen begrenzen nicht die Gesellschaft, sie begrenzen aber politische Systeme. Diese sind funktional, weil sie innerhalb von nationalen Rechtssystemen und Wohlfahrtsstaaten organisiert sind, die wesentlich die Bedingungen für Inklusion formulieren. Aber Kommunikation, die elementare Kategorie für heutige Gesellschaftsprozesse, ist an sich nicht raumgebunden, nur die einfache Interaktion ist ohne Raumabhängigkeiten (Kontakte, Standorte) kaum denkbar.

Zusammenfassend kann man sagen, dass es der nicht nationalstaatlich eingeschränkten soziologischen Betrachtung von Grenzen in erster Linie um deren funktionale Wirkung auf die gesellschaftliche Struktur und die in ihr lebenden Akteure geht. Dabei wird die Erforschung von sozialen Grenzziehungsprozessen, Systembildungen und die Wiederentdeckung klassischer soziologischer Theorien der Vergemeinschaftung und Vergesellschaftung relevant, weil sie davon ausgeht, dass grenzüberschreitende Prozesse nationalstaatliche Abgrenzungen potentiell verändern. So gesehen sind die Staatsgrenzen für die Soziologie der Grenzen ein Spezialfall. Gerade die Situation an der nationalen Grenze aber, in den Grenzregionen, zeigt die Persistenz des nationalen Steuerungsinstruments – trotz und wegen der gleichzeitigen Grenzüberschreitung der Anrainer. Soziale Systeme sind räumlich verortet, aber ihre funktionalen Grenzen interagieren und überschneiden sich mit räumlichen Grenzen. Nationale Grenzen sind nicht nur Grenzen, die einfach als Linien klar abgetrennte Bereiche – zwei voneinander unabhängige Gesellschaften – trennen, sie haben eine eigene Funktion und eine eigene Wirkung auf die sozialen Beziehungen derer, die mit ihnen leben müssen.

Die nationale Grenze und ihre soziale Wirkung

Nationale Grenzen sind soziale Konstruktionen, die über Lebenschancen, Zugehörigkeiten und Ausschließungen entscheiden. Sie erzeugen trotz ihres konstruierten Charakters zutiefst reale Wirkungen, die greifbare Folgen für die Menschen haben (Vobruba 1998: 47).[16] Der angenommene Bedeutungswandel der nationalen Grenze stellt sich dann anders da, wenn die Akteursperspektive und die unterschiedlichen Handlungschancen verschiedener Akteure (Migranten, Touristen, Gastwirte, Unternehmer, „Schlepper", Alteingesessene etc.) berücksichtigt werden. Zum einen lässt sich aus dieser Perspektive zeigen, dass die Menschen an der Grenze diese schon immer überquert haben, Grenzüberschreitungen also schon immer Teil des Alltags waren und deshalb kein Novum sind. Zum anderen wird aus dieser Perspektive klar, dass in der Wahrnehmung der Menschen in den Grenzregionen die nationale Grenze keinem radikalen Auflösungsprozess unterliegt, sondern allenfalls ein Bedeutungswandel der nationalen Grenze stattfindet. Die Bewohner der Grenzregionen sind weiterhin mit der nationalen Grenze konfrontiert, die durch Überschreitung zu ganz praktischen Vergesellschaftungserfahrungen führen, wenn auf der anderen Seite konsumiert, kommuniziert etc. wird. Neu ist sicherlich nicht die Grenzüberschreitung, neu ist die wissenschaftliche und politische Entdeckung dieses Sachverhaltes und vor allem die strukturelle und institutionalisierte Förderung durch offizielle Regional- und Europa-Programme.[17] Hier erweist sich die nationale Grenze als Herausforderung für die Forschung:

Erst die regionalspezifische Analyse der Geschichte der Grenze, der alltäglichen Grenzüberschreitung und der verschiedenen Interessen offenbart ihre Funktion. Jede Grenze hat ihre eigene Geschichte, jede Grenzregion

entfaltet ihre eigene Dynamik. Hier kann hinterfragt werden, welche (nationalen, regionalen, supranationalen) Selbst- und Fremdzuschreibungen vorgenommen werden (Bielefeld 2003), welche Bedeutung und welche Konsequenzen sie haben. Die Grenzregion ist für Fragen der Vergesellschaftung
über die nationalen Grenzen hinaus bzw. durch die Grenze relevant, sie ermöglicht Aussagen über das Verhältnis von institutioneller Steuerung und
Steuerungsversagen bzw. den Grenzen von politischen Steuerungen; sie gibt
Auskunft über Gemeinschafts- und Identitäts-Vorstellungen vor dem Hintergrund neuer politischer Interessen. Die nationale Grenzziehung ist ein zwar
abstraktes Teilungsinstrument, aber konkret und räumlich festgelegt. Mit dem
„Blick von der Grenze" kann soziologische Theorie Definitionen und Kategorien erfassen, ohne geschlossene Systeme und damit das Modell nationaler
Räumlichkeit und Identität anzunehmen. Soziale Grenzen dagegen weisen
auf die nicht weniger realen Grenzen, die die gesamte Gesellschaft strukturieren. Um die Kategorie der nationalen Grenze fruchtbar für die Forschung zu
machen, muss ihr eigenständiger Charakter herausgearbeitet werden, der
Vergesellschaftungen und Vergemeinschaftungen auf eigene Weise motiviert.

Anmerkungen

1   Für die vielen inhaltlichen Anregungen danke ich Prof. Rosenbaum und Dr. Neu-
    mann vom Soziologischen Seminar Göttingen und Holk Stobbe.
2   Welche verschiedenen Vorstellungen von nationaler Gemeinschaft existieren wird
    ausführlich von Balibar (2003: 102ff) behandelt. Es geht vor allem um den
    Unterschied zwischen der 'Staatsbürgernation' und der 'Volksnation'. Vgl.
    auch Habermas (1997), der das Wir-Bewusstsein hervorhebt, das sowohl eth-
    nische wie nationale Vergemeinschaftungen ausmachen soll.
3   Ethnologische und anthropologische Forschungen haben schon länger Grenzzie-
    hungen zum Gegenstand. Barth (1969) betont schon früh, dass eine Gruppe
    durch ihr Grenzverhalten („maintenance of a boundary") Unterschiede erzeugt
    oder aufrechterhält, entgegen der Behauptung, kulturelle Gemeinsamkeiten
    mit konstanten Merkmalen schaffen die Grenze.
4   Eine Auswahl von sozialwissenschaftlichen Arbeiten zum Thema „Grenze" sind
    in der Literaturzusammenstellung am Ende dieses Bandes zu finden.
5   Wie widersprüchlich die Diskussion um die Auflösung nationaler Grenzen ist,
    verdeutlicht die Enzyklopädie zu nationalen Grenzen, in der 308 (zum Teil
    sehr umstrittene) Landesgrenzen von 191 Staaten gezählt werden, also mehr
    als je zuvor (Biger 1995).

6   Z.B. die von Simmel betonte Willkür sozialer Grenzziehungen (Simmel 1999:
    695) oder Webers Analyse des subjektiven Glaubens an die Gemeinschaft, der
    nur durch Abgrenzung von Anderen sich konstituiert (Weber 1980: 235).

7   Gleichwohl verfällt auch Tenbruck in alte Denkgewohnheiten, sieht er doch Ge-
    sellschaft als singuläre Entität, die parallel zu anderen Gesellschaften existiert.
    Er verwendet paradoxerweise einen abgeschlossenen Begriff von Gesell-
    schaft, um ihre Unabgeschlossenheit zu erklären. Tenbruck schreibt von der
    Nation als „konkretem Gebilde", von „homogenen Sprach- und Kulturräu-
    men" (433) und denkt so seine eigene Kritik nicht zuende, nach der jede Au-
    ßenberührung einer Gesellschaft durch die andere, um in der Terminologie
    Tenbrucks zu bleiben, eine neue Form von Gesellschaft erzeugt.

8   Allerdings ist ein gemeinsamer Wert (auch und gerade bei abstrakten Tauschbe-
    ziehungen der modernen Gesellschaft) Grundbedingung des gesellschaftlichen
    Zusammenlebens (Tönnies 1975).

9   Die Verwendung der Begriffe *border, boundary, frontier* ist umstritten. Häufig
    werden diese Begriffe aber so wie hier verwandt.

10 Wie Medick (1995) feststellt, ist das Wort „Grenze" im Deutschen lange ein
    Fremdwort aus dem Slawischen bzw. Pomeranischen, welches von Luther im
    16. Jahrhundert eingeführt wurde.

11 Gerade einige populärwissenschaftliche Abhandlungen verwenden diese fragwür-
    dige Annahme, wenn z.B. Diamond (1998: 515) kulturelle Besonderheiten aus
    der geographischen Geschlossenheit herleitet. Auch der Theoretiker sozialer
    Begrenzungsprozesse, Simmel (1992: 696, 697), ist davon nicht frei, wenn er
    ein kausales Verhältnis zwischen der besonderen Leidenschaft für die Heimat
    bei Gebirgsbewohnern festzustellen meint, da diese besonders an die Beschaf-
    fenheit des Bodens gefesselt seien.

12 Hier nur in Kürze, was eigentlich Gegenstand einer längeren empirisch fundierten
    Diskussion sein müsste: Man kann nicht von nationalen Sprachgemeinschaf-
    ten ausgehen, weil trotz diverser Standardsprachen auf einem Nationalgebiet
    immer Minderheitensprachen, Zweisprachigkeiten und Spezialsprachen (Wis-
    senschaftsjargon etc.) existieren (Riehl 1999: 46). Man kann auch nicht von
    nationalen Religionsgemeinschaften ausgehen, weil Nationalpolitik und reli-
    giöse Kultur keinesfalls (zumindest in Europa) zusammenfallen (Özdogan
    2003). Man kann nicht von allein national geprägten Wissenskulturen und
    „*scientific communities*" ausgehen, weil diverse globale Phänomene Zusam-
    menarbeiten förderten (wenngleich sie von spezifischen nationalen Organisa-
    tionen initiiert und geprägt werden; vgl. Stichweh 2000: 172). Man kann
    schließlich nicht von einer nationalen Volkswirtschaft ausgehen (Wallerstein
    2000). Ob man angesichts dieser Einschränkungen dann von "kulturellen
    Grenzen" wie Osterhammel es macht, ausgehen kann, ist fraglich.

13 Was die Auswertung quantitativer und qualitativer empirischer Daten zu grenz-
    überschreitenden Prozessen betrifft, haben Sick und Mohr (1994) beispielhaft
    geforscht. Inzwischen ist die quantitative Untersuchung der vielfältigen Ver-

flechtungen der beiderseits der Grenze lebenden Bevölkerung Bestandteil diverser Europa-Projekte, auf die ich hier nicht eingehen kann.

14 Ganz gleich, ob die elementaren Bausteine, mit denen der Unterschied manifestiert wird, Kommunikationen, Handlungen, Rollen oder diverse Kapitalsorten sind.

15 Simmel deutet diese Besonderheit zumindest an, wenn er von dem "Bewußtsein der Eingegrenztheit" (695) spricht, das an der politischen Grenze stärker als an allen anderen sei. Hier würde es um einen Spannungszustand von Offensive und Defensive gehen.

16 Vobruba (1998: 47) fasst prägnant den Widerspruch, mit dem sich sozialwissenschaftliche Theorie auseinandersetzen muss: "Die sozialwissenschaftliche Diagnose, daß die Bedeutung von Staatsgrenzen abnimmt, kommt genau in der Zeit, in der für eine historisch einmalig große Zahl an Menschen Staatsgrenzen von existentieller Bedeutung werden. Was kann man soziologisch daraus machen?"

17 Vgl. zu diversen Implikationen und Illustrationen dieser Programme die Beiträge Kühl, Fridrich und zur Grenzregion in diesem Band.

Literaturverzeichnis

Abels, Heinz (2001): Einführung in die Soziologie (Bd. 1). Der Blick auf die Gesellschaft. Opladen.

Anderson, Benedict (1991): Imagining Communities. Reflections on the Orign and Spread of Nationalism. London/New York.

Balibar, Étienne (2003): Sind wir Bürger Europas? Politische Integration, soziale Ausgrenzung und die Zukunft des Nationalen. Hamburg.

Barth, Fredrik (1969): Introduction. In: Ders. (Hrsg.): Ethnic Groups and Boundaries. The Social Organization of Cultural Difference. Oslo/London.

Bauman, Zygmunt (1998): Moderne und Ambivalenz. In: Das Eigene und das Fremde: neuer Rassismus in der Alten Welt? Hg.v. Uli Bielefeld. Hamburg.

Bauman, Zygmunt (2000): Vom Nutzen der Soztiologie. Frankfurt/M.

Beck, Ulrich (1999): Was ist Globalisierung? Frankfurt/M.

Bielefeld, Ulrich (2003): Nation und Gesellschaft. Selbstthematisierungen in Deutschland und Frankreich. Hamburg.

Biger, Gideon (1995): The Encyclopedia of International Boundaries. Jerusalem.

Blake, Gerald (2000): Grenzen werden nicht verschwinden. In: der überblick. Zeitschrift f. ökumenische Begegnung und internationale Zusammenarbeit Heft 4/2000: Hat der Schlagbaum ausgedient?

Bourdieu, Pierre (1997): Ortseffekte. In: ders.: Das Elend der Welt. Konstanz.

Bourdieu, Pierre (1987): Die feinen Unterschiede. Frankfurt/M.

Bös, Mathias; Preyer, Gerhard (2001): Borderlines in Time of Globalization. Introduction in: On a Sociology of Borderlines: Social Process in Time of Globalization. Protosociology Vol. 15, 2001.

Diamond, Jason (1998): Arm und reich. Die Schicksale menschlicher Gesellschaften. Frankfurt/M.

Eßbach, Wolfgang (1999): Anthropologische Überlegungen zum Begriff der Grenze in der Soziologie. In: Monika Fludernik; Hans-Joachim Gehrke: Grenzgänger zwischen Kulturen.Würzburg.

Eßbach, Wolfgang (1996): Studium Soziologie. München.

Febvre, Lucien (1988): "Frontière" – Wort und Bedeutung. In: ders.: Das Gewissen des Historikers. Berlin.

Gellner, Ernest (1997): Nationalismus. Kultur und Macht. Frankfurt a. M./Wien.

Habermas, Jürgen (1997): Die Einbeziehung des Anderen. Studien zur politischen Theorie. Frankfurt/M.

Heindl, Waltraud (1999): Funktionswandel und Symbolwert der Grenzen. Grenzen und die staatlich-soziale Entwicklung im Habsburgerreich von der Mitte des 18. bis zur Mitte des 19. Jahrhunderts. In: Hg. v. Peter Haslinger: Grenze im Kopf. Frankfurt/M.

Läpple, Dieter (1991): Essay über den Raum. Für ein gesellschaftswissenschaftliches Raumkonzept. In: Häußermann, Hartmann u.a. : Stadt und Raum. Soziologische Analysen. Pfaffenweiler.

Makropoulos; Michael (1999): Grenze und Horizont. Zwei soziale Abschlußparadigmen. In: Claudia Honegger; Stafan Hradil; Franz Traxler (Hg.): Grenzenlose Gesellschaft? Verhandlungen des 29. Kongresses d. Deutschen Gesellschaft für Soziologie. Opladen.

Medick, Hans (1995): Grenzziehungen und die Herstellung des politisch-sozialen Raumes. In: Richard Faber; Barbara Naumann (Hg.): Literatur der Grenze – Theorie der Grenze. Würzburg.

Osterhammel, Jürgen (1995): Kulturelle Grenzen in der Expansion Europas. In: Saeculum Bd. 46/Jg. 1995. Freiburg/München.

Özdogan, Mehmet Mihri (2003): Religion als Kultur. In: Frannkfurter Allgemein Zeitung v. 7.3.2003.

Paasi, Anssi; Newman, David (1998): Fences and Neighbours in the Postmodern World: Boundary Narratives in Political Geography. IN: Progress in Human Geography, Bd. 22/Heft 2. London.

Parsons, Talcott (1969): Politics and Social Structure. New York/London.

Riehl, Claudia Maria (1999): Grenzen und Sprachgrenzen. In: Monika Fludernik; Hans-Joachim Gehrke: Grenzgänger zwischen Kulturen.Würzburg.

Schulz, Hans-Dietrich (2002): Raumkonstrukte der klassischen deutschsprachigen Geographie des 19./20. Jahrhunderts im Kontext ihrer Zeit. In: Geschichte und Gesellschaft. Zeitschrift für Historische Sozialwissenschaft 28. Jg./Heft 3: Mental Maps. Göttingen.

Schwengel, Hermann (1999): An den Grenzen der Gesellschaft. In: Monika Fludernik; Hans-Joachim Gehrke: Grenzgänger zwischen Kulturen.Würzburg.

Sick, Wolf-Dieter; Mohr, Bernhard (1994): Untersuchungsmethoden und –ergebnisse zu Strukturen und Verflechtungen im Grenzraum – am Beispiel des deutschschweizerischen Hochrheingebietes. In: Political Boundaries and Coexistence, IGU-Symposium. Bern.

Simmel, Georg (1992): Soziologie. Untersuchungen über die Formen der Vergesellschaftung. Frankfurt/M.

Stichweh, Rudolf (2000): Die Weltgesellschaft. Frankfurt/M.

Strassoldo, Raimondo (1982): Boundaries in Sociological Theory: a Reassessment. In: Ders. u. Giovanni Delli Zotti (Hrsg.): Cooperation and Conflict in Border Areas.

Swaan, de, Abram (1994): Perspectives for transnational social policy in Europe: Social transfers from West to East. In: ders (Hg.): Social Policy beyond Borders. Amsterdam.

Tajfel, Henri (1982): Gruppenkonflikt und Vorurteil. Erfahrung und Funktion sozialer Stereotypen. Bern, Stuttgart, Wien.

Tenbruck, Friedrich (1989): Gesellschaftsgeschichte oder Weltgeschichte? In: Kölner Zeitschrift für Soziologie und Sozialpsychologie 41 Jg. Opladen.

Tilly, Charles (1985): War Making and State Making as Organized Crime. In: Peter Evans; Dietrich Rueschemeyer; Theda Skocpol (Hg.): Bringing the State Back In. Cambridge, New York, Melbourne.

Tönnies, Ferdinand (1975): Gemeinschaft und Gesellschaft. Auszüge in: Bruno Niklas; Johannes Weiß (Hg.): Gesellschaft-Organisation-Totalität-System. Hamburg.

Torpey, John (2000): The Invention of the Passport. Cambridge.

Vobruba, Georg (1998): Grenz-Beobachtungen. In: Ästhetik & Kommunikation: Gesellschaft grenzenlos? Heft 102, Jg. 29. Berlin.

Wallerstein, Immanuel (2000): The Essential Wallerstein. New York.

Weber, Max (1988): Ueber einige Kategorien der verstehenden Soziologie. In: ders.: Gesammelte Aufsätze zur Wissenschaftslehre. Tübingen.

Weber, Max (1980): Wirtschaft und Gesellschaft. Grundriss der verstehenden Soziologie. Tübingen.

Die Grenzregion

Zur Metaphorik grenzüberschreitender Zusammenarbeit. Ein Literaturüberblick

Christian Banse

Der Begriff der Region hat in den letzten Jahren eine fast inflationäre Verwendung gefunden: Regionalismus, Regionalisierung und die Kultur wie Identität der Region sind ebenso Gegenstand einer Debatte um die Region wie auch Gegenstand einer Politik des Europas der Regionen.

In diesem Zusammenhang ist auch von der Grenzregion die Rede: „Nach der schwärmerischen Gründungsformel des Europa ohne Grenzen und deren nostalgisch eingefärbter Umdeutung in ein Europa der Regionen mutiert die sich erweiternde Union nun zum Europa der Grenzregionen" (FAZ vom 22.12.00). Der politischen Inszenierung der Grenzregionen geht es um ein neues Bewusstsein der Kooperation, das überkommene Abgrenzungen aufhebt.

„Die Grenzen verlieren allein dort ihre aus der nationalstaatlichen Vergangenheit überkommene trennende Bedeutung, wo nicht nur praktische Kooperation die Grenzen überwölbt, sondern wo durch diese Zusammenarbeit in einer gemeinsamen Region bei den Bevölkerungen auf beiden Seiten auch ein neues gemeinsames Bewußtsein entsteht, eben das Bewußtsein, in erster Linie zu dieser Region zu gehören. Der wirkliche Abbau des antagonistischen Nationalismus geschieht an der Grenze, oder er geschieht überhaupt nicht" (Hilf 1991: 896).[1]

Die Grenzregionen (in Europa) werden – nachdem sie lange Zeit als Peripherie galten - nun zu „Experimentierfeldern der europäischen Integration" (Roch 1999: 45).

Der Begriff der Grenzregion bekommt also – so die These dieses Überblickes – durch die wissenschaftliche wie politische Diskussion eine neue Bedeutung, die im Folgenden dargestellt werden soll. Dass es sich bei dieser Diskussion zudem um eine Auseinandersetzung zwischen verschiedenen sozialen wie wissenschaftlichen und politischen Akteuren handelt, die verschiedene Interessen vertreten, ist dabei eine weitere These dieser Literaturrevue.

Was ist eine Region?

Zur politischen Zielbestimmung eines grenzüberschreitenden Europas ist in der wissenschaftlichen Diskussion um die Regionen und Grenzregionen eine Auseinandersetzung entstanden, die sich um die Definition des Regionsbegriffes dreht. Im Alltagsgebrauch gilt der Begriff in der Regel als allgemein verständlich. Aber seine wissenschaftliche wie politische Definition, die die Region abgrenzbar von anderen territorialen Einheiten machen soll, ist weder national noch von den verwendeten Kriterien her einheitlich und erweist sich daher als ungemein schwierig (Newrly 2002: 43). Neuere wissenschaftliche Ansätze versuchen, dem offenen Charakter des Begriffes Rechnung zu tragen und seinen kognitiven wie politischen Nutzen zu thematisieren.

Die unterschiedliche Verwendung des Begriffes Region ist nach Ansicht von Weichhart auf eine bestimmte Denkfigur der Abstraktion zurückzuführen: „nämlich ein Abstraktions- oder Generalisierungsprozess, der sich auf verschiedenartige Objekte, Methoden und Zwecksetzungen der Generalisierung bezieht" (Weichhart 1996: 25). Dieser Generalisierungsvorgang tendiere dazu, die Beschreibung der Realität („den Modus der Beschreibung von Realität") mit dieser zu verwechseln. Um die Rede über *die* Region zu differenzieren, ist es hilfreich, wenn auch nicht immer möglich, die Objektebene von der metasprachlichen Ebene zu trennen, die Sache und die Sprache über die Sache zu unterscheiden. Analytisch ist es ein Unterschied, ob eine Untersuchung das Wort thematisiert und auf einer Textebene verharrt oder ob dagegen einer Sache bestimmte Attribute zugeschrieben werden können und diese Sache auf ihre Weise wirkt.[2]

Weichhart unternimmt den Versuch, die Wirkungszusammenhänge und Strukturierungsprinzipien des *Begriffes* Region zu erfassen. Er unterscheidet verschiedene Dimensionen der Verwendung von Region: die Maßstabsdimension, die Interaktionsdimension und die Planungsdimension. In der Maßstabsdimension wird der Regionsbegriff als eine Zuschreibung[3] verwendet, die zwischen dem Örtlichen, Lokalen und dem Kontinentalen und Globalen angesiedelt ist. Die Region ist Teil eines größeren Raumes, der nur aus dem Argumentationszusammenhang erschlossen werden kann.[4] Die Interaktionsdimension untersucht die funktionalen Verflechtungen: Wanderungsströme, Pendlerbeziehungen, Geld- oder Warenströme u.a.

Der dritte Typus, die Planungsdimension, meint eine politisch-administrative Region, in der spezifische Normen ihren räumlichen Gültigkeitsbereich finden, wie die EU, Bundesländer o.ä. Bei allen Dimensionen von Region, die sich natürlich überschneiden können, wird durch ein räumliches Konstrukt eine Homogenisierung vorgenommen. Trotzdem sind diese räumlichen Bezeichnungen nicht gegenständlich oder real im Sinne eines materiellen Gegenstands, sondern eine Abstraktion, die zweckorientiert verwendet wird.

Mit einer vierten Dimension ergänzt Weichhart die bisherige Diskussion um den Regionsbegriff. Wenn der Begriff derart erfolgreich angewendet werden kann, muss ihm eine gewisse Struktur zueigen sein, die ihn benutzbar macht. In der Umgangssprache ist Region als „kognitives Konstrukt" schon *vor* der wissenschaftlichen und politischen Inbesitznahme vorhanden und mit Assoziationen verknüpft. Mit dem Begriff Region werden Verallgemeinerungen und Vorurteile verbunden und in einen lebensweltlichen Kontext gebracht.

Weichhart unterscheidet mit diesem Bezug auf die Lebenswelten der regionalen Akteure drei Typen. Als Wahrnehmungsregion kann ein Typus von Regionskonzept verstanden werden, der die Lage einer Region (räumliche Abstraktionen) mit Werturteilen über bestimmte dort lebende Gruppen verbindet. Identitätsregionen sind Produkt einer Gruppenidentität, die sich mit der Identifizierung einer Region bildet und zur Abgrenzung von anderen Regionen dient, während mit Regionalismus der politische Handlungsrahmen einer sozialen Bewegung gemeint ist.[5]

Die Region ist nach dieser Ansicht in erster Linie eine sozialpsychologische Methode, komplexe Vorgänge auf einen Begriff zu reduzieren. Dieser Begriff drückt einen sozialen Sachverhalt räumlich aus. Er kann sich, je nach der durch die Personen und durch deren Vorstellungen angeleiteten Handlungen und Interaktionen, verändern, so dass der Bedeutungsgehalt zeitlich instabil ist. Weichhart verweist dabei auf die soziologischen Interaktionstheoretiker Goffman, Giddens und Garfinkel, die „materielle Settings", „alltägliche Regionalisierungen" und verschiedene Formen einfacher sozialer Systeme und sozialer Handlungen ohne Vorstellungen von Räumlichkeit für nicht denkbar halten. Diese Räumlichkeit wird aber erst durch die relationale Positionierung, also im Akt der Ausführung sichtbar, nicht *a priori*: „Ein Fußballplatz wird erst in dem Augenblick zu einem Action-Setting, wenn das Spiel beginnt, ein Kaufhaus erst dann, wenn es geöffnet wird und Interaktionen zwischen Käufern und Verkäufern stattfinden" (Weichhart 1996: 40).[6]

Dieser Regionsbegriff unterscheidet sich fundamental von dem der traditionellen Geographie, wie er bis in die sechziger Jahre als Fachterminus verwendet wurde, bis die Regionalismusdebatte der siebziger Jahre den Begriff in der Politik und Soziologie etabliert hat (Blotevogel 1996: 44). Während die traditionelle Geographie eine Region „als real vorhandene (erd)räumliche Einheit von mittlerer Maßstäblichkeit" versteht, ein Verständnis, das Weichhart als Maßstabsdimension bezeichnet, sind heute konkurrierende Konzepte an die Stelle der alten Definition getreten.

Die Region ist nicht einfach „real" im Sinne eines greifbaren Gegenstandes im Raum, sie ist aber auch nicht irreal, da das kognitive Konstrukt Wirkungen produziert.[7] Anders als Weichhart betont Blotevogel den historischen und mehrdimensionalen Charakter des Begriffes Region, der nicht ohne den Übergang des Fordismus zum Post-Fordismus denkbar werden konnte.[8]

Handelt es sich hier, fragt Blotevogel, um eine folgenlose (und unbegründete) Diskurskonjunktur oder gewinnt Region tatsächlich an Bedeutung? Er vergleicht zwei Richtungen in der Diskussion. Die eine geht davon aus, dass Regionen, wie auch andere räumliche Begrenzungen, im Zeitalter der Informationstechnologie und Globalisierung obsolet geworden sind. Der Versuch, diesen Raum zurückzuerobern, ist nur als Abwehrkampf zu verstehen. Die andere, und für diese These plädiert Blotevogel, versteht Regionen als politische Handlungs- und Gestaltungsräume mit relativer Autonomie, da die „alten" nationalstaatlichen Konzepte keine ausreichende Integrationskraft mehr entwickeln und an die Grenzen ihrer Steuerungsfähigkeit stoßen. Region bedeutet zwar auch eine erdräumliche Lokalisierbarkeit, jedoch, im Gegensatz zu politischen Territorien, eine diskontinuierliche und unscharfe Abgrenzung. Deshalb bietet sich der Terminus für eine Politik an, die durch ein regelrechtes „Regions-Marketing" regionale Identitäten wecken will. Blotevogel hebt hervor: „Auch die grenzüberschreitenden Regionen gehören in diesen Kontext" (Blotevogel 1996: 63).

Allerdings lassen sich diese Regionen kaum beliebig produzieren und entsprechen nicht unbedingt dem regionalen Selbstverständnis der dort lebenden Menschen. Wenn man die Konstruktion von Region verstehen will, kann es nicht nur um die wissenschaftliche und politische Definition gehen, sondern auch um die Bewohner und darum, wie diese selbst ihre Region verstehen. Blotevogel schließt seine Erörterung: „ ‚Region': das war einmal eine realräumlich gegebene, im Erdraum scheinbar unverrückbar fixierbare, in einem Atlas (dem Inbegriff einer Sammlung positiven geographischen Wissens) darstellbare Raumeinheit" (Blotevogel 1996: 64). Nun kann mit derartigen Raum-Kategorien nicht mehr allein der neutrale und materielle Raum gemeint sein (Läpple 1991; Löw 2001), es geht vielmehr um die soziale Kategorie des Raumes bzw. um den sozialen Raum. In diesem Sinn ist Region kein räumlich abgrenzbares Territorium, keine klar definierbare Einheit auf materiellem Boden, sondern durch gemeinsames Handeln und Interagieren erzeugte Realität.

Die Grenzregion

Eine Grenzregion ist ebenfalls eine Region mit all den Implikationen, die oben angeführt worden sind, jedoch mit dem Unterschied, dass diese entscheidend von der Grenze des Nationalstaats definiert wird. Dass die Grenzregion Forschungsgegenstand von Theorien geworden ist, welche die aktiven Handlungen und Konstruktionsleistungen – die kognitive Praxis – favorisieren, ist noch neu.

Bei der Erforschung von Grenzregionen und den politischen Grenze werden zwei gegensätzliche Perspektiven eingenommen. Während makrosoziologische oder –politische Ansätze sich eher mit „boundary disputes" (Anderson 1982: 1) und dem „policing of frontiers" beschäftigen, gibt der Blick auf die Grenzregion Aufschluss über die Auswirkungen der Grenze auf die Region und ihre Bevölkerung. Martinez hat mit einer Typologie der unterschiedlich integrierten Grenzregionen[9] (am Modellfall USA - Mexiko) darauf aufmerksam gemacht, wie unterschiedlich die Interaktionsbedingungen sein können (Martinez 1994: 7). Als empirischer Fall, der im amerikanischen Forschungsbereich der „Border Studies" bzw. der „Borderland Studies" ein besonders reges Interesse an der nationalen Grenze und den an sie anschließenden Fragen provoziert, zeigt sich die Paradoxie neuer Grenzöffnungen besonders deutlich, wenn – wie in diesem Fall – mit der Zunahme des Grenzverkehrs gleichzeitig verstärkte Kontrollen einsetzen. Ein ökonomisch offener Grenzraum bedeutet nicht, so die verallgemeinerbare Feststellung, dass die Grenze ihre verbarrikadierende Funktion verliert. Die Grenzregion („borderland") ist allerdings ein Interaktionsraum, eine Kontaktzone, in der, je nach Typ der Grenze und ihrer Wirkung auf die Region, verschiedene Formen von Austausch über die Grenze stattfinden, die die Bewohner auf verschiedenste Weise prägen („borderland mentality"). Wie sich die besonders integrierte Form („integrated borderland") zu einer Grenzregion entwickeln kann, bleibt allerdings ebenso offen wie die Beantwortung der Frage, ob sich die Erfahrungen an einer Grenze ohne weiteres auf eine andere übertragen lassen.

Die Integration von Grenzregionen und ihren Bewohnern in politische Zusammenhänge ist angesichts der trennenden Wirkung der nationalen Grenze für einen Teil der Forschung zentral, weshalb nach Konzepten gesucht wird, um die regionale Identität durch die von den Anrainern gemeinsam erfahrene Wirkung der Grenze und die Grenzüberschreitung zu definieren.

In diesem Zusammenhang findet die Diskussion um grenzüberschreitende Zusammenarbeit bzw. transnationalen Regionalismus statt. Es geht dabei um die „Integration eines gemeinsamen, durch Staatsgrenzen getrennten Lebensraums" (Schmitt-Egner 1998: 63).[10]

Wie die Region allgemein wird die Grenzregion einerseits von der Identität der in ihr Lebenden geprägt, andererseits von den politischen Rahmenbedingungen, weshalb Schmitt-Egner zwei Grundtypen von Grenzregionen unterscheidet: den empirischen Phänotyp, der sich nach der Interessenlage

der Forschung richtet, und den analytischen Typ, der sich von der Region und
der Grenze selbst herleitet und bisher in der Forschung vernachlässigt wurde.
Schmitt-Egner nimmt ausdrücklich Bezug auf die Theorie von Weichhart und
Blotevogel (Schmitt-Egner 1998: 59). Beim empirischen Typ differenziert
Schmitt-Egner wiederum in Grenzregionen an den Außengrenzen der Europäischen Union und in Regionen an den Binnengrenzen der EU. Die Außengrenzregionen lassen sich ebenfalls differenzieren in Grenzregionen von
Beitrittskandidaten zur EU und von denen in Ländern, denen noch kein Bei-
tritt in Aussicht gestellt wurde usw. Eine weitere Unterscheidung kann bei
Binnengrenzregionen vorgenommen werden, die EU-Unterstützung bekommen oder nicht. Empirisch meint hier also den politisch-institutionellen Rahmen, der Gestaltungsmöglichkeiten für ein transnationales Europa bieten soll.
    Aber auch Schmitt-Egner betont, dass der Akteur der Vernetzung und
Integration des Grenzraumes nicht unbedingt identisch sein muss mit der
Exekutive und formuliert deshalb die These, dass nur eine Ausstattung der
regionalen Anrainer und regionalen Institutionen mit erheblichen Kompetenzen und großer Selbständigkeit zu einem einheitlichen Prozess führen kann.
Ziel sollte dabei sein, die unsichtbaren Grenzen zu erkennen wie auch die
gemeinsamen Zukunftsinteressen und möglichen Problemlösungsverfahren.
    Schmitt-Egner führt jedoch die Gründe für eine solche grenzüberschrei-
tende Zusammenarbeit nicht weiter aus und setzt als selbstverständlich voraus, dass die Anrainer überhaupt ihre Grenzen (zudem im vorgegebenen
Rahmen) überschreiten wollen.[11] Seine Argumentation folgt der Logik, dass
grenzüberschreitende Zusammenarbeit nur dann möglich wird, wenn sie als
Gegenstand der Forschung und der politischen Strategie eindeutig und wider-
spruchsfrei, damit analytisch vergleichbar und operationalisierbar wird. So
trägt er zwar den obigen theoretischen Befunden der anderen Autoren Rechnung, den Gegenstand mit seinen sozialen Implikationen zu definieren und
sich auf einen räumlich wie sozial wahrnehmbaren Gegenstand zu beziehen.
Aber er berücksichtigt nicht, dass der Forschungsgegenstand Grenzregion ein
Konstrukt ist, dem bestimmte Implikationen und Widersprüche grundsätzlich
anhaften, die einen analytisch "reinen" und widerspruchsfreien Vergleich
erschweren. Die Forderung nach einem widerspruchsfreien Gegenstand basiert m.E. auf der zu großen Nähe der Forschung zu den politischen Konzepten, die grenzüberschreitende Kooperation zum Maßstab der Integration
erheben und zudem in der europäischen Erweiterungshektik und Identitäts-
findung auf schnelle Umsetzbarkeit abzielen, ohne der hemmenden und
langwierigen Gegentendenzen genügend gewahr zu werden.
    Diese Widersprüchlichkeit drückt sich vor allem darin aus, dass die
Wahrnehmung der Grenze, der Grenzregion und der Vorstellungen regionaler
Identität von den verschiedenen Akteuren ganz unterschiedlichen Logiken

folgen kann: „Der Begriff ‚Regionalismus' umfasst allerdings zwei ganz verschiedene Bedeutungsdimensionen: Er beschreibt einerseits neue organisationstechnische Einteilungen von oben her und andererseits die kulturell-affektiven Identitätsmuster, die Suche nach der eigenen Herkunft innerhalb der Bevölkerung. Diese decken sich keineswegs. Während der erstere eine gewisse Schleifung der nationalen Grenzen anstrebt, will der letztere eher innerhalb dieser Grenzen seine eigenen kulturellen Markierungen setzen." Diese Entwicklung birgt einerseits Chancen, „wenn es gelingt, den Nationalismus durch die Schaffung von grenzüberschreitenden politischen und wirtschaftlichen Räumen endgültig zu überwinden", andererseits Gefahren, wenn das „Auseinanderdriften von politischen Planungseliten und großen Teilen der Bevölkerung" voranschreitet (von der Dunk 1995: 62).

Um zu verstehen, wie sich Wahrnehmungen der nationalen Grenze und der mit ihr implizierten Befürchtungen oder Hoffnungen konkret bei der Bevölkerung ausdrücken, ist es notwendig, sich mit den empirischen Bedingungen in ausgewählten Grenzregionen und ihrer politischen Einbettung auseinander zu setzen. Das ist mitunter sehr kompliziert und verwirrend, weil es statt der Eindeutigkeit des nationalen Raumes – die auch nur vorgestellt ist – zu einer „Vielschichtigkeit der Räume" (Sprengel 1999: 103) gekommen ist, in der Währungs-, Rechts-, Markt- u.a. Räume sich vor allem in den Grenzregionen überlappen und gegebenenfalls behindern.

Eine These ist, dass es neue Raumbildungsprozesse in Europa und damit auch in Deutschland bzw. an den deutschen Grenzen gibt, die jedoch nicht die alten sozialen und politischen Grenzen aufheben.

Eine Nation, so kann angenommen werden[12], differenziert sich „nach unten" aus, so dass neue Steuerungsbereiche entwickelt werden, die in Mikroregionen spezifische Strukturen, Interaktionen und Kommunikationen hervorbringen oder bestehende nutzen; Nation bekommt aber auch „nach oben" eine neue Bedeutung, indem sie zunehmend eingebunden wird in Makroregionen (wie z.B. die EU), die durch Abkommen u.ä. kodifiziert sind.

Dabei stehen sich, so die Vermutung, zwei divergierende Prozesse gegenüber: Zum einen soll eine innere Kohärenz der Regionen neu geschaffen oder re-aktiviert bzw. verstärkt werden, zum anderen sind vielfältige divergierende Grenzbildungsprozesse zu beobachten. Schwengel (1999) spricht in diesem Zusammenhang von „reflexiver Territorialisierung", d.h. dass Standort-Regionen durch eine Art Identitätsmanagement neue kommunikative Räume erzeugen, die – gemessen am Indikator „grenzüberschreitender Handel" – sich dem Wettbewerb dieser Räume aussetzen.[13] Entscheidend ist, in welchem Verhältnis die Entstehung neuer Grenzen und Identitätsvorstellungen mit der Verstärkung oder Veränderung alter Grenzen und Identitätsvor-

stellungen steht. Viele Fragen stellen sich bei der politischen und ökonomischen „Entdeckung" der Grenzregion: Welche Ein- und Ausschließungsprozesse begleiten die Veränderungen? Wie werden diese durch die Akteursperspektive geprägt? Welche politisch-integrativen Möglichkeiten werden be-
reitgestellt? Wie werden diese institutionalisiert? Was heißt in diesem Zusammenhang Integration?

Die Frage nach den *Institutionalisierungsprozessen* muss sich auf die
Untersuchung von (medialen, politischen, alltäglichen) Diskursen zu Loyali-
täten und Zugehörigkeiten beziehen, auf die Institutionen, die alltägliche
grenzüberschreitende Kooperationen möglich machen (können), auf politische Netzwerke, auf kulturelle Zusammenarbeit und auf Unternehmer und
ihre Bemühungen. Sie muss sich aber vor allem auf die Wahrnehmungen und
Erfahrungen der nationalen Grenze, der Anderen und des Eigenen beziehen,
wie sie von Seiten der Bevölkerung gemacht werden, denn deren Grenzerfahrungen sind keineswegs identisch mit denen der politischen Institutionalisierung. Politische Notwendigkeit und soziale Bedürfnisse folgen nicht immer
der gleichen Logik.

Grenzerfahrungen

Wie und warum die jeweilige Grenze von den Bewohnern des Grenzraumes
überschritten wird, ist Gegenstand von empirischen Forschungen, die sich
mit konkreten Grenzen befassen. Als Leitthese kann angenommen werden,
dass jede Grenze ihren eigenen Grenzraum konstituiert (Vobruba 1998: 51).
Ähnlich formulieren Baud und Van Schendel: *„border regions have their
own social dynamics and historical developement"* (Baud; Schendel 1997:
212). Sie sind eben nicht einfach nur unter die Kategorie „Grenzregion" sub-
summierbar und auf bestimmte Bedingungen reduzierbar, sondern extrem
fallspezifisch. Ihre Geschichte ist zutiefst komplex und geprägt von dem
eigentümlichen Zusammenhang ökonomischer Beziehungen, politischer
Formen und kultureller Dynamiken wie Sprachentwicklung und Identitätsvorstellungen.

Im Folgenden wird anhand einiger Forschungen zur deutsch-polnischen
Grenze der Frage nach einem veränderten Begriff von Grenzregion und der
Möglichkeit von politischer und sozialer Integration durch grenzüberschreitende Zusammenarbeit nachgegangen. Die deutsch-polnische Grenze wird
intensiv erforscht, gerade weil die Differenzen der Nationalstaaten und der
Gesellschaftssysteme – inklusive des heutigen Wohlstandsgefälles – dazu
geführt haben, diese Grenzregion als Herausforderung für die Integrations-
aufgabe eines vereinten Europas anzusehen. Historisch betrachtet gilt die
Grenze als harte Scheidelinie; im Zuge der EU-Erweiterungspläne ist sie aber

zu einem bevorzugten Objekt von Integrationsmaßnahmen geworden, die die nationalen Unterschiede teilweise nutzbar machen, teilweise aufheben sollen. Von Forschern des polnischen Westinstituts und der Adam-Mieckiwicz-Universität in Poznan wurde die als „Offene Grenze" bezeichnete Grenze zwischen dem Bundesland Brandenburg und West-Polens zwischen 1991-93 untersucht (Lisiecki 1996). Von besonderem Interesse war die neue Situation, die sich durch die deutsche Einheit, den Nachbarschaftsverträgen und der Abschaffung der Visa-Pflicht ergab.

Historisch waren Oder und Neiße seit dem Mittelalter keine Grenzflüsse. Über lange Zeit lag die deutsch-polnische Sprachgrenze mehrere hundert Kilometer weiter östlich. Durch die Demarkationslinie nach dem 2. Weltkrieg wurde sie verschoben, so dass die östlichen Gebiete Pommerns, Brandenburgs und Schlesiens polnisches Staatsgebiet wurden, während die polnischen Ostgebiete gleichzeitig an die Sowjetunion fielen (Grimm 1998: 185). Die neue polnische Grenzregion setzte sich Ende der 1940er zu einem großen Teil aus Neusiedlern zusammen, die nun mit einer für sie völlig neuen Umgebung, einer neuen Landschaft, neuen Maschinen und Häusern, welche die deutsche Bevölkerung zurückließ, konfrontiert wurden.[14]

Mit dieser Grenzverschiebung und der Neuansiedlung wurde, so die Ausgangsthese der Studie, das traditionelle Gebiet der Grenzregion aufgelöst, ein völlig neues Grenzgebiet entstand, in dem sich in der Zeit der Volksrepublik Polen und der DDR eine besondere Dynamik entwickelte (Lisiecki 1996).

Heute ist diese Grenzregion mehr als eine Staatsgrenze, denn in Polen verbindet sich mit ihr die Hoffnung auf eine Hebung des Lebensstandards. Da die Grenzöffnung nicht zu vermehrten Investitionen auf der polnischen Seite der Grenzregion geführt hat, knüpfen sich an die 1993 initiierte Euroregion „Spree-Neiße-Bober" große politische Erwartungen.[15]

Lisiecki meint optimistisch: „Die permanente massenhafte Anwesenheit von Bürgern des Nachbarstaates und die Möglichkeit, jederzeit die andere Seite der Grenze zu besuchen, haben sich den Einwohnern der deutsch-polnischen Grenzregion tief ins Bewußtsein eingegraben" (Lisiecki 1996: 97). Nach einer Umfrage im Rahmen der Studie wird die neue Grenzregion im Bewusstsein der Anrainer zunehmend mit positiven Gefühlen verbunden. 87,3 v.H. der befragten Slubicer bewerten den Einfluss positiv (zu 30 v.H. zwei Jahre vorher); dieser Einschätzung schlossen sich 46,4 v.H. der Frankfurter an (zuvor 20 v.H.). In der Nachkriegszeit war das Gefühl vieler polnischer Grenzbewohner von der Befürchtung geprägt, die Deutschen würden ihnen das Land wieder wegnehmen wollen. Die Wiedervereinigung löste erneut ein Gefühl höchster Beunruhigung aus. Viele empfanden das neue Deutschland als eine Bedrohung, gleichzeitig wurden allerdings die wirtschaftlichen Folgen als positiv eingeschätzt.[16] Das Wohngefühl auf den verschiedenen Seiten der Grenzeregion ist sehr unterschiedlich. Während über die Hälfte der Einwohner der polnischen Städte gerne dort wohnt, sind es nur sehr wenige, die das auch auf deutscher Seite tun. Die Untersuchung zeigt dabei, dass es kaum Kontakt zwischen Jugendlichen gibt. Einig sind sich die Befragten darin, dass eine "Versöhnung" (was damit von den Fragern wie Befragten gemeint wurde, bleibt allerdings unklar[17]) zwischen Deutschen und Polen schwierig oder unmöglich ist (65 v.H.). Interessant ist, dass 60 v.H. der Slubicer und 70 v.H. der Frankfurter noch nie etwas von der Europa-Region gehört haben. Für 52 v.H. der Bewohner polnischer Grenzstädte ist die Anzahl persönlicher Kontakte, die eine Grenzregion konstituieren helfen, gestiegen, während in den deutschen Städten nur 27 v.H. dies meinten. Deutsche wie Polen gehen allerdings nur zum Einkauf auf die andere Seite.[18]

Zusammenfassend kann gesagt werden: Die Grenze zwischen Deutschland und Polen *soll* geradezu ihren Charakter verändern: „Im gesellschaftlichen Bewußtsein soll sie nun eine politisch-administrative Zone sein, die kooperierende und einander freundschaftlich gesonnene Nachbarn verbindet und keine Grenzlinie, die zwei rivalisierende und mit gegenseitigen Ressentiments beladene Völker sichert oder abgrenzt" (Kwilecki 1996: 129).

Das Besondere dieser untersuchten Grenzregion ist der Umstand, dass durch die Bevölkerungsverschiebungen nach dem 2. Weltkrieg eine völlig neue Grenzregion geschaffen wurde, die durch die Erinnerung an den deutschen Angriffskrieg und die spezifischen Grenzbedingungen zu Zeiten des Warschauer Paktes wenige Austauschmöglichkeiten geboten hat.[19] Um eine Grenzregion zu entwickeln, wie sie mit dem EU-Konzept der grenzüberschreitenden Zusammenarbeit angestrebt wird, muss es, so die Studie, das Ziel sein, die gemeinsame Geschichte und die Chancen einer Kooperation zu thematisieren.

Inzwischen gibt es verschiedene Forschungsansätze, die den doch sehr optimistischen Ansatz, Grenzregionen ausschließlich als Kontaktzonen (insbesondere die deutsch-polnische Grenzregion) zu betrachten, erhebliche Defizite vorwerfen und die Widersprüche betonen. Die grenzüberschreitende ökonomische Vernetzung zwischen polnischen und deutschen Betrieben geht beispielsweise von der Voraussetzung aus, dass stabile Orientierungen und Handlungsperspektiven, also gemeinsame Ziele, in den sozialen Milieus und Politiknetzwerken verankert sind. Zur Zeit herrscht aber Verunsicherung: Die Handlungen sind meist rein symbolisch. Zudem herrscht eine Differenz zwischen der Symbolik der Europa-Politik und dem Lokalismus der regionalen Unternehmen, welche eine Abschottung befürwortet. Des weiteren besteht eine Diskrepanz zwischen regionalen Akteuren, die vor allem auf kultureller

Ebene den Austausch fördern wollen, und großen Teilen der Bevölkerung, die dem Nachbarn eher skeptisch gegenüber stehen (Jaedicke; Schwab 1999).

Krätke (1999) betont die höchst instabile Gesamtsituation, die diese Grenzregion von vielen anderen westeuropäischen unterscheidet: Die Arbeitsmarktregion ist auf deutscher Seite streng hierarchisch in eine Metropole (Berlin), einen engeren Verflechtungsraum und die Peripherie aufgeteilt. Das Schengener Abkommen behindert durch viele Kontrollen den grenzüberschreitenden Verkehr.[20] Auch die politisch-institutionelle Kooperation, welche die Aquise von Fördermitteln im Rahmen diverser Projekte des „Europa der Regionen" betrifft, ist wichtig. Dabei stoßen die Projekte immer wieder auf Widerspruch der national orientierten Institutionen, die andere Interessen verfolgen. Zwar bietet das Lohngefälle deutschen Unternehmen Anreize für Investitionen in der Region, gleichzeitig steht diese Differenz aber der politisch-kulturellen Integration im Weg. Krätke betont, dass die größten Entwicklungschancen in der Regel bei Grenzregionen bestehen, die eine historisch gewachsene Struktur aufweisen können und in denen eine Identifizierung mit der Region vorzufinden ist; die Standortvorteile aufgrund der billigen Arbeitskraft reichen aber nicht aus. Immer wichtiger wird der gesamte Kooperationszusammenhang und die regionale Vernetzung. Aber zu dem gesamten Kooperationszusammenhang gehören die Einstellungen der regionalen Akteure, insbesondere der Bevölkerung.

Die Kategorie Grenzregion

Der Begriff der Grenzregion, seine wissenschaftliche und politische Interpretation und seine Deutung derer, die mit und an der nationalen Grenze leben, wird, so lässt sich zusammenfassen, immer wichtiger. Die wissenschaftliche These, dass die Region ein Konstrukt ist, mit dem Interessen ausgedrückt werden, wird in der Politik der Grenzregionen immer deutlicher. Hier wird programmatisch danach gesucht, welche Verbindungen zwischen regionalen Unternehmen, lokalen politischen Akteuren und Anrainern bestehen; hier soll die Integration eines neuen Europas modellartig stattfinden. Roch (1999: 62) betont die hohen Erwartungen, die an den Abbau von Kooperationshindernissen geknüpft werden. Ein eigenständiger „Lebensraum" soll entstehen, der von der Bereitschaft zur Kommunikation getragen wird, und letztendlich „Frieden in Europa" garantiert.

Die im sozialwissenschaftlichen und politischen Diskurs übliche Forderung nach einer „regionalen Identität" übersieht aber zum einen die Persistenz der nationale Grenze und ihrer trennenden Wirkung; zum anderen die Motive der Anrainer für die Praxis der Grenzüberschreitung, die einer anderen Logik als die der politischen und kulturellen Integration folgt. Die Vorstellung, die

Grenze sei nun ausschließlich Kontaktzone (Newrly 2002: 44), ist falsch. Die nationale Grenze kann *gleichzeitig* Trennlinie zweier nationaler Hoheitsgebiete als auch eine Kontakt-Linie sein, die überschritten werden kann und einen Austausch ermöglicht. Die nationale Grenze ist gerade in dieser Paradoxie, trennend wie verbindend zu sein, relevant für die Anrainer und die Motivation, die Grenze zu überschreiten. Das ökonomische Ungleichgewicht, das billige Waren zu kaufen erlaubt, soll ausgenutzt werden. Für viele Anrainer wird die Grenze zum Tatbestand, mit dem zu leben möglich geworden ist, ohne dass damit ein neues regionales Bewusstsein verbunden sein muss.[21] Inwieweit allerdings die Öffnung der Grenzen neue soziale Abgrenzungspraktiken und damit auch neue Formen eines jeweils gemeinsamen Gruppenbewusstseins erzeugt, sollte Gegenstand weiterführender Diskussionen werden.

Die deutsch-polnische Grenze ist als Forschungsgegenstand vorgestellt worden, der mehr Probleme zutage bringt als der Integrationsvorstellung der Forschung wie Politik lieb ist. Zum einen zeigt sie, dass jede nationale Grenze mit spezifischen Problemen verbunden ist, die nur an dieser Grenze gelten und auch nur hier bearbeitet werden können, da die Geschichte der Grenze unterschiedliche Voraussetzungen bereitstellt. Zum anderen gibt es auch Gemeinsamkeiten, die z.B. deutschen Grenzregionen eigen sind: Sowohl die französische wie die dänische als auch die polnische Anrainer-Seite der Grenzregion[22] stehen der „grenzlosen" Europa-Idee insbesondere dann skeptisch gegenüber, wenn sie von Deutschen vertreten wird, denn Deutschland steht für die Bevölkerungen der deutschen Nachbarstaaten, die einst vom nationalsozialistischen Staat überfallen wurden, immer noch für eine gewalttätige und zerstörerische Zeit.

Um die Kategorie der Grenzregion für weitere Untersuchungen nutzbar zu machen, müssen Grenzregionen wie die deutsch-polnische mit anderen verglichen werden, um Differenzen und Symmetrien überhaupt erst sichtbar zu machen. In diesem Zusammenhang könnte sich die oben vorgeschlagene Definition von Grenzregion als zielführend erweisen, da mit diesem Regionsbegriff die Vorstellungen der Bewohner der Region zusammen mit den politischen Zielsetzungen in den Mittelpunkt der Analyse rücken.[23]

Dabei sollte die wissenschaftliche Behandlung der Grenzregion nicht den politischen Vorstellungen aufsitzen, dass Grenzregionen überall dort etabliert werden, wo regionale Identitäten bereits vorhanden sind. Häufig sind politische und ökonomische Gründe dafür ausschlaggebend, die Konstruktion einer Identität (einschließlich der Konstruktion einer „verbindenden" Geschichte) zu initialisieren. Die deutsch-polnische Region bietet sich für empirische Forschungen an, da sich hier auf Grund der spezifischen historischen und politischen Konstellation der Konstruktionsprozess von Grenzregionen plastisch nachzeichnen lässt; ein Vergleich mit anderen Grenzregionen ist jedoch hilfreich, um die historische und politische Kontextgebundenheit der Grenzregionen und ihrer Wirkungen identifizieren zu können.

Eine tiefergehende Untersuchung von nationalen Grenzen unter Verwendung der Kategorie Grenzregion sollte sichtbar machen, ob es grenzüberschreitende Traditionen gibt, die einen Austausch über die Grenze motivieren, auch wenn sie weniger von offizieller Seite berücksichtigt werden. In diesem Zusammenhang sollten folgende Fragen untersucht werden: Wie und wo verläuft die Sprachgrenze; welche gemeinsame Tradition der Grenzüberschreitungen (cross border marriages etc.) gibt es; welche Wirkung hat die Grenze auf die Identitätsvorstellung?

Als Kategorie ist *Grenzregion* vermutlich dann hilfreich, wenn ihr offener und konstruierter Charakter analysiert wird, aber hinderlich für die Forschung, wenn sie als schon vorherrschender oder politisch zu implementierender Zustand verstanden wird.

Anmerkungen

1 Welchen politischen und ökonomischen Intentionen das neue „Europa der Regionen" folgt, ist zusammengefasst bei Greß (1999). Für ihn erweist sich „das Europa der Regionen als ein sich überlappendes Netzwerk, das weder rein vertikalen noch rein horizontalen Charakter hat und das unter anderem durch einen hohen Grad an institutionalisierten Doppelmitgliedschaften in der euroregionalen Verbands- und Institutionslandschaft gekennzeichnet ist" (Greß 1999: 244). Außerdem sei es zu erheblichen Fortschritten in der Verrechtlichung der grenzüberschreitenden Zusammenarbeit gekommen. Vgl. zur Brisanz rechtlichen Entwicklung, die zwischen Autonomie der Einzelstaaten und deren rechtlicher Hemmnischarakter bei grenzüberschreitenden Aktivitäten changiert Beyerlein (1998: 118-134).

2 Vgl. zu dieser erkenntnistheoretischen Unterscheidung von Objekt- und Metasprache auch Kromrey (2002: 118). Es ist in der Herangehensweise ein Unterschied, ob untersucht wird, welche Eigenschaften ein Objekt hat, aus welchen Komponenten es sich zusammensetzt, oder ob es um die Rede über dieses Objekt geht, darüber, was die Personen meinen, wenn sie z.B. über Region reden.

3 Dabei kann es durchaus so sein, dass die Zuschreibung gar nicht räumliche Attribute verwendet, sondern, wie es häufig Verfahren der Sozialwissenschaften ist, dass soziale Komponenten räumlich dargestellt und auf Karten festgehalten werden.

4 Weichhart vermutet, dass die wissenschaftliche Methode, die den jeweiligen Maßstabsbegriff definiert und diesen für ihren eigenen Zusammenhang verwendet, das Forschungsergebnis erheblich beeinflusst (Weichhart 1996: 33). Ein Beispiel für die Maßstabsbegrifflichkeit ist die Definition von Klaus Lange im „Handwörterbuch der Raumforschung und Raumordnung" von 1970: „Eine Region ist ein geographisch bestimmter Raum mittlerer Größenordnung, der als zusammengehörig angesehen wird" (Zitiert nach Blotevogel 1996: 45).

5 Meines Erachtens sind der Identitätsbegriff und der des Regionalismus durchaus zusammenzufassen.

6 Goffman verdeutlicht die Notwendigkeit von räumlichen Komponenten an der Unterscheidung von Hinter- und Vorderbühne (1969: 99): "Eine Region kann für unsere Zwecke definiert werden als ein Ort, der bis zu einem gewissen Grad durch Wahrnehmungsschranken begrenzt ist. Natürlich unterscheiden sich einzelne Regionen auch durch das Ausmaß der Begrenzung und dadurch, wie sich die Wahrnehmungsschranken auf die verschiedenen Kommunikationsmittel auswirken." So verstanden ist die Region ein durch bestimmte Begrenzungen der Kommunikation entstehender (sozialer) Raum.

[7] Ein Befund, der auch auf die reale wie fiktive Form von Grenze zutrifft.

8 Raum ist in dem Zusammenhang dieser Veränderung ein wichtiger Aspekt der
   Restrukturierung, dabei sowohl materielle als auch soziale Kategorie. Sie ist
   unablösbar von der Restrukturierung (Blotevogel 1996: 50/51).

9 Martinez unterscheidet folgende Grundtypen: die „alienated borderlands", in
   denen kein grenzüberschreitender Austausch stattfindet; die „coexistence borderlands", in denen ein begrenzter Austausch stattfindet, ohne soziale un kulturelle Spuren zu hinterlassen; die „interdependent borderlands", in denen der
   Austausch zu Auswirkungen auf kulturelle Strukturen hat; die „integrated
   borderlands", in denen die Barrierewirkung der Grenze beseitigt ist. Wendl;
   Rösler (1999) erweitern diese Typologie durch die „figurative multi-sited borderlands" (10), die als Resultat globaler Migration und Enträumlichung als
   Erscheinungen in großen Städten gesehen wird, meines Erachtens aber die
   spezielle Wirkung der nationalen Grenze vernachlässigt. Dem Ansatz der
   Autoren liegt die Annahme zugrunde, dass die Unterscheidung zwischen
   buchstäblicher und übertragener Grenze obsolet wird (1999: 14). Dem kann
   ich nicht zustimmen. Vgl. meine Unterscheidung von nationaler Grenze und
   sozialer Grenze in diesem Band.

10 Die Begriffe 'transnationaler Regionalismus' und 'grenzüberschreitende Zusammenarbeit' sind dabei die in der einschlägigen deutschen Literatur üblichen
   Begriffe, um den Sachverhalt eines sich verändernden Europas und seiner
   neuen Vorstellungen von Grenzen zu erfassen.

11 Andersherum – entgegen seiner Strategie der transnationalen Überschreitung -
   begründet und rechtfertigt damit Schmitt-Egner die neue Qualität der Grenzregimes, also der Grenzziehungen, wenn er meint, dass diese Qualität durch
   „das Asyl-, Migrations- und Kriminalitätsproblem (...) ausgelöst" wurde
   (Schmitt-Egner 1998: 50), womit er nicht nur eine fragwürdige und m.E. wissenschaftlich nicht belegte Kausalität behauptet, sondern eine ebenfalls unzu-
   lässige Analogie dieser drei „Probleme" herstellt. Ein Grenzregime erzeugt
   auch das „Problem". Zudem ist Kriminalität durchaus auch ein innergesell-
   schaftliches Problem.

12 Das wird. von Greiner; Haubner (1999) beispielhaft an der grenzüberschreitenden
   Regionalentwicklung in Nordamerika und Europa vergleichend beschrieben.

13 Vgl. zu dieser Art Raumverständnis auch den programmatischen Essay über den
   Raum von Läpple (1991).

14 Den Assimilationsprozess der Neusiedler auf polnischer Seite wie das Misstrauen,
   welches Grenzregionsbevölkerung und Staat in Bezug auf die Vorläufigkeit
   der Grenze hatten, wird in verschiedenen Berichten zur Geschichte der polnischen Grenzregion beschrieben..

15 Vgl. dazu auch Grimm (1998: 190): „Ungewöhnlich gering sind die grenzübergreifenden deutsch-polnischen Beziehungen an Oder und Neiße im Bereich
   der Industrie und Landwirtschaft, nahezu bedeutungslos ist die Anzahl der
   (offiziellen) Arbeitspendler." Grimm weist auch auf die hohe Grenzkrimina-
   lität hin, die regelmäßig Schlagzeilen erzeuge. Vier Euroregionen, so Grimm

etwas genauer als die Studie, sind an der Oder-Neiße-Grenze gebildet worden. Außer der genannten: die Neiße; die Viadrina und die Pomerania.

16 Eine Analyse der Tageszeitungen auf beiden Seiten ergab, dass zur Öffnung der Grenze Berichte über Konfliktsituationen im Vordergrund standen, meint Lisiecki. Die Vorfälle mit Nazigruppen, die Polen mit Steine bewarfen, gaben der negativen Berichterstattung genügend Anlass.

17 Einige Details bleiben von den Autoren der Studie ungeklärt. Z.B. meint Lisiecki, dass die in der Grenzregion lebenden Ausländer, Asylbewerber, Sinti und Roma Einfluss auf die Herausbildung ethnischer Stereotype hätten. In welcher Weise ist nicht erklärt, ebenso wenig, ob das Fehlen der Ausländer bedeuten würde, dass die Bürger dort keine Vorurteile hätten.

18 Vernachlässigt wurden hier die Teile der Studie, die sich mit der demographischen Entwicklung und der Landflucht beschäftigten, weil sie keine neuen Erkenntnisse zur Einordnung der Grenzregion brachten.

19 Ein interessantes Beispiel für eine Grenzregion mit regen Austausch der verschieden Bevölkerungsgruppen bzw. der gleichen, die auf beiden Seiten der Grenze sich befinden, ist Slowenien: „We could even go so far as to say that Slovenia in is entirety could be characterized as a border region" Klemencic; Bufon 1994: 73).

20 Das wird zunehmend Thema der Region selbst, da leere Wohnungen, die nicht an Polen vermietet werden dürfen, und Ausbildungsplätze, die Deutschen vorbehalten sein sollen, fernab jeglicher ökonomischer wie kultureller Entwicklungsideen sind (FR v. 26.7.02).

21 Vgl. hierzu die Beiträge von Kühl, der die Verfolgung des praktischen Nutzen auf dänischer Seite betont, und von Ahrberg in diesem Band. Französische wie deutsche Jugendliche verhalten sich distanziert und z.T. gleichgültig der Grenze gegenüber. Vgl. auch den Begriff des Pragmatismus bei Mrozowicki; Szlachcicowa; Domecka in diesem Band. In meinem Artikel zur nationalen und sozialen Grenze betone ich, dass diese Differenz der Interessen und Motivationen auch durch die soziologischen Begriffe der Vergemeinschaftung und Vergesellschaftung beschrieben werden können.

22 Für die französisch-deutsche Grenze formulieren deutsche Politiker, wie Ahrberg in diesem Band betont, dass die Vergangenheit „überwunden" werden soll, was nicht nur nicht möglich ist, sie ist ja vergangen, sondern auch eine Rhetorik offenbart, die all zu schnell die nationalsozialistische Angriffs- und Zerstörungspolitik in einer Versöhnungsterminologie verharmlost. Bei Lisiecki wird hervorgehoben, wie letztendlich bei den Anrainern auf beiden Seiten die Vorbehalte mit dem zweiten Weltkrieg verknüpft sind, wenn Deutsche sich als Vertriebene fühlen, Polen von erneuten gewaltsamen Übernahmeängsten sprechen. Auch Kühl hebt die ungleichen Verarbeitungsweisen der nationalsozialistischen Angriffskriege und Besetzungen hervor, wenn er die Vorbehalte anspricht, mit denen die dänische Seite den deutschen Europa-Vorstellungen begegnet, die allzu idealistisch formuliert scheinen.

23 Hier sei ebenfalls auf die unterschiedlichen Untersuchungen in diesem Band
verwiesen. Für den Autoren, der zur Zeit an einem Vergleich der deutsch-
polnischen Grenzregion mit der deutsch-dänischen und der deutsch-
französischen (genauer: mit bestimmten Orten an diesen Grenzen) arbeitet,
sind dabei besonders die Arbeiten von Ahrberg und Kühl in diesem Band
wichtig. Offensichtlich ist an allen drei Grenzregionen die Widersprüchlichkeit zwischen offiziellen Integrationsmaßnahmen zu den distanzierten Einstellungen der Bewohner; obwohl in jeder dieser Regionen längst die andere
Seite der Grenze beliebtes Ziel geworden ist und z.T. auch schon lange war.

Literaturverzeichnis

Anderson, Malcolm (1982): The Political Problems of Frontier Regions. In: West-
European Politics Bd. 5, Heft 4. London.

Baud, Michiel; van Schendel, Willem van (1997): Toward a Comparative History of
Borderlands. In: Journal of World History, Vol. 8, Nr. 2. Honolulu, Hawaii.

Beyerlin, Ulrich (1998): Neue rechtliche Entwicklungen der regionalen und lokalen
grenzüberschreitenden Zusammenarbeit. In: Gerhard Brunn; Peter Schmitt-
Egner (Hg.): Grenzüberschreitende Zusammenarbeit in Europa: Theorie – Empirie – Praxis. Baden-Baden.

Blotevogel, Hans Heinrich (1996): Auf dem Wege zu einer "Theorie der Region-
alität": Die Region als Forschungsobjekt der Geographie. In: Brunn, Gerhard
(Hrsg.): Region und Regionsbildung in Europa: Konzeptionen der Forschung
und empirische Befunde. Baden-Baden.

FAZ vom 22.12.00: Frankfurter Allgemeine Zeitung: Europa der Grenzregionen.

FR vom 26.7.02: Frankfurter Rundschau, Thomas Roser: Gebremster Drang nach
Westen. In Polen arbeiten, in Deutschland wohnen – kein leichter Weg.

Goffman, Erving (1969): Orte und ortsbestimmtes Verhalten. In: ders.: Wir alle
spielen Theater. München.

Greiner, Johann-Georg; Haubner, Dominik (1999): Grenzüberschreitende Regiona-
lentwicklung in Nordamerika und Europa: Quebec und die deutsch-polnische
Grenzregion. In: Fludernik, Monika; Gehrke, Hans Joachim (Hrsg.):
Grenzgänger zwischen Kulturen. Würzburg.

Gress, Franz (1999): Regionale Mitwirkung in Europa. Chancen und Risiken einer
Integration von unten für die Länder. In: Glatzer, Wolfgang (Hrsg.): Ansichten
der Gesellschaft. Opladen.

Grimm, Franz-Dieter: "Im Osten ist alles anders" – Zur Situation der deutschen und
polnischen Grenzregionen an Oder und Neiße. Grenzüberschreitende Zusammenarbeit in Europa: Theorie – Empirie – Praxis. Baden-Baden.

Hilf, Rudolf (1991): Regionalismus als Gegengift. In: Die Neue Gesellschaft: Frankfurter Hefte 10. Bonn.

Jaedicke, Wolfgang; Schwab, Oliver (1999): In: WeltTrends Nr. 22/Frühjahr 1999.
Berlin.

Klemencic, Vladimir; Bufo, Milan (1994): Cultural Elements of Integration and Transformation of Border Regions. The Case of Slovenia. In: Political Geography, Vol. 13, Nr. 1. Oxford.

Krätke, Stefan (1999): Probleme und Perspektiven der deutsch-polnischen Grenzregion. In: Schultz, Helga; Nothnagle, Alan (Hrsg.): Grenze der Hoffnung. Geschichte und Perspektiven der Grenzregion an der Oder. Berlin

Kromrey, Helmut (2002): Empirische Sozialforschung. Opladen.

Kwilicki, Andzey (1996): Die polnisch-deutsche Grenzregion – eine neue Realität. In: Lisiecki, Stanislaw (Hrsg.): Die offene Grenze: Forschungsbericht polnischdeutsche Grenzregion (1991-1993. Potsdam.

Läpple, Dieter (1991): Essay über den Raum. In: Häußermann, Hartmut et al. (Hrsg): Stadt und Raum. Pfaffenweiler.

Lisiecki, Stanislaw (1996): Die offene Grenze – Wandlungen im Bewußtsein der Grenzbewohner. In: Lisiecki, Stanislaw (Hrsg.): Die offene Grenze: Forschungsbericht polnisch-deutsche Grenzregion (1991-1993. Potsdam.

Löw, Martina (2001): Raumsoziologie. Frankfurt/M.

Martinez, Oscar J. (1994): Border People. Life and Society in the U.S.-Mexico Borderlands. Tucson/London.

Newrly, Petra (2002): Transnationaler Regionalismus. Die grenzüberschreitende Zusammenarbeit am Oberrhein – ein Beispiel für die Fortentwicklung der europäischen Integration? Münster.

Roch, Isolde (1999): Grenzüberschreitende Regionalentwicklung – Basis europäischer Integration? In: WeltTrends Nr. 22/Frühjahr 1999. Berlin.

Schmitt-Egner, Peter (1998): "Grenzüberschreitende Zusammenarbeit" in Europa als Gegenstand wissenschaftlicher Forschung und Strategie transnationaler Praxis. Anmerkungen zur Theorie, Empirie und Praxis des Transnationalen Regionalismus. In: Brunn, Gerhard; Schmitt-Egner, Peter (Hrsg.): Grenzüberschreitende Zusammenarbeit in Europa: Theorie – Empirie – Praxis. Baden-Baden.

Schwengel, Hermann (1999): Die Grenzen der Soziologie. In: Monika Fludernik; Gehrke, Hans Joachim (Hrsg.): Grenzgänger zwischen Kulturen. Würzburg.

Vobruba, Georg (1998): Grenz-Beobachtungen. In: Ästhetik & Kommunikation: Gesellschaft grenzenlos? Heft 102, 29. Jg. Berlin.

Weichhart, Peter (1996): Die Region – Chimäre, Artefakt oder Strukturprinzip sozialer Systeme? In: Brunn, Gerhard (Hrsg.): Region und Regionsbildung in Europa: Konzeptionen der Forschung und empirische Befunde. Baden-Baden.

Wendl, Tobias; Rösler, Michael (1999): Frontiers and Borderlands: Anthropological Perspectives. Frankfurt/M.

Die unsichtbare Objektivität der Grenze

Konrad Thomas

Objektivität ist das Ziel aller unserer Erkenntnisbemühungen. Was als objektiv gelten kann, ist unumstößlich und fordert Anerkennung. Im Alltag unserer Erfahrung brauchen wir dieses Attribut vielleicht gar nicht. Eine Wand ist eine Wand; und wer mit dem Kopf durch die Wand will, will Unmögliches. Aber nicht alles, was für uns unumstößlich ist, hat die materielle Qualität einer Wand. Wir wissen aus der Geschichte der Wissenschaften, besonders der Philosophie, dass es so einfach nicht ist festzustellen, wann etwas dieses Attribut beanspruchen kann. In den modernen Wissenschaften hat man dieses allgemeine Attribut durch ein spezifisches ersetzt: Als objektiv gilt, was empirisch erwiesen ist. Man hat die entsprechenden Verfahren auch in den Sozialwissenschaften angewandt, aber ist dabei, wie ich meine, einer sprachlich bedingten Täuschung erlegen. Man nennt die empirischen Wissenschaften auch Erfahrungswissenschaften – eine wörtliche Übersetzung. In den modernen Wissenschaften gilt aber nun keineswegs als empirisch dasjenige, was der Erfahrung im allgemeinsten Sinn entspricht. Empirisch heißt hier: Experimente zu machen und diese Experimente zu beobachten, die dann als gültig angesehen werden, wenn sie sichtbar gemacht werden können. Man muss die Ergebnisse sehen können, entweder optisch – in Umrissen, Schwingungen, Kurven – oder dann in den niedergeschriebenen Zahlen und Zahlenverhältnissen. In Kurzform tun dies auch die Interviews der empirischen Soziologie. Sie machen etwas lesbar und sichtbar. Empirie in diesem Sinn ist also durch zwei Bedingungen gegeben, einmal das Experiment (im weiteren Sinne), und zum anderen das Auge.

Die Soziologie, sofern sie sich dieser Methodik anschließt, hat also – in der Umkehr – nicht notwendig etwas mit dem zu tun, was wir Erfahrung nennen. Ich bin der Auffassung, dass wir nur dann sinnvoll von Gesellschaft sprechen können, wenn wir daran interessiert sind, zu erkennen, was *zwischen Menschen* geschieht. Es ist dies die Perspektive von Georg Simmel (1992), dessen Grundlegungen zur Soziologie meines Erachtens nicht hinreichend aufgegriffen worden sind. Gesellschaft ist für ihn nicht ein greifbares, sichtbar zu machendes Objekt, sondern Gesellschaft ist gleichzusetzen mit *Wechselwirkungen* unter Menschen. Objektiv in diesem Sinn ist das, was den Menschen, Individuen und Kollektiven im Prozess der Wechselwirkung als gültig, als – mindestens temporär – unaufhebbar gilt. Ich möchte in diesem Vortrag aufzeigen, auf welche Weise im Gesellschaftlichen Objektivität in der Wechselwirkung erfahren wird und dann auch feststellbar ist. (In dieser Absicht und in dem eben gezeigten wissenschaftstheoretischen Zusammenhang habe ich eine ‚unsichtbare Objektivität' formuliert.)

Ich werde dies anhand eines einzigen Phänomens tun, indem ich der Frage nachgehe, was der Begriff *Grenze* im Gesellschaftlichen bedeutet. Es gibt vielerlei Grenzen und mancherlei Grenzerfahrungen, die ich dabei zu durchleuchten beabsichtige.

Zuvor aber etwas Persönliches: Ich habe in meinem Leben viele „Grenzen" erfahren, habe sie überschritten oder nicht zu überschreiten gewagt, habe oft nicht geahnt, was jenseits der Grenzen auf mich wartet, oft aber auch erst nach der Überschreitung gemerkt, dass ich eine Grenze überquert hatte. So könnte ich denn alle soziologische Problematik, die ich sehe, anhand biographischer Episoden auffädeln. Aber ich habe mir gedacht: dann überschreite ich schon wieder eine Grenze. Ich habe mich vorsichtigerweise diesseits der vorgestellten Grenze gehalten und werde folglich gleich in die akademische Tonart übergehen. Aber eine einzige Episode, deren theoretische Bedeutung ich Ihnen in einem anderen Zusammenhang zu erläutern habe, möchte ich voranschicken.

Ich lebe an einem Ort unmittelbar an der ehemaligen Ost-West-Grenze. 16 Jahre war kein Spaziergang fünf Minuten vor dem Haus möglich, ohne *erstens* in die Nähe des Minenstreifens oder dann des Zauns zu geraten. Da war also die unübersehbare Grenze. Aber *zweitens*: diese sichtbare Grenze war nicht die eigentliche Grenze. Schon etliche Meter davor begann der politische Boden der DDR. Das musste man wissen, sehen konnte man es nur an wenigen Stellen. Und diesen Boden zu betreten konnte gefährlich sein. Jetzt aber gibt es diese Grenze nicht mehr. Zwei Kilometer weiter liegt das Dorf, von dem man über Jahrzehnte nur ein paar Dächer sehen konnte. Dieses Dorf liegt in Thüringen. Und dort leben andere Menschen. Also doch eine Grenze?

Grenzziehung, Entgrenzung und Wiederbegrenzung

Die Begriffe „*bordernization, de-bordernization and re-bordernization*" also: Grenzziehung, Entgrenzung und Wiederbegrenzung gewinnen Gewicht überall dort, wo es um Globalisierung geht. Damit ist der Horizont des Diskurses angegeben, der von neuem zu Überlegungen über Grenzen herausfordert. Dass dabei Vorsicht geboten ist, betont Shmuel Noah Eisenstadt (2001), der unter anderem durch seine eigenwilligen Beiträge zur Modernisierungstheorie bekannt ist. Er führt in der Einleitung aus, wie und auf welchem Wege sich gesellschaftliche Einheiten begrenzen. Er schreibt von der „*construction of boundaries of the different patterns of interaction*", dass diese „fragil" seien und fügt hinzu „*But being fragile does not mean that they are non-*

existent". Es gäbe *„special mechanisms of control and integration ...needed to overcome the inherent instability and fragility of their* [d.h. der jeweiligen Systeme, K.T.] *boundaries in order to maintain and assure their reproduction."*(14) Es handelt sich nach Eisenstadt also um ständige Prozesse der Grenzbestimmung, *„continual selection, reconstruction, reinterpretation, and invention of themes, tropes, parameters models and codes"* (15) Alles ist in Bewegung, einer Bewegung, die dennoch immer auch einer Bestandserhaltung dient.

Ich werde mich im Folgenden mit dieser Fragilität beschäftigen, aber aus einem anderen Blickwinkel. Bietet Eisenstadt gewissermaßen einen präzisen Satelliten-Überblick, so versuche ich es etwas mehr vom Boden aus. Beides muss sich ja ergänzen.

Die Grenzerfahrung

Ich beginne mit einer gebräuchlichen soziologischen Terminologie. Wir sprechen von gesellschaftlicher *Schichtung*, von Ober-, Mittel- und Unterschicht, gelegentliche weitere Unterteilungen inbegriffen. Und wir verfügen über empirische Kriterien darüber, was in diesen Schichten geschieht, welche Personenkreise diesen Schichten zuzuordnen sind. Das Merkwürdige ist nun, dass es zwar – ohne Frage – diese Zugehörigkeiten gibt, dass aber fraglich ist, wo die Grenze zwischen diesen Schichten verläuft. Also stellen wir uns eine räumlich-dimensionierte Einteilung ohne dasjenige vor, was räumliche Dimension auszeichnet, nämlich die präzise Abgrenzung. Es gibt gewissermaßen ein Niemandsland zwischen Oben und Mitte, zwischen Mitte und Unten. Ein Feld, in dem man nicht genau bestimmen kann: ist hier noch Oben oder schon Mitte, noch Mitte oder schon Unten?

Wie kommen wir unter Voraussetzung der Simmel'schen Fragestellung hier weiter? Indem wir erst einmal die konkreten Erlebnisse und Erfahrungen einbeziehen. Grenze als soziologischer Begriff muss zuerst an die Erfahrung von Grenze gebunden werden. Erfahrung von Grenze bedeutet aber *erstens* die Überschreitung von Grenze. Erst wenn dies geschieht, kann ein erfahrungsbestimmtes Bewusstsein von Grenze entstehen.

Wann *zweitens* wird aber diese Grenze überschritten, wenn es eine deutliche Grenze nicht gibt? Es muss spezifische Erfahrungen geben, an denen nachträglich die Überschreitung der unsichtbaren Grenze kenntlich wird. Diese Erfahrung ist *kommunikativer Natur*: Diejenige Person, die sich als Aufsteiger bemüht hat, nach Oben zu kommen, erfährt durch schockartige Erlebnisse oder allmählich durch Erfahrung, dass sie nicht akzeptiert wird. Sie hatte angenommen, es handele sich um einen Übergang, wie über einen Fluss mit einer Brücke. Aber nun weiß sie: sie gehört doch nicht dazu. Sie hat eine

Grenze nur zu überschreiten versucht. Es ist ihr nicht gelungen. Oder aber der
Absteiger. Er erfährt, dass seine früheren Lebensgenossen nichts mehr mit
ihm zu tun haben wollen. In diesem Fall hat er nicht – wie der Aufsteiger –
das Beziehungsfeld in demselben Sinn wechseln wollen. Er ‚gehört nicht
mehr dazu'. Es sind jeweils soziale Wechselwirkungen, welche die Grenze
deutlich machen.

In beiden Fällen kann deutlich werden, dass die Grenze kein Strich ist,
sondern – im geographischen Bild – ein *Streifen,* mehr oder weniger breit,
der als solcher nicht gekennzeichnet ist. Grenzerfahrung findet im Verhältnis
zu diesem Streifen, diesem Feld, diesem Niemandsland statt und wird als
solche erst deutlich, wenn in der *sozialen Wechselwirkung* die Zugehörigkeit
oder Nicht-Zugehörigkeit erlebt wird.

Damit ist nun keinesfalls die Objektivität von Schichten geleugnet. Im
Gegenteil, sie zeigt sich manifest in Handlungserfolgen und –misserfolgen, in
gelungener oder misslungener Kommunikation. Aber sie zeigt sich – immer
unter Berücksichtigung der Wechselwirkungen – *hinterher.* Schichtzugehö-
rigkeit ist also einerseits ein objektives Faktum, andererseits aber im Blick
auf die Erfahrung durch unsichtbare Grenzziehung bestimmt.

Mit diesem ersten Schritt sollte aufgezeigt werden, wie gesellschaftliche
Objektivität einzuschätzen ist. Nicht die Objektivität einer Landschaft, wie
wir sie abstrahiert auf einer Landkarte sichtbar gemacht bekommen, sondern
die Objektivität, die sich – um im Bild zu bleiben – erst im Wandern er-
schließt.

Diese Unbestimmbarkeit der Grenze möchte ich in einem zweiten Schritt
im Blick auf das, was uns die Systemtheorie nahe legt, weiter verfolgen.
System und Umwelt sind uns als Kategorien bekannt. Wir haben gelernt, dass
die entsprechende Grenze zwar nicht feststeht, aber doch darin besteht, dass
es eine Leitdifferenz gibt, die als Entscheidungsmodul jeweils Innen und
Außen voneinander abgrenzt. Die Grenzbestimmung scheint einfach zu sein:
ob Zahlen oder Nicht-Zahlen, ob Recht oder Unrecht, ob verifizierbar oder
nicht verifizierbar. Das System erhält sich als System, indem die entsprechenden Entscheidungen getroffen werden. Aber der Vollzug von Gesellschaft zeigt, dass es so einfach nicht ist. Denn man kann nicht behaupten,
dass die Grenze des Ja oder Nein so einfach ist – wie wenn der Kontrolleur in
der Bahn feststellt, ob man eine Fahrkarte hat oder nicht. Die nähere Bestimmung des Gesellschaftlichen fängt meines Erachtens dort an, wo man
feststellt, wie breit das Grenzfeld ist. Wo auch immer man hinschaut, in
Wirtschaft, Justiz oder Wissenschaft, überall beobachten wir unendliche
Anstrengungen, diese Grenzunterscheidung zu treffen.

Ein wirtschaftliches Unternehmen kann nicht exakt im voraus wissen, wo
die Grenzen seiner Möglichkeiten liegen. Es riskiert; und zwar nicht so, wie

manche denken, nämlich dass dieses Risiko immer kalkuliertes Risiko ist. Ein Unternehmen kann mit Risiko expandieren, es kann sich aber auch ruinieren. Der vorsichtige Unternehmer geht – solange es die wirtschaftlichen Verhältnisse erlauben – erst gar nicht bis an die Grenzen. Wieder haben wir das Phänomen: entweder die vorerst unsichtbare Grenze überschreiten – mit den entsprechenden Erfahrungen – oder aber aufgrund der eigenen Vorstellungen sich lieber im gesicherten Bereich aufhalten.

Wie sieht es im Rechtswesen aus? Hier haben wir es mit der Unterscheidung von „rechtmäßig" – „nicht rechtmäßig", „schuldig" – „nicht schuldig" zu tun. Das Feld – der Grenzstreifen – ist gelegentlich kaum erkennbar breit. Wie lange braucht es in Prozessen, oft über mehrere Instanzen hinweg, bis ein Urteil gefällt ist. Und wie viele Fälle gibt es, in denen nie entschieden wird, ob etwas rechtmäßig ist oder nicht! Recht bzw. Unrecht stellen mitnichten eine klare, das Alltagsleben und die Erfahrung der Beteiligten strukturierende Grenze dar. Als Beispiel können hier Schwarzfahrer in Bus und Bahn dienen. Ihre prozentuelle Anzahl mag gering sein, aber auch sie gehören zur Gesellschaft. Und wenn unter Jugendlichen der Sport ausbricht, es ohne Fahrkarte zu versuchen, dann kann es eine Weile dauern, bis der Grenzstreifen deutlich eingeengt wird.

Auch im Blick auf das, was uns die Systemtheorie nahe legt, lässt sich die Objektivität des Gesellschaftlichen nicht leugnen. Eine Gesellschaft ohne Systemgrenzen ist undenkbar. Aber dasjenige, was als objektiv dann erfahrbar ist, wird erst in den notwendigerweise offenen Grenzbereichen bestimmt – wenn es sein muss, täglich neu. Durch das Überschreiten oder Unterschreiten wird die Grenzziehung realisiert.

In einem dritten Schritt gehe ich von einer anderen Seite vor. Es versteht sich von selbst, dass das große Feld des Gesellschaftlichen, wie offen auch immer wir es annehmen, nicht denkbar ist ohne das Kriterium der *Zugehörigkeit* und des *Ausschlusses*. Es gibt keinen Menschen, der nicht in irgendeiner Weise sich zugehörig weiß oder als zugehörig angesehen wird. Zugehörigkeiten bestimmen sich durch Ausschluss, ob Familie oder Verwandtschaft, Freundschaft oder Vereinsmitgliedschaft, Parteizugehörigkeit, Betriebszugehörigkeit, Religionszugehörigkeit. Warum nicht alle Menschen mit allen Menschen in gegenseitigem Verstehen zusammenleben können: diese Frage wird erst gar nicht gestellt. Alle Zugehörigkeiten implizieren Nicht-Zugehörigkeiten. Man könnte dies im systemtheoretischen Sinn beschreiben. Nicht-Zugehörigkeit bedeutet in diesem Sinne „Umwelt". Man mag mit dieser Unterscheidung einiges an Einsichten gewinnen. Aber das soziologisch Entscheidende wird meines Erachtens ausgeklammert. Die Umwelt sind andere Menschen, und zwar andere Menschen, die einerseits ihre eigenen Zugehörigkeiten haben, andererseits aber auch derart in die Nähe des „Sy-

stems" kommen können, dass ein Grenzstreifen erlebt wird. Denn es kann
sein, dass sie als Zugehörige anerkannt werden oder gerade nicht. Und es
kann sein, dass ihnen die Zugehörigkeit aberkannt wird. Es kann sein, dass
sich Mitglieder einer Zugehörigkeit entfernen, es kann ebenso sein, dass sie
sich gegen einen Ausschluss wehren. Es gibt soziale Zusammenhänge, in
denen solches eindeutig geregelt ist: dort etwa, wo es ‚sichtbar' gemachte
Zugehörigkeit gibt (Vereins- oder Betriebsmitglieder, anerkannte Familien-
zugehörigkeit). Aber es gibt offene Zugehörigkeiten, wie etwa in der politischen Parteienlandschaft, in der sich auch Stammwähler einer Partei nicht
dadurch registrieren lassen, dass sie Mitglieder werden. Die Erfahrung, ob
man diesseits oder jenseits der Grenze steht, impliziert wiederum einen Zeit-
faktor. Wie lange z.b. kann es dauern, bis ein Migrant sich sicher sein kann,
dazu zu gehören - oder auch, was schmerzlich ist, nun doch nicht als zugehörig anerkannt zu sein. Solche Zugehörigkeiten lassen sich *einerseits* formal
bestimmen, aber ihr für das alltägliche Verhalten wesentliches Kennzeichen
kann nicht so einfach sichtbar gemacht werden. Deswegen muss ein *zweiter*
Zugang zur Grenzproblematik gesucht werden, der vor und nach aller Grenzerfahrung liegt. Das entsprechende Verhalten ist nämlich in den Vorstellungen begründet, die mit der Zugehörigkeit als gegeben angenommen werden.

Grenzvorstellungen

Neben der ‚räumlichen' gibt es noch eine zweite Dimension, Grenzen zu
bestimmen. Nehmen wir an, diejenigen, die sich in der Mitte einer Schicht
befinden – im Verhalten und ihren Intentionen in keiner Weise durch die
Grenze bestimmt – haben doch eine *Vorstellung*, dass es eine solche Grenze
gibt. Nehmen wir weiter an, es ist ihnen bekannt geworden, dass die Grenze
ein breiter Grenzstreifen ist, dass man also nicht so genau wissen kann, wann
man an den Rand der eigenen Schicht gerät. Wie werden sie sich verhalten?
Sie konkretisieren ihre Vorstellung in dem Sinn, dass sie sich möglichst nicht
in die Nähe des Grenzstreifens begeben. Sie grenzen also ihr Handlungsfeld
innerhalb der Schicht nach dem Motto „Sicher ist sicher" ein. Das nun kann
dazu führen, dass sie von ihren möglichen Freiheiten keinen Gebrauch machen, gleichzeitig aber dazu, dass die kollektive Bestimmung dessen, was
„schichtgemäß" ist, eingeengt oder verändert wird. Dies alles spielt sich bewusst oder halb bewusst im Bereich der Vorstellung ab, bevor es durch
Handlungen sozial erfahrbar wird. Mit anderen Worten, das Grenzfeld kann
sich dynamisch verändern.
    Für diejenigen, die sich im sicheren Mittelfeld einer Schicht aufhalten, ist
die Grenze kein Datum der Erfahrung. Warum? Weil sie nie an die Grenze
geraten. Die Grenze ist Bestandteil des Bewusstseins, nicht mehr und nicht

weniger. Man kann auch sagen: die Grenze ist in den Köpfen. (Ein Plakat nach der „Wende" machte auf die Grenze in den Köpfen aufmerksam.) Jedes Mitglied im Innenbereich verhält sich so, dass damit die Zugehörigkeit bestätigt wird. Wer zu einer Religionsgemeinschaft gehört, lässt sich zwar auch an der formalen Mitgliedschaft ablesen, ist aber bestimmt durch die Vorstellungen im Einzelnen und unter den Vielen, die man von dieser Zugehörigkeit hat: wie man sich verhält und verhalten soll. Gerade in der neueren Zeit lässt sich hinsichtlich der Religionszugehörigkeit deutlich machen, wie unsicher die Grenzbestimmung ist. Das fängt an, indem z.b. in der katholischen Kirche die Inanspruchnahme der Beichte schwindet. Gehört jemand, der nicht regelmäßig zur Beichte gehört, nun dazu oder nicht? Vom Schwund der Kirchenbesucher wurde schon lange geredet, ohne dass damit ein förmlicher Austritt aus der Religionsgemeinschaft gegeben war.

Noch klarer lässt sich die Bedeutung der Vorstellungen für die Zugehörigkeit am Beispiel der Familie, besonders der Erziehung in der Familie zeigen. Einerseits gehört man dazu, andererseits muss man erst lernen, was es bedeutet, dazu zu gehören. Viele subtile Grenzlinien bestimmen nach und nach das Bewusstsein der Heranwachsenden, das es täglich zu bewähren gilt. Was so als Grenzbestimmung erfahren wird, kann von der anderen Seite her als *Werterfahrung* gelten. Dazu zu gehören, bedeutet bestimmte Werte anzuerkennen. Aber diese *Werterfahrung* ist nur in gewisser Hinsicht als Vorstellung von Werten zu verstehen, denn ohne die Wert-Grenz-Erfahrung, ohne die Überschreitung, die anfänglich in der Erziehung, oft genug erst hinterher gemacht wird, wird sich die Zugehörigkeit nicht stabilisieren. (Erst haben wir als Kinder etwas getan, bevor wir belehrt wurden: das darfst Du nicht.)

Als erstes kurzes Fazit der bisherigen Überlegungen ist festzustellen: Im Feld des Gesellschaftlichen ist folgende Unterscheidung zu treffen. Einerseits handelt es sich um Grenzen, die als solche nur bewusst gemacht werden können, wenn sie überschritten worden sind. Als nicht-wahrnehmbare werden sie durch konkrete Widerstandserfahrung deutlich. Andererseits handelt es sich um Grenzen in der Vorstellung – mit Castoriadis (1984) um *Imaginäres* – die das Handeln und die Empfindungen der Einzelnen und der Kollektive bestimmen. Man kann sich gut gesellschaftliche Verhältnisse denken, in denen sich Erfahrungsgrenzen und Vorstellungsgrenzen decken. Man hält sich an die Vorstellungsgrenzen und wenn man sie dann doch einmal überschreitet, lehrt die Erfahrung, dass die Vorstellungen zutreffen. Das wären relativ stabile gesellschaftliche Verhältnisse.

Anthropologischer Exkurs

Was die derzeitigen gesellschaftlichen Verhältnisse betrifft, sieht das freilich wesentlich anders aus. Doch bevor diese in den Blick genommen werden, soll eine, wenn auch recht knappe, anthropologische Anmerkung eingeschoben werden. Wenn es – mit Helmut Plessner (1981a, 1981b) – nicht darum geht zu leben, sondern das „Leben zu führen", dann hat dies hinsichtlich des Verhältnisses der Menschen zu ‚Grenzen' eine umfassende Bedeutung. Die Erfahrung der Grenzen zu anderen Menschen, also der sozialen Grenzen, ist nicht zu trennen von den Grenzen, die der Mensch an sich selbst erfährt. In dieser Erfahrung verhält sich der Mensch zu sich selbst in dem Sinne, dass er sich zu seiner Grenzbestimmung verhält. Die dazu notwendige Reflexion ist nicht möglich, ohne dass er sich Vorstellungen über sich selbst und damit auch seine Grenzen macht. Er reagiert nicht nur – das wäre das reine Grenzerlebnis – sondern er „macht etwas draus", er führt sein Leben. Die Unterscheidung zwischen Grenzerfahrung und Grenzvorstellung, zwischen Erfahrungsgrenzen und Vorstellungsgrenzen ist fundamental. Es ist immer etwas offen, es besteht immer ein noch nicht ausgeloteter Grenzstreifen. Das heißt aber für das lebende Individuum, dass es in der Gestaltung seines Lebens, wie Castoriadis (1984) in hervorragender Weise deutlich gemacht hat, nicht grenzfixiert ist. Daraus folgt, dass sich das Individuum ständig so verhält, dass es erst Grenzerfahrungen machen muss – sowohl im Bereich des Individuellen, der eigenen Fähigkeiten (was ich jetzt auslasse), als auch im Bereich des Sozialen. Mit Georg Herbert Mead (1968): der „*generalized other*" muss im Psychischen des Einzelnen installiert werden. Aber auch dieser ist nicht eindeutig fixierbar, wie es manche Rollentheoretiker glauben machen wollen. Es bleibt – sei es nur ein spärlicher – Bereich des Offenen. Daraus lässt sich nun folgern, dass es psychisch-soziale Stabilität nur geben kann, sofern der offene Grenzstreifen einigermaßen überschaubar ist, und dass andererseits dann, wenn die Grenzerfahrung undeutlich wird, die Unsicherheit des Verhaltens als Folge eintritt.

Aktuelle Problemlagen

Im Folgenden werde ich versuchen, die Grenzproblematik auf gegenwärtige gesellschaftliche Problemlagen anzuwenden, wie sie sich unüberhörbar aus dem öffentlichen Diskurs ergeben, und zwar einmal generell, zum anderen mit Blick auf einige spezielle Problemfelder.

Im Allgemeinen kann man feststellen, dass der Terminus „Grenze" im wesentlichen wertnegativ besetzt zu sein scheint. Die Schlagworte lauten „Grenzen abbauen", „Grenzen aufheben", „Grenzen durchlässig machen", und über allem steht das Adjektiv „grenzenlos" (wozu allerdings Reinhard Mey einmal angemerkt hat: „über den Wolken muss die Freiheit grenzenlos sein"). Kürzlich verkündete ein Plakat an einer Kirche die Ankündigung eines Vortrags „Grenzenlos glauben". Als im besonderen Sinn anerkannte Grenze scheint heute diejenige zur Vergangenheit zu gelten: Sie liegt hinter uns, und von allen, die Vergangenheitsträchtiges proklamieren oder darstellen, muss man sich abgrenzen. Es ist „Schnee von gestern".

Es geht in all dem um gesellschaftliche Veränderungen, die als *Verbesserungen*, wenn nicht gar als *notwendig* beurteilt werden. Darüber könnte man diskutieren, wenn nicht schon die Diskussion als Behinderung angesehen würde. Wichtiger in unserem Zusammenhang ist aber eine Metapher, mit der solche Verbesserungen bedacht werden. Es handelt sich um die Vorstellung von *Stufen*, die man auch als *Gradualismus* bezeichnen könnte. Veränderung und Verbesserung geschehen in dieser Sicht stufenweise, und Grenzen (oder auch Schranken) werden als Behinderung auf dem Weg der stufenweisen Veränderung angesehen. Eine solch fundamental optimistische Metapher wird sich aber bei genauerem Hinsehen als illusionär erweisen. Denn es gibt, wie wir alle wissen, nicht nur *graduelle* Veränderungen, sondern auch solche, die wir als *einschneidende* ansehen. Und wenn solche einschneidenden Veränderungen eintreten, entsteht tatsächlich eine Entgrenzung, bevor man eventuell eine neue Stufe erreicht. Gleichzeitig bedeutet Entgrenzung immer Verunsicherung. Man wendet in den Fortschrittsvorstellungen auch die Metapher des Wachstums an. Wachstum – aus der Welt des Natürlichen entlehnt – ist selbstverständlich graduell. Aber z.B. mit Blick auf die Pubertät eines jeden Menschen weiß man, dass dies zunächst eine einschneidende Veränderung ist. Und es ist aus der Ethnologie bekannt, dass einschneidende Veränderungen etwas erfordern, das man „Passagen" nennt und deren Erfolg nur durch rituelle Maßnahmen abgesichert werden kann (Van Gennep 1986) Von dieser Bewertung der paradigmatischen Blick-Veränderung aus gesehen ist zu folgern, das dasjenige, was sich wirklich mit Grenzveränderungen in der Gesellschaft ereignet, der Tendenz nach übersehen wird.

Zum Abschluss

Das Anliegen der vorgelegten theoretischen Skizze war es aufzuzeigen, dass das Phänomen Grenze sich besonders gut eignet, um das Ineinandergreifen von menschlicher Erfahrung und gesellschaftlichen Strukturen deutlich zu machen. Dieses Ineinandergreifen kann meines Erachtens nur verständlich gemacht werden, indem man den kognitiven Aspekt der gesellschaftlichen Vorstellungen – des Imaginären – einbezieht. Selbstverständlich gäbe es im soziologischen Sinn noch viel mehr über Grenzen auszuführen. Ich habe mich auf Probleme beschränkt, die mit der Unsicherheit gegenüber Grenzen und der Undeutlichkeit von Grenzen zu tun haben. Dazu eignet sich meines Erachtens der gegenwärtige Diskurs über Grenzöffnungen und Entgrenzungen.

Meine erste These bezog sich darauf, dass Grenzerfahrung die *Überschreitung* einer Grenze bedeutet und dass das Grenzbewusstsein in der *Interaktion* konstituiert wird. Die unsichtbare Grenze wird als harte Grenze erst in der gesellschaftlichen Wechselwirkung deutlich: das ist deren Objektivität.

Meine zweite These bezog sich auf Grenzen, die auch dann Bedeutung haben, wenn die Erfahrung der Grenzüberschreitung nicht gemacht wurde: die Vorstellungen gesellschaftlicher Akteure, dass sich dort oder dort eine Grenze befinde und dass sie ihr Handeln gewissermaßen in Vorwegnahme der Grenzen an diesen orientieren.

Davon ausgehend bildet sich von selbst ein neuer Topos, den ich *Grenzstreifen* genannt habe: dasjenige Handlungsfeld, in dem für die Beteiligten nicht sicher ist, ob sie sich noch diesseits oder jenseits der Grenze befinden. Das hat meines Erachtens unmittelbare Bedeutung für diejenigen – modernen – Verhältnisse, die durch Lockerung herkömmlicher Grenzen entstanden sind - eine Lockerung, die eben nicht Aufhebung bedeutet, sondern dazu führt, dass angesichts der optimistischen Einschätzung dieser Lockerung (als Befreiung) die tatsächlichen Grenzen als harte Enttäuschung erfahren werden.

Eine eher optimistische Einschätzung der Entgrenzungen innerhalb der Gesellschaft (Individualisierung) wie zwischen den Gesellschaften (Globalisierung) vertritt die These, es sei Sache der Individuen wie der kollektiven Akteure, angesichts weitgehender sozialer wie politischer Grenzaufhebung, ihr Feld jeweils selbst zu bestimmen. Das entspricht gewiss einer starken Lockerung herkömmlicher Grenzziehungen, übersieht aber fundamentale Bedingungen des Gesellschaftlichen: Erstens kann es keine Sozialität ohne Grenzbestimmung geben (s. Eisenstadt 2001). Wo früher der Beruf des Vaters gegolten hat, gilt nun eben das Examen oder das Parteibuch. Noch grundsätzlicher: wer bestimmte sprachliche Kompetenzen nicht hat, bleibt draußen – und es wäre eine Illusion anzunehmen, jeder Mensch könne in jedem Alter eine neue Sprache perfekt zu beherrschen lernen. Etwas weniger problematisch: die Zugehörigkeit zu den Milieus (im Sinne von Schulze 1997) steht jedem offen. Aber wer sich einem Milieu zugesellt hat, hat sich damit von einem anderen getrennt. Der Bildungs-Aufsteiger zum Beispiel entfremdet sich von dem Milieu seiner Eltern. Alle Arten von Abgrenzung, so freiwillig sie eingegangen sein mögen, schaffen objektive gesellschaftliche Tatbestände.

Hinzu kommt – gewissermaßen von der anderen Seite – dass diejenigen, die sich auf diese Weise gesellschaftlich selbst bestimmen, dies in einem Umfeld tun, das bereits vor ihnen da ist. Wenn z.B. jemand politisch aktiv sein will, kann nicht einfach in Selbstbestimmung eine neue Partei gründen. Die Parteienlandschaft ist längst organisiert. Versucht er nun, innerhalb einer existierenden Partei seine politischen Vorstellungen zur Geltung zu bringen, wird er vermutlich bald erfahren, dass man darauf nicht hört. Passt er sich nun an oder erfährt er die entsprechende Meinungsgrenze und tritt wieder aus?

Mir scheint es die Aufgabe der Soziologie zu sein, sofern sie sich im allgemeinen Sinn mit den gegenwärtigen gesellschaftlichen Verhältnissen beschäftigt oder deren Sinnzusammenhang herauszufinden versucht, den ständigen Rekurs von Erfahrung auf Vorstellungen und von Vorstellungen auf Erfahrung im Blick auf den öffentlichen Diskurs vorzunehmen. Ich vermisse dies bei manchen Zeitdeutungen der Kollegen, möchte aber an dieser Stelle Peter Gross (1995) nicht unerwähnt lassen, der mit dem Terminus der Multioptionsgesellschaft aufgezeigt hat, wie viele Schwierigkeiten der Lebensführung mit den Grenzerleichterungen und Grenzöffnungen gegeben ist. Dies ist für mich ein Beispiel dessen, was ich suche: die Objektivität des Gesellschaftlichen als eine erfahrene zu begreifen.

Literaturverzeichnis

Castoriadis, Cornelius (1984): Gesellschaft als imaginäre Institution. Frankfurt/Main.

Eisenstadt, Shmuel Noah (2001): The Continual Reconstruction of Multiple Modern Civilizations and Collective Identities. In: Preyer, Gerhard / Bös, Mathias: On a Sociology of Borderlines. Social Process in a Time of Globalization, Protosociology 15, S.14-25.

Eßbach, Wolfgang / Fischer, Joachim /. Lethen, Helmut. (2002): Plessners Grenzen der Gemeinschaft. Frankfurt/Main.

Gross, Peter (1995): Die Multioptionsgesellschaft. Frankfurt/Main.

Kaufmann, Jean Claude (1999): Mit Leib und Seele. Theorie der Haushaltstätigkeit. Konstanz.

Luhmann, Niklas (1984): Soziale Systeme. Frankfurt/Main.

Mead, Herbert Georg (1968): Geist, Identität, Gesellschaft. Frankfurt/Main.

Plessner, Helmuth (1981a): Die Stufen des Organischen und der Mensch. Gesammelte Schriften IV, Frankfurt/Main.

Plessner, Helmuth (1981b): Grenzen der Gemeinschaft. Gesammelte Schriften V, Frankfurt/Main.

Schulze, Gerhard (1997) Die Erlebnisgesellschaft. Frankfurt/Main

Simmel, Georg (1992): Soziologie. Gessamtausgabe Bd.11, Frankfurt(Main

Van Gennep, Arnold (1980). Übergangsriten. Frankfurt/Main.

Kapitel 2: Grenzregionen der Europäischen Union

Christian Banse
Holk Stobbe

Im Mittelpunkt dieses Kapitels stehen Grenzregionen der Europäischen Union, auf die der aktuelle Erweiterungsprozess einen geringen Einfluss hat, da sie in der derzeitigen Konstellation schon länger existieren und so bei der grenzüberschreitenden Zusammenarbeit auf bestehende Traditionen zurückgegriffen werden kann. Mit der deutsch-dänischen und der französischdeutschen Grenze haben wir zwei Regionen ausgewählt, die allgemein als Vorbild für den europäischen Integrationsprozess gelten, da hier intensive grenzüberschreitende Kooperationen vereinbart wurden. Obwohl beide Regionen als erfolgreiche Grenzregionen der EU gefeiert werden, gibt es jedoch bei genauerem Hinsehen erhebliche Differenzen. Der Modellcharakter, den die Regionen für Fragen europäischer Integration haben sollen, erweist sich als politisches Konstrukt, das nur teilweise der konkreten Situation vor Ort entspricht.

Die grenzüberschreitende Kooperation zwischen Frankreich und der alten Bundesrepublik wird seit der Gründung der Montanunion 1951 als eine der wichtigsten Triebkräfte für die Entwicklung der Europäischen Union angesehen. Ohne die Initiative der Regierungen der beiden Länder wäre es weder 1985 zum Schengener Abkommen mit einer schrittweisen Lockerung der Grenzkontrollen noch zur vollständigen Öffnung der Binnengrenze im März 1995 (durch das Schengener Durchführungsabkommen von 1990) gekommen.

Dänemark trat der EG erst 1973 nach längeren Beitrittsverhandlungen bei. Nicht zuletzt eine Volksabstimmung 1992, bei der sich eine Mehrheit gegen den EU-Vertrag aussprach, zeigte, dass viele Dänen dem europäischen Einigungsprozess kritisch gegenüberstehen. Auf Betreiben der dänischen Regierung wurde die Binnengrenze zu Deutschland daher auch erst aufgrund der Vereinbarungen des Amsterdamer Vertrages 1999 vollständig geöffnet. Die Europaskepsis, vor allem aber die kritische Haltung gegenüber Deutschland hat einen erheblichen Einfluss auf die Entwicklung der Grenzregion.

Diese kurz skizzierte Politik der Grenzöffnung spiegelt einige der Widersprüche wider, denen die Entwicklung der Grenzregionen Frankreich-Deutschland und Deutschland-Dänemark – trotz aller Kooperationserfolge – unterliegen. Der historische Kontext, insbesondere die Erfahrungen des Zweiten Weltkrieges und die Minderheiten- und Anerkennungspolitik der

Nachbarländer, hat zusammen mit den ökonomischen Interessen regionaler Akteure Auswirkungen darauf, ob die Bewohner der Grenzregion die offizielle Kooperationspolitik unterstützen, ignorieren oder ablehnen. Beide Fälle verdeutlichen, dass sich die jeweilige Entwicklung an einer Grenzregion innerhalb der EU aufgrund der historischen Erfahrungen und Voraussetzungen ganz unterschiedlich im zeitlichen Ablauf der Integrationsmaßnahmen darstellt.

Dass der offizielle politische Wille zur Einigung nicht zwangsläufig zu einer engen grenzüberschreitenden Kooperation führt, weil die Widersprüche in den Regionen sehr groß sind, zeigt das Grenzland Gibraltar. Obwohl Gibraltar zum Hoheitsgebiet Großbritanniens gehört und historische und sprachliche Gemeinsamkeiten mit Spanien für die Entwicklung einer EU-Grenzregion sprächen, ist eine weitergehende Öffnung der Grenze derzeit unwahrscheinlich. Nicht allein die traditionelle Politik der Nichtanerkennung der spanischen Regierung erschwert das Entstehen einer „erfolgreichen" Grenzregion Spanien-Gibraltar, sondern auch die Einstellungen lokaler Akteure auf beiden Seiten der Grenze, die durch Ressentiments, Abgrenzungstendenzen und einem Interesse an der Aufrechterhaltung ökonomischer Differenzen in der Grenzregion geprägt sind.

Das Grenzland Gibraltar ist damit ein typisches Beispiel für eine wenig erfolgreiche, da kaum existente grenzüberschreitende Kooperation der EU. Die Erfahrungen an der deutsch-dänischen und der französisch-deutschen Grenze zeigen jedoch, dass die Widersprüche, die einer Kooperation im Wege stehen können, in unterschiedlich starker Ausprägung auch in den offiziell als vorbildlich geltenden Grenzregionen anzutreffen sind.

Um die angesprochenen Widersprüche in den Grenzregionen zu verdeutlichen, rückt in den jeweiligen Beiträgen bewusst ein spezifischer Ausschnitt der Grenzsituation in den Mittelpunkt der Betrachtungen. Während der Beitrag zur dänisch-deutschen Grenzregion betont, dass eine grenzüberschreitende Kooperation eng mit der Frage der Anerkennung von Minderheiten verbunden ist, verweist der Beitrag zur deutsch-französischen Grenze auf die Wahrnehmung der Grenze durch Jugendliche, die trotz aller Kooperationsbemühungen der Grenzregion gleichgültig bis distanziert gegenüberstehen. Der Beitrag zum Grenzland Gibraltar untersucht hingegen die Auswirkungen der Politik des „*nation building*", durch die die Grenzregion zu dem Ort wird, an dem nationale Differenzen ständig neu konstruiert und reproduziert werden.

Dänisch-Deutsche Grenzregion:
Erfahrungen zwischen Deutsch und Dänisch

Jørgen Kühl

Die nördlichste deutsche Grenzregion befindet sich im Grenzbereich zwischen der Bundesrepublik Deutschland und dem Königreich Dänemark. Im Bundesland Schleswig-Holstein finden sich formal drei deutsch-dänische Grenzregionen, die jeweils auch durch die INTERREG-Regionalprogramme der Europäischen Union finanziell gefördert werden. Es handelt sich dabei um die grenzüberschreitenden Regionen Ostholstein/Lübeck – Storstrøms Amt (Hansen/Hansen/Hermann/Hirschfeld/Peschel 2000), K.E.R.N. (Kiel, Eckernförde, Rendsburg, Neumünster) – Fyns Amt (Hansen/Hansen/Herrmann/Hirschfeld 2000) sowie Region Sønderjylland – Schleswig. Dieser Beitrag widmet sich allerdings nur der letztgenannten deutsch-dänischen Grenzregion, da es nur hier eine Landgrenze zwischen den beiden Ländern gibt, während die beiden anderen Regionen durch die Ostsee voneinander getrennt sind. Hinzu kommt, dass es nur an der Landgrenze im historischen Schleswig zu einem nationalen Konflikt zwischen Dänen und Deutschen und zu militärischen, politischen und ethnisch-kulturellen Spannungen gekommen ist.

In diesem Beitrag werden sowohl chronologisch als auch thematisch die zentralen Entwicklungslinien an der deutsch-dänischen Grenze zusammenfassend dargestellt. Dabei werden zunächst kurz einige Kerndaten zur Grenzregion dargestellt und Abgrenzungspraktiken präzisiert. Danach folgt ein kurzer Abriss der geschichtlichen Entwicklung bis zur Gegenwart. In der deutsch-dänischen Grenzregion finden sich nationale Minderheiten, die für das Zusammenleben der beiden Nationen eine wichtige Rolle spielen. Deshalb werden die dänische und deutsche Minderheit kurz vorgestellt. Danach folgt eine zusammenfassende Darstellung der Entwicklung grenzüberschreitender Kooperation. Die Region Sønderjylland-Schleswig wurde 1997 nach heftigen Diskussionen auf dänischer Seite nach dem Vorbild der westeuropäischen Euroregionen gegründet. Der Hintergrund und die Entwicklung dieser Region wird ebenfalls dargestellt. Abschließend werden die entlang der deutsch-dänischen Grenze festgestellten Entwicklungslinien diskutiert.

Die deutsch-dänische Grenzregion: Sønderjylland/Schleswig

Die Region Sønderjylland – Schleswig wurde formal im Jahre 1997 gegründet. Sie umfasst auf dänischer Seite den Großkreis Sønderjyllands Amt.[1] Südlich der Grenze bilden die drei Gebietskörperschaften Kreisfreie Stadt Flensburg, Kreis Schleswig-Flensburg sowie Kreis Nordfriesland den deutschen Teil der grenzüberschreitenden Kooperation. In der Region leben insgesamt ca. 700.000 Menschen, davon etwas mehr als ein Drittel nördlich der Grenze (Hansen/Hinz 2000).

Die Region umfasst zwar den Hauptteil, aber dennoch nicht die ganze deutsch-dänische Grenzregion. Historisch und kulturell betrachtet ist diese etwas größer. So gehören die Stadtteile der schleswig-holsteinischen Landeshauptstadt Kiels nördlich des Nord-Ostsee-Kanals sowie der Kreis Rendsburg-Eckernförde nördlich der Eider bzw. des Kanals ebenfalls zur Grenzregion. Es ist jedoch fraglich, ob es hier ein "Grenzlandbewusstsein" gibt. Genau betrachtet ist es heute lediglich die Tätigkeit der dänischen Minderheit, die in diesem Gebiet mit Schulen, Kindergärten, Kirchengemeinden und politischen Vertretern präsent ist, die auch heute explizit auf die Zugehörigkeit zum Grenzland verweist.

Dennoch muss zwischen der Region und der Grenzregion differenziert werden. Sprachlich geschieht dies traditionell auf Dänisch und in den letzten Jahren zunehmend auch auf Deutsch, indem das gesamte Grenzland als Nord- und Südschleswig bezeichnet wird. Der Begriff Südschleswig ersetzt nach und nach den bisher üblichen Begriff des "Landesteiles Schleswig". Historisch sind die Begriffe Sønderjylland und Schleswig Synonyme. Im Laufe des 20. Jahrhunderts ist die Bedeutung allerdings eingeengt worden, so dass Sønderjylland heute allgemein als Synonym für Sønderjyllands Amt verwendet wird, der im deutschen Sprachgebrauch traditionell als Nordschleswig bezeichnet wird (Henningsen/Schultz Hansen 1997).

Verwaltungsgebiete in der deutsch-dänischen Grenzregion 1999

Amt/Kreis	Staat	Gebiet (Quadratkilometer)	Bevölkerung
Sønderjyllands Amt	Dänemark	3.939,12	253.800
Flensburg	Deutschland	56,44	84.600
Kreis Nordfriesland	Deutschland	2.049,24	163.700
Kreis Schleswig-Flensburg	Deutschland	2.017,64	195.600
Insgesamt	*Region Sønderjylland - Schleswig*	*8.062,44*	*697.700*

Quelle: Statistisches Jahrbuch 2001, Wiesbaden: Statistisches Bundesamt 2001, S. 52; Statistisk årbog 1999, København: Danmarks Statistik 1999, S. 14.

Karte: Die deutsch-dänische Grenzregion.

Quelle: Danish Institute of Border Region Studies, Aabenraa.

Geschichte[2]

Die deutsch-dänische Grenzregion entstand mit der Teilung des historischen Gebietes Schleswig/Sønderjylland nach dem Ersten Weltkrieg. Seit dem Mittelalter bildete die Region zwischen der Königsau im Norden und der Eider im Süden eine Einheit, die um 1200 im zur dänischen Krone gehörendem Herzogtum Schleswig zusammengefasst war (Geschichte Schleswigs 1998, Kühl 2000, Rerup/Hansen 1993, Buch 1998). Dieses Gebiet war zwischen Eider und Schlei gemischt mit dänischen, sächsischen und slawischen Siedlungen. An der Westküste siedelten sich Friesen an. 811 wurde von Kaiser Karl dem Grossen die Eider als nördliche Grenze seines Reiches anerkannt. Im Laufe des 13. und 14. Jahrhunderts wurde das Herzogtum Schleswig politisch mit Holstein verknüpft. Dadurch wuchs auch der deutsche sprachlich-kulturelle und wirtschaftliche Einfluss. In den folgenden Jahrhunderten wurde Deutsch dominierend in den Städten. Im südlichen Teil Schleswigs sprach die Bevölkerung Plattdeutsch, an der Westküste und auf den Inseln Friesisch, im mittleren und nördlichen Teil Dänisch sowie den Dialekt Sønderjysk (Plattdänisch). Schließlich gab es Gebiete mit gemischtem Sprachgebrauch.

Im Jahre 1460 wurde der dänischen König Christian I. zum Herzog in Schleswig und Graf (seit 1474 Herzog) in Holstein gewählt. Bei dieser Gelegenheit versprach er der holsteinischen Ritterschaft, dass Schleswig und Holstein für ewig zusammen und ungeteilt regiert werden sollten. Infolge von Erbteilungen kamen weitere Herzogtümer hinzu, wodurch auch die Linie der Gottorfer Herzöge entstand. Im Jahre 1581 gliederte sich Schleswig in Besitzungen, die – z. T. gemeinschaftlich regiert – drei Herzogen und dem Königreich gehörten (Lange 1996: 184). Im 17. Jahrhundert verbündeten sich die Gottorfer mit Schweden. Während des Grossen Nordischen Krieges besetzte der dänische König 1713 die Besitzungen Gottorfs in Schleswig und inkorporierte sie 1721. Schleswig wurde damit erneut in einem Herzogtum geeint und war Teil des dänischen Gesamtstaates (Helstaten), der neben dem Königreich die beiden Herzogtümer (die Gottorfer Besitzungen in Holsten gingen 1767-73 ebenfalls an den dänischen König), die überseeischen Besitzungen Grönland, Färöer, Island und die Kolonien sowie bis 1814 auch Norwegen und ab 1815 das Herzogtum Lauenburg umfasste. Der Gesamtstaat wurde durch eine Form des Staatspatriotismus zusammengehalten, bei der das Bürgertum und die Beamten sich nicht mit dem Volk, der Sprache oder der Kultur identifizierten, sondern mit dem König, der Gesetzgebung sowie dem Staat und dessen Institutionen. Außerhalb der Städte und Eliten gab es diesen Patriotismus jedoch nur vereinzelt (Rerup 1995). Holstein war wie auch Lauenburg seit 1815 Mitglied des Deutschen Bundes, Schleswig jedoch nicht.

Mitte des 19. Jahrhundert kam es in Schleswig zu zwei Kriegen um die Zugehörigkeit der Region. Ausgangspunkt war dabei die Entstehung von zwei nationalen, demokratischen Bewegungen in Dänemark und in den Herzogtümern (Schultz Hansen 1996). Beide Bewegungen forderten eine Regierungsform mit einer Verfassung sowie politischer Beteiligung der Bürger. Neben dieser parallelen Ausrichtung gab es jedoch einen zentralen Konfliktpunkt: Schleswig. Die dänische nationale Bewegung hatte als Ziel ein geeintes Dänemark einschließlich Schleswigs bis zur Eider, während die schleswig-holsteinische Bewegung ein geeintes Schleswig-Holstein einforderte. Dieser Gebietskonflikt führte zum Krieg. Der erste Krieg dauerte von 1848 bis 1851 und war im wesentlichen ein Bürgerkrieg. Der Krieg endete durch Vermittlung der Großmächte mit einer Regelung, die den Status Quo Ante herstellte: die beiden Herzogtümer sollten die gleiche Nähe zu Dänemark haben und selbständige Einheiten verbleiben. Gemeinsame Institutionen wurden allerdings aufgelöst, für Schleswig und Holstein-Lauenburg wurden getrennte Ministerien errichtet. In den Folgejahren verschärfte Dänemark die Sprachenpolitik im mittleren Schleswig, was zu weitreichenden nationalen Spannungen führte (Schultz Hansen 1996: 448-451). Im November 1863 beschloss Dänemark eine neue Verfassung, die auch in ganz Schleswig gelten sollte. Dies war ein klarer Bruch der Friedensvereinbarungen und führte 1864 zum zweiten Krieg um Schleswig, nachdem der Deutsche Bund erfolglos die Aufhebung der Verfassung forderte. Diesmal war es ein internationaler Konflikt zwischen Dänemark sowie Preußen und Österreich. Dänemark verlor den Krieg und 1867 wurden die Herzogtümer zu einer preußischen Provinz. Die dänischsprachige Bevölkerung zählte anfangs noch 140-170.000, verringerte sich aber in den folgenden Jahrzehnten durch die Emigration von 50-60.000 Personen. Das Bewusstsein änderte sich bei den dänischsprachigen Schleswigern, die sich zunehmend als Dänen identifizierten. Das bisherige Regionalbewusstsein wurde, auch als Reaktion gegen um 1880 einsetzende verstärkte Assimilationsbestrebungen seitens der preußischen Behörden, polarisiert und mittels nationaler Mobilisierung und Organisation durch Identifikation mit der jeweiligen Nation ersetzt (Rerup 1995: 265).

1920 wurde Schleswig geteilt. Dies geschah aufgrund von zwei Plebisziten im Februar bzw. März 1920, die aufgrund des Versailler Friedensschlusses von 1919 durchgeführt wurden. Ausgehend vom Prinzip der nationalen Selbstbestimmung sollten die Bewohner in zwei Abstimmungszonen über die zukünftige territoriale Zugehörigkeit des nördlichen und mittleren Schleswigs abstimmen. In der ersten Abstimmung, die am 10. Februar in Nordschleswig *en bloc* durchgeführt wurde, stimmten 75 v.H. für eine Vereinigung mit Dänemark, während 25 v.H. den Verbleib bei Deutschland vorzogen. Allerdings gab es u.a. in den Städten Apenrade/Aabenraa, Tondern/Tønder und Sonderburg/Sønderborg eindeutige bis überwältigende prodeutsche Mehrheiten. Da jedoch das *en bloc*-Prinzip galt, änderte dies nichts am Gesamtergebnis. In der zweiten Zone, wo am 14. März abgestimmt wurde, galt hingegen ein *en detail*-Prinzip: Eine Mehrheit für Dänemark in einer Gemeinde, hätte deren Vereinigung ermöglicht. In der zweiten Zone stimmten dennoch 80 v.H. für Deutschland und nur 20 v.H. für Dänemark. Zwar gab es in einigen Orten wie Flensburg 25 v.H. Stimmen für Dänemark, aber

nirgends hätte dies eine Grenzziehung zugunsten Dänemarks ermöglicht. Im
Ergebnis wurde die heute gültige Grenze festgelegt. Zugleich wurde das
historische Schleswig geteilt: Nordschleswig gehört seitdem zu Dänemark,
Südschleswig zu Deutschland. Im Jahre 1922 schlossen beide Länder einen
bilateralen Vertrag über praktische Aspekte der Grenze (Rasmussen 1996,
2001). Trotz späterer wiederholte Infragestellung der Grenze und auch Irredenta auf beiden Seiten, ist sie seit mehr als 80 Jahren dennoch sehr stabil
gewesen.

Die nationalen Minderheiten

Das deutsch-dänische Beispiel unterscheidet sich von anderen westeuropäischen Grenzregionen dadurch, dass sich hier beiderseits der Grenze jeweils in
einem Bereich von bis zu 50 km nationale Minderheiten finden, die sich mit
dem jeweiligen Nachbarland identifizieren. Dadurch ergibt sich eine Rezi-
prozität, die so in Westeuropa nicht entsprechend auffindbar ist (Kühl 2002).
In Mittel- und Osteuropa gibt es hingegen analoge Beispiele (z.B. Ungarn-
Slowakei). Die Entwicklung der deutsch-dänischen Grenzregion ist über
viele Jahrzehnte eng mit der Minderheitenfrage verknüpft gewesen.
    Infolge der Teilung Schleswigs 1920 entstanden zwei nationale Minder-
heiten im modernen Sinne. In Nordschleswig (später Sønderjylland genannt)
verblieben ca. 30.000 Deutsche (ca. 18 v.H. der Gesamtbevölkerung). Als
Minderheit engagierten sie sich mit eigenen Verbänden, Kirchengemeinden
und deutschsprachigen Pastoren in den Städten und in der dänischen Staats-
kirche. Sie bildeten eigene Parteien und gründeten deutschsprachige private
und erhielten kommunale Schulen. In der Zwischenkriegszeit forderte die
Minderheit eine Grenzrevision. Zunächst sollten all jene Gebiete, die 1920
eine deutsche Stimmenmehrheit hatten, mit Deutschland vereinigt werden.
Als in Deutschland im Januar 1933 die Nationalsozialisten an die Macht
kamen, gab es seitens Angehöriger der deutschen Minderheit und schleswig-
holsteinischer Nationalsozialisten Bestrebungen zu einer Grenzverschiebung,
die allerdings von Berlin unterbunden wurden. In den folgenden Jahren wurde die deutsche Minderheit ideologisch gleichgeschaltet und identifizierte
sich mit dem nationalsozialistischen Deutschland (Bohn/Danker/Kühl 2001).
Nach Anschluss des Sudetengebietes und Österreichs 1938 hoffte die Minderheit auf eine Grenzverschiebung, aber auch diesmal bekam die Irredenta
keine Unterstützung aus Berlin. Als Deutschland am 9. April 1940 Dänemark
besetzte, begrüßten weite Teile der deutschen Minderheit die Besatzungs-
truppen und kollaborierten. Erneut hoffte sie auf eine Grenzverschiebung, die
jedoch nie vollzogen wurde. Angehörige der deutschen Minderheit meldeten
sich in großer Zahl mehr oder weniger freiwillig zum deutschen Kriegsdienst,

darunter ca. 1.500 in der Waffen-SS und ca. 500 in regulären Militäreinheiten. Nach der Befreiung Dänemarks am 4./5. Mai 1945 kam es zu einer sogenannten Rechtsabrechnung mit der deutschen Minderheit. Ungefähr 3.500 Erwachsene wurden interniert, anschließend wurden ca. 3.000 in Gerichtsverfahren bestraft, davon 2.150 wegen Kriegsdienstes für Deutschland. Dies entsprach ca. 25 v.H. aller Männer in der Minderheit. Die Verurteilten wurden Großteils nach Verbüßung eines Teiles der Strafen amnestiert (Lorek 1998).

Unmittelbar nach der Befreiung Dänemarks erklärte die deutsche Minderheit ihre Loyalität gegenüber Dänemark sowie die Anerkennung der Grenze. In der Folge wurde die Minderheit demokratisch mit einem Bund deutscher Nordschleswiger sowie weiteren Verbänden für Jugendarbeit und Schule reorganisiert. Zunächst wurden die deutschen Privatschulen konfisziert und kommunale Schulen wurden geschlossen. Jedoch bereits 1946 errichtete der Deutsche Schul- und Sprachverein die ersten neuen Privatschulen. Auch politisch konnte sich die Minderheit erneut betätigen, aber erst 1953 gelang die Wahl eines Abgeordneten ins dänische Parlament, das Folketing. Die deutsche Minderheit war formal durch die dänische Staatsbürgerschaft gleichberechtigt, dessen ungeachtet gab es aber lange Zeit erhebliche Spannungen zwischen Deutschen und Dänen. Dabei sank die Zahl der Deutschen allmählich, so dass von ungefähr 30.000 nach Kriegsende im Jahre 2002 nur noch 12-20.000 übriggeblieben sind. Als die Landesregierung in Schleswig-Holstein im September 1949 eine Erklärung über die Rechte der dänischen Minderheit vortrug, forderte die deutsche Minderheit eine analoge Erklärung seitens der dänischen Regierung. Diesem Wunsch wurde zwar nicht explizit entsprochen, dennoch versicherte der dänische Regierungschef im Oktober 1949 einer Delegation der deutschen Minderheit, dass die Deutschen die gleichen Rechte besitzen wie andere Staatsbürger – und dass zwischen Minderheit und Mehrheit kein Unterschied gemacht wird. Diese Feststellung wurde durch die Landesregierung in Kiel begrüßt. Dennoch gab es weiterhin erhebliche Schwierigkeiten für die deutsche Minderheit, die sich aus der zeitgeschichtlichen Erfahrung und Ressentiments der dänischen Mehrheit erklären. Zu den Problemen der deutschen (wie auch der dänischen) Minderheit zählte, dass ihre Privatschulen kein Examensrecht hatten und Absolventen deshalb Zusatzexamina ablegen mussten. Diese und weitere Fragen wurden erst mit den sogenannten Bonn-Kopenhagener Erklärungen vom 29. März 1955 prinzipiell gelöst. In der Kopenhagener Erklärung garantierte die dänische Regierung die Rechte und den Status der deutschen Minderheit.

In den folgenden Jahrzehnten normalisierte sich das Verhältnis zwischen deutscher Minderheit und dänischer Mehrheit allmählich. Als das Parla-

mentsmandat 1964 verloren ging, wurde ein Kontaktausschuss zwischen der
dänischen Regierung und der Minderheit eingerichtet (Toft 1996). Im Jahre
1983 wurde von der dänischen Regierung ein Sekretariat der deutschen Minderheit in Kopenhagen eingerichtet, dass durch Zuwendungen aus dem
Staatshaushalt finanziert wird, aber dem Bund deutscher Nordschleswiger
unterstellt ist. Die dänische Minderheitenpolitik basiert auf Anerkennung,
Förderung und Inklusion. Letzteres hat u.a. dazu geführt, dass die deutsche
Minderheit seit 1991 in Delegationen zu KSZE/OSZE- und auch in Europa-
ratszusammenhängen vertreten ist. Die Minderheit kann sich im Rahmen
einer kulturellen und funktionellen Autonomie entfalten, die durch erhebliche
finanzielle Zuwendungen seitens Dänemarks und Deutschlands ermöglicht
wird. Sie ist durch separate Organisationen und Schulen in privater Träger-
schaft charakterisiert. Heute leben Minderheit und Mehrheit in friedlicher
Koexistenz zusammen, obgleich es ab und zu Anfeindungen und Erfahrungen
von abschätzigen Einstellungen gegenüber Minderheitendeutschen gibt.

Im mittleren und südlichen Schleswig verblieb nach der Grenzziehung
eine dänische Minderheit, die 1920 maximal 10.000 Personen zählte, aber
schnell auf 7.000 zurückging. Diese Minderheit organisierte sich ebenfalls
mit eigenen Verbänden und einem privaten Schulverband, der dänischsprachigen Schulunterricht und Kindergartenarbeit organisierte. In Flensburg gab
es außerdem eine kommunale dänischsprachige Schule. Der Status der Minderheit war durch den Artikel 113 in der Weimarer Verfassung gewährleistet.
Mit der Machtübernahme der NSDAP in Deutschland wurde die Lage der
dänischen Minderheit schwieriger, obgleich es – im Gegensatz zur größeren
polnischen Minderheit, mit der sie zusammenarbeitete – zu keinen systematischen Verfolgen oder Zwangsauflösung kam (Mogensen 1981, Noack 1989).
Die Reichsregierung in Berlin hatte kein Interesse an einer systematischen
Verfolgung der Dänen, auch um einem negativen Image in Skandinavien
vorzubeugen. Auf lokaler Ebene kam es dennoch zu Diskriminierung, Schikanen und einem Assimilationsdruck. Einige Angehörige wurden verhaftet
und vorübergehend in Konzentrationslager inhaftiert. Insgesamt verlor die
Minderheit 1933-45 durch Assimilation ca. 1.000 Mitglieder, so dass bei
Kriegsende eine organisierte Gruppe von maximal 6.000 Personen verblieb.

In den ersten Nachkriegsjahren konnte die dänische Minderheit einen ex-
ponentiellen Zuwachs verzeichnen. 1947/48 wurde von mehr als 120.000
Personen ausgegangen, die sich mit der Minderheit identifizierten. Die Motive dieses massenhaften Identitätswandels sind mannigfaltig. Ein Teil erklärt
sich aus einer bewussten Distanzierung von den Werten und der politischen
Kultur sowie Praxis in Deutschland, andere aus politischen, nationalen, ge-
nealogischen, aber auch materiellen Beweggründen. Wichtig war die Erwar-
tung einer Grenzverschiebung, die von der Minderheit offen angestrebt, je-

doch seitens der dänischen Regierung bereits kurz nach Kriegsende mit der Aussage „die Grenze liegt fest" abgelehnt wurde. In den folgenden Jahren wurde ein umfassendes Netzwerk dänischer Schulen, Kindergärten und anderer Institutionen über ganz Südschleswig errichtet. 1948 wurde gemeinsam mit den nationalen Friesen, die seit 1920 die Anerkennung der Friesen als eigenständige nationale Minderheit einforderten,[3] eine eigenständige Partei, der SSW – *Südschleswigsche Wählerverband* (Henningsen/Klatt/Kühl 1998), gegründet, nachdem die britischen Besatzungsbehörden dem neuformierten kulturellen Verein SSF – *Sydslesvigsk Forening* weitere politische Betätigung untersagt hatte. Der SSW ist seit seiner Gründung sowohl Minderheiten- als auch Regionalpartei, die ihre Tätigkeit auf Südschleswig beschränkt. Die Mitgliederzahl war ab 1948 stark rückläufig. Bereits Anfang der 1950er Jahre identifizierten sich nur noch ca. 50.000 Personen mit der dänischen Minderheit. In den darauffolgenden 50 Jahren scheint die Gesamtgröße der dänischen Minderheit relativ stabil gewesen zu sein, obwohl die konkreten Mitgliederzahlen in den Verbänden, Schülerzahlen und auch Stimmenzahlen bei Wahlen zum Teil erheblichen Schwankungen ausgesetzt waren. Heute wird allgemein von einer Gesamtzahl von 50.000 Dänischorientierten in Schleswig-Holstein ausgegangen, die überwiegend deutsche Staatsangehörige sind.

Die Rechte der dänischen Minderheit wurden von der schleswig-holsteinischen Landesregierung im September 1949 in der Kieler Erklärung festgelegt. Hierin ist u.a. auch die Anerkennung des subjektiven Bekenntnisses zu einer Minderheit enthalten. Dieses Prinzip wird in der Regel als „Minderheit ist, wer will" umschrieben. Ferner wurde ein Verständigungsausschuss zwischen der Landesregierung und der Minderheit eingerichtet, der bis Ende Oktober 1958 konstruktiv arbeitete. Die Jahre 1950-54 wurden von zunehmenden Spannungen zwischen der Minderheit und der Landesregierung geprägt, wobei es seitens der CDU-geführten Regierungen zu Nadelstichen und Schikanen kam. Dazu gehörte auch die Heraufsetzung der Sperrklausel bei Landtagswahlen von 5 auf 7½ v.H., die erst nach einem Verfahren und Urteil am Bundesverfassungsgericht zurückgenommen wurde. Dennoch wurde der SSW auf Landesebene nicht von der Fünfprozent-Sperrklausel befreit, obwohl dies auf Bundesebene bereits mit dem Bundeswahlgesetz von 1953 geschehen war. Bei der Landtagswahl 1954 ging die Vertretung des SSW im Landtag verloren, da sie trotz ihrer 42.000 Stimmen mit 3,5 v.H. an der Sperrklausel scheiterten. Da die deutsche Minderheit 1953 mit 9.700 Stimmen ein Mandat im dänischen Parlament erreichte, wurde die Nichtvertretung des SSW in der dänischen Öffentlichkeit zunehmend kritisiert. Als 1954 die Bundesrepublik Deutschland den Antrag auf Aufnahme in die NATO stellte, wurde seitens der dänischen Regierung auf der NATO-Ministerratssitzung im Oktober 1954 in Paris die Südschleswig-Frage angesprochen. Daraufhin kam es zu bilateralen Verhandlungen, die am 29. März 1955 zu den einseitigen, aber inhaltlich parallelen Bonn-Kopenhagener Erklärungen zu den Rechten der beiden Minderheiten führte (Fink 2001). Im Ergebnis wurde der SSW von der Fünfprozent-Klausel befreit, und seit der Landtagswahl 1958 ist er stets im Landtag vertreten gewesen. Bei der Landtagswahl im Februar 2000 erzielte der SSW aufgrund einer Wahlrechtsänderung 60.000 Stimmen in ganz Schleswig-Holstein, davon ca. 25.000 in Holstein, wo es keine organisierte dänische Minderheit gibt. Der Stimmenanteil entsprach 4,1 v.H. und reichte für drei Mandate im Landtag. Die Kieler Erklärung wurde nach Verkündung der Bonner Erklärung gegen Proteste der dänischen Minderheit vom Landtag am 13. September 1955 aufgehoben.

Seither hat sich das Verhältnis zwischen Minderheit und Mehrheit allmählich sehr positiv entwickelt. Dieser Prozess wird in Anlehnung an eine Aussage des langjährigen SSW-Landtagsabgeordneten Karl Otto Meyer häufig als Entwicklung vom „Gegeneinander über dem Nebeneinander zum Miteinander mit der Perspektive eines Füreinanders" umschrieben.

Obgleich es zwischen den beiden Minderheiten der Deutschen in Dänemark und der Dänen in Deutschland Unterschiede gibt, lassen sich dennoch aufgrund der Entwicklungen seit 1920 eine Reihe von Faktoren feststellen, die sich auf beide Minderheiten beziehen, und die insgesamt für die deutsch-dänischen Minderheitenregelungen charakteristisch sind (Kühl 2002: 404):

- Grenzziehung durch Plebiszite 1920
- Akzeptanz der Grenze trotz temporärer Irredenta
- Keine Tradition der Gewalt oder Vertreibungen
- Keine religiösen Konflikte
- Rechtsabrechnung nach 1945
- Umfassende kulturelle Autonomie (siehe dazu die Tabelle zu den Organisationen der Minderheiten)
- Funktionelle Autonomie
- Die Zugehörigkeit zu einer Minderheit ist eine private Angelegenheit, die von den Behörden anerkannt, aber nicht kontrolliert wird („Minderheit ist, wer will")
- Politische Partizipation durch eigene Parteien
- Institutionalisierter Dialog zwischen Behörden und Minderheit in Kontaktausschüssen etc.
- Moderierende Kräfte auf beiden Seiten haben eine Eskalation verhindert
- Gleichberechtigung durch die Bonn-Kopenhagener Erklärungen von 1955
- Wertegemeinschaft nach 1945
- Gemeinsame sicherheitspolitische Interessenlage nach 1945

- Internationale und bilaterale Kooperation
- Das besondere Verhältnis zwischen Minderheit und Mutterland (Kin-State) wird anerkannt
- Beide Staaten können sich Minderheitenregelungen leisten, die aufgrund der parallelen Organisationsstruktur in den kulturellen und funktionellen Autonomien einen erheblichen finanziellen Mehraufwand fordern
- Hinsichtlich der Behandlung der Minderheiten gibt es bei aller Unilateralität eine Gegenseitigkeit
- Diese wird durch freiwillige einseitige Regelungen erweitert
- Aufgrund der Befriedung des Konflikts haben sich die Minderheiten von einem aktiven Subjekt der Minderheitenpolitik in ein überwiegend als Objekt der Politik zu bezeichnendes Element verwandelt

Die Minderheitenregelungen im deutsch-dänischen Grenzland werden häufig – insbesondere von den beiden Regierungen – als besonders gelungenes Beispiel für eine nachhaltige Konfliktlösung angesehen (Kühl 1997, 2002). Allerdings handelt es sich dabei nicht um eine Blaupause, die ohne weiteres auf andere Minderheitenkonflikte übertragen lässt.

Organisationen der Minderheiten im deutsch-dänischen Grenzland 2001

Organisation	Dänische Minderheit	Deutsche Minderheit
Größe	Ca. 50.000 Personen	Ca. 12-15.000 (20.000) Personen
Kultur	*Sydslesvigsk Forening* 14.800 Mitglieder, 8 Kreise, 130 Bezirke	*Bund deutscher Nordschleswiger* 4.000 Mitglieder, 13 Kreise, 21 Ortsvereine
Schule & Bildung	*Dansk Skoleforening for Sydslesvig* 49 Schulen, 5.700 Schüler; 57 Kindergärten, 1.600 Kinder	*Deutscher Schul- und Sprachverein für Nordschleswig* 17 Schulen, 1.426 Schüler; 24 Kindergärten, 562 Kinder
Jugend & Sport	*Sydslesvigs danske Ungdomsforeninger* Dachorganisation, 12.000 Aktivitätsmitglieder, 70 Vereine, 4 Landesteilsverbände, 4 Hauptkreise	*Deutscher Jugendverband für Nordschleswig* Dachorganisation, ca. 2.500 Mitglieder, 25 Vereine *Nordschleswigscher Ruderverband* 7 Vereine und 6 Vereinshäuser
Bibliothek	*Dansk Centralbibliotek for Sydslesvig* Zentralbibliothek in Flensburg, Filialen in Schleswig und Husum, Gemeinschaftsbüchereien in Bredstedt und Eckernförde, 2 Fahrbüchereien, 15.925 registrierte Nutzer, davon 9.638 aktiv 2000, insgesamt	*Deutscher Büchereiverband für Nordschleswig* Zentralbibliothek i Aabenraa/ Apenrade, Filialen in Haderlev/Haders-leben, Sønderborg/Sonderburg, Tønder/Tondern und Tinglev/Tingleff, 3 Fahrbüchereien, 15 Filialen in deutschen Schulen, 8.200 Nutzer, 338.000

	610.585 Ausleihen 2000	Ausleihen 2000
Zeitung	*Flensborg Avis* Tageszeitung, Auflage ca. 5.800 Exemplare (2001), donnerstags mit SSF's medlemssider Kontakt (an alle ca. 14.000 SSF-Mitglieder); seit 2001 regelmäßige Beilage des Dansk Skoleforening (an alle ca. 8.000 Mitglieder des Dansk Skoleforening)	*Der Nordschleswiger* Hrsg. vom Bund deutscher Nordschleswiger/Deutscher Presseverein, Tageszeitung, Auflage ca. 2.450 Exemplare (2001) 1. Sektion außer erste Seite und Wocheendbeilage gemeinsam mit Zeitungen des Schleswig-Holsteinischen Zeitungsverlages
Soziales & Gesundheit	*Dansk Sundhedstjeneste for Sydslesvig* 1 Zentrale, 3 Krankenpflegezentren, 21 Krankenschwestern, 52 Rentnerwohnungen, Dansk Alderdomshjem Flensborg	*Sozialdienst Nordschleswig* 30 örtliche soziale Dienste, Frauenvereine, Pflegevereine sowie Kindergärten, "Haus Quickborn" in Kollund
Kirche & Gemeinden	*Dansk Kirke i Sydslesvig* 6 Kreise, 39 Gemeinden, 6.665 Mitglieder *Dansk Kirke i Udlandet* 24 Pastoren	*Nordschleswigsche Kirchengemeinde der Nordelbischen Kirche* Deutsche Freikirche außerhalb der Städte mit 7 Gemeinden/Pastoren, der Nordelbischen Kirche in Deutschland angegliedert *Volkskirche* 4 deutsche Gemeindepastoren in Aabenraa, Haderslev, Sønderborg bzw. Tønder
Politik	*Sydslesvigsk Vælgerforening / Südschleswigscher Wählerverband* 105 Bezirke, 4.400 Mitglieder, 137 Gemeinderatsmitglieder, 24 Kreistagsmitglieder und Flensburger Stadtrat, 3 Landtagsmitglieder Jugendorganisation SSW-Ungdom	*Schleswigsche Partei / Slesvigsk Parti* Bund deutscher Nordschleswigers politischer Arm mit eigenem Vorstand, aber gemeinsamer Organisation mit dem BdN. 1 Mitglied des Sønderjyllands Amtsråd, 7 Mandate in 5 kommunalen Räten Jugendorganisation junge SPitzen
Landwirtschaft	*Fælleslandboforeningen for Sydslesvig*	*Landwirtschaftlicher Hauptverein für Nordschleswig*
Kontakt mit dem Staat	*Kontaktausschuss* beim Bundesinnenministerium in Berlin (1.7.1965) *Minderheitenbeauftragte* der Ministerpräsidentin des Landes Schleswig-Holstein (1988)	*Kontaktudvalget* beim dänischen Innenministerium in København (19.5.1965) Das *Deutsche Sekretariat* in København (1983)
Kontakt mit dem Kin-state	Femmandsudvalget [Udvalget vedrørende Danske Kulturelle Anliggender i Sydslesvig unter dem dänischen Unterrichtsministerium] Kongeligt Dansk Generalkonsulat,	Gremium für Fragen der deutschen Minderheit in Nordschleswig beim Schleswig-Holsteinischen Landtag in Kiel (1975) Minderheitenbeauftragte der Minister-

	Flensborg	präsidentin des Landes Schleswig-Holstein (1988)
	NGO's – z.B. Grænseforeningen, Slesvig-Ligaen, Sydslesvigsk Udvalg af 5. maj 1945, Slesvigsk Samfund, Det Unge Grænseværn, Danmarks-Samfundet, Foreningen Norden	Beauftragter für die deutsche Minderheit und Kontakte im Grenzland an der Botschaft der Bundesrepublik Deutschland in København
		NGO's [Non-governmental Organizations] – z.B. Deutscher Grenzverein, Schleswig-Holsteinischer Heimatbund, Grenzfriedensbund, Arbeitsgemeinschaft Deutsches Schleswig, VDA – Verein für Deutsche Kulturbeziehungen
Internationale Kooperation von/mit nationalen Minderheiten und Sprachminderheiten	*Föderalistische Union Europäischer Volksgruppen* *Jugend Europäischer Volksgruppen* *European Bureau for Lesser Used Languages – Deutschland*	*Föderalistische Union Europäischer Volksgruppen* *Jugend Europäischer Volksgruppen* *European Bureau for Lesser Used Languages - Dänemark*

Grenzüberschreitende Zusammenarbeit

Die Regelung der Minderheitenfrage war – rückblickend betrachtet – die Voraussetzung für die langwierige Entwicklung der grenzüberschreitenden Kooperation in diesem Grenzgebiet (Becker-Christensen 1999, Kühl 2001, Klatt 2002). Die Problematik der Minderheiten hat das bilaterale Verhältnis zwischen Deutschen und Dänen im 20. Jahrhundert entscheidend beeinflusst. Beide Staaten mussten sich mit dem politischen und ethnischen Erbe sowie der kulturellen Vielfalt ihres gemeinsamen Grenzlandes auseinandersetzen, um nachhaltige Regelungen zu finden. Erst dann konnte die grenzüberschreitende Kooperation zwischen den Mehrheiten in der Grenzregion vorangetrieben werden. Die Mehrheiten beiderseits der deutsch-dänischen Grenze waren wegen des langwierigen nationalen Disputs zunächst zurückhaltend und zögerlich, wobei allerdings auf deutscher Seite ein weitaus größeres Interesse an einer Kooperation bestand als auf der dänischen. Dabei spielten die zeitgeschichtlichen Erfahrungen eine entscheidende Rolle: Von dänischer Seite gab es Misstrauen gegenüber den Motiven und Interessen der deutschen Seite sowie die Befürchtung, dass die seit 1920 vollzogenen Verankerung Nordschleswigs in Dänemark relativiert oder in Frage gestellt werden könnte. Dennoch kam es bereits Mitte der 1950er Jahre zu ersten Kontakten zwischen Politikern und Gebietskörperschaften in der Grenzregion, als die Stadt Flens-

burger Tagen einlud (Sønderjyllands Amt 1995: 163). Später wurde dies zu
einem wiederkehrenden Ereignis, an dem auch weitere Städte im Landesteil
Schleswig teilnahmen. So entstanden die Deutsch-Dänischen Tage.

Anfangs gestaltete sich der grenzüberschreitende Kontakt in erster Linie
als Zeichen von Goodwill, aber von einer Kooperation konnte lange Zeit
nicht die Rede sein. Erst als beide Seiten ein ureigenes Interesse an gemeinsamen Lösungen hatten, konnte auch in der Sache kooperiert werden. Diese
Möglichkeit bot sich aufgrund der Problematik der Flensburger Förde, die
durch die Staatsgrenze geteilt ist. Ab den 1950er Jahren wurde zwecks einer
Verbesserung der Wasserqualität über die Grenze hinweg zusammengearbeitet. Im Jahre 1972 wurde ein gemeinsames Flensburger-Förde-Komitee
gegründet, das 1975 in eine Kommission umgewandelt wurde. Als Dänemark
1973 Mitglied der EWG, später der EG/EU wurde, wuchs das Interesse
nördlich der Grenze an eine vertiefte Zusammenarbeit. Dabei zielte das 1970
entstandene   Sønderjyllands   Amt   auf   pragmatische   Fall-zu-Fall-
Kooperationen, während auf deutscher Seite von Anfang an eine formali-
sierte und institutionalisierte Zusammenarbeit angestrebt wurde. Im Jahre
1977 wurde ein Kompromiss gefunden, der beide Interessenlagen berück-
sichtigte, ohne jeweils die andere zu kompromittieren: Das Deutsch-Dänische
Forum wurde aus Vertretern des Sønderjyllands Amt sowie der Stadt Flensburg, Kreis Schleswig-Flensburg und dem Kreis Nordfriesland ins Leben
gerufen (Sønderjyllands Amt 1995: 166). Dennoch wurde primär konsultativ
und informativ grenzüberschreitend zusammengearbeitet. Dabei erwies es
sich als Problem, dass die Kompetenzen nördlich und südlich unterschiedlich
verteilt waren. Deshalb musste zunehmend auch das Land Schleswig-
Holstein miteinbezogen werden. Dies war jedoch zunächst nicht im Interesse
Sønderjyllands, das eine Kooperation auf gleicher administrativer Ebene,
sprich Gemeinde mit Gemeinde, Kreis mit Amt und Staat mit Staat, als Voraussetzung definierte. Dabei war zunächst kein Raum für die Landesregierung. Aus pragmatischen und Kompetenzgründen wurde Kiel dennoch bald
in der Kooperation tätig.

Im Jahre 1988 erarbeiteten Sønderjylland und Schleswig-Holstein einen
gemeinsamen Antrag an die Europäische Kommission in Brüssel auf die
Förderung gemeinsamer Projekte. Dies wurde 1989 durch das erste
INTERREG-Programm ermöglicht, wobei auch ein Lenkungsausschuss für
das INTERREG-Programm gegründet wurde, um die europäischen Fördermittel zu verwalten. Im Ausschuss waren neben den beteiligten Gebietskörperschaften der Region auch die dänische Regierung, die Landesregierung in
Kiel, die Bundesregierung sowie die Europäische Kommission vertreten
(Sønderjyllands Amt 1995: 168). 1992 wurde eine Arbeitsgruppe auf kommunaler Ebene ins Leben gerufen, die relevante Fragen der Zusammenarbeit

vor Ort diskutierten. Somit wurde das Eigeninteresse der beiden Seiten allmählich zum Beschleuniger einer Zusammenarbeit und Koordination. Dies
wurde auch durch die Folgeprogramme der europäischen Gemeinschaftsi-
nitiative INTERREG gefördert, die zu einer großen Anzahl von Kooperationsprojekten führten. Auf anderer Ebene wurde im kulturellen Bereich zusammengearbeitet. So organisierten Historiker bereits seit den 1950er Jahren
gemeinsame Tagungen, seit 1980 auch gemeinsame Quelleneditionen. Muse-
en beiderseits der Grenze erarbeiteten Anfang der 1990er Jahre gemeinsame
Ausstellungen zu empfindlichen und zentralen Fragen der gemeinsamen
Regionalgeschichte. Seitdem gibt es vielfache Vernetzungen zwischen unterschiedlichen Kooperationspartnern in der Grenzregion.

Im Jahre 1995 wurde der erste Grenzlandkongress unter der Schirmherr-
schaft der Präsidenten des Folketings und des schleswig-holsteinischen
Landtages durchgeführt. Hier wurde der Vorschlag gemacht, die Kooperation
nach dem Vorbild der westeuropäischen Euroregionen zu formalisieren.
Während die dänische Seite solchen Ansinnen bisher abweisend und skeptisch gegenüber stand, erklärte sie sich nunmehr bereit, den Vorschlag zu
untersuchen. Das Deutsch-Dänische Forum fasste im November 1995 den
Entschluss, einen Entwurf zu erarbeiten. Als er im September 1996 öffentlich
vorgestellt wurde, stand er unter dem Begriff „Euroregion". Die initiierte
Institutionalisierung der grenzüberschreitenden Zusammenarbeit war zugleich Ergebnis einer Scheidewegsituation: Die bisherigen grenzüberschreitenden Kontakte waren trotz zahlreicher gemeinsamer Projekte dennoch von
einer Fall-zu-Fall-Kooperation geprägt gewesen. Eine Weiterentwicklung
würde einen neuen Impuls erfordern, der womöglich durch eine Anpassung
der Kooperationsstrukturen an positive Erfahrungen in anderen Grenzregionen zu erreichen war. Dabei war auch von Bedeutung, dass die vormals dominierende Frage der nationalen Minderheiten an Bedeutung verloren hatte.
Während früher von allen Seiten – und insbesondere der Minderheiten – auf
eine zentrale Miteinbeziehung der beiden Minoritäten Wert gelegt wurde,
hatte sich das Konfliktspotenzial im Laufe der 1980er und ersten Hälfte der
1990er Jahre so sehr entspannt, dass eine vertiefte Kooperation unter Einbeziehung von Interessenvertretern neben anderen Akteuren, aber ohne Dominanz der beiden Gruppen und damit national-kultureller Anliegen möglich
erschien.

Region Sønderjylland/Schleswig

Die Gründung der Region Sønderjylland/Schleswig im Sommer 1997 wurde
nördlich der Grenze von sehr emotional und engagiert geführten Diskussionen begleitet. In Sønderjylland entstand ein Komitee, das sich gegen die

beabsichtigte Regionsgründung formierte. Dieses "Sønderjyllandskomitee" war jedoch nicht kategorisch Gegner jedweder grenzüberschreitender Zusammenarbeit; diese sollte allerdings wie bisher nur von Fall zu Fall stattfinden. Die Institutionalisierung einer formalen Euroregion wurde hingegen ausdrücklich abgelehnt. Ende 1996 und in der ersten Jahreshälfte 1997 kam es somit zu heftigen Diskussionen in der dänischsprachigen Presse des Grenzlandes (Artikler og indlæg 1-3 o.J.). Dabei wurden auch Ressentiments deutlich. U.a. kam es zu Einschüchterungen gegen Befürworter der engeren Kooperation. Der Bürgermeister des Kreises Sønderjylland sowie andere führende Politiker erhielten anonyme Drohbriefe. In einem Schreiben einer bis dahin und danach völlig unbekannten "Widerstandsbewegung für ein freies Dänemark" an den Amtsbürgermeister wurde u.a. angedroht, Bombenanschläge gegen sämtliche deutsche Kindergärten und Schulen in Sønderjylland zu verüben und auf deutsche Touristen zu schießen, falls die Euroregion gegründet würde (Flensborg Avis 22.4.1997; JydskeVestkysten 22.4.1997). Die Drohungen wurden allerdings nie realisiert. Dies waren extreme, vereinzelte Beiträge zu einer Debatte, die sich ansonsten bei aller Emotionalität an die Spielregeln eines demokratischen Diskurses hielt. Dennoch wurde auch im Rahmen der seriösen Diskussionsbeiträge zum Teil Äußerungen gemacht, die als bloße Ressentiments gegen Deutsche zu bewerten sind (Schlaber 2001: 195-96).

Versuche der Regionsgegner, einen massiven Bürgerprotest zu erzeugen, hatten nicht den angestrebten Erfolg. Für den 10. Mai 1997 hatten die Regionsgegner eine Menschenkette entlang der deutsch-dänischen Grenze angekündigt, die den Wunsch einer weiterhin sichtbaren Grenzen zwischen den beiden Ländern verdeutlichen sollte. Da die Grenze ca. 63 km lang ist, hätte dies eine Menschenkette von 50.000 oder mehr Personen erfordert. Die Veranstalter hofften auf 10.000, die sich jeweils an den Grenzübergängen postieren sollten. Letztendlich nahmen jedoch erheblich weniger an der Demonstration teil. Die Angaben variieren je nach Einschätzung der Behörden, Journalisten oder Veranstalter zwischen 1.500 und 5.000.[4] Wie auch die öffentliche Diskussion stieß diese Demonstration südlich der Grenze auf Verwunderung und Unverständnis. Auf der deutschen Seite wurde die grenzüberschreitende Regionsgründung nie in Frage gestellt. Lediglich einige Vertreter des SSW waren entschiedene Gegner. Was in der dänischen Öffentlichkeit in Sønderjylland, teils auch im übrigen Dänemark, Anlass zu prinzipiellen Diskussionen gab, wurde auf der deutschen Seite ohne Problematisierung akzeptiert.

Der Rat des Kreises Sønderjylland stimmte bei nur vier Gegenstimmen am 2. Juni 1997 den Gründungsvertrag mit den drei deutschen Kreisen (JydskeVestkysten 3.6.1997) zu. Die Räte der Stadt Flensburg und der Kreise

Nordfriesland und Schleswig-Flensburg stimmen ebenfalls der Gründung zu. Nur im Kreistag Schleswig-Flensburg stimmte ein Vertreter des SSW gegen die Vereinbarung (Flensborg Avis 12.6.1997). Entgegen den ursprünglichen Plänen wurde auf dänischen Wunsch hin die Bezeichnung "Euroregion" durch "Region" ersetzt. Hinzu kam ein dänisch-deutscher Doppelname "Sønderjylland – Schleswig" (JydskeVestkysten 21.5.1997). Kurz darauf wurden die Mitglieder des gemeinsamen Regionalrates benannt. Obgleich im südlichen Teil der gemeinsamen Region weitaus mehr Menschen wohnen als im dänischen, wurde der Regionalrat – wie auch die anderen Organe – paritätisch besetzt. Beide Seiten ernennen jeweils 21 Mitglieder, die teils Politiker, teils Interessenvertreter sind. Hinzu kommen jeweils drei Beobachter. Auf der dänischen Seite sind es zwei Mitglieder des Nationalparlaments sowie der Direktor des Instituts für Grenzregionsforschung. Auf deutscher Seite werden sie von der Landesregierung und dem Landtag in Kiel ernannt.[5]

Organisatorische Struktur Region Sønderjylland-Schleswig

Gremium	Dänische Seite	Deutsche Seite
Region	Sønderjyllands Amt	Stadt Flensburg Kreis Schleswig-Flensburg Kreis Nordfriesland
Vorstand 6-8 jährliche Sitzungen	1 Ko-Vorsitzender 3 weitere Mitglieder	1 Ko-Vorsitzender 3 weitere Mitglieder
Regionalrat 2 jährliche öffentliche Sitzungen	21 Mitglieder 3 Beobachter	21 Mitglieder 3 Beobachter
6 Ausschüsse 3 mit dänischem Vorsitz, 3 mit deutschem Vorsitz Gesundheit und Soziales Jugend und Sport Kultur, Gleichstellung, Sprache Regionalplanung, ländliche Räume und Verkehr Umwelt und Naturschutz Wirtschaftsentwicklung, Arbeitsmarkt und Ausbildung	Paritätisch besetzt	Paritätisch besetzt
Fachgruppen Ständige Fachgruppen und ad hoc-Gruppen können vom Vorstand eingesetzt werden Sprache und interkulturelles Verständnis Sport in der Region Jugendforum (J)Unge Region	Paritätisch besetzt	Paritätisch besetzt
Regionalkontor	Gemeinsames Sekretariat	Gemeinsames Sekretariat

Quelle: http://www.region.dk

Die Regionsdebatte änderte zwar nichts an der Formalisierung der Kooperation. Trotzdem verdeutlichte sie die Skepsis bei einem Teil der Dänen in Sønderjylland gegenüber dem Nachbarn im Süden.[6] Dies lässt sich sogar anhand von Wahlergebnissen feststellen. Als im Herbst 1997 Kommunalwahlen abgehalten wurden, erreichten die Regionsgegner mit einer eigens gegründeten Bürgerliste, Sønderjyske Borgerliste, mit 7.300 Stimmen und 5,3 v.H. ein Mandat im Amtsrat für Nordschleswig, ein zweites Mandat wurde durch einen Fraktionsübertritt hinzugewonnen. Bei der Wahl 2001 gingen die Mandate bei lediglich 3.300 Stimmen und 2 v.H. verloren (Pluk 4/2001). Beobachter stellten bereits kurz vor der Wahl im November 2001 fest: die "Region ist kein Reizthema mehr" (Flensburger Tageblatt 27.10.2001). Nach der Wahl wurde in Sønderjylland am 29.11.2001 eine Konstituierungsvereinbarung zwischen den Parteien getroffen, in der die weitere Entwicklung grenzüberschreitender Kooperationsvorhaben zum Wohle der Bürger expliziert wurde.

In den ersten Jahren gab es in der Region Anlaufschwierigkeiten, die sich vor allem durch die Neuartigkeit des Gremiums sowie durch die mangelnden Befugnisse des Regionalrates erklären. Die Region verfügt lediglich über die Finanzmittel, die von den vier beteiligten Partnern überlassen werden. Es gibt keine eigene Gestaltungsmöglichkeit, die eine grenzüberschreitende Kompetenz beinhaltet. Vorschläge zur weiterführenden Kooperation, die in die Kompetenzbereiche der jeweiligen Kreise fallen, müssen vorher erst dort abgestimmt werden. Im Herbst 2001 erhielt die Arbeit jedoch neuen Schwung durch die Gründung von Regionalratsausschüssen, die sich unterschiedlichen Themenbereichen annehmen (Flensburger Tageblatt 31.10.2001). Dabei hat sich bisher vor allem der Kulturausschuss stark engagiert. Dies hängt vorrangig mit dem Umstand zusammen, dass beide Seiten Mittel für grenzüberschreitende Kulturarbeit an diesen Ausschuss delegiert haben. Somit stehen jährlich ca. 60.000 Euro zur Förderung gemeinsamer Projekte zur Verfügung (Der Nordschleswiger 4.12.2001). Anfang 2003 initiierte der Wirtschaftsausschuss die Erarbeitung eines durch das INTERREG III-Programm zu förderndes gemeinsames Entwicklungskonzept für die Gesamtregion.

Obgleich die Entwicklung der Region Sønderjylland-Schleswig in den letzten Jahren langsam, aber sicher in Bewegung gekommen ist, muss festgestellt werden, dass es sich dabei um eine, zwar wichtige, aber nicht alles dominierende Dimension in der grenzüberschreitenden Kooperation handelt. Auch in anderen Bereichen wie Hochschule, Arbeitsmarkt und Kultur wird seit vielen Jahren kooperiert. Seit den Anfängen der Kooperation in den

1970er Jahren spielen die Disparitäten der Kompetenzen der dänischen und deutschen Partner eine gewichtige Rolle. Dabei war es von jeher hinderlich, dass ein dänisches Amt und ein schleswig-holsteinischer Kreis unterschiedliche Kompetenzen und Aufgaben wahrnehmen. Deshalb gibt es keine Symmetrie zwischen den kooperierenden Partnern. In vielerlei Hinsicht war und ist das Land Schleswig-Holstein Ansprechpartner, wenn es z.b. um Wirtschaftsentwicklung, Hochschulkooperation und andere Problemfelder handelt, die im Kompetenzbereich des Bundeslandes fallen.

Die Landesregierung in Kiel spielt nach wie vor eine wichtige Rolle in dieser Kooperation. Sønderjylland hat heute ein Interesse daran, dass Kiel sich auch weiterhin in ihr engagiert, um so mehr, als die grenzüberschreitende Kooperation sich in den letzten Jahren zugunsten der drei deutschen Kreise im Landesteil Schleswig verlagert hat. Dies ist vor allem im Bereich der EU-Regionalprogramme geschehen. Mit dem INTERREG III-Programm 2000-2006 wurde erstmalig die Verwaltung vom Kieler Europareferat an die neue Region Schleswig e.V. delegiert.[7] Sie umfasst die drei deutschen Kreise Flensburg, Schleswig-Flensburg und Nordfriesland. Bisher waren die INTERREG-Programme I und II direkt von Kiel aus verwaltet worden. Durch die Verlagerung in die Grenzregion entstand jedoch auf dänischer Seite die Befürchtung, dass die Landesregierung zukünftig weniger Interesse an der Kooperation zeigen würde. Deshalb bemühte sich Sønderjylland darum, die direkte Zusammenarbeit mit Kiel auf eine neue Ebene zu stellen.

2001 wurde die grenzüberschreitende Kooperation um eine neue Dimension erweitert. Der Bürgermeister Sønderjyllands Carl Holst und die Ministerpräsidentin des Landes Schleswig-Holstein Heide Simonis unterzeichneten am 15. Juni ein Partnerschaftsabkommen zwischen den beiden Partnern (Flensburger Tageblatt 16.6.2001). Somit verlaufen die grenzüberschreitenden Kontakte auch zukünftig auf zwei Ebenen: einerseits in der formalisierten Region Sønderjylland-Schleswig, andererseits direkt zwischen Sønderjylland und dem Land Schleswig-Holstein.

Die staatliche Ebene hat sich bisher in der Kooperation zurückgehalten. Die Bundesregierung in Berlin steht der Kooperation zwar positiv gegenüber, sieht aber keine Veranlassung, etwaige Sonderförderprogramme zu initiieren. In Dänemark fokussiert die Regierung vorrangig auf die Øresund-Region, die das ganze östliche Dänemark einschließlich der Hauptstadt Kopenhagen und der südschwedischen Region Skåne/Schonen umfasst. Während Kopenhagen und Stockholm direkt über den Abbau von Integrationshindernissen verhandeln und dort vielerlei staatliche Förderungsprogramme (beispielsweise in der Form einer gemeinsamen Datenbank in der Øresundsstatistik) implementiert werden, ist das Interesse an der deutsch-dänischen Kooperation weitaus zurückhaltender. In den letzten Jahren versucht das Amt Sønderjylland des-

halb immer wieder darauf hinzuweisen, dass es an der Grenze zu Deutschland ebenfalls eine Grenzregion mit vergleichbaren Problemen gibt. Dies
bezieht sich u.a. auf steuerrechtliche Lösungen für Grenzpendler. Um ein
größeres staatliches Engagement Dänemarks zwecks einer Beschleunigung
von Lösungsansätzen zu erzeugen, haben die Øresundsregion und Region
Sønderjylland-Schleswig gemeinsame Initiativen unternommen, beispielsweise Anfang September 2002 eine Konferenz zu den beiden „dänischen"
Grenzregionen (Der Nordschleswiger 4.9.2002).

Diskussion und Perspektive

In den letzten Jahren ist die grenzüberschreitende Kooperation in der
deutsch-dänischen Region erweitert worden. Dadurch ist der Kontakt zwischen den beiden Bevölkerungen erleichtert und seitens der politischen Gremien bewusst gefördert worden. Die nationalen Gegensätze und Spannungen
sind größtenteils evaporiert, obwohl es sehr wohl noch latente Ressentiments
gibt, die hin und wieder insbesondere zum Vorschein kommen. Hauptsächlich Angehörige der deutschen Minderheit weisen besorgt darauf hin (Hansen
2003). Dies ändert jedoch nichts an dem generellen Bild einer konstruktiven
friedlichen Koexistenz. Die nationalen Grenzen sind durchlässiger geworden,
aber es gibt sie nach wie vor eindeutig.

Es bleibt festzustellen, dass Sønderjylland-Schleswig noch weit von einer
integrierten Region entfernt ist. Genau genommen konzentriert sich die Kooperation über die nationale und staatliche Grenze auf Interessenten in der
Verwaltung, Hochschulen und Institutionen sowie auf kleine Interessengrup-
pen. Eine größere Interaktion zwischen den Einwohnern beiderseits der
Grenze ist hingegen nur ansatzweise gegeben, beispielsweise in gemeinsamen Jugend- und Sporttreffen. Die Integration des Arbeitsmarktes läuft
schleppend. Dies mag verwundernd, da Sønderjylland geringe Arbeitslosigkeit und Mangel an Arbeitskräften aufweist, während die Region südlich der
Grenze eine Arbeitslosigkeit über dem Durchschnitt der alten Bundesländer
hat (Grözinger/Schack 2001: 3). Im April 2003 betrug die Arbeitslosenquote
in Sønderjylland 6,1, in Flensburg hingegen 13,8, in Nordfriesland 8,5 und in
Schleswig-Flensburg 8,8 v.H. Arbeitslose südlich der Grenze suchen jedoch
trotz des Bedarfs an qualifizierten Arbeitskräften nur im begrenzten Umfang
eine Stelle in Sønderjylland. Mehrere Einrichtungen fördern zwar die Mobilität auf dem Arbeitsmarkt,[8] aber Barrieren in den Bereichen Sozial- und
Steuergesetzgebung sowie sprachlicher und kultureller Art sind noch immer
Hindernisse. Die Anzahl der Grenzpendler ist seit mehreren Jahren ziemlich
stabil und in beide Richtungen ungefähr gleich groß. Im Jahre 1999 pendelten
täglich 1.334 Personen von Dänemark nach Deutschland und 1.147 von

Deutschland nach Dänemark. 1995 waren die Vergleichsgrößen 1.327 bzw.
990 (Hansen 2001: 33).
    Ferner überqueren jährlich Dänen und Deutsche millionenfach die Gren-
ze zwischen beiden Ländern. Im Jahre 2001 wurde die deutsch-dänische
Grenze von ca. 14 Mio. Personen gequert, davon ca. 8,5 Millionen Mal von
Dänen. Bei einer Gesamtbevölkerung von ca. 5,3 Millionen Einwohnern in
Dänemark sind dies beeindruckende Zahlen. Dies darf jedoch keineswegs als
Ausdruck des Umfanges und der Intensität zwischenmenschlicher Begegnungen interpretiert werden. Einerseits sind viele Transitreisende unterwegs
zu Urlaubsorten oder aus beruflichem Anlass unterwegs. Andererseits findet
in beiden Richtungen ein reger Grenzverkehr statt, der sich aus konsumori-
entierten Interessen erklärt. Wegen der unterschiedlichen Preis- und Steuer-
praxis in den beiden Ländern findet ein intensiver Grenzhandel statt, wobei
Dänen in Deutschland Bier, Wein oder Süßigkeiten in großen Mengen einkaufen, während Deutsche in Dänemark Möbel und andere Konsumgüter
erwerben. Dabei kauften Dänen im Jahre 2001 für ca. 5,5 Milliarden DKK
Produkte im deutschen Teil der Grenzregion, Deutsche für ca. 2,2 Milliarden
DKK nördlich der Grenze ein (Bygvrå 2002). Für viele ist das Nachbarland
ein Konsumland, in dem man Produkte zu attraktiven Preisen einkauft. Dabei
ist der Kontakt zwischen Dänen und Deutschen eher begrenzt, wenn nicht gar
von Indifferenz gekennzeichnet, weil sich das Konsumentenverhalten auf den
Einkauf konzentriert, der – im Falle der Dänen – vorwiegend in eigens eingerichteten, großflächigen Grenzhandelsläden südlich der Grenze vorgenommen wird, wo Ausschilderung und Personal dänisch sind. Dabei kommt es
nur sehr selten zu einer Begegnung mit Nichtdänischsprachigen, da die Deutschen diesen Grenzhandelszentren fern bleiben.
    Am 25. März 2001 trat das Schengener Abkommen auch an der deutsch-
dänischen Grenze in Kraft. Grenzkontrollen entfielen, und die Grenze wurde
zwischen den bisherigen offiziellen Übergangsstellen geöffnet. Die Staatsgrenze wurde durchlässiger, auf lokaler Ebene wurden zahlreiche neue Über-
gänge für nichtmotorisierte Passanten geschaffen. Vor dem Inkrafttreten kam
es auf dänischer Seite erneut zu heftigen Protesten und einigen Demonstra-
tionen seitens Gegner einer institutionalisierten grenzüberschreitenden Kooperation und von Gegnern der europäischen Integrationsbestrebungen. Ein
beabsichtigter gemeinsamer Auftritt des deutschen Bundesinnenministers und
des dänischen Justizministers, in deren Aufgabenbereich die Grenzkontrollen
fallen, wurde aufgrund von Terminschwierigkeiten auf dänischer Seite abge-
sagt. So wurde der Wegfall der Grenzkontrollen nur lokal gefeiert, z.B. mit
gemeinsamen Fahrradtouren über die Grenze. Viele Dänen im Grenzland
hegten vor dem Inkrafttreten die Befürchtung, dass am 25. März 2001 die
deutsch-dänische Grenze an sich entfallen würde. Diese Vorstellungen wur-

den durch fehlende konkrete Informationen und auch Agitation durch die
Gegner der EU-Integration befördert. In privaten Gesprächen wurden zum
Teil abstruse Vorstellungen der etwaigen Folgen geäußert. Die Befürchtungen erwiesen sich als unbegründet. Die Überquerung der Grenze wurde erleichtert, ohne dass Dänemark an Souveränität eingebüsst hat. Trotzdem sind
EU-Gegner nach wie vor aktiv und fordern eine Abkehr von Schengen. Wiederum sei bemerkt, dass es südlich der Grenze keinerlei vergleichbare Befürchtungen oder Aktionen gab. So wiederholte sich gewissermaßen die Konstellation, die bereits 1996/97 vor der Gründung der Region zu Tage trat.

Die beinahe schon prinzipielle Aufteilung der dänischen Bevölkerung in
ungefähr zwei gleich großen Blöcken, die für und gegen eine vertiefte EU-
Integration sind, prägt auch das Bild im dänischen Teil der Grenzregion.
Dabei sei allerdings auch vermerkt, dass in diesem Diskurs Feindbilder von
Deutschland und den Deutschen eine immer geringere Rolle spielen. Hier ist
vielmehr die EU sowie die Furcht vor Souveränitätsverlust das dominante
Menetekel in der Agitation geworden. Die Grenze ist spätestens mit Schengen nicht mehr ausschließlich eine Frage von Deutsch oder Dänisch, sondern
ist vielmehr auf eine allgemeinere Ebene abstrahiert worden. Dies steht jedoch nicht im Widerspruch dazu, dass bei Teilen der EU- und Schengengeg-
ner – und übrigens auch bei Befürwortern – Ressentiments vorhanden sind;
aber sie scheinen in den letzten Jahren weniger prägnant zu sein und beschränken sich zunehmend auf symbolische Aspekte wie das gemeinsame
oder getrennte Gedenken militärischer Schlachten (Philipsen 2003).

Aus dieser Grenzerfahrung lässt sich ersehen, dass es zwischen Deutschen und Dänen auch heute noch erhebliche Unterschiede in der Wahrnehmung der Grenze und des Nachbarn gibt. Die emotionale Bindung an die
Grenze an sich ist auf der dänischen Seite nach wie vor stark. Dies kann sich
aus der Erfahrung deutsch-dänischer Geschichte erklären, ist vielleicht aber
auch durch die Größenunterschiede zwischen Dänemark und Deutschland zu
verstehen. Im Bewusstsein vieler, insbesondere älterer Dänen wurde die
Grenze 1864-1918 erkämpft, mit der Volksabstimmung 1920 gewonnen und
nach 1920 gegen Irredenta behauptet. Die Erinnerung an die Zeit vor und
nach 1920 steht nach wie vor stark im Bewusstsein der Älteren. Bei den jüngeren Generationen ist es anders. Hier herrscht bei den Dänen – trotz Assoziationen an Grenzhandel und Themen der Zeitgeschichte – eher Indifferenz
oder Desinteresse am Nachbarn südlich der Grenze vor. Eine Untersuchung
der Einstellungen Jugendlicher zum Nachbarland, die 2002 publiziert wurde,
stellt fest, dass die über einen dreijährigen Zeitraum befragten deutschen
Gymnasiasten der Bevölkerung des dänischen Nachbarlandes positiver eingestellt sind als umgekehrt die dänischen Schüler gegenüber den Deutschen
(Yndigegn 2002). Interessant ist dabei, dass es bei den deutschen und däni-

schen Schülern trotz einer dreijährigen schulischen Zusammenarbeit mit regelmäßigen persönlichen Begegnungen hinsichtlich der jeweiligen Einstellungen und Vorurteile gegenüber dem Nachbarn kaum Veränderungen gab.

Insgesamt betrachtet entsprechen diese Ergebnisse anderen Beobachtungen, die festgestellt haben, dass Deutsche generell ein weitaus positiveres Bild von den Dänen haben als umgekehrt Dänen von den Deutschen. Dies mag sich vielleicht zumindest in Schleswig-Holstein durch die wichtige politische Rolle der rechtspopulistischen Dansk Folkeparti in Dänemark nach den Parlamentswahlen im November 2001, einigen Aufsehen erregenden und als Antideutsch interpretierten Ereignissen in Dänemark im Jahre 2002 sowie auch wegen der dänischen Beteiligung am Irakkrieg 2003, der von Deutschland und der Mehrzahl der Deutschen abgelehnt wurde, vorübergehend verändert haben (vgl. Hansen 2003). Trotzdem ist anzunehmen, dass sich an dem insgesamt positiven Dänemarkbild bei den Deutschen über mehrere Jahre betrachtet kaum Entscheidendes verändern wird.

Ein grundlegender Unterschied ist auch aus anderer Sicht greifbar: Auf deutscher Seite wird die grenzüberschreitende Kooperation primär als ein europäisches Projekt interpretiert und rhetorisch umschrieben. Es dient an der deutsch-dänischen Grenze wie auch an den Grenzen zu den anderen Nachbarländern zumindest in der Rhetorik der Aussöhnung, der europäischen Einigung, der Überwindung von historischen Gegensätzen und der Überwindung der Bedeutung der Grenzen als "Narben der Geschichte"[9] (Klatt 2003). Die dänische Sicht ist auch unter Befürwortern etwas anders. Hier überwiegen pragmatische Beweggründe. Kooperation dient nicht primär der Umsetzung des europäischen Projekts, sondern wird durch praktische Ansätze und Pointierung des individuellen Nutzens vermittelt. Der Mehrwert für die Bevölkerung wird auf dänischer Seite in den Vordergrund geschoben. Dies erklärt sich auch dadurch, dass annähernd die Hälfte der dänischen Bevölkerung der vertieften EU-Integration skeptisch oder ablehnend gegenübersteht. Ihr würde ein grenzregionales Projekt im Sinne der Ideale eines Robert Schumann oder Jean Monnets schwer vermittelbar sein. Für die weitaus meisten Dänen sind Grenzen eben nicht „Narben der Geschichte", die zu überwinden bzw. kompensieren sind,[10] sondern sie definieren den Rahmen der Eigenständigkeit und Gesellschaftsform und haben deshalb eine positive Bedeutung. Der unmittelbare Nutzen einer Kooperation über die Grenze in den Bereichen Gesundheit, Krankenhäuser, Katastrophenschutz und Umwelt sowie Arbeitsmarkt ist hingegen weitaus leichter vermittelbar, da hier wiederum der individuelle Mehrwert erkennbar und nachvollziehbar ist.

So kann auch heute noch festgestellt werden, dass die Perzeption der Grenze und die Erwartungen zur grenzüberschreitenden Kooperation im

deutsch-dänischen Grenzland unterschiedlicher Art sind: Einerseits südlich
der Grenze proklamatorische Ansätze, die erst danach konkretisiert werden;
andererseits nördlich der Grenze Pragmatismus und zugleich Skepsis gegenüber einem von europäischen Idealen motivierten Zugang. Allerdings sollte
dies nicht als Schwarz-Weiß-Malerei verstanden werden. Obgleich deutsche
Akteure häufig in euphorische Rhetorik verfallen, verbergen sich dahinter
sehr wohl auch Eigeninteresse und Pragmatismus. Umgekehrt sind sich auch
dänische Pragmatiker der prinzipiell friedenschaffenden Dimension des europäischen Integrationsprozesses bewusst. Somit muss von einer Wechselwirkung zwischen einem kulturell-politischen und einem funktionell-
pragmatischen Zugang ausgegangen werden.

Die Frage der Abklärung und Prioritätensetzung zwischen einem kultu-
rell-idealistischen und einem funktional-pragmatischen Ansatz grenzüberschreitender Kooperation stellt sich nicht nur im deutsch-dänischen Grenzland. Auch in anderen europäischen Grenzgebieten ist eine entsprechende
Abwägung gefordert, beispielsweise auch in der dänisch-schwedischen
Øresundregion, obwohl oftmals von einer besonderen kulturellen und
sprachlichen Nähe der beiden skandinavischen Nationen ausgegangen wird
(vgl. Möteplats Öresund 1999: 2). Dabei wird die zunehmende Globalisierung und auch der Standortwettbewerb an Bedeutung gewinnen. Die Erfahrungen in der deutsch-dänischen Grenzregion müssen sich an Entwicklungen
in anderen Grenzregionen messen. Die Grenze zwischen Deutsch und Dänisch ist nach wie vor insbesondere in den Köpfen verwurzelt (Schlaber
2001). Es gibt mentale und kulturell-sprachliche Barrieren, die es allerdings
ebenso in allen anderen europäischen Grenzregionen unter veränderten Vor-
zeichen gibt. Fehlende Kommunikation, Indifferenz, auch Ignoranz gegenüber der Nachbarregion ist dabei wohl ein weit verbreitetes Phänomen.

Schlussbemerkungen

Trotz langjähriger offener Grenzen und europäischer Integration sind nationalstaatliche Bindungen noch immer dominant. Das Interesse an Synergie
und das Potenzial komplementärer Kompetenzen sowie der sich daraus ergebende Mehrwert an kultureller und wirtschaftlicher Möglichkeiten ist häufig
mehr Ideal als Realität. Dies lässt sich bereits daran erkennen, dass die zwei-
sprachigen und bikulturellen Kompetenzen in Grenzregionen zwar oftmals
gefordert und auch gefördert werden, aber dennoch nur bei kleinen Gruppen
gegeben sind. Im deutsch-dänischen Grenzbereich ist dies vor allem bei den
Angehörigen der nationalen Minderheiten der Fall, die dadurch einen Kom-
petenzvorsprung gegenüber den Angehörigen der Mehrheiten besitzen. Auch
der Wissensstand über das Nachbarland und die Nachbarregion ist eher ge-

ring oder gar nicht vorhanden. Die Medien in der deutsch-dänischen Grenzregion berichten nur selektiv über Ereignisse unmittelbar hinter der Grenze. Die Bewohner orientieren sich primär am nationalstaatlichen Referenzrahmen. So ist für einen Jugendlichen in Sønderborg die Entwicklung in anderen Teilen Dänemarks relevanter, als die in Flensburg. Die Perspektiven jenseits der Grenze spielen – trotz der geographischen Nähe des Nachbarlandes – für die Lebensplanung zumindest junger Dänen keine feststellbare Rolle.[11] Dies sind einige der Phänomene, die sich an der Grenze zwischen Deutsch und Dänisch feststellen lassen.

Anmerkungen

1   Vgl. zu den unterschiedlichen Kompetenzen und Strukturen lokaler und regionaler Selbstverwaltung in Dänemark und der Bundesrepublik Deutschland die vergleichende Studie Bong/Kühl/Schack/Dall Schmidt 2002.

2   Die folgende Darstellung zu den nationalen Minderheiten basiert u.a. auf diesen Veröffentlichungen: Becker-Christensen 1984, 1990, 1991, 1995, 1996, 1999; Berdichevsky 1999; Fischer/Schulz 1998; Henningsen/Klatt/Kühl 1998, Johannsen 1993, Klatt/Kühl 1999, Kulturen 2000, Kühl 1998, 1999; Lorek 1998, Minderheiten 1993, Mogensen 1981, Noack 1989, 1991, 1997; Rerup 1995, Schultz Hansen 1999, Schwensen 1998, Steensen 1994, Toft 1996, Vandkunsten 1992, Østergård 1996.

3   Neben der deutschen und dänischen Minderheit findet sich in der deutschdänischen Grenzregion auch eine dritte, autochthone Minderheit: die Friesen im Kreis Nordfriesland. Es wird geschätzt, dass es heute ca. 10.000 Friesischsprechende gibt sowie ca. 20.000 Personen, die Passivkenntnisse der friesischen Sprache besitzen. Weitere 20-30.000 fühlen sich der friesischen Minderheit zugehörig (Steensen 1994). Ihre Lage ist davon gekennzeichnet, dass es über Jahrzehnte eine interne Polarisierung zwischen zwei Hauptströmungen gab: der größte Teil der Nordfriesen fühlte sich als Angehörige der deutschen Nation. Nur die ca. 1.000 Personen starke Gruppe der Nationalen Friesen identifizierte sich seit 1920 als nationale Minderheit. Sie arbeiten seit 1920 eng mit den Verbänden der dänischen Minderheit zusammen. Erst 1995 wurde durch die Bundesrepublik Deutschland die Gesamtgruppe der Nordfriesen als quasi-nationale Minderheit anerkannt. Heute arbeiten regionale und nationale Friesen konstruktiv zusammen.

4   Die Zeitung Berlingske Tidende berichtete am 11.5.1997 von insgesamt 1.500 Demonstranten. Jyllands-Posten berichtete von ca. 3.000. Laut Auskunft der Veranstalter in der Zeitung „Der Nordschleswiger" vom 14.5.1997 nahmen 4-5.000 Menschen an der Demonstration teil.

5   Informationen zur Struktur des Regionalrates und der Arbeit der Region Sønderjylland – Schleswig finden sich auf der Homepage http://www.region.dk.

6   Vgl. für eine soziologische Analyse der Regionsdebatte Schack 2000: 214-17. Er
    stellt u.a. fest, dass die deutsche Reaktion auf die Intensität der dänischen
    Diskussion von Überraschung und Irritation geprägt war.
7   Vgl. www.wireg.de/pdf/interreg.pdf.
8   Dazu gehören vor allem das durch die EU geförderte EURES-Netzwerk zwischen
    Arbeitgeber- und Arbeitnehmerverbänden in der Region sowie die durch
    Schleswig-Holstein geförderte Initiative GRAMARK (Grenzüberschreitender
    Arbeitsmarkt). Vgl. die Websites http://www.eures-kompas.org und
    http://www.gramark.de.
9   In der 1981 von der Arbeitsgemeinschaft Europäischer Grenzregionen beschlos-
    senen und 1995 überarbeitet angenommen Europäischen Charta der Grenz-
    und grenzübergreifenden Regionen wird ohne weitere Erläuterung in der Prä-
    ambel festgestellt: "Grenzen sind 'Narben der Geschichte'". Die Region Søn-
    derjylland/Schleswig ist ständiges Mitglied der AGEG, die derzeit insgesamt
    82 europäische Grenzregionen vertritt. Siehe zur Tätigkeit der AGEG die
    Website http://www.aebr.net.
10 Die Arbeitsgemeinschaft Europäischer Grenzregionen stellt in ihrer 1981 be-
    schlossen Europäische Charta der Grenz- und grenzübergreifenden Regionen,
    die 1995 überarbeitet wurde, in der Präambel fest: „Grenzen sind ‚Narben der
    Geschichte'". Siehe http://www.aebr.net.
11 So stellt Yndigegn 2003: 405 sinngemäß fest: Weil es eine Grenzregion ist, befin-
    den die Jugendlichen sich in einem Gebiet, wo das Nachbarland gegenwärtig
    ist, und dies ist im Bewusstsein der Jugendlichen deutlich feststellbar. Es ist
    differenzierter als bei anderen dänischen Jugendlichen. Dies ist hingegen of-
    fensichtlich für die Zukunftserwartungen und Lebensplanung der Jugendli-
    chen unerheblich. Man hat Verbindungen zum Nachbarland im Alltag, aber
    man orientiert sich nicht dorthin. Es ist offensichtlich auch kein Land, das ei-
    nen kulturellen Einfluss ausübt.

Literaturverzeichnis

Artikler og indlæg skrevet om Region Sønderjylland/Slesvig 1-3, Sønderjyllands
    Amt: Direktionen, o.J.
Becker-Christensen, Henrik (1984): Dansk mindretalspolitik i Nordslesvig. Ud-
    formningen af den danske politik over for det tyske mindretal 1918-1920, Aa-
    benraa: Institut for grænseregionsforskning.
Becker-Christensen, Henrik (1990): Det tyske mindretal i Nordslesvig 1920-1932,
    Becker-Christensen, Henrik (1991): The Danish-German minority arrangement
    – a model for others? Notat, 46, Aabenraa: Institut for grænseregionsforskning.
Becker-Christensen, Henrik (ed.) (1995): Grænsen i 75 år. 1920-1995, Aabenraa:
    Institut for grænseregionsforskning.
Becker-Christensen, Henrik (1996): 'Hakenkreuz bis zur Königsau'. Die Minder-
    heiten im deutsch-dänischen Grenzgebiet, in: Paul, Gerhard/Danker, Uwe/Wulf,

Peter (Hg.): Geschichtsumschlungen. Sozial- und kulturgeschichtliches Lesebuch Schleswig-Holstein 1848-1948, Bonn: Dietz, S. 225-31.

Becker-Christensen, Henrik (1999): Die nationale Entwicklung im Grenzland seit 1945, Grenzfriedenshefte, 1, 1999, S. 23-29.

Berdichevsky, Norman (1999): The German-Danish Border: A Successful Resolution of an Age Old Conflict or its Redefinition? Boundary & Territory Briefing, Volume 2 Number 7, University of Durham: International Boundaries Research Unit.

Bohn, Robert/Danker, Uwe/Kühl, Jørgen (Hg.) (2001): Zwischen Hoffnung, Anpassung und Bedrängnis. Minderheiten im deutsch-dänischen Grenzraum in der NS-Zeit, IZRG-Schriftenreihe Band 4, Bielefeld: Verlag für Regionalgeschichte.

Bong, Matthias/Kühl, Jørgen/Schack, Michael/Dall Schmidt, Torben (2002): Local and Regional Government: A Comparison of Sønderjylland (Denmark) and Schleswig-Holstein (Germany), Working Papers, Aabenraa: Institut for grænseregionsforskning.

Buch, Jørn (1997): "Hvor går grænsen?", Sønderjyske Årbøger, S. 27-36.

Bygvrå, Susanne (2002): Grænsehandel foråret 2001 – efter Øresundsbro og Schengen, Notat Nr. 77, Aabenraa: Institut for grænseregionsforskning.

Fink, Troels (2001): Forhandlingerne mellem Danmark og Tyskland i 1955 om de slesvigske mindretal, gråbog til tjenestebrug, Udenrigsministeriet, København 1959, publiziert København: Selskabet for Udgivelse af Kilder til Dansk Historie.

Fischer, Karl-Rudolf/Schulz, Kurt (1998): Vom Kanon der Kulturen. Minderheiten- und Volksgruppenpolitik in Schleswig-Holstein als Architektur des Friedens, Bredstedt/Bräist: Verlag Nordfriisk Instituut.

Geschichte Schleswigs. Vom frühen Mittelalter bis 1920, Aabenraa: Institut for grænseregionsforskning 1998.

Grözinger, Gerd/Schack, Michael (2001): Demographische Tendenzen in der Region Sønderjylland/Schleswig, Flensburg: PROGA.

Hansen, Christian L. (2001): Velfærdsstat og grænsekommuner, Notat, 76, Aabenraa: Institut for grænseregionsforskning.

Hansen, Christian L./Hinz, Holger (2000): Den socio-økonomiske situation i den dansk-tyske grænseregion 1988-2000 / Die sozio-ökonomische Situation in der deutsch-dänischen Grenzregion 1988-2000, Aabenraa: Institut for grænseregionsforskning/Region Sønderjylland-Schleswig.

Hansen, Christian L./Hansen, Mads/Hermann, Hayo/Hirschfeld, Markus (2000): Region K.E.R.N.-Fyns Amt: Stärken, Schwächen, Perspektiven und Kooperationspotentiale, Beiträge aus dem Institut für Regionalforschung der Universität Kiel. Beitrag Nr. 31, Kiel.

Hansen, Christian L./ Hansen, Mads/Hermann, Hayo/Hirschfeld, Markus/Peschel, Karin (2000): Analyse til en Ex-ante-evaluering af INTERREG III A-programmet Ostholstein-Lübeck/Storstrøms Amt, Notat, 74, Aabenraa: Institut for grænseregionsforskning.

Hansen, Hans Heinrich (2003): Die Zeit und das dänische Träume, Grenzfriedenshefte, 1, S.63-66.

Henningsen, Lars N./Schultz Hansen, Hans (1997): "Sønderjylland" og "Slesvig", Sønderjyske Årbøger, S. 5-26.

Henningsen, Lars N./Klatt, Martin/Kühl, Jørgen (1998): SSW - Dansksindet politik i Sydslesvig 1945-1998, Flensborg: Studieafdelingen ved Dansk Centralbibliotek for Sydslesvig.

Johannsen, Peter Iver (1993): Die deutsche Volksgruppe in Nordschleswig, in: Minderheiten im deutsch-dänischen Grenzbereich, Kiel: Landeszentrale für politische Bildung Schleswig-Holstein (Gegenwartsfragen 69), S. 41-72.

Klatt, Martin (2002): Grænseoverskridende aktiviteter i den dansk-tyske grænseregion 1920-1972, Pluk fra forskning i Sønderjylland, 1/2002, S. 24-38.

Klatt, Martin (2003): Grænseoverskridende samarbejde i den dansk-tyske grænseregion i 1970'erne, Pluk fra forskning i Sønderjylland, 1/2003, S. 1-16.

Klatt, Martin/Kühl, Jørgen (1999): SSW - Minderheiten- und Regionalpartei in Schleswig-Holstein, Flensburg: Studieafdelingen ved Dansk Centralbibliotek for Sydslesvig.

Kulturen. Sprachen. Minderheiten. Ein Streifzug durch die dänisch-deutsche Grenzregion, Kiel 2000.

Kühl, Jørgen (1997): Auf dem Weg zum "Modellfall Schleswig", in: Ethnos-Nation, 5, 1997, S. 87-113.

Kühl, Jørgen (1998): The 'Schleswig Experience'. The National Minorities in the Danish-German Border Area, Aabenraa: Institut for grænseregionsforskning.

Kühl, Jørgen (1999): Die dänische Minderheit in Preußen und im Deutschen Reich 1864-1914, in: Hahn, Hans Henning/Kunze, Peter (Hg.): Nationale Minderheiten und staatliche Minderheitenpolitik in Deutschland im 19. Jahrhundert, Berlin: Akademie-Verlag, S. 121-132.

Kühl, Jørgen (2000): En grænseoverskridende region med fælles historie – Fra enegang til fællesskab / Eine grenzüberschreitende Region mit gemeinsamer Geschichte – Vom Nebeneinander zum Miteinander, Region Sønderjylland/Schleswig, Oldenburg: Kommunikation und Wirtschaft 2000, S. 12-27.

Kühl, Jørgen (2001): National Minorities and Cross-Boundary Peace-building Measures: The Case of Schleswig, in: Bucken-Knapp, Gregg/Schack, Michael (eds.): Borders Matter: Transfrontier Regions in Contemporary Europe, Border Region Studies # 2, Aabenraa: Danish Institute of Border Region Studies/Institut for grænseregionsforskning, S. 93-110.

Kühl, Jørgen (ed.) (2002): En europæisk model? Nationale mindretal i det dansk-tyske grænseland 1945-2000, Aabenraa: Institut for grænseregionsforskning.

Kühl, Jørgen (2003): Schleswig/Slesvig and the Minority Question, in: Archer, Clive/Joenniemi, Pertti (eds.): The Nordic Peace, Aldershot: Ashgate Press, S. 135-157.

Lange, Ulrich (Hg.) (1996): Geschichte Schleswig-Holsteins, Neumünster: Wachholtz

Lorek, Sabine (1998): Rechtsabrechnung – Retsopgør. Politische Säuberung nach dem Zweiten Weltkrieg in Nordschleswig, Neumünster: Wachholtz & Institut for grænseregionsforskning.

Minderheiten im deutsch-dänischen Grenzbereich (1993), Kiel: Landeszentrale für politische Bildung Schleswig-Holstein (Gegenwartsfragen 69).

Mogensen, Carsten R. (1981): Dansk i hagekorsets skygge. Det tredie rige og det danske mindretal i Sydslesvig 1933-1939, Flensborg: Studieafdelingen ved Dansk Centralbibliotek for Sydslesvig.

Möteplats Öresund. Regional identitet i Öresundsregionen – förudsättningar och erfarenheter, København: Öresundskomiteen 1999.

Noack, Johan Peter (1989): Det danske mindretal i Sydslesvig 1920-1945, I-II, Aabenraa: Institut for grænseregionsforskning.

Noack, Johan Peter (1991): Det sydslesvigske grænsespørgsmål 1945-1947, I-II, Aabenraa: Institut for grænseregionsforskning.

Noack, Johan Peter (1997): Det danske mindretal i Sydslesvig 1948-1955, I-II, Aabenraa: Institut for grænseregionsforskning.

Philipsen, Kresten (2003): Die Last der Geschichte, Grenzfriedenshefte, 1, 2003, S. 59-62.

Rasmussen, Troels (1996): Den dansk-tyske traktat 1922, Aabenraa: Institut for grænseregionsforskning.

Rasmussen, Troels (2001): The Danish-German Treaty 1922. The Settlement of the New Danish-German Border and the Incorporation of North Schleswig into Denmark, 1920-1922, in: Bucken-Knapp, Gregg/Schack, Michael (eds.): Borders Matter: Transfrontier Regions in Contemporary Europe, Border Region Studies # 2, Aabenraa: Danish Institute of Border Region Studies/Institut for grænseregionsforskning, S. 143-157.

Rerup, Lorenz (1995): National Minorities in South Jutland/Schleswig, in: Tägil, Sven (ed.): Ethnicity and Nation Building in the Nordic World, London: Hurst, S. 247-281.

Rerup, Lorenz/Hansen, Reimar (1993): Europa in seinen Regionen. Schleswig – ein Beispiel für die Entstehung, den Verlauf und die Lösung nationaler Konflikte, Grenzfriedenshefte, 2, 1993, S. 77-107.

Schack, Michael (2000): On the Multicontextual Character of Border Regions, in: van der Velde, Martin/van Houtum, Henk (ed.): Borders, Regions, and People, London: Pion, S. 202-219.

Schlaber, Gerret Liebing (2001): Die Grenze in den Köpfen, Grenzfriedenshefte, 3, September 2001, S. 189-208.

Schultz Hansen, Hans (1996): Demokratie oder Nationalismus. Politische Geschichte Schleswig-Holsteins 1830-1918, in: Lange 1996, S. 427-485

Schultz Hansen, Hans (1999): 'Den anden afstemning'. Folketingsvalget den 3. april 1939 i Sønderjylland, Pluk fra forskning i Sønderjylland, 3, 1999, S. 1-16.

Schwensen, Broder (1998): Die plebiszitäre Teilung der Provinz Schleswig 1918-1920, in: Geschichte Schleswigs, Aabenraa: Institut for grænseregionsforskning 1998, S. 205-224.

Statistisches Jahrbuch 2001, Wiesbaden: Statistisches Bundesamt 2001.

Statistisk årbog 1999, København: Danmarks Statistik 1999.

Steensen, Thomas (1994): Die Friesen als autochthone Minderheit in Schleswig-Holstein, in: Aspekte der Minderheiten- und Volksgruppenpolitik, Kiel: Rektorat der Universität Kiel und Schleswig-Holsteinischer Landtag, S. 75-94.

Sønderjyllands Amt 1970-1995, Aabenraa: Institut for grænseregionsforskning 1995.

Toft, Gösta (1996): The German minority's participation in Danish politics: Years of conflict and fifty years of peace, in: Horn, Frank (ed.): Minorities and their right of political participation, Rovaniemi: Lapland's University Press (Juridica Lapponica 16), S. 79-89.

Yndigegn, Carsten (2002): Die Einstellungen Jugendlicher zum Nachbarland, Grenzfriedenshefte, 3, September 2002, S. 145-152.

Valgene i Sønderjylland den 20. november 2001, Pluk fra forskning i Sønderjylland, 4/2001, S. 34-48.

Vandkunsten 7/8 1992 Slesvigsk grænselære. En model for mindretal og modsætninger i nationernes Europa?

Yndigegn, Carsten (2003): Unge og regional identitet. Forventninger og indstilling til livsbetingelser og livsmuligheder i den dansk-tyske grænseregion, Aabenraa: Institut for grænseregionsforskning

Østergård, Uffe (1996): Danmark og mindretallene i teori og praksis, in: Kühl, Jørgen (ed.): Mindretalspolitik, København: Danish Institute of International Affairs/Dansk Udenrigspolitisk Institut, S. 44-105.

Zeitungen

Berlingske Tidende
Flensborg Avis
Flensburger Tageblatt
JydskeVestkysten
Jyllands-Posten
Der Nordschleswiger

Internet

Region Sønderjylland-Schleswig	http://www.region.dk
Land Schleswig-Holstein	http://www.schleswig-holstein.de
Sønderjyllands Amt	http://www.sja.dk
Deutsche Minderheit	http://www.nordschleswig.dk
Dänische Minderheit	http://www.sydslesvig.de
EURES	http://www.eures-kompas.org
GRAMARK	http://www.gramark.de
AGEG	http://www.aebr.net
INTERREG IIIA	http://www.wireg.de/pdf/interreg.pdf

Französisch-deutsche Grenzregion: Grenzwahrnehmung von Jugendlichen

Simone Ahrberg

In den politischen Debatten über die europäische Integration gewinnt der zwischenmenschliche, soziale Aspekt gegenüber den politischen und wirtschaftlichen Dimensionen zunehmend an Gewicht: Das erklärte Ziel europäischer Institutionen und Politik besteht darin, die EU zu einer „erfahrbaren Lebensgemeinschaft" (Europa-Union Deutschland 1995) weiterzuentwickeln und eine Identifikation der Bürger mit der EU zu erzeugen.

Als eine für die Menschen überschaubare territoriale Ebene sollen die Regionen[1] zur Bildung regionaler Identitäten beitragen, welche für die Entstehung eines „europäischen Gemeinschaftsgefühls" (Europa Union Deutschland 1995) unabdingbar seien. Einen besonders hohen Stellenwert schreiben Politiker den Grenzregionen zu. Da in ihnen Menschen verschiedener Länder direkt miteinander in Kontakt treten können, sollen sie als Bindeglieder zwischen den Nachbarstaaten dienen und eine Vorreiterrolle in der europäischen Integration übernehmen.

Im offiziellen Diskurs gilt die Oberrheinregion als ein Musterbeispiel für funktionierende grenzüberschreitende Beziehungen in Europa (z.B. Kochniss 2003). Seit den siebziger Jahren hat sich hier ein komplexes Netzwerk grenzüberschreitender Institutionen entwickelt.

Auch wenn heute die Solidarität und die Freundschaft zwischen den Ländern betont wird, darf nicht vergessen werden, dass die Beziehungen vor allem zwischen den ehemaligen „Erbfeinden" Deutschland und Frankreich, deren Grenzregion hier betrachtet wird, noch vor wenigen Jahrzehnten alles andere als harmonisch gewesen sind. Insbesondere die Erfahrungen des Zweiten Weltkriegs und die psychologischen Barrieren, die „Grenzen in den Köpfen", die dadurch entstanden sind, haben das Verhältnis zwischen den elsässischen und badischen Nachbarn lange Zeit geprägt.

Die heute existierenden Verflechtungen auf politisch-institutioneller Ebene oder etwa die Intensität des wirtschaftlichen Austausches im Grenzgebiet geben nicht ausreichend Auskunft darüber, wie das Verhältnis zwischen den deutschen und französischen Nachbarn im übrigen Alltag aussieht. Findet sich die von der Politik propagierte Freundschaft in den individuellen Einstellungen und Beziehungen der Menschen zum jeweiligen Nachbarland wieder? Erleben die Grenzanrainer ihr Verhältnis als Gegen-, Mit- oder Nebeneinander?

Von besonderem Interesse ist diesbezüglich die junge Generation: In der Zukunft wird die Grenzregion von ihren Ansichten und Interessen bestimmt werden. Da die heutigen Jugendlichen den Zweiten Weltkrieg nicht miterlebt haben, sehen Politiker in ihnen die Chance, der konfliktreichen Vergangenheit nun eine Gegenwart entgegenzusetzen, die von Austausch und Gemeinschaft geprägt ist.[2] Seit einigen Jahren werden deshalb verstärkt grenzüberschreitende Jugendprojekte entwickelt. Die Frage ist, ob diese offiziellen Projekte die Lebensrealität der Jugendlichen berühren und ob sie die Ziele erreichen, welche die Politik mit ihnen anstrebt.

Während die institutionalisierten Strukturen der grenzüberschreitenden Zusammenarbeit schon vielfach untersucht wurden[3], gibt es über die subjektive Sichtweise der Grenzanrainer bislang nur wenige Informationen. Die Frage, wie Jugendliche die Situation an der Grenze beurteilen, wie sie die Nachbarn sehen und ob sie sich überhaupt für das Nachbarland interessieren, ist relativ unerforscht. Hat sich die Wahrnehmung der Grenze durch den europäischen Binnenmarkt und die Abschaffung der Grenzkontrollen gewandelt? Wie sehr ist das Leben in der Oberrheinregion heute noch durch die Grenze geprägt? Um einen Einblick in die Innenansichten der deutsch-französischen Grenzregion zu bekommen, sind im Frühjahr 2002 an einem Straßburger Collège und einem Kehler Gymnasium Gruppeninterviews mit insgesamt elf elsässischen und zehn badischen Schülern im Alter von 16 bis 18 Jahren durchgeführt worden. Im Mittelpunkt standen die individuellen Erfahrungen einzelner Jugendlicher, d.h. die Interviews besitzen exemplarischen, jedoch keinen repräsentativen Charakter. Das Ziel dieser explorativen, qualitativen Studie ist es, einen Eindruck von der Lebensrealität der befragten Schüler zu gewinnen, etwas über ihre persönlichen Erfahrungen, Meinungen und Interessen und über ihr Verhältnis zu ihrer Region zu erfahren.[4]

Bevor die zentralen Ergebnisse der Untersuchung dargestellt werden, wird zunächst ein kurzer Einblick in die Geschichte der deutsch-französischen Grenzregion und in die Entwicklung der offiziellen grenzüberschreitenden Zusammenarbeit gegeben.

Die Geschichte der Grenzregion und der Entwicklung der grenzüberschreitenden Kooperation

Die Geschichte der deutsch-französischen Grenzregion ist durch die jahrhundertelangen Territorialkonflikte der beiden Staaten um das Elsass geprägt. Nachdem dieses über 200 Jahre zum französischen Territorium gehört hatte, wurde es nach dem Krieg von 1870/71 an das deutsche Kaiserreich angegliedert. Die deutsche Herrschaft dauerte fast 50 Jahre - erst nach Ende des Ersten Weltkriegs gehörte das Elsass wieder zum französischen Staatsgebiet. 1940 besetzten die Nationalsozialisten die Region erneut. Der Zweite Weltkrieg bewirkte eine tiefgreifende Zäsur im Verhältnis zwischen den deutschen und französischen Nachbarn. Das nationalsozialistische Regime unterwarf die Elsässer „Germanisierungsmaßnahmen", die sich auf sämtliche Bereiche des öffentlichen und privaten Lebens erstreckten (Trouillet 1997: 121ff.). Während der fünfjährigen Nazi-Herrschaft wurden 140.000 Elsässer zwangsweise in die deutsche Wehrmacht eingezogen, von denen ein Drittel im Krieg gestorben ist (Hickmann 1992: 52, zitiert nach Essig 1994: 143).

Seit dem Ende des Zweiten Weltkriegs gehört das Elsass zu Frankreich und der Rhein ist wieder die Grenze zwischen den beiden Ländern. In der Nachkriegszeit existierte im Elsass eine weitverbreitete Antipathie gegenüber Deutschland. Zahlreiche Elsässer, aber auch viele Badener weigerten sich, den Rhein zu überqueren (Vogler 1996: 102). Da Deutsch als die Sprache der Nazis galt und dem „Elsässerditsch" der Makel der Illoyalität zu Frankreich anhaftete, distanzierten sich die Elsässer zunehmend von ihrer sprachlichen Tradition. Die politische und kulturelle Geschichte des Elsass wurde nicht unterrichtet und das Sprechen des Dialekts war verboten (Ladin 1982: 49). Von 1945 bis 1972 wurde die deutsche Sprache komplett aus den Schulen verbannt (Vogler 1996: 107). Eine grenzüberschreitende Zusammenarbeit zwischen den Nachbarn war zunächst nicht denkbar.

1963 ebneten Adenauer und de Gaulle mit der Unterzeichnung des deutsch-französischen Freundschaftsvertrags den Weg für eine Annährung zwischen den beiden Staaten. Die ersten Kooperationen, die in den siebziger Jahren entstanden, haben sich weiterentwickelt, so dass in der Oberrheinregion heute ein komplexes Netzwerk grenzüberschreitender Institutionen besteht. Auf nationaler, regionaler und lokaler Ebene arbeiten die Nachbarstaaten zusammen. Die Umsetzung vieler Projekte wurde durch die EU-Förderung im Rahmen der INTERREG-Programme ermöglicht, die zu Beginn der 90er Jahre ins Leben gerufen wurden. Um den Bürgern die europäische Idee näher zu bringen und ihnen die Chancen des Binnenmarktes aufzuzeigen, wurden zahlreiche Informations- und Beratungseinrichtungen geschaffen. Sie sollen zur Bildung eines oberrheinischen Bewusstseins beitragen und die Grenzanrainer dazu aufrufen, sich an der grenzüberschreitenden Zusammenarbeit zu beteiligen. Ein Schwerpunkt der offiziellen Bemühungen liegt heute darin, die zwischenmenschliche Integration zu fördern. Dies wird auch im Hinblick auf die grenzüberschreitende Jugendarbeit deutlich.[5]

Außerhalb des schulischen Rahmens versuchen die offiziellen Kooperationsinstanzen auf zwei Arten, die junge Generation anzusprechen: Zum einen existieren Gremien, die auf eine dauerhafte politische Beteiligung der

Jugendlichen an der grenzüberschreitenden Zusammenarbeit abzielen. Zum anderen gibt es eine große Anzahl an Aktionen und Projekten, wie Musikfestivals, Sportveranstaltungen usw., die ein breites Publikum erreichen und Gemeinschaftserlebnisse zwischen den Jugendlichen beider Länder schaffen sollen.

Einige zentrale Motive werden unabhängig von einzelnen Projekten von allen Einrichtungen der grenzüberschreitenden Jugendarbeit formuliert. Ihr Ziel besteht darin, Begegnungen zu fördern und dazu beizutragen, dass Freundschaften über die Grenze hinweg geschlossen werden. Neben solchen emotionalen Erfahrungen sollen die Jugendlichen auch ein Sachwissen über die Grenzregion erlangen, an dessen Vermittlung die Schulen maßgeblich beteiligt sein sollen.

Die Förderung der Zweisprachigkeit (Oberrheinkonferenz o.J.) und die Stärkung der „interkulturellen Kompetenz" (Utech 2001: 212) sind zentrale Ziele der offiziellen Integrationsbemühungen. Wichtig sei außerdem die Einbindung der jungen Generation in die offizielle grenzüberschreitende Zusammenarbeit und in die regionale grenzüberschreitende Politik. Die Jugendlichen sollen nicht nur eine Identifikation mit der Oberrheinregion, sondern darüber hinaus ein europäisches Bewusstsein ausbilden und aktiv am „Gestaltungsprozess Europas" teilnehmen.

Die Sicht der Jugendlichen

Im Folgenden werden die zentralen Ergebnisse aus den Gruppengesprächen mit den Straßburger und Kehler Schülern vorgestellt.[6]

Grenzmobilität

Der Großteil der befragten Jugendlichen fährt unregelmäßig und nicht besonders häufig über die Grenze.[7] Bei der Mehrheit der elsässischen und badischen Schüler ist die Grenzmobilität vor allem ökonomisch geprägt. Das Einkaufen ist der am häufigsten genannte Grund, aus dem sie in das jeweilige Nachbarland fahren. Während die Kehler besonders die große Auswahl in Straßburg und die hohe Qualität der französischen Waren loben, zieht es die Straßburger vor allem wegen der günstigeren Preise in die deutschen Geschäfte.

Neben dem Konsum gibt es einige andere Anlässe, aus denen die jungen Straßburger und Kehler die Grenze überqueren bzw. schon einmal überquert haben. Alle haben bereits an einem Schüleraustausch teilgenommen. Die Lehrer beider Schulen organisieren von Zeit zu Zeit Ausflüge über die Grenze, z.B. um mit den Jugendlichen kulturelle Veranstaltungen in der Nachbarstadt zu besuchen. Außerhalb dieses organisierten Rahmens nutzen die Schüler solche Möglichkeiten aber kaum.

Einige Straßburger berichten, dass sie in den Sommermonaten gelegentlich das Kehler Freibad besuchen; ein anderer erklärt, am Wochenende mit seinen Eltern in Kehl spazieren zu gehen. Auf deutscher Seite berichtet eine Jugendliche von Café- und Diskobesuchen in der französischen Nachbarstadt. Ein weiterer Schüler fährt manchmal dorthin, um sich Fußballspiele anzusehen. Einige Kehler waren schon einmal bei einem Musikkonzert in Straßburg; sie berichten aber, dass sie von interessanten Angeboten häufig nichts erfahren würden:

Katrin: „Neulich [...] war Bob Dylan in Straßburg und da war hier kein einziges Werbeplakat. Also, das hat man gar nicht so richtig mitbekommen."

Sowohl bei den Straßburgern als auch bei den Kehlern ist das Auto das wichtigste Verkehrsmittel, mit dem sie ins Nachbarland gelangen. Während einige Elsässer berichten, dass sie auch schon häufiger den Bus genommen hätten, der zwischen Straßburg und Kehl pendelt, haben die Badener diesem gegenüber gewisse Vorbehalte. Sie halten ihn für unpraktisch und vor allem abends für unsicher. Gleichzeitig erklären viele Kehler Jugendliche aber, dass ihre Eltern sie auch mit dem Auto nur ungern nach Straßburg fahren lassen. Sie befürchten, dass es aufgebrochen, demoliert oder gestohlen werden könnte. Aus der Sicht vieler Kehler gibt es keine uneingeschränkt gute und gefahrlose Alternative, um nach Straßburg zu gelangen.

Grenzübergreifende Sozialkontakte

Die Mehrheit der befragten Jugendlichen hat keinerlei persönliche Beziehungen oder Kontakte in das jeweilige Nachbarland. Die Kehlerin Lisa stellt in dieser Hinsicht eine Ausnahme dar. Ein Großteil ihrer Freunde ist französisch und lebt in Straßburg.

Sowohl bei den meisten Kehlern als auch bei den Straßburgern beschränken sich die zwischenmenschlichen Erfahrungen mit den Grenznachbarn auf den Schüleraustausch. Viele Jugendliche berichten allerdings, dass ihre Partnerschaften über die Dauer des Austauschs hinaus keinen Bestand gehabt hätten und dass sie die Begegnung als „verkrampft" empfunden hätten:

Franka: „[...] bei solchen Austauschen, das sind halt mehr so Zwangsfreundschaften. Da muss man sich praktisch verstehen [...]. Ich denke, wenn man selber hingeht und im Urlaub oder so jemanden kennen lernt, dann ist das was ganz anderes. [...]"

Häufig würden die Austauschpartner nicht zueinander passen und hätten infolgedessen keine Motivation, den Kontakt aufrecht zu erhalten:

Jérôme: „ J´ai jamais pris contact avec mon correspondant. Je pense que ce n´était pas bien entre nous. Je l´ai vu juste quelques jours, et puis, c´était fini."

Von den Kehlern berichten viele, dass sich Kontakte zu Straßburgern, die über ein oberflächliches Zusammentreffen - wie z.B. in Geschäften - hinausgehen, auch nicht von selbst, d.h. außerhalb eines organisierten Rahmens entwickeln. Einige schildern, dass sie während Urlaubsreisen nach Frankreich mehr persönliche Erfahrungen mit gleichaltrigen Franzosen gesammelt hätten als je in Straßburg. Die Jugendlichen erklären sich dies wie folgt: Während man im Urlaub viel Zeit und zudem ein größeres Interesse daran habe, Kontakte zu knüpfen, herrsche „zu Hause", in der Grenzregion, Alltag. In Straßburg sei man nur für wenige Stunden, und das in der Regel in Begleitung anderer Deutscher:

Hanna: „Wenn ich jetzt nach Straßburg gehe, dann gehe ich da eigentlich nie alleine hin. Du hast eigentlich immer jemanden Deutsches dabei. Automatisch beschränkst du dich dann auf diese Person und redest nur mit der. Im Urlaub, wenn Du da ganz alleine bist, dann musst Du halt mit denen reden, die da sind. Sonst hast du halt niemanden."

Einige Kehler erklären, dass sie auch innerhalb Deutschlands bei Fahrten in andere Städte nicht ständig neue Bekanntschaften machen würden. Dass sie keine Freunde in Straßburg haben, liegt ihrer Ansicht nach nicht unbedingt daran, dass die Nachbarstadt zu einem anderen Land gehört.

Grenzwahrnehmung

Die Aussagen der jungen Straßburger und Kehler in Bezug auf die Grenze deuten darauf hin, dass diese keine besonders starke symbolische Bedeutung für sie hat. Während die Grenze lange Zeit eine markante Linie war, zeichnet sich der Umgang der Jugendlichen mit der Grenze heute durch eine gewisse Gelassenheit aus:

Interviewerin: „Was bedeutet die Grenze für Dich? Wie ist Dein Gefühl, wenn Du rüberfährst?"
Franka: „Da es ja keine Passkontrollen mehr gibt... Es ist gar kein komisches Gefühl oder so. Es ist vertraut, irgendwie."

Alle befragten Schüler befürworten die Offenheit der Grenze und viele sprechen von den Vorteilen, die sich daraus ergeben:

Thierry: „Pour moi, c´est bien qu´il n´y a pas de frontière et qu´on puisse voyager quand on veut."

Obschon die meisten Jugendlichen von diesen Möglichkeiten nur selten Gebrauch machen, betrachten sie es dennoch als Selbstverständlichkeit, dass die Grenze geöffnet ist und beliebig überschritten werden kann. Die Möglichkeit einer geschlossenen Grenze ist ihnen erst im Zusammenhang mit den französischen Präsidentschaftswahlen, deren erste Runde wenige Tage vor der Durchführung der Interviews stattgefunden hatte, bewusst geworden: Der Erfolg des rechtsextremen Front National-Chefs Jean-Marie Le Pen, der im Elsass einen besonders hohen Stimmenanteil erzielt hatte, war unter den Jugendlichen beider Länder ein vieldiskutiertes Thema. Seine EU-feindliche Position hatte sie - gerade im Hinblick auf die Durchlässigkeit der Grenze - beunruhigt:

Lisa: „Mit Le Pen jetzt, wenn man sich vorstellt, dass die Grenze zu sein könnte, das [...] macht es dann schon eher bewusst. Die Vorstellung, dass es nicht mehr so sein könnte."

Eine Kehler Schülerin erinnert sich an ihre Kindheit und berichtet, wie sich ihre Wahrnehmung der Grenze seitdem verändert habe:

Janine: „Als ich noch klein war und wir immer rübergefahren sind, habe ich mich jedes Mal angeschnallt, habe mich gerade hingesetzt, weil ich jedes Mal gedacht habe, sie halten uns sonst an. Da hatte ich immer ein bisschen Angst. [...] Aber jetzt fahren wir ganz locker rüber."

Die Aussagen der badischen und elsässischen Schüler weisen darauf hin, dass die deutsch-französische Grenze einen Wandel erfahren hat, bzw. erfährt. Die Berichte zeigen, dass die Jugendlichen durchaus eine Vorstellung davon haben, wie das Konzept Grenze „normalerweise" funktioniert: Man hält am Grenzübergang die Ausweise bereit, setzt sich im Auto ordentlich hin und hat stets ein bisschen Angst, dass es bei der Passkontrolle Probleme geben könnte. Gleichzeitig beschreiben die Schüler jedoch, dass dieses Bild für die Grenze, in deren Nähe sie leben, nicht mehr zutrifft.

Sprachkenntnisse

Alle befragten Schüler lernen die jeweilige Nachbarsprache in der Schule. Für einen Großteil ist sie die erste Fremdsprache. Dennoch gibt es nur wenige Jugendliche, für die das Sprechen der Nachbarsprache zum Alltag gehört. Für die bereits erwähnte Kehlerin Lisa ist der Umgang mit dem Französischen selbstverständlich:

Lisa: „Ich habe Französisch immer gehört. Seit ich ganz klein bin habe ich es im Ohr, auch wenn ich es noch nicht konnte. Im Kindergarten gab es eine Französischgruppe, die haben dann irgendwelche... 'Sur le Pont d'Avignon' gesungen. Und dann hat sich das halt immer mehr gesteigert. Also, ich komme halt auch zum Reden. Einmal die Woche oder mehr, rede ich halt Französisch und schwätze und mache Smalltalk."

Auch die aus Memmingen hinzugezogene Elena, die das Gymnasium in Kehl besucht, aber in Straßburg wohnt, ist viel stärker mit der französischen Sprache konfrontiert als die meisten Kehler:

Elena: „Ich bin es gewöhnt, Französisch zu sprechen. Also, ich kann mir gut helfen in Straßburg. Ich hab keine Probleme, mich zu unterhalten oder zu verstehen. [...]

Die anderen badischen und elsässischen Jugendlichen beschäftigen sich ausschließlich im Schulunterricht mit der jeweiligen Nachbarsprache. Viele geben an, mit einfachen, alltäglichen Sprechsituationen im Nachbarland zurechtzukommen. Da es ihnen an der nötigen Praxis mangelt, beurteilen sie ihre Kenntnisse aber dennoch kritisch:

Sandra: „J'arrive à me faire comprendre, mais je peux pas dire des phrases trop cherchées, quoi."

Obwohl die Schüler die Künstlichkeit der Austauschsituation bemängeln, berichten einige, dass ihre Sprachkenntnisse während eines Austauschs oder einer Sprachreise viel größere Fortschritte gemacht hätten als im Unterricht:

Miriam: „Da kommt man in die Sprache rein, dann macht es eigentlich auch Spaß. Nicht so wie hier im Französischunterricht. Da sagst Du mal ein paar Sätze und das war's dann."

Was die Gründe anbelangt, aus denen die Jugendlichen die jeweilige Nachbarsprache lernen, so spielt der Gedanke an die berufliche Zukunft eine zentrale Rolle. Die Schüler glauben, dass Sprachkenntnisse eine wichtige Voraussetzung für beruflichen Erfolg sind:

Thierry: „Tu peux trouver un métier plus facilement quand tu sais parler différentes langues."

Sie wissen, dass besonders in der Grenzregion mehrsprachiges Personal eingestellt wird und dass Bewerber, die nicht zumindest die Nachbarsprache und Englisch beherrschen, in vielen Branchen keine Chance haben:

Sonja: „Meine Mutter war jetzt eine Zeit lang zu Hause und hat nicht gearbeitet und möchte jetzt wieder arbeiten. Und die möchte gerne Rezeption oder Empfang oder so was machen, aber das ist halt ziemlich schwierig, weil sie weder Englisch noch Französisch kann. [...]"

Viele Straßburger Jugendliche erklären außerdem, dass sie Deutsch lernen, um ihre Großeltern besser verstehen zu können, wenn diese hauptsächlich Elsässisch und nur schlecht Französisch sprechen. Während fast alle Schüler berichten, dass ihre Großeltern Elsässisch sprechen, ist der Anteil derer, bei denen auch die Eltern den Dialekt beherrschen, deutlich geringer. Die meisten elsässischen Jugendlichen sagen aus, dass sie den Dialekt kaum verstehen und so gut wie gar nicht sprechen können.

Unabhängig von ihren persönlichen Motiven, Deutsch zu lernen, thematisieren die Straßburger im Zusammenhang mit den Sprachkenntnissen häufig die Grenznähe:

Sandra: „On apprend l'allemand, parce qu'on est frontalier."

Aus ihrer Sicht ist dies etwas, was sie vom restlichen Frankreich unterscheidet. Sie glauben, dass bei vielen französischen Jugendlichen Englisch beliebter sei als Deutsch und dass darum außerhalb der Grenzregion kaum Deutsch, sondern vor allem Englisch unterrichtet würde. Ohne danach gefragt worden zu sein, erklären viele Elsässer, dass sie selber dennoch das Deutsche dem Englischen vorziehen:

Claire: „Peut-être que nous préférons l'allemand parce que, depuis qu'on est petit, on nous apprend."

Sachkenntnisse und Interesse am Nachbarland

Die Straßburger und Kehler Schüler kennen die Geschichte der Grenzregion in groben Zügen und sind sich der historischen Konflikte zwischen Deutschland und Frankreich durchaus bewusst. Der am häufigsten angesprochene Aspekt sind die einstigen territorialen Konflikte um Elsass-Lothringen. Obwohl viele Jugendliche von sich selbst behaupten, sich nur ungenau mit der regionalen Geschichte auszukennen, scheinen sie sich durchaus für historische Zusammenhänge zu interessieren: Sowohl Straßburger als auch Kehler bedauern, dass die Regionalgeschichte im Schulunterricht kaum behandelt wird.

Eine Differenz zeigt sich hinsichtlich der Bedeutung, die die jungen Badener und Elsässer der Vergangenheit ihrer Region beimessen. Viele Kehler sind der Ansicht, dass die Geschichte auf ihr Leben heute keinen Einfluss mehr habe. Sie erklären, dass sie in einer Zeit aufgewachsen seien, in der alte Konflikte immer weiter abgebaut wurden. Im Gegensatz dazu scheint die Vergangenheit im Bewusstsein der Straßburger Schüler durchaus noch von Bedeutung zu sein. Einige berichten zum Beispiel, dass es noch Elsässer gebe, die den Deutschen wegen den Erfahrungen im Zweiten Weltkrieg feindlich gesonnen seien. Zudem sprechen viele Jugendliche an, dass es in ihrer Region noch heute Regelungen und Bräuche gibt, die aus der Zeit stammen, als das Elsass zu Deutschland gehörte und die somit an die Vergangenheit erinnern:

Sandra: „En fait, l'Alsace a différentes règles sur certains plans. (...) Il y a des choses qui sont différentes, par exemple, en Alsace, il y a des jours fériés, et dans le reste de la France, il n'y a pas. C'est encore de l'époque."

In Bezug auf das aktuelle Geschehen in der Grenzregion und im Nachbarland ist festzuhalten, dass sich keiner der befragten elsässischen und badischen Jugendlichen gezielt oder regelmäßig mit grenzüberschreitenden Themen beschäftigt. Einige Schüler aus Kehl berichten, dass sie Informationen über Straßburg hauptsächlich aus der Kehler Zeitung beziehen; ein Jugendlicher liest gelegentlich die zweisprachige Ausgabe der *„Dernières Nouvelles d'Alsace"*. Sowohl die Straßburger als auch die Kehler empfangen zu Hause den Rundfunk des jeweiligen Nachbarlandes, sie nutzen diesen aber unregelmäßig und eher zufällig. Auch wenn die Schüler von den vorhandenen Informationsquellen nur wenig Gebrauch machen, wissen sie dennoch, wo sie bei Bedarf Auskünfte erlangen können:

Jérôme: „Il y a des informations régionales sur certaines radios. Quand il y a un festival, par exemple, ou quelque chose comme ça qui se passe en Allemagne. (…)"

Ein grenzüberschreitendes Interesse zeigen die Kehler Jugendlichen am deutlichsten bei den Diskussionen über die französischen Präsidentschaftswahlen, die alle mit großer Aufmerksamkeit verfolgt haben:

Janine: „[...] Selbst die Jugendlichen untereinander, die Französisch abgewählt haben, die Grundkurs haben, jeder hat das mitbekommen, jeder hat darüber geredet. [...]"

Bei den Straßburger Schülern gibt es zum Zeitpunkt der Befragung kein „deutsches Thema", das sie ähnlich stark interessiert hat wie die Kehler Jugendlichen die französischen Präsidentschaftswahlen.

Über offizielle grenzüberschreitende Projekte und Einrichtungen wissen die jungen Straßburger und Kehler kaum etwas. Als Möglichkeit, in organisierter Form grenzüberschreitend aktiv zu werden, nennen sie vor allem den Schüleraustausch. Die badischen Jugendlichen erwähnen darüber hinaus die ehemalige grenzüberschreitende Jugendkulturwerkstatt ZigZack. Sie befand sich in Kehl und wurde im Frühjahr 2002 geschlossen. Zumindest dem Namen nach ist sie allen Kehlern ein Begriff, genutzt haben sie deren Angebote aber nicht. Den Straßburger Jugendlichen ist diese Einrichtung gänzlich unbekannt.

Selbstbild und Identifikation mit der Region

In den Aussagen der jungen Straßburger und Kehler in Bezug auf ihre Selbstbilder dominieren verschiedene Themen. Die Straßburger setzen sich vor allem mit der Rolle des Elsass in Frankreich und mit ihrem regionalen Selbstverständnis auseinander. Viele sprechen darüber, dass das Elsass aufgrund seiner Geschichte einen anderen Status habe als andere Regionen Frankreichs:

Thierry: „L´Alsace est une région assez indépendante envers les autres.(...) L´Alsace était déjà très indépendante il y a longtemps, et puis, elle a toujours gardé un peu son indépendance. (...)"

Das Elsass spielt im Selbstverständnis der Schüler eine nicht unwichtige Rolle. Zwei Straßburgerinnen erklären sogar, dass sie sich an erster Stelle als Elsässerinnen und dann erst als Französinnen fühlen würden.

Mehr als die Kehler beschäftigen sich die jungen Elsässer zudem mit der Frage, inwieweit sich die französische und die deutsche Kultur in Grenznähe überlagern:

Isabelle : „On connaît la culture allemande. On ne l´a pas forcément nous-même, mais on la connaît. Plus que le reste de la France."

Jérôme: „Ici, tout est en allemand et en français. N´importe quel prospectus qu´on peut recevoir, c´est souvent en allemand et en français. Et la télé aussi."

Diese Aussagen der elsässischen Schüler weisen darauf hin, dass die Nähe zu Deutschland in ihrer Selbstwahrnehmung durchaus eine Rolle spielt. Ein grenzüberschreitender Bezug ist bei ihnen vorhanden - wenn auch nicht in der Form, dass sie ständig über die Grenze fahren und den persönlichen Kontakt zu den Nachbarn suchen.

In der Beziehung der Kehler Jugendlichen zu ihrer Region steht eindeutig das Thema Kleinstadt im Vordergrund. Da sie ihre Stadt langweilig finden, streben viele Schüler nach dem Abitur einen Ortswechsel an:

Sonja: „Ich muss sagen, die Stadt ist jetzt nicht so der Reiz. Deshalb sagen auch viele, sie wollen weg hier."

Obwohl die deutschen Jugendlichen berichten, dass es in Straßburg viel mehr Möglichkeiten gebe als in Kehl, dehnen sie ihre Aktivitäten nur selten auf die französische Nachbarstadt aus. Viele Schüler erklären, dass sie zu Straßburg keinen persönlichen Bezug hätten. Die Situation, nah an der Grenze zu leben, nehmen die meisten nicht als etwas Besonderes wahr. Interessant ist in Bezug auf die Identifikationsfrage folgender Bericht einer Kehlerin über einen Schüleraustausch zwischen ihrem Gymnasium und einer Schule aus Eichwalde:

Franka: „Als die hier waren, haben die gesagt, dass sie gar nicht verstehen können, wie wir so Kontakt zu Frankreich haben. Also, die waren eher so mit Vorurteilen, glaube ich. [...] Ich habe mich mit den Franzosen verbundener gefühlt als mit den Deutschen. Das war wirklich so. [...]"

Dieses Beispiel zeigt, dass die Grenznähe für die Jugendlichen an Bedeutung gewinnen und als etwas „Zu-ihnen-Gehöriges" wahrgenommen werden kann, wenn sie aus ihrer Alltagssituation heraustreten und mit Men-

schen in Berührung kommen, für die die Nähe zum Nachbarland nichts Ge-
wöhnliches ist.

Deutlich erkennbar ist ein grenzüberschreitender Bezug vor allem bei Lisa, die regelmäßig in Straßburg ist und dort Freunde hat, sowie bei Elena, die
in Straßburg wohnt. Lisa erklärt, sie fühle sich „deutsch-französisch". Elena
berichtet Ähnliches:

Elena: „ [...] Wenn man mal nach China oder nach Thailand fährt, da sieht man dann mal,
das ist wirklich eine andere Mentalität, das ist eine andere Welt. Aber hier, ich meine, das
ist doch so egal, ob man jetzt da lebt oder da, also gerade in Deutschland und Frankreich."

Die Aussagen der beiden Schülerinnen deuten darauf hin, dass die Identifikation der Jugendlichen mit der Grenzregion umso stärker ist, je mehr
grenzüberschreitende Erlebnisse - vor allem zwischenmenschlicher Art - sie
mit ihr verbinden.

Bild vom Nachbarn und vom Nachbarland

Die Beziehung der badischen Jugendlichen zu Straßburg ist ambivalent. Einerseits betonen alle, dass es „eine schöne Stadt" sei, andererseits ist ihr Bild
jedoch stark durch das Thema Kriminalität bestimmt. Unter den Kehlern
existiert eine weit verbreitete Angst, mit dem Auto nach Straßburg zu fahren:

Janine: „ [...] Mit dem Cabrio wollen wir nicht fahren, weil es dann unten aufgeschlitzt
wird oder so. Und überhaupt ist es eigentlich besser, wenn man mit einem alten Auto fährt,
weil das höchstwahrscheinlich nicht geklaut wird. Da denken wir jedes Mal dran. [...]"

Von dem „Auto-Problem" abgesehen gibt es auch generelle Ängste vor
Kriminalität und Gewalt. Viele badische Schüler erklären, dass Straßburg
gefährlicher sei als Kehl. Die meisten Jugendlichen führen dies jedoch nicht
darauf zurück, dass Straßburg zu Frankreich gehört, sondern dass es eine
Großstadt ist:

Elena: „[...] Straßburg ist halt die Großstadt und da gibt es halt viele Probleme, so wie bei
uns auch in Berlin. Und dass das so stark aufeinanderprallt, dieses fast Dörfliche, also
Kehl, und dann eben drüben Straßburg mit den ganzen Problemen und natürlich auch den
ganzen Vorteilen einer Großstadt."

In der Wahrnehmung der Kehler Schüler besteht ein bedeutender Unterschied zwischen dem Zentrum Straßburgs und anderen Stadtteilen. In der
Innenstadt fühlen sie sich sicher. Sehr gefürchtet ist aber das Viertel Neuhof:

Janine: „ [...] da geht's schon ziemlich ab. Da sind überall die Jugendlichen auf der Straße,
zum Autos aufknacken. [...] Da darf man nicht als blöder Deutscher rumfahren und sich die
Leute anschauen. Da wird man gleich geschlagen, oder so. [...]"

Da Neuhof am Stadtrand Straßburgs liegt, in unmittelbarer Nähe zur Eu-
ropabrücke, über die man nach Deutschland gelangt, befürchten nach den

Berichten der Jugendlichen manche Kehler, dass die Kriminalität aus diesem Viertel über den Rhein zu ihnen „hinüber schwappen" könnte. In diesen Kontext ist vermutlich auch die Tatsache einzuordnen, dass in Kehl eine Bürgerinitiative entstanden war, die den geplanten – und inzwischen begonnenen – Bau einer Fußgänger- und Fahrradbrücke über den Rhein verhindern wollte:

Hanna: „Ich denke, dass die Leute Angst haben, wenn da so eine Brücke ist, dass es dann für die bösen [ironisch] Franzosen noch leichter wird, rüberzukommen."

Neben dem Kriminalitätsaspekt ist für die badischen Schüler der Straßenverkehr in der französischen Nachbarstadt ein wichtiges Thema. Manche Kehler haben nicht nur wegen des Diebstahlrisikos, sondern auch wegen der fremden Verkehrssituation Bedenken, mit dem Auto nach Straßburg zu fahren. Einige Jugendliche berichten, dass viele Kehler Straßburg mit chaotischen Autofahrern assoziieren.

Ein weiterer Aspekt, der von den Kehler Jugendlichen immer wieder angesprochen wird, betrifft die sprachliche Verständigung zwischen den Nachbarn:

Franka: „Ich denke schon, dass in Straßburg weniger Leute Deutsch sprechen, als hier Leute Französisch sprechen, also, dass in Deutschland mehr für die Sprache gemacht wird. In Frankreich wollen sie eher ihre Sprache behalten und sich nicht so gerne anpassen oder vermischen."

Lisa ist der Ansicht, dass Deutsche, die nicht Französisch sprechen, größere Hemmungen haben, ins Nachbarland zu fahren, als umgekehrt Franzosen, die kein Deutsch können:

Lisa: „Franzosen kommen eigentlich doch ziemlich selbstbewusst nach Kehl, ohne irgendein Wort Deutsch zu können. [...] Ich habe mal in einer Eisdiele gearbeitet und da kamen halt ziemlich viele Franzosen, gleich groß auf Französisch parliert. [...] Also, mich stört es nicht. Ich finde es eher gut, weil ich dann mein Französisch trainieren kann."

Während die Angst vor Kriminalität bei den Kehlern ein wichtiges Thema in Bezug auf Straßburg ist, taucht dieser Aspekt in den Aussagen der elsässischen Jugendlichen über die badischen Nachbarn gar nicht auf. Bei den Straßburgern bestimmt das Umweltbewusstsein der Deutschen die Diskussionen:

Thierry: „C'est un pays plus propre, quoi. (...) Les gens jètent pas les papiers par terre, ils les mettent dans la poubelle."

Das deutsche System der Mülltrennung fällt den französischen Schülern besonders auf:

Nadia: „Les Allemands trient le plastique, le papier, le carton etc."

Claire: „Dans les écoles allemandes, il y a trois poubelles. Surtout, les Allemands respectent ça. Parce que je pense que si jamais on faisait la même chose en France, les gens ne respecteraient pas."

Auch die Elsässer thematisieren die sprachliche Verständigung mit den Nachbarn. Während mehrere Kehler glauben, dass sie sich stärker als die Franzosen bemühen, die Nachbarsprache zu sprechen, empfinden die Straßburger Jugendlichen die Bereitschaft auf beiden Seiten als ausgeglichen. Viele sagen aus, dass in der Grenzregion zahlreiche Deutsche Französisch und manche auch Elsässisch sprechen können. Einige elsässische Schüler betonen sogar, dass die Beziehungen zwischen ihnen und den Badenern im Großen und Ganzen gut seien, da beide Seiten gleichermaßen die Bereitschaft hätten, die Nachbarsprache zu sprechen.

Bezug zur Europäischen Union

Europa ist für die befragten Straßburger und Kehler Schüler eher eine abstrakte Idee als erfahrbare Lebensrealität. Sie äußern sich zwar grundsätzlich positiv zur EU, erklären aber, dass sie sich bislang noch nicht sehr mit ihr identifizieren:

Stefan: „[...] Man ist halt Europäer, aber im Moment zumindest kann man sich da noch nichts groß drunter vorstellen."

Elena: „[...] Ich denke schon, dass es wirtschaftlich klappen wird, aber wirklich so zwischenmenschlich... Kann ich mir nicht vorstellen. Vielleicht für einzelne Personen, die das wirklich nutzen, Europa. Die sagen, ich kann überall arbeiten, ich kann überall leben, probiere ich es aus, mach' ich es. Ich glaube nicht, dass das auf breiter Ebene so wird."

Der geographischen Lage ihrer Stadt an der Grenze zu Frankreich messen die Kehler in Bezug auf das Zusammenwachsen Europas keine besondere Bedeutung bei:

Markus: „Was ist an der Region hier anders, als wenn ich jetzt in München oder im Landesinneren von Deutschland wohne. Ich sehe da keinen Unterschied. In Deutschland ist es eh so, dass viele Nationen zusammen leben."
Stefan: „Ich war jetzt gerade in Berlin. Da ist die Multikulturalität noch viel größer als hier."
Markus: „Die Großstädte sind doch viel eher europäisch, würde ich sagen, also, wenn man in einer Großstadt lebt."

Die jungen Straßburger erhoffen sich von der Europäischen Union vor allem die Sicherung des Friedens:

Nadia: „C'est quelque chose qui pourrait éviter les guerres. Surtout, ça, c'est bien. Parce que là, je pense pas qu'il y en aura de nouveau en Europe."

Sowohl die Kehler als auch die Straßburger Jugendlichen sprechen in Bezug auf Europa die Einführung der gemeinsamen Währung an, durch die der grenzüberschreitende Austausch ihrer Ansicht nach zunehmen wird. Alle betonen den praktischen Nutzen, den der Euro in ihrer Region habe:

Claire: „On se rend compte qu'en Allemagne, il y a beaucoup de trucs moins chers. On peut y aller. C'est pas loin."

Sandra: „C'est pratique. On n'a plus besoin de changer et il y a moins de perte d'argent."

Im Vergleich zu den Badenern sind viel mehr elsässische Schüler der Meinung, dass der Euro nicht nur praktisch sei, sondern auch einen symbolischen Wert habe:

Nadia: „Ça fait quelque chose en commun et ça unifie. Ça fait des liens."

Einige Jugendliche berichten sogar, dass sie seit der Einführung der gemeinsamen Währung einen stärkeren Bezug zu Europa hätten als zuvor.

Fazit

Während das primäre Anliegen der grenzüberschreitenden Jugendarbeit darin besteht, die zwischenmenschliche Integration zwischen den benachbarten Gebieten voranzubringen, pflegen die befragten Schüler größtenteils keine persönlichen Kontakte über die Grenze hinaus. Ihre Grenzmobilität ist vor allem ökonomisch motiviert und ein Wunsch, persönliche Beziehungen zu den Nachbarn zu intensivieren, bzw. überhaupt herzustellen, ist nicht erkennbar.

Deutlich geworden ist in den Gesprächen mit den Jugendlichen, dass viele die organisierten Formen der Begegnung, zum Beispiel den Schüleraustausch, als verkrampft empfinden. Andererseits hat sich jedoch auch gezeigt, dass sie nur bei dieser Gelegenheit überhaupt mit Gleichaltrigen aus dem Nachbarland in Berührung kommen. Es ist ein Dilemma, das organisierte Treffen häufig als erzwungen erlebt werden, dass aber ohne einen übergeordneten Rahmen kaum Begegnungen stattfinden. Man kann den Jugendlichen Begegnungsmöglichkeiten bieten - mehr jedoch nicht.

Abgesehen vom schulischen Austausch sind Angebote der offiziellen grenzüberschreitenden Jugendarbeit unter den befragten Schülern nicht bekannt. Obwohl bei den Jugendlichen keine Motivation besteht, sich kontinuierlich und systematisch mit grenzüberschreitenden Fragen zu befassen, konnte ein gewisses Interesse am jeweiligen Nachbarland festgestellt werden: Die Gespräche mit den Schülern haben gezeigt, dass sich die Straßburger mit den Einflüssen deutscher Kultur im Elsass auseinandersetzen und dass die

Kehler die französischen Präsidentschaftswahlen mit großer Aufmerksamkeit verfolgt haben.

Im Gegensatz zum offiziellen politischen Diskurs, der die besonderen Möglichkeiten betont, die sich für die Grenzanrainer durch die unmittelbare Nähe zum Nachbarland ergeben, nehmen die meisten Jugendlichen die Grenzregion nicht als etwas Besonderes wahr. Bedeutend ist der Wandel der deutsch-französischen Grenze, der sich an den Aussagen der jungen Elsässer und Badener ablesen lässt: Sie betrachten es als Selbstverständlichkeit, dass die Grenze geöffnet ist und man sie jederzeit überqueren kann. Dennoch machen sie von den Möglichkeiten, die sich dadurch ergeben, relativ wenig Gebrauch.

Während die politische Seite hervorhebt, dass die Grenzregion als Kontaktzone zwischen den benachbarten Gebieten fungieren könne, halten die Kehler Jugendlichen Straßburg-Besuche für ungeeignet, um Franzosen kennen zu lernen. Auch was das Erwerben sprachlicher Kompetenz anbelangt, scheint sich die Nähe zum Nachbarland nicht unbedingt als Vorteil auszuwirken: Viele Jugendliche benutzen die Nachbarsprache vor allem dann, wenn sie im Urlaub und von der Heimatregion weit entfernt sind. Die besondere soziale Integrationskraft der Grenzregionen - zumindest in dem Ausmaß, wie die Politik sie ihnen zuschreibt - wird durch die beschriebenen Aspekte in Frage gestellt.

Betont werden muss, dass die befragten Jugendlichen nicht deswegen wenig über die Grenze fahren, weil sie den Nachbarn nicht begegnen wollen oder ihnen feindlich gesinnt sind, sondern dass sie vielmehr die Notwendigkeit hierzu nicht sehen. Der Alltag, die Routine und eine gewisse Bequemlichkeit halten sie davon ab.

Für die badischen Jugendlichen sind auch Angst vor Kriminalität und die fremde Verkehrssituation in Straßburg Gründe, aus denen sie nicht oder nur selten über die Grenze fahren. Die Gefahrenquellen seien jedoch nicht darauf zurückzuführen, dass Straßburg zu Frankreich gehört, sondern auf die Tatsache, dass es eine Großstadt ist. Es ist anzunehmen, dass sich in der Wahrnehmung mancher Grenzanrainer die beiden Möglichkeiten der Attribution (Wird Kriminalität mit Frankreich oder mit Großstadt assoziiert?) vermischen - dass also „Begleiterscheinungen" der Großstadt mit nationalen Stereotypisierungen und Vorurteilen in Verbindung gebracht werden. Die Tatsache, dass in Kehl eine Bürgerinitiative gegen den Bau einer Fußgänger- und Fahrradbrücke über den Rhein entstanden ist, deutet darauf hin, dass die Nähe der „Anderen" nach wie vor Ängste und Verunsicherung auslösen kann.

Im Gegensatz zu den offiziellen Bemühungen, bei den Jugendlichen die Entwicklung eines europäischen Bewusstseins zu fördern - wofür die Grenzregion beste Möglichkeiten bieten soll - identifizieren sich die befragten

Schüler wenig mit Europa. Sie sind weit davon entfernt, sich als Vermittler des „europäischen Gedankens" zu fühlen. Auf Kehler Seite erklären einige sogar, dass Großstädte wie z.b. Berlin „europäischer" seien als ihre Region. Die Aussage eines Schülers, dass in Deutschland ohnehin viele Nationen zusammenleben, deutet darauf hin, dass die Jugendlichen von dem, was die Politiker in den Grenzregionen umsetzen wollen, möglicherweise gar nicht weit entfernt sind: Für sie ist es Normalität, Menschen aus anderen Ländern zu begegnen. Bei vielen ist eine gewisse Offenheit und Toleranz längst vorhanden. In der Konsequenz bedeutet dies, dass die Jugendlichen nicht unbedingt Gleichaltrige aus der unmittelbaren Nachbarschaft kennen lernen müssen, um kulturelle Akzeptanz zu entwickeln. Die Interviews mit den Schülern haben gezeigt, dass sie durchaus ein Interesse an anderen Ländern und Sprachen haben, dass jedoch allein die geographische Nähe aus ihrer Sicht nicht begründet, warum sie sich zwangsläufig in Richtung des direkten Nachbarn orientieren müssen.

Welche Schlussfolgerungen leiten sich aus den beschriebenen Ergebnissen ab? Ist die Arbeit der offiziellen Kooperationsprojekte vergeblich? Sieht die Grenzregion einer düsteren Zukunft entgegen, weil die Jugend nicht dem Bild entspricht, das die Politik von ihr entwirft?

Betrachtet man die generellen Einstellungen der Straßburger und Kehler Jugendlichen - ihre Aussagen über die jeweiligen Nachbarn, über ihre Wahrnehmung der Grenze und ihr Verhältnis zur Vergangenheit - so kann die Situation in der Grenzregion durchaus als positiv bewertet werden: Führt man sich vor Augen, dass die Beziehungen zwischen den elsässischen und badischen Nachbarn Jahrhunderte lang unter dem Einfluss nationalstaatlicher Territorialkämpfe standen und dass sich der Austausch nach dem Zweiten Weltkrieg - vor nicht einmal 60 Jahren - auf dem „absoluten Nullpunkt" befand, dann erscheint die von den Jugendlichen beschriebene heutige Situation in der Oberrheinregion als recht ausgeglichen. Die Offenheit der Grenze ist für die Jugendlichen heute eine Selbstverständlichkeit. Die Grenzanrainer leben zwar eher neben- als miteinander; Aversionen gegenüber dem Nachbarn, wie es sie nach dem Krieg gegeben hat, sind jedoch bei keinem der befragten Schüler zu erkennen. Die jungen Badener und Elsässer nehmen den jeweiligen Nachbarn weder als Freund noch als Feind, sondern als Nachbarn wahr.

Zur eingangs aufgeworfenen Frage, ob sich die von politischer Seite propagierte Freundschaft in den individuellen Beziehungen der Nachbarn zueinander wiederfindet, muss festgestellt werden, dass die deutsch-französische Freundschaft vor allem eine Verbindung auf offizieller Ebene ist. Realistisch betrachtet kann die grenzüberschreitende Zusammenarbeit zwar einen „Möglichkeitsraum" für Begegnungen bereitstellen und die Voraussetzungen dafür schaffen, dass der Austausch im Grenzgebiet immer weniger von bürokratischen und rechtlichen Hindernissen erschwert wird. Ihr Einfluss auf die Individualebene bleibt aber gering. Freundschaften zu planen ist nicht möglich. Obwohl mit „deutsch-französischer Freundschaft" nicht gemeint sein kann, dass sich jeder einzelne Bürger freundschaftlich mit den Nachbarn verbunden fühlen soll, ist dennoch gewiss, dass der heutige „offene" Zustand in der Grenzregion ohne die entsprechenden politischen Rahmenbedingungen nicht erreicht worden wäre.

Anmerkungen

1   Der Begriff der Region wird sehr vielfältig und unspezifisch verwendet. Rudolf Hrbek schreibt, dass die Region in einem allgemeinen Verständnis ein Raum sei, „der aufgrund bestimmter Merkmale als homogene Einheit gelten kann" und der „in Bezug zu einer übergeordneten territorialen Einheit" gesetzt wird (Hrbek, Rudolf: Regionen in Europa und die regionale Ebene in der EU: Zur Einführung. In: Färber, Gisela/ Forsyth, Murray (1996) (Hrsg.): The Regions – Factors of Integration or Disintegration in Europe? Baden-Baden.) Siehe hierzu auch den Artikel von Christian Banse zu Grenzregionen in diesem Band.

2   Besonders auf deutscher Seite wird als Motiv für die grenzüberschreitende Zusammenarbeit häufig das „Überwinden der Geschichte" genannt. Aus den unterschiedlichen Rollen Deutschlands und Frankreichs im Zweiten Weltkrieg – die deutschen Täter und die elsässischen Opfer – resultiert ein partiell unterschiedlicher Umgang mit der Vergangenheit.

3   Siehe hierzu z.B. Speiser, Béatrice (1993): Der grenzüberschreitende Regionalismus am Beispiel der oberrheinischen Kooperation. Dissertation, Basel/ Franfurt a.M., oder: Zoller Schepers, Regula (1998): Grenzüberschreitende Zusammenarbeit am Oberrhein. Analyse der politischen Strukturen, Prozesse und Leistungen in grenzüberschreitenden Kooperationsorganen, Dissertation, Bamberg, oder: Rausch, Ulrike (2000): Grenzüberschreitende Kooperationen. Der kanadisch-US-amerikanische Nordosten und die Oberrheinregion im Vergleich, Opladen.

4   Die Ergebnisse der Befragung müssen vor dem Hintergrund betrachtet werden, dass die Situation zwischen Straßburg und Kehl eine besondere ist (Großstadt – Kleinstadt) und nicht ohne weiteres auf andere Bereiche der Grenzregion – zum Beispiel ländlichere Gegenden – übertragen werden kann.

5   Zur ausführlichen Darstellung der offiziellen grenzüberschreitenden Jugendarbeit siehe z.B.: Région Alsace (2001) (Hrsg.): Grenzüberschreitende Jugendarbeit am Oberrhein. Quels projets transfrontaliers pour la jeunesse?, Straßburg. Außerdem: Staatskanzlei Rheinland-Pfalz (2002) (Hrsg.): Band 17, PAMINA-Jugendprogramm Abschlussbericht, Projekte, Mainz.

6   Die Herleitung und Begründung der gewählten Themenbereiche sowie eine aus-
    führlichere Präsentation der Interviews finden sich in: Ahrberg, Simone: Fein-
    de, Nachbarn, Freude? Französische und deutsche Jugendliche in der Grenz-
    region Oberrhein zwischen offiziellen Integrationsbemühungen und infor-
    mellem Austausch, unveröffentlichte Magisterarbeit, vorgelegt in Göttingen
    im März 2003, S. 40-43.

7   Auf deutscher Seite heben sich zwei Schülerinnen deutlich vom allgemeinen
    Trend ab: Lisa verbringt viel Zeit in der französischen Nachbarstadt, da sie
    Mitglied eines Straßburger Jugendorchesters ist und zudem zahlreiche elsässi-
    sche Freunde hat. Elena lebt zum Zeitpunkt der Befragung erst seit wenigen
    Monaten in der Grenzregion. Die aus Memmingen Hinzugezogene besucht
    das Gymnasium in Kehl, wohnt aber in Straßburg und pendelt aus diesem
    Grund täglich.

Literaturverzeichnis

Europa-Union Deutschland (1995): Charta der europäischen Identität, beschlossen in
    Lübeck 1995 vom 41. ordentlichen Kongress der Europa-Union Deutschland.
    In: www.europa-web.de/europa/02wwswww/ 203chart/chartade.htm (Stand:
    08.06.2003).
Hickmann, Thorsten (1992): Umweltbewusstsein und Umweltschutz im Elsass und
    die Entwicklung der grenzüberschreitenden Zusammenarbeit, unveröffentlichte
    Diplomarbeit, Universität Erlangen – Nürnberg. Zitiert nach: Essig, Michael
    (1994): Das Elsass auf der Suche nach seiner Identität. München.
Kochniss, Bodo (2003): Grenzen überschreiten. In: Potsdamer Neueste Nachrichten
    online,   www.pnn.de/Pubs/campus/pageviewer.asp?TextID=9672   (Stand:
    23.06.2003).
Ladin, Wolfgang (1982): Der elsässische Dialekt – museumsreif? Straßburg.
Oberrheinkonferenz (o.J.): Themen und Projekte. Arbeitsgruppe „Erziehung und
    Bildung". In: www.oberrheinkonferenz.de/erziehung/index.htm (Stand:
    08.06.2003).
Trouillet, Bernard (1997): Das Elsaß – Grenzland in Europa. Sprachen und Identitäten
    im Wandel. Köln.   ·
Utech, Joachim (2001): Schulische Kooperationen im PAMINA-Raum. In: Geiger,
    Michael (Hrsg.): PAMINA – Europäische Region mit Zukunft. Baden, Elsass
    und Pfalz in grenzüberschreitender Kooperation. Speyer.
Vogler, Bernard (1996): Baden und Elsaß: Die Geschichte einer 2000jährigen Nach-
    barschaft und ihrer Folgen. In: Becker-Marx, Kurt/ Jentsch, Christoph (Hrsg.):
    Es ist Zeit für den Oberrhein. Fehlstellen grenzüberschreitender Kooperation.
    Mannheim.

Grenzland Gibraltar[1]

Dieter Haller

Die Ethnologie beschäftigt sich nicht selten mit Gegenständen, die im Verschwinden begriffen sind, mit kulturellen Phänomenen, die uns gerade im Moment der Forschung durch die Finger zu gleiten drohen und deren Bedeutung wir im Prozess des Forschens nicht nur nachzuspüren versuchen, sondern auch in unseren Texten, Museumsexponaten und Filmen zu erhalten trachten. *„Salvage Anthropology"* nannte man dies gegen Ende des 19ten Jahrhunderts, man versuchte zu retten, was zu retten war. Laut und vielstimmig sind die Klagen derer, die das Verschwinden unseres Gegenstandes - der Kultur - immer wieder beschwören. Aber Kultur verschwindet nur selten ganz, sie transformiert sich höchstens ständig, und was Gestern die Kultur einer Gruppe A war, wird es Morgen nicht mehr auf dieselbe Weise sein - in modifizierter Form vielleicht, aber nicht mehr das Selbe (Sahlins 1999).

Auch die Tatsache, dass sich die Kultur- und Sozialwissenschaften seit einigen Jahren verstärkt politischen Grenzen zuwenden, hat etwas mit unserer Vorstellung von ihrem Verschwinden zu tun. Der Globalisierungsdiskurs suggeriert uns die Aufhebung von Grenzen für Waren, Ideen, Kapital und - in einigen wenigen und privilegierten Weltregionen - auch für Menschen. Die Rede von der einen Welt, in der nationale Grenzen keine Rolle mehr spielen und nur noch Hindernisse für den freien Fluss von Kapital und Identitäten darstellen, ist in den 90er Jahren in Medien und Politik hegemonial geworden. In der wissenschaftlichen Diskussion haben Begriffe wie Hybridität, Transnationalismus und Diaspora, die das Grenzüberschreitende zur Norm erheben, Konjunktur. Die Rede ist von Ethnoscapes und Kosmopolitanismus (Appadurai 1991, Hannerz 1992), von Deterritorialisierung und Fragmentierung.

Auf der politischen Ebene scheint der Prozess der Europäischen Einigung dies zu bestätigen. Binnengrenzen zwischen den Mitgliedsländern werden scheinbar obsolet, und die neuen Außengrenzen sind nicht mehr die einer Nation, sondern die eines transnationalen Gemeinwesens, das grundlegend durch die Prozesshaftigkeit der Bestimmung dessen, was Drinnen und was Draußen ist, gekennzeichnet. Unser Interesse an politischen Grenzen ist gewiss zum Teil der Umwandlung vormals stabiler Einheiten wie der des europäischen Staatensystems geschuldet. Aber verschwinden die Grenzen in der EU tatsächlich? Oder transformieren nicht auch sie sich lediglich? Das Beispiel Irlands weist in diese Richtung (Wilson 1993, 1994; Donnan 1997).

Dort wurde vor der Angleichung der Preise in Nord- und Südirland ein florierender Grenzhandel und Grenztourismus begünstigt, der dazu beitrug, die
„harte" Militärgrenze zwischen den beiden Ländern abzumildern: Hochwer-
tige Waren konnten teuer im Norden gekauft werden, Alltagsprodukte billig
im Süden. Die grenzüberschreitende Ökonomie war in den 80ern und 90ern
ein wichtiges Ausgleichsmoment gegen den Religionshass auf der Insel;
durch die unterschiedliche ökonomische Lage beider Teile kamen viele Menschen zusammen und profitierten voneinander. Heute, nach Angleichung der
Preise und Waren, hat sich die Abgrenzung verstärkt, weil es keinen Grund
mehr gibt, auf die andere Seite zu gehen. Ausgleichende Momente zur Militärgrenze, die noch immer besteht, fielen so weg. Die Rede vom Verschwinden der EU-Binnengrenzen entpuppt sich auch dann als Sonntagsrede, wenn
die Kontrollen von nationalen Regimes wieder eingesetzt werden, etwa um
„ausländische" Fussballhooligans oder – wie in Genua geschehen - die Gegner des Weltwirtschaftsgipfels „draußen" zu halten.

In der Ethnologie gehört die Grenzmetaphorik in mehr als einem Sinne
gewissermaßen zum „Familiensilber" der Disziplin. Ethnologen haben sich
schon immer mit Vorliebe an und auf der Grenze zwischen den Kategorien
vom Eigenen und vom Fremden bewegt. Marginalität und das Gefühl der
Ausgegrenztheit sind oftmals die Grundlagen für das Interesse von Ethnologen am Eigenen und am Fremden - ein Merkmal, das sie häufig mit ihren
Hauptinformanten teilen. Die Überschreitung kategorialer und symbolischer
Grenzen (vor allem durch die Untersuchung von Übergangsriten) wurde nicht
nur Gegenstand des empirischen und des theoretischen Interesses, sondern
methodologisch zum Dreh- und Angelpunkt des Faches. Aber das Interesse
an politischen Grenzen im Fach ist noch relativ neu.

Es gibt verschiedene einleuchtende Gründe dafür, dass dies lange Zeit
unterblieb - und die vermeintliche Stabilität des nationalen Nachkriegssy-
stems ist sicherlich nur einer „davon. Ein weiterer Grund dafür ist, dass
Staatsgrenzen, besonders wenn es sich um umstrittene Grenzen zwischen
feindlichen Nachbarn handelt, hochpolitische Kontexte sind, in denen die
Regierungen häufig geheime Absichten verfolgen. Staatliche Agenturen
haben es häufig nicht gerne, wenn man ihnen in sensiblen Gebieten in die
Karten schauen möchte, und daher mag es schwierig sein, für Grenzregionen
Forschungsgenehmigungen zu erhalten, nicht zu sprechen von der Gefahr für
Leib und Leben, der sich der Forscher auszusetzen vermag.

Zusätzlich dazu erfordert die Forschung an Staatsgrenzen vom Ethnologen doppelte Anstrengungen, da er mindestens zwei Sprachen beherrschen
und sich mit zwei nationalen Traditionen anthropologischer Literatur auseinandersetzen muss.

Auch die Annahme, dass alle Grenzen gleich sind oder gleich wirken, mag das Forschungsinteresse minimiert haben. So wurden Grenzen lange vor allem als selbstverständliche Limitationen eines Forschungsfeldes betrachtet. Seit geraumer Zeit rücken aber die Grenze und die Bewohner des Grenzraumes in den Mittelpunkt - sozusagen die eigene Qualität des Grenzgebietes als Lebensumfeld, ein Gegenstand in seinem eigenen Recht. Schilling (1986: 351), der im saarländisch-lothringische Grenzgebiet forschte, nennt sein Forschungsgebiet ein „neues Land", ein „Niemandsland", das gerade dort entstehen kann, „wo die Menschen, die darin leben, das als Ressource nehmen, was ihnen abgesprochen wird, weil es hier zu Ende scheint: Bedeutung." Girtler spricht von unterschiedlichen „Wahrheiten" (1991:42ff.) bzw. „Wirklichkeiten" (1992: 32ff.), die durch die Grenze konstituiert werden. Diese eigene Wahrheit zeigt sich beispielsweise in der Kenntnis der „kleinen Vorzüge hüben und drüben" (Bausinger 1997: 7), die den meisten Grenzräumen eigen ist. Fernandez spricht gar vom *„peripheral wisdom"* (2000), das in Grenzregionen beheimatet sei, und mit dem man die hegemonialen Diskurse der Zentren konfrontieren müsse.

In diesem Aufsatz möchte ich den Fragen nach der Persistenz der Grenzen und nach der eigenen Qualität des Lebens im Grenzraum nachgehen. Dies werde ich am Beispiel Gibraltars erörtern. Dazu werde ich erstens die allgemeinen Charakteristika von Grenzräumen erörtern, bevor ich in einem zweiten Teil die Situation Gibraltars als Grenzland vorstelle.

Die Frage nach der eigenen Qualität des Lebens im Grenzraum werde ich in den beiden folgenden Abschnitten darstellen. Dabei steht zunächst die Verortung des Bösen auf der anderen Seite im Vordergrund, eine Verortung, die sowohl das Verhältnis zum unmittelbaren Nachbarort La Linea prägt als auch das Selbstverständnis Gibraltars als Gemeinschaft mit einer dezidiert distinkten Kultur.

Die Effekte der Situation an der Grenze gehen jedoch weit über die bewusste Desidentifikation mit dem *Campo de Gibraltar* – dem spanischen Hinterland - und die Schaffung einer gemeinsamen nationalen Identität hinaus. Im vierten Teil dieses Artikels werde ich auf eher indirekte Effekte der Grenze eingehen, die sich allerdings auf das Leben im Grenzland Gibraltar auswirken, da sie die Körperlichkeit der Bewohner nachhaltig prägen.

Der fünfte und letzte Teil schließlich geht auf die Frage ein, ob der Fall Gibraltars etwas über das Verschwinden oder die Persistenz von Grenzen und über die Konstitution der Nationalstaaten innerhalb der EU aussagt.

Trennende Grenzen, verbindende Grenzen

Grenzen besitzen einen ambivalenten Charakter: Sie stellen sowohl Trennlinien als auch Schwellen des Überganges dar, sie haben „Scharnierfunktion" (Ulbrich 1993), gleichzeitig grenzen sie ab und schließen aus. Nur selten sind Grenzen absolut unüberwindbar und damit im Grunde eher Mauern als Grenzen. Meist sind die grenznahen Gebiete diesseits und jenseits durch eine Form des offiziellen oder inoffiziellen „Kleinen Grenzverkehrs" miteinander verbunden (Bausinger 1997: 7). In gewisser Weise kann man die Grenze als einen Reißverschluss charakterisieren. Reißverschlüsse bestehen aus zwei Hälften oder Zahnreihen. Die ineinander greifenden Zähne können die beiden Hälften miteinander verzahnen. Ein Reißverschluss kann vollständig oder graduell geöffnet bzw. geschlossen sein. Genauso verhält es sich mit Staatsgrenzen. Wie die beiden Hälften, so sind auch die aneinandergrenzenden Staaten in bestimmten Aspekten (z.B. über Wirtschaft, Demographie, Familienverbände, Sprache) entsprechend der Zähne des Reißverschlusses miteinander verbunden, in anderen dagegen nicht. Eine Vielzahl von Verbindungsmöglichkeiten kann hergestellt oder unterbrochen werden. Verbindungen, die heute eng verzahnt sind, können schon bald gelockert werden und umgekehrt. Wie ein Reißverschluss, so ist auch die Grenze nie vollständig auf Dauer geöffnet oder geschlossen. Selbst der scheinbar vollständig geöffnete Reißverschluss verfügt noch immer über eine Nahtstelle, die beide Hälften als aufeinander bezogen ausweist.

Und noch auf einer anderen Ebene greift die Reißverschlussanalogie: genauso, wie die eine Zahnreihe quasi das Negativ der anderen Hälfte darstellt, genauso werden die diesseits der Grenze liegenden Bereiche häufig als Negativ der jenseits der Grenze liegenden Bereiche definiert.[2] Die Dichotomisierung der Gesellschaften entlang des „Eisernen Vorhangs" bzw. entlang der Wälle der „Festung Europa" sind hierfür naheliegende Beispiele.

Grenzen schaffen Ordnung und Orientierung im alltäglichen Leben des Menschen; sie helfen ihm, eine Position in der Gesellschaft einzunehmen und sich zu behaupten, sich mit dem Vertrauten zu identifizieren und vor dem Bedrohlichen zu schützen. Staatliche Grenzen sind reale Trennlinien zwischen politischen Rechten und Zugängen zu Ressourcen. Die physische Erscheinung der Grenze und des Grenzlandes selbst trägt oftmals symbolische Bedeutung und vermag schon alleine dadurch relevant zu sein.[3] Viele europäische Grenzgebiete sind solch hochgradig emotionalisierte Räume, die tief innerhalb mythisch-nationaler Traditionen verankert sind - etwa das Elsaß für Frankreich und Deutschland, Südtirol für Italien, der Kosovo für Serbien und Makedonien für Griechenland. Grenzen sind also kulturelle Orte, an denen die kollektive Erinnerung von Nationen gespeichert sind, oder, wie Jeggle

(1997: 77) unverblümt konstatiert: „An der Grenze ‚kommt hoch‘, was an Ressentiments angelagert wurde." Dieses „Hochkommen" ist durchaus im körperlichen Sinne gemeint.

In besonderem Maße trifft dieses „Hochkommen" der Gefühle auf Grenzstädte zu. Gerade Gibraltar ist zweifellos ein symbolisch stark besetztes Grenzland für Großbritannien (Beständigkeit, Weltgeltung und Empire), Marokko (Beginn der Eroberung von Al-Andalus) und Spanien (nationaler Niedergang). Gleichzeitig steht die lokale Grenzbevölkerung in vielfältigem und stetigem Kontakt mit den „Anderen" jenseits der Grenze: Heiratsbeziehungen, Ökonomie, Handel und Konsum, Religion, Sport und Freizeitverhalten sind nur einige der grenzüberschreitenden Beziehungen, über die kultureller Austausch stattfinden kann. Dies bedeutet jedoch nicht automatisch, dass die Bewohner diesseits der Grenze mit der Bevölkerung auf der anderen Seite eine Gemeinschaft oder eine Gesellschaft bilden. Ob es sich bei einer Grenzregion jedoch um grenzüberschreitende Gemeinschaften oder gar Gesellschaften handelt, bedarf der Betrachtung der konkreten Grenzsituation[4] in ihren sich wandelnden historischen Kontexten[5] und in der *a posteriorischen* Interpretation der Grenzlandbewohner.

Grenzland Gibraltar

Der Konflikt zwischen Großbritannien und Spanien um Gibraltar geht zurück auf den spanischen Erbfolgekrieg. Vor fast 300 Jahren eroberte die anglo-holländische Flotte unter dem Prinzen von Hessen Darmstadt für einen der Anwärter auf den spanischen Thron, den Habsburger Erzherzog Karl, den Felsen von Gibraltar. Karl verlor den Erbfolgekrieg gegen den Bourbonen Philippe, der als Felipe V zum König von Spanien gekrönt wurde. Gibraltar indes wurde im Frieden von Utrecht im Jahre 1713 an Großbritannien abgetreten. Seither weht am strategisch wichtigen Eingang zum Mittelmeer der Union Jack und, seit einigen Jahren, die weiß-rote Flagge Gibraltars mit Burg und Schlüssel.

Die Kolonie genießt mit einer eigenen Regierung weitgehende und vor allem innenpolitische Autonomie. Staatsoberhaupt ist die Queen, die britische Regierung ist durch einen Gouverneur vertreten. Gibraltar ist seit dem Beitritt Großbritanniens im Jahre 1974 EWG bzw. EU-Territorium, es gehört allerdings weder der Zollunion noch der Agrarunion an und ist nicht Geltungsbereich der Mehrwertsteuer. Damals gehörte das Nachbarland Spanien noch nicht zur EWG und Gibraltars Wirtschaft musste gestärkt werden.

Lange bestimmte die Garnison die Geschicke des kaum 6,5 qkm großen Ländchens. Bedeutsam war Gibraltar in Zeiten des Empire als Zwischenstation für die britischen Handels- und Kriegsschiffe auf der Route vom Mutterland über den Suezkanal nach Indien und Australien. Gibraltars strategisch-militärische Bedeutung für Großbritannien ging jedoch nach dem Beitritt Spaniens zur NATO 1986 zurück. Auch die Präsenz des Militärs in der Kolonie hat abgenommen; bereits 1991 wurden die Landstreitkräfte abgezogen, 1997 folgte die Royal Air Force. Seither verbleibt nur noch das *Gibraltar Regiment* mit 300 Soldaten und 200 Reservisten auf dem Felsen. Das Militär war lange der bedeutsamste Wirtschaftsfaktor gewesen, doch die vom ehemaligen Hauptarbeitgeber, der Royal Navy, betriebenen Docks wurden bereits 1984 geschlossen. Trug das Militär im Jahre 1960 noch 65 v.H. zum Bruttosozialprodukt der Kolonie bei, so waren es 1994 nur noch 9 v.H.. Heute dienen die halbverlassenen Tunnelanlagen in den Tiefen des Felsens und die ehemaligen Militärbastionen mit ihren verrosteten FLAK-Geschützen vor allem den Jugendlichen als abendliche Treffpunkte.

Anfang der 90er Jahre wurde Gibraltar durch die Schwierigkeiten, die der Umbau von einer Militärwirtschaft auf Zivilwirtschaft mit sich brachte, arg gebeutelt. Kurzfristig wurde die Kolonie zum Schmuggelparadies für Tabak und Haschisch. Diese Phase ist heute weitgehend überwunden, die heutige Wirtschaft basiert auf drei starken Säulen: dem Finanzzentrum mit seinen Im- und Exportgeschäften, den Hafenanlagen und dem Tourismus. Daneben wurde die Wirtschaft durch den Ausbau weiterer Sektoren ergänzt, etwa durch eine drei Millionen Pfund teure Weinabfüllanlage, die die modernste in Europa ist und erst im Sommer 1998 eröffnet wurde. Zudem dient Gibraltar als Bodenstation für drei Telekommunikationssatelliten, die Asien, Afrika und Europa versorgen.

Die Wirtschaft Gibraltars steht heute also auf festen Fundamenten, und die Regierung rechnet gewöhnlich mit einem Haushaltsüberschuss von 12 bis 15 Millionen Pfund.

In Gibraltar lebt eine Vielzahl ethnischer, religiöser und sprachlicher Gruppen zusammen, wobei sich die Grenzen der Ethnizität nicht mit denen der Religion oder der Sprache decken. Die Bewohner sind der lebende Gegenbeweis für die durch Samuel Huntingtons „*Clash of Civilizations*" auf fatale Weise wieder so populär gewordene Irrlehre, die komplexe gesellschaftliche Zusammenhänge gerne auf kulturelle und ethnische Kategorien reduzieren möchte. Aus der einstigen Zivilbevölkerung, die bis zum Zweiten Weltkrieges nicht mehr als ein Anhängsel der britischen Garnison gewesen war, hat sich eine einzigartige Bevölkerung mit eigener Identität entwickelt. Die Vorfahren der heutigen Bewohner sind Katholiken aus Genua, Portugal, Irland, Andalusien, Katalonien, Menorca und Malta, sephardische Juden aus Marokko, Amsterdam und Livorno, indische Händler aus Hyderabad-Sindh, Protestanten aus Schottland, England und Deutschland, sowie Muslime aus den Bergen des Rif auf der gegenüberliegenden Küste in Nordafrika. Das

Zusammenleben der unterschiedlichen Gruppen gründet auf gegenseitigem kulturellem Respekt und auf religiöser Akzeptanz. Die Grenzen zwischen den Gruppen haben zwar Bestand, Individuen vermochten aber immer wieder in eine der anderen Gruppen über zu wechseln. Typisch gibraltarianisch sind etwa katholische Familien, die jüdischen Familiennamen tragen (und vice versa), denn traditionell wurde vor allem zwischen Katholiken und Juden viel hin und her geliebt und geheiratet. Typisch gibraltarianisch ist auch die Mischung aus britischen und spanischen Elementen, die sich etwa im Wortschatz, der Architektur und in der Kochkunst ausdrücken.

Erst in den letzten Jahren findet in allen ethnischen und religiösen Gemeinschaften - zum Leidwesen der älteren Gibraltarianer - eine verstärkte Besinnung auf das vermeintlich Authentische und Fundamentale statt. Allerdings hat sich auch eine gruppenübergreifende gemeinsame Identität herausgebildet, die im mediterranen Sinne als kosmopolitisch bezeichnet werden kann.[6] Hierzu haben insbesondere zwei Faktoren beigetragen:

Erstens, die Evakuierung der Frauen und Kinder im Zweiten Weltkrieg aus Furcht der Briten vor einem Angriff Deutschlands gegen diesen strategisch so wertvollen Flecken, zuerst nach Französisch-Marokko, von dort aus nach London, Nordirland, Jamaika oder Madeira. Die traumatische Unterbringung in den marokkanischen Lagern und die spätere Erfahrung im Mutterland ließen erste ernsthafte Zweifel daran aufkommen, trotz der feurigen Loyalität zu Großbritannien keine vollwertigen Briten, sondern „bloß noch ein Haufen anderer „dagoes" (dago = abwertende Bezeichnung für spanische Muttersprachler)" zu sein.

Zweitens, die Erfahrung der geschlossenen Grenze durch die Spanier zwischen 1969 und 1982/85. Die Schließung war eine Reaktion auf die Volksabstimmung im Jahre 1967, bei der sich nur 44 für die Integration nach Spanien, aber 12.138 für einen Verbleib beim Mutterland aussprachen. Zwei Jahre später tritt die Verfassung Gibraltars in Kraft, in der die britische Regierung den Gibraltarianern garantiert, über die Souveränität des Felsens nur nach einer vorher abgehaltenen Volksabstimmung zu entscheiden. Daraufhin sperrt die spanische Regierung unter Franco die Grenze zwischen Gibraltar und La Línea und richtet die *Verja* ein, einen undurchlässigen Grenzzaun. So entsteht ein Eiserner Vorhang am Südzipfel Europas; sogar die Telefonleitungen werden gekappt. Wer in diesen Jahren von Spanien nach Gibraltar reisen möchte, muss den Umweg über Marokko in Kauf nehmen. Verwandte auf beiden Seiten der Grenze haben oft keine andere Möglichkeit, als sich an der Grenze zu treffen und sich - wenn die Windverhältnisse es zulassen - über den trennenden Grenzstreifen hinweg die Nachricht von der Geburt oder dem Todesfall eines Familienmitgliedes zuzurufen. Die Tatsache, dass eine demokratische Regierung in Spanien immerhin gut sieben Jahre brauchte, um die Grenze 1982 für Fußgänger und bis 1985, um sie auch für Autos zu öffnen, trug nicht dazu bei, das Vertrauen in das Nachbarland zu stärken. Die Zivilisten wollen heute alles sein - Gibraltarianer, Briten, Europäer, Levantiner - bloß keine Spanier.

Das Böse auf der anderen Seite

Am 5. September 2002 verfasste das *British Foreign Office* einer unterkühlte Note: Es handle sich um ein „*eccentric waste of money which short circuits democracy and short changes the people of Gibraltar.*"[7] Die Rede ist vom Referendum, das die Regierung von Gibraltar für den 7. November 2002 ankündigte, in dem die Gibraltarianer dazu aufgefordert werden, ihre Stimme über eine Schicksalsfrage des Gemeinwesens abzugeben: sollte Spanien über das Rechtskonstrukt der „*joint sovereignty*"[8] gemeinsam mit Großbritannien ein Mitspracherecht über die Geschicke des kleinen Ländchens erhalten, so wie es die Vereinbarungen zwischen London und Madrid vorsahen? Unabhängig vom Ergebnis der Befragung war klar, dass es rechtlich nicht bindend und von keiner der beiden Seiten anerkannt wird.[9] „*There is no value (in a referendum) on a hypothetical agreement between Spain and Britain*"[10], zitiert The Guardian die spanische Aussenministerin Palacio.

Das Ergebnis war jedoch allzu eindeutig und ließ sich schwerlich ignorieren: von den 18 087 gültigen Stimmen, die abgegeben wurden, sprachen sich 17 900 (98,97 v.H.) gegen jegliches Mitspracherecht Spaniens aus, nur 187 (1,03 v.H.) votierten dafür.

Das Referendum vom November 2002 war vorläufiger Höhepunkt eines Konfliktes um die Souveränität eines Territoriums mitten in oder doch zumindest am Rande Europas. Es gab viele solcher Höhepunkte in den letzten Jahrzehnten, und auch wenn immer der spanische Anspruch im Hintergrund stand, so war nicht immer die gesamte Bevölkerung der Kolonie involviert. Häufig ging es um Schikanen an der Grenze, um kleine und große Nadelstiche, die einzelne Gibraltarianer im Umfeld der Grenze erdulden mussten.

Die EU-Binnengrenze zwischen Gibraltar und Spanien weist einen uneindeutigen Charakter auf. Gibraltar und Spanien gehören zur EU, allerdings liegt nur Spanien innerhalb des Schengener Territoriums. Die Situation wird durch die Tatsache kompliziert, dass Spanien das Territorium Gibraltars für sich beansprucht. Der spanische Anspruch, bislang vor allem an der Landgrenze durch diverse Maßnahmen bekräftigt, manifestiert sich im Herbst 1998 schwerpunktmäßig in der Anfechtung der Territorialgewässer rund um die Kolonie. Die Fischer des spanischen Hinterlandes hatten ihre Netze in Gewässern ausgeworfen, die nach gibraltarianischer Lesart britisch sind. Daraufhin wurden die Netze von Patrouillenbooten der *Royal Gibraltar Poli-*

ce (RGP) zerschnitten. Im September und Oktober 1998 unterstützte erstmals die britische Marine die RGP bei der Abwehr der spanischen Fischerboote. Als Konsequenz richteten die spanischen Sicherheitsbehörden verstärkte Kontrollen an der Landgrenze ein, in deren Folge die Ausreise aus Gibraltar mit dem Fahrzeug sich auf fünf Stunden, die Ausreise von Fußgängern auf über zwei Stunden verlängerte. Die Stimmung vor Ort war auf dem Siedepunkt, die spanische Presse und die Küstenwache zeigte sich kämpferisch. Ob in diesen Tagen die Guardia Civil wirklich Schüsse auf ein gibraltarianisches Boot abgefeuert hat, wie es die lokale Presse hervorhebt, ist dabei allerdings fraglich; denn es ist schwierig, in diesem Konflikt zwischen Propaganda, Paranoia und Provokation zu unterscheiden.

Die Beziehung zwischen Gibraltar und seinem spanischen Hinterland, insbesondere mit der Grenzstadt La Línea, war bis zur Grenzschließung 1969 von einem ökonomischen Machtgefälle geprägt. *„Status was always closely linked by the Lineses to their degree of connection with the Yanitos"* - dies liegt eindeutig in der Ökonomie begründet, dehnt sich aber auf eine snobistische Haltung gegenüber den Linensern aus. Chipulina nennt La Línea *„practically an overflow of our city".*[11] Für die Spanier des Hinterlandes symbolisierte Gibraltar Reichtum und Arbeit.[12] Auch La Línea selbst wirkte wie ein Magnet auf die Bevölkerung der verarmten Umlandes.[13] Dabei waren die Lebensverhältnisse der Linenser im Vergleich zu den Gibraltarianern eher ärmlich.

Nach der Grenzöffnung hatten sich die ökonomischen und sozialen Lebensverhältnisse zwischen Gibraltar und dem Hinterland weitgehend angeglichen, Gibraltar seine Rolle als Regionalzentrum verloren.

Heute sind die permanenten Demütigungen an der Grenze, gekoppelt mit dem Verlust der einstmals ökonomisch, politisch und sozial privilegierten Position der Kolonie, für die Ausbildung einer Grenzland-Hysterie verantwortlich. Dieser liegt eine moralische Krise zugrunde, die aus gibraltarianischer Perspektive heraus einzig durch die eigene moralische Überlegenheit zu bewältigen ist.[14] Die Überzeugung von der eigenen moralischen Überlegenheit kommt in der Rede über Spanien und die Spanier deutlich zum Vorschein: Noch immer seien „die Spanier" mental vom Faschismus Francos geprägt. Ursächlich verantwortlich für die Persistenz der faschistischen Mentalität sei die frankistische Schulerziehung. Informant Stephen Harding (* 1944) äußert sich drastisch:

„Die haben den Spaniern in den Schulen und über die Medien immer eingebläut, dass Gibraltar von den Briten gestohlen wurde. Wenn sie das (= Gehirnwäsche) nicht gemacht hätten, dann gäbe es heute kein Problem. Das Problem ist, dass Demokratie nicht über Nacht kommt. Ich sage den Spaniern immer: ‚Ihr wart eine Diktatur und wart es gewöhnt, nach einer bestimmten

Weise zu leben, das geht nicht so einfach, zu sagen, ‚O.k., ab jetzt sind wir
eine Demokratie, wir haben eine Verfassung, Spanien ist demokratisch.'
Nein! Demokratie muss sich ihren Weg durch eine Gesellschaft arbeiten. Du
kannst demokratische Institutionen schaffen, aber es ist die Mentalität, die
sich ändern muss. Ich bin sicher, dass die jungen Spanier heute ein anderes
Schulcurriculum haben und all diese Sachen. Sie werden es zu schätzen lernen, was eine Demokratie ist und was demokratische Prinzipien gegen Diskriminierung ausrichten können auf der Grundlage der Redefreiheit und all
diesen Sachen, wie das eben wirkt... Die jüngere Generation wird das verstehen. Die Menschen, die unter Franco lebten, werden aber nie ganz dazu in
der Lage sein, ihr Denken total an demokratischen Prinzipen auszurichten.
Das ist sehr schwer. Da wird's immer Widerstände geben ...“

Hardings Meinung ist repräsentativ für den hegemonialen Diskurs. Als
Beweis für die Persistenz der undemokratischen Mentalität legt er ein Beispiel von der Grenze nach.

„Im Frankismus war Spanien im wahrsten Sinne des Wortes ein Polizei-
staat. In gewisser Weise ist die *Guardia Civil* eine sehr disziplinierte Organisation, sie schwören der Flagge ihre Loyalität, sie küssen die Flagge in der
Zeremonie, wenn sie der Organisation beitreten. Es gibt noch immer Über-
bleibsel der polizeistaatlichen Mentalität bei vielen spanischen Autoritäten.
Die behandeln dich wie ... Im Gibraltar Chronicle gestern stand ein Zwi-
schenfall über einen spanischen Polizisten, der nach Gibraltar hinein wollte
und sich dabei an der Warteschlange vorbeidrängte. Er war nicht im Dienst,
in Zivilklamotten, und er fuhr keinen Dienstwagen. Und ein Spanier aus
Barcelona und ein Gibraltarianer wollten ihn nicht reinlassen. Und wie reagiert er? Er steigt aus und schreibt sie auf und lässt sie zahlen! Ich mein', wo
in Europa würde denn so was passieren? Es ist unglaublich, aber diese Dinge
geschehen immer noch in Spanien. Die haben noch immer diese Mentalität.
Wenn Du Polizist bist, dann hast Du Autorität und kannst tun, was Du willst.
Und das 1996! Ich könnte Dir Vorfälle aus der Francozeit erzählen ... In La
Línea geht ein *Guardia Civil* mit seiner Freundin spazieren, da kommt ein
junger Mann vorbei und sagt was zu ihm, ruft ihr einen *piropo* zu, und was
tut der Polizist? Er holt seine Pistole raus und schießt auf ihn! Unter Franco
passierten solche Dinge jeden Tag.“

Die Liberalisierung der spanischen Gesellschaft seit dem Übergang zur
Demokratie wird im Diskurs über Spanien verneint bzw. ins Negative umge-
deutet. So gilt Spanien heute nicht nur den religiösen Fundamentalisten als
Quelle eines losen Lebenswandels. Der Gemeinderabbiner etwa versichert
mir, dass der Frankismus auch sein Gutes hatte, denn die Kirche sei unter
ihm sehr stark gewesen und damit auch ein hoher moralischer Standard. Nach
dem Tod Francos habe ein Verfall der Sitten eingesetzt, Kinder nahmen Dro-

gen, hatten Sex und pflegten eine obszöne Sprache. Die Vorstellung vom losen Lebenswandel und von der Libertinage der Spanier ist nicht nur vor dem Hintergrund der Ängste einer sich fundamentalisierenden jüdischen und katholischen Anhängerschaft zu verstehen, sondern vor dem allgemeinen Hintergrund einer Gesellschaft, in der sich aufgrund eines winzigen und geschlossenen Territoriums eine totale soziale Kontrolle entwickelte. Oftmals sind Besuche in Spanien tatsächlich die einzige Möglichkeit, um verbotene und vor Ort dem kontrollierenden Blick der Nachbarn ausgesetzte Begierden auszuleben. Mir sind etliche Fälle bekannt, in denen Gibraltarianer auf jeder der beiden Seiten eine Partnerin und deren Kinder zu versorgen hatten.

Neben losem Lebenswandel und Kriminalität werden auch Krankheiten im Nachbarland lokalisiert. So ist die Überzeugung weit verbreitet, dass die überaus hässliche Ölraffinerie an der Bucht von Algeciras auch errichtet wurde, um „die Gibraltarianer zu vergiften." Im europäischen Vergleich sei die Lungenkrebsquote höher als in jeder anderen Region.

Die Assoziation Spanien gleich Krankheit geht über die Erklärung schwerer Krankheiten wie Krebs und im Übrigen auch HIV hinaus. Als sich mein Assistent während eines Spanienbesuches einen bösen Eiterpickel zugezogen hatte, hatten die Bekannten prompt eine passende Erklärung parat: „So was holt man sich eben in Spanien mit all dem Viehzeug. Wir sind allergisch gegen Spanien."

Die Landgrenze mit *Verja* und Grenzkontrollen fungiert gewissermaßen - entsprechend zur Reißverschluss-Analogie - als „Schutzwehr vor den Unheilseinflüssen (Krankheit, Kriminalität, polizeiliche Willkür, Arbeitslosigkeit, Armut), die es aus der umweltlichen Exosphäre (hier: Spanien) heraus ständig bedrohen und seine Sakralität verletzen können" (Müller 1987: 29).

Die Angleichung der ökonomischen und sozialen Lebensverhältnisse zwischen Gibraltar und Spanien verstärkt die Abgrenzung jenes gesellschaftlichen Sektors, der mit den Bewohnern des *Campo* Habitus, Deszendenz und Sprache teilt. Dies konnte ich während des Wahlkampfes 1996 feststellen: Die Anhänger der sozialistischen GSLP aus der Arbeiterschaft mit dem andalusischsten Habitus zeichnen sich durch den antispanischsten Diskurs aus. Demgegenüber zeigen sich die Wähler der konservativen GSD mit ihrem eher britischen Habitus Gesprächen und Verhandlungen mit Spanien eher aufgeschlossen.

Haben sich die Lebensverhältnisse im *Campo* im Allgemeinen den gibraltarianischen Umständen angeglichen, so trifft dies auf La Línea jedoch gerade nicht zu: hier ist die ökonomische Hierarchie nach wie vor vorhanden. Dies erleichtert es, das Misstrauen in den spanischen Staat zu begründen. Denn „wenn die Spanier Gibraltar übernähmen, wird es bald so aussehen wie in La Línea mit seinen Schlaglöchern und verfallenden Häusern" (Informantin Marisol Jurado, *1941)

Konsequenterweise werden zusammenbrechende Familienstrukturen, Kriminalität und Drogenhandel im *Campo* verortet. Allerdings sei die Misere - und hier wird die *Campo*-Bevölkerung teilweise von der Verantwortung für die postulierte Kriminalität entlastet - staatlich geplant, um Gibraltar zu schädigen.

Die Kultur der Grenze - Grenze als Lebensraum

Auch heute noch bestimmt die Erfahrung der geschlossenen Grenze auf erstaunliche Art und Weise manches Verhalten der Einheimischen. So fahren an den Wochenenden die Jugendlichen nicht etwa an die Badeorte an Spaniens Küste. Sie ziehen den vergleichsweise ärmlichen Eastern Beach vor, einen schmalen Sandstreifen, der vom Lärm der landenden Flugzeuge des nahen Flughafens erbebt. Hier ist man unter sich. Oder sie fahren, scheinbar ziellos und einem sonderbaren Lockruf folgend, mit ihren Autos in stetigen Kreisen rund um die Kolonie, ohne anzuhalten, ein Relikt aus den Zeiten des Eingesperrtseins.

Und auch die Körperbilder der Gibraltarianer werden von der Grenze und der Souveränitätsfrage beeinflusst. In Gibraltar gibt es nämlich einen fast unglaublichen Boom an Schönheitswettbewerben. Die Teilnahme ist für Mädchen und Frauen, seit Mitte der 90er zunehmend auch für Männer und Kleinkinder, hochgradig populär. Ein Wettbewerb für das hübscheste Baby des Monats jagt den anderen, eine Misswahl folgt auf die nächste.

Die Wettbewerbe zelebrieren ein Weiblichkeitsideal, das traditionelle Werte feiert wie die Beschränkung auf die Rolle der hübschen Gefährtin. Frauen geben sich in Gibraltar äußerste Mühe, ansehnlich zu sein, sich zu schminken und zu pflegen. Die Körperperformanz der jungen Frauen orientiert sich stark an den Vorgaben von Modejournalen und populären Fernsehserien wie der TV-Serie *Beverly Hills 90210*, die maßgeblich verantwortlich für die Popularität des Modelns sei.

Einheimische schildern die Zeit der Grenzschließung (1969-1982/85) immer wieder als eine Zeit des Aufblühens sozialer Aktivitäten, unter denen neben einer religiösen Spiritualisierung auch eine Kultivierung der Körperlichkeit herausstachen: ein Anstieg sportlicher Betätigungen habe die männlichen Gibraltarianer ergriffen, das Interesse an Schönheitswettbewerben die Frauen. Erklärt wird dies mit der Langeweile in der geschlossenen Gesellschaft: um sich zu beschäftigen und um keinem Käfigkoller anheim zu fallen. Die heutigen Schönheitswettbewerbe sind somit eng mit der Erfahrung der geschlossenen Grenze und des begrenzten Raumes verbunden. Denn der erste und bedeutendste Schönheitswettbewerb ist die Vorentscheidung zum *Miss World Contest*. Eine Lokalschönheit - eine von knapp 2000 Frauen (das entspricht in etwa der in Frage kommenden Alterskohorte zwischen 15-24 Jahre) - darf nämlich als *Miss Gibraltar* am *Miss Welt-Contest* teilnehmen - eine höhere Chance gibt es wohl in kaum einem anderen Land der Erde. Die Teilnahme ermöglicht nicht nur der Gewinnerin, an einem mundialen Ereignis zu partizipieren, sie hat auch Bedeutung für das Gemeinwesen als Ganzes. Denn der *Contest* ist einer der wenigen internationalen Wettkämpfe, an denen die Teilnahme Gibraltars nicht durch ein spanisches Veto blockiert wird. Das Interesse der gesellschaftlichen Kräfte an diesem Wettbewerb, allen voran Parteien und Wirtschaft, deren Führer sich mit den jeweiligen Missen nur zu gerne für die Presse ablichten lassen, gründet in den Möglichkeiten zur Selbstdarstellung des Territoriums auf internationaler Bühne. Der individuelle Körper der Gewinnerin wird gewissermaßen zum Körper der Gemeinschaft, und noch heute wird über den „Verrat" einer Siegerin aus der Zeit der Grenzschließung getratscht, die auf dem *Miss World Contest* besser abschnitt als ihre spanische Rivalin, daraufhin von der spanischen Presse zur Spanierin gemacht wurde und sich auch selbst als Spanierin bezeichnet hatte...

Die politische Grenze ist nach wie vor intakt und noch immer nicht problemlos zu überqueren. Nach wie vor gibt es keine direkte Flugverbindung zwischen Spanien und Gibraltar. Reisende müssen nach Malaga oder Sevilla fliegen und dann mit dem Auto zwei oder drei Stunden über die Landstraße fahren. Der Fährservice zwischen Gibraltar und Algeciras ist seit 1969 gekappt, obwohl die Wiederinbetriebnahme eine der Konditionen für den spanischen EU-Beitritt 1986 war. Schiffen aus Drittländern ist es auch heute noch nicht erlaubt, die direkte Route zwischen den Gibraltar und Spanien zu nehmen, vielmehr ist ein Zwischenstop über Marokko erforderlich. Besonders unangenehm für Bewohner und Besucher ist die Situation an der Landgrenze. Autos nach Spanien werden in nur einer Reihe abgefertigt und die Fahrer müssen den Kofferraum öffnen und die Wagenpapiere vorzeigen. Das kostet Zeit und kann Stunden dauern.

Darüber hinaus kann Spanien natürlich auch die Einreise nach Gibraltar verzögern, und das trifft die vom Tourismus abhängige Main Street besonders hart. „Immer wieder scheren Besucher einfach entnervt aus der Warteschlange aus und drehen um. Das ist natürlich keine Werbung für Gibraltar und auch nicht gut fürs Geschäft", meint Mr. Ramaswami, der in der Main Street eines der vielen Elektronikgeschäfte betreibt.

Dass die Kontrollmaßnahmen oder Schikanen (je nach Lesart) an der Grenze willkürlich eingesetzt und von den spanischen Behörden mit perverser Lust immer neue Rechtfertigungen dafür ausgedacht werden, davon sind die Gibraltarianer überzeugt. So wurden auf dem Höhepunkt der britischen

BSE-Krise Mitte der 90er Jahre die verstärkten Grenzkontrollen mit dem Hinweis darauf legitimiert, die Bürger der britischen Kolonie könnten in ihren Privatwagen verseuchtes Rindfleisch nach Spanien einführen. Im Herbst 1996 wurde das Thema der Geldwäsche durch gibraltarianische Treuhandgesellschaften für die „Russenmafia" in die Medien lanciert. Im Sommer 1997 argumentierte Spanien damit, dass Gibraltar „möglicherweise" Gelder der Untergrundorganisation ETA wasche.

Die Maßnahmen an der Grenze verlangen dem Grenzgänger psychische und physische Anstrengungen ab und machen Differenz und Ohnmacht damit unmittelbar fühlbar und erlebbar. Nationale Identität wird quasi durch diese Maßnahmen in den Leib der Grenzgänger eingeschrieben. Die körperlich und seelisch belastendsten Maßnahmen an der Grenze sind die langen Warteschlangen an der Grenze, hervorgerufen durch intensive Personen- und Wagenpapierkontrollen während besonders intensiver Fahrzeugkontrollen (der sogenannten *double checks*). Gerade tagsüber ist das Stehen in der Schlange eine Qual, besonders in den Sommermonaten. Kreislaufattacken unter den Wartenden sind häufig, Nervosität sowieso. Manchmal zeitigt die Hitze ein tödliches Resultat.

Erst 1999 wurde ein Bus mit Schulkindern auf dem Weg zu einem Hokkeyturnier in Cádiz zurückgeschickt, weil die Grenzbehörden den kollektiven Reisepass, der in Gibraltar und nicht in Großbritannien ausgestellt war, nicht anerkannten. Die Frau des britischen Gouverneurs, immerhin des höchsten britischen Repräsentanten in der Kolonie, wurde bereits im April 1998 einige Stunden lange an der Grenze festgehalten, weil sie einen britischen Pass besaß, ihr Auto jedoch in Gibraltar registriert war. Dasselbe wiederfuhr in der selben Woche auch dem britischen Oberbefehlshaber.

Psychisch belastend ist besonders auch die Tatsache, dass die Maßnahmen nicht immer in Kraft sind und es nicht abgeschätzt werden kann, wann diese eingesetzt werden würden. Um die Grenzüberschreitung kalkulierbarer zu machen, wurde in Gibraltar eine Telefonhotline eingerichtet, die Einreisende nach Spanien jede halbe Stunde mit der aktuellen Wartezeit versorgt. Für Einreisende nach Gibraltar besteht dagegen kein derartiger Service. Im spanischen Grenzort La Línea ist lediglich eine Fahrspur für die Einfahrt nach Gibraltar freigegeben, so dass sich dort oft eine kilometerlange Warteschlange bildet. Darüber hinaus ist es nicht kalkulierbar, welche der beiden Richtungen verstärkt kontrolliert wird. Nutzt man etwa die geringe Wartezeit bei der Ausfahrt nach Spanien, so kann es passieren, dass sich dafür bei der Einfahrt nach Gibraltar mittlerweile eine lange Schlange gebildet hat und ein kurzer *shopping-trip* ins nahe Einkaufszentrum somit zum stundenlangen Unterfangen wird. Um die Unwägbarkeiten der Kontrollen zu umgehen, leisten sich viele Gibraltarianer einen Zweitwagen, den sie auf spanischer

Seite abstellen. Der Eindruck staatlicher Willkür drängt sich auf, um Ohn-
machtsgefühle, Demoralisierung und Zermürbung der Gibraltarianer zu steigern. Diese Ohnmacht erklärt zu einem guten Teil die Aggressionen, die im
Diskurs über Spanien und die Spanier zutage traten.

Das Beispiel der Schönheitswettbewerbe und der Grenzkontrollen zeigt
deutlich, wie die vormals vor allem politische Grenze langsam nicht nur
kulturalisiert, sondern auch verinnerlicht und quasi in die Leiber der Grenzlandbewohner eingeschrieben wird.

Gibraltar und die EU

Was sagt nun die Situation Gibraltars über den Zustand der Nationalstaaten
und der Grenzregionen in Europa aus? Gibraltar als bloßen Anachronismus
im Zeitalter des Wegfalles der EU-Binnengrenzen zu betrachten, greift zu
kurz. Vielmehr vermittelt uns Gibraltar einen Blick auf die Akteure der europäischen Einigung, die sich hinter den Kulissen europäischer Einigungsrheto-
rik verbergen, gleichzeitig jedoch nach wie vor die eigenen Interessen vertreten. Die sind zwar häufig - wie im Fall der Vergabe von Fischereiquoten -
ökonomischer Natur. In Gibraltar ist dies aber nicht der Fall. Der Wert Gibraltars für Spanien und Großbritannien ergibt sich heute auch nicht aus
einem ökonomischen und auch nur indirekt aus militärstrategischem Nutzen,
sondern vor allem aus klassischen ideologischen Erwägungen des europäischen Nationalstaates. Die „geschändete" spanische Ehre soll durch Wiederherstellung der „territorialen Integrität Spaniens", so die offizielle Sprachre-
gelung Madrids, wieder bereinigt werden. Körperbilder spielen hierbei eine
zentrale Rolle: das spanische Argument verweist auf das Bild des verstüm-
melten Körpers, dessen amputierter Teil (Gibraltar) wieder an den Körper
anwachsen soll. Der medizinische Eingriff - um im Körperbild zu bleiben -
der die Unversehrtheit wieder herstellen soll, lag in der Zeit Francos in der
Ausmerzung des „Wundschmerzes", der durch die - aus spanischer Perspektive – „fremde" und „parasitäre" Bevölkerung des Felsens repräsentiert wird.
Mit der *Transición*, der Demokratisierung Spaniens, wandelte sich die Kör-
per-Nation-Analogie: Aus dem von parasitärem Befall geschwächten Körper
wird der beseelte, jedoch verwundete Leib. Der Befallene weiß zwar, dass die
Verwundung nur durch eine langfristige homöopathische und psychologische
Behandlung (hier: das Überzeugen der Gibraltarianer davon, dass sie „im
Grunde Fleisch vom Fleische" der Andalusier und kulturell „eigentlich"
Andalusier seien) erfolgreich behandelt werden kann und dass die einzige
Heilungsaussicht darin besteht, sich mit dem Verlust abzufinden; allerdings
ist der Reflex, immer wieder brachiale Selbstheilungsmethoden anzuwenden

(Repressionen an der Grenze), die den Heilungsprozess jedoch verzögern und verschlimmern, noch immer vorhanden.

Die symbolische Bedeutung Gibraltars für Großbritannien hängt mit der Verarbeitung des Verlustes vom *Empire* zusammen. Die Beständigkeit des Felsens von Gibraltar ist eine noch heute in Großbritannien relevante Metapher, die die Idee des *Empire* weiterträgt. Die Metapher verweist auf die Illusion des Weiterbestehens des *Empires*. Denn auch wenn der Verlust des *Empires* in Großbritannien zu einer *postcolonial nostalgia* geführt hat - auf der Ebene der staatlichen Symbolik wurde er bislang tabuisiert. Die Zurückhaltung gegenüber einer Vertiefung der europäischen Einigung vor allem durch die Regierungen Thatcher, Major und Blair, die etwa in der Ablehnung der Integration in das Schengener Abkommen zum Ausdruck kommt, ist sicherlich auch einer Verweigerung der Auseinandersetzung mit dem Verlust des *Empires* auf dieser Ebene geschuldet.

Bedeutet aber die Änderung der Souveränität Gibraltars für Spanien hauptsächlich einen symbolischen Gewinn und auch für Großbritannien eine Veränderung auf der symbolischen Ebene, dann weist dies auf die *longue durée* der partikulären Orientierung der Nationalstaaten hin, parallel und gleichzeitig zur generellen Schwächung, die der Nationalstaat im Rahmen der Europäischen Einigung erfährt.

Und ein zweiter Befund unterstreicht die Vermutung von der Gleichzeitigkeit der Persistenz und der Auflösung nationalstaatlich orientierter Politik: Großbritannien wie Spanien bietet Gibraltar eine ideale Möglichkeit, um Initiativen der EU zu blockieren, die gegen die eigenen (nationalen) Interessen gerichtet sind. Hier sei an das Abkommen über die EU-Außengrenzen erinnert, das seit mehreren Jahren der Ratifizierung harrt. Spanien argumentiert, Gibraltar sei kein Teil der EU und müsse deshalb aus dem Abkommen ausgeschlossen werden; Großbritannien verweigert die Exklusion der Kolonie aus dem Abkommen. Der Felsen ist somit für beide Staaten dazu geeignet, andere Interessen zu verbergen.

Auf diesen ersten Blick scheint das geplante Abkommen der „*joint sovereignty*" zwischen Spanien und Großbritannien darauf hinzudeuten, dass die Regierung Blair Gibraltar der Achse mit Madrid zu opfern bereit ist, die aus britischer Sicht dringend als Gegenpol zum deutsch-französischen Gewicht in der EU gebraucht wird - so wie sich die Zusammenarbeit beider Regierungen ja auch in der aktuellen Haltung (Februar 2003) zum Irakkrieg erweist. Hört man aber auf Stimmen aus Gibraltar, dann klingt das alles ganz anders: Großbritannien habe nie beabsichtigt, die Souveränität zu teilen. Vielmehr habe es gerade deshalb in die Verhandlungen eingewilligt, weil von vorneherein klar gewesen sei, dass die Einheimischen dieses Angebot nie annehmen würden. Die Verhandlungen hätten London als willig, aber als durch Verträge gebunden gezeigt. Wie gesagt: im Grenzland Gibraltar ist es schwer, zwischen Propaganda, Paranoia und Provokation zu unterscheiden. Aber der die Schuld für eine mögliche Blockade des Abkommens liegt jetzt nicht mehr in London, sondern bei den Bewohnern der Kolonie. Wenn Gibraltar dem Mutterland innerhalb der EU als Strohmann dient, dann konnte er diesmal richtig eingesetzt werden. Manchmal verschwinden eben nicht die Grenzen, sondern die entscheidenden Akteure verhüllen sich.

Anmerkungen

1   Dieser Artikel stützt sich auf Datenmaterial, das im Rahmen eines DFG-geförderten Forschungsprojektes mit dem Titel „Vom Aufmarschplatz zum Steuerparadies: der Einfluß politisch-ökonomischer Transformationsprozesse auf die Ausbildung nationaler und ethnischer Identitäten am Beispiel Gibraltars" in einer einjährigen stationären Feldforschung (Februar 1996 bis Februar 1997) erhoben wurde. Der Lehrstuhl für vergleichende Kultur- und Sozialanthropologie der EUROPA Univerität Viadrina (Frankfurt/Oder) unterstützte die Forschung in Gibraltar. Die Ergebnisse wurden in meiner Habilitationsschrift und in mehreren Artikeln (Haller 2000a, 2000b, 2000c, 2001a, 2001b, 2001c, 2002, 2003; Donnan & Haller 2000) publiziert.

2   Über ähnliche Projektionsprozesse vgl. Said (1978); Dyer (1997) und Young (1995).

3   Vgl. Wilson 1994. Grenzlandsymbole und Landkarten sind Teil des performativen Diskurses, in dem die Akteure versuchen, die soziale Welt zu definieren und ihre Sicht der Welt als „natürliche" Perspektive erscheinen zu lassen, wobei gegnerische Perspektiven eine Denaturalisierung erfahren (Bourdieu 1991).

4   Driessen (1992: 9) benutzt den Begriff der cross-border community für die spanische Exklave Melilla und das marokkanische Rifgebirge.

5   So schuldet die Grenze zwischen Lothringen und Saarland ihre Bedeutung für die Grenzlandbewohner in hohem Maße den fünf Grenzverschiebungen seit 1871, die beide Regionen mehrmals unterschiedlichen Nationalstaaten zusprachen. Nach der Angliederung des Saarlandes an die Bundesrepublik 1957 schwächte sich die Bedeutung, die der Grenze im Diskurs der Grenzlandbewohner zugeschrieben wird, merklich ab: „Die Grenze ist (eigentlich) keine mehr", lässt Schilling (1986: 356) einen ungenannten Informanten sagen. Er stellt aber auch fest, dass in den letzten Jahren durch die ökonomischen und demographischen Veränderungen die Bedeutung der Grenze wieder zunimmt.

6   Hier scheint es mir wichtig, den Begriff nicht auf seine kulturhistorischen Metamorphosen (Nussbaum http) oder den Zusammenhang mit der Globalisierung (Featherstone 2002; Beck 2002, 2002: Venn 2002) zu reduzieren, sondern den all alltäglichen Gebrauchswert des Begriffes für die untersuchte Bevoelkerung hervorzuheben.

7   Londres califica la propuesta de referéndum de excéntrica. Europa Sur, 5. Sept. 2002.

8   Der Beschluss über die „*joint sovereignty*" zeitigte auch internationale Konsequenzen. Einen Tag nach Verkündung des Beschlusses besetzte Marokko die kleine spanische Felseninsel Perejil vor seiner Küste. Marokko bindet das Schicksal Gibraltars an das der von Rabat beanspruchten spanischen Enklaven Melilla und Ceuta (zu denen Perejil gehört). Marokko ist daran interessiert, dass Gibraltar im Zweifelsfalle britisch bleibt, denn falls Gibraltar an Spanien fiele, kontrollierte Madrid den Eingang zum Mittelmeer alleine.

9   Consulta en Gibraltar. El Pais, 7.Nov.2002.

10 Tremlett, Giles: Spanish ultimatum on Gibraltar. The Guardian, 6. Nov. 2002

11 The Gibraltar Chronicle vom 12.12.79.

12 Viele Linenser fanden in Gibraltar Arbeit, vor allem seit dem Bau der Dockyards ab 1833. Um 1900 arbeiteten 2 200 Spanier am Bau der Neuen Hafenmole. Stanton 1994: 180. Zum Vergleich: 1901 zählte der Zensus 27 460 Einwohner, davon 20.355 Zivilisten (Howes 1990: 141).

13 Zwischen 1830 und 1900 vervierfachte sich ihre Bevölkerung, während die Bevölkerung Gibraltars lediglich um 20 v.H. zunahm.

14 Die gibraltarianische Überzeugung der moralischen Überlegenheit weist dabei Züge der „*mimicry*" im Sinne von Bhaba (1994: 86) auf, da sie sich auch aus der Identifikation mit dem Selbstbild der Kolonialherren speist, wobei den kolonialen Subjekten die Identifikation niemals vollständig gelingt.

Literaturverzeichnis

Appadurai, Arjun 1991: Global Ethnoscapes: Notes and Queries for a Transnational Anthropology. Richard G. Fox (ed.): Recapturing Anthropology. Santa Fe, School of American Research Press: 191-211.

Bausinger, Hermann 1997: *Kleiner Grenzverkehr*, in: Jeggle, Utz/Raphaël, Freddy: D'une rive à l'autre - Kleiner Grenzverkehr. Paris, Ed. de la Maison des sciences de l'homme: 3-15.

Beck, U. 2000: The cosmopolitan perspective. On the sociology of the second age of modernity. British Journal of Sociology, 51: 79-106.

Beck, Ulrich 2002: The Cosmopolitan Society and its Enemies. Theory, Culture & Society Vol 19 (1-2): 17-44.

Bhaba, Homi 1994: *The Location of Culture*. London, Routledge.

Bourdieu, Pierre 1991 : *Identity and Representation. Elements for a Critical Reflection on the Idea of Region*, in P. Bourdieu, Language and Symbolic Power. Cambridge, Polity Press.

Donnan, Hastings & Haller, Dieter 2000: *Liminal no more: the relevance of borderland studies*, in: Dieter Haller/Hastings Donnan (Hgs.): Ethnologia Europaea, Sonderband.

Donnan, Hastings 1997: *Economy and culture at the Irish border*, Paper presented at Grenzen und Grenzräume - Kulturanthropologische Perspektiven. Tagung der Evangelischen Akademie Tutzing in cooperation with Dept. of Ethnology and African Studies, Ludwig-Maximilans-Univerität München. 21.-23.02.1997.

Driessen, Henk 1992: *On the Spanish-Moroccan Frontier.* New York/Oxford, Berg.

Dyer, Richard 1997: *White.* London/New York, Routledge.

Featherstone, Mike 2002: Cosmopolis - An Introduction. Theory, Culture & Society Vol 19 (1-2): 1-16.

Fernandez, James 2000: Peripheral Wisdom, In: Cohen, Anthony (ed.) Signifying Identities. London/New York, Routledge: 117-144.

Girtler, Roland 1992: *Schmuggler - von Grenzen und ihren Überwindern.* Linz, Veritas.

Girtler, Roland 1991: *Über die Grenze - Ein Kulturwissenschaftler auf dem Fahrrad.* Frankfurt/New York, Campus.

Haller, Dieter 2000(a): *Gelebte Grenze Gibraltar - Transnationalismus, Lokalität und Identität in kulturanthropologischer Perspektive.* Wiesbaden, Deutscher Universitätsverlag.

Haller, Dieter 2000(b): *Romancing Patios: Die Aneignung der Stadt im Rahmen der ethnischen und nationalen Neubestimmung in Gibraltar,* in: Kokot / Hengartner / Wildner (Hrsg.): Kulturwissenschaftliche Sichtweisen auf die Stadt. Berlin, Dietrich Reimer 2000 (b): 225-251.

Haller, Dieter 2000(c): *The smuggler and the beauty queen: the border and sovereignty as a source of body techniques,* in: Dieter Haller/Hastings Donnan (Hrgs.): Ethnologia Europaea, Sonderband.

Haller, Dieter 2001(a): *Das Lob der Mischung, Reinheit als Gefahr: Nationalismus und Ethnizität in Gibraltar,* in: Zeitschrift für Ethnologie, 126 (1): 27-61.

Haller, Dieter 2001(b): *Gibraltar,* in Ember, C. & Ember, M. (Hrsg.), Countries and their Cultures, Vol.2, Human Relations Area Files. New Haven, Macmillian: 881-886.

Haller, Dieter 2001(c): *Transcending Locality - the Diaspora Network of Sephardic Jews in the Western Mediterranean,* in: Anthropological Journal on European Cultures, 9, 1: 3-31.

Haller, Dieter 2002: *Das Lob der Mischung, Reinheit als Gefahr: Nationalismus und Ethnizität in Gibraltar,* in: Andreas Ackermann/Klaus E. Müller (Hrsg.): Patchwork: Dimensionen multikultureller Gesellschaften – Geschichte, Problematik und Chancen. Bielefeld, Transcript: 211-257.

Haller, Dieter 2003: *Space and Ethnicity in Two Merchant Diasporas: a Comparison of the Sindhis and the Jews of Gibraltar,* in: GLOBAL NETWORKS: A journal of transnational affairs.

Hannerz, Ulf 1992: Cultural Complexity. New York, Columbia University Press.

Howes, H.W. 1990: *The Gibraltarian - The Origin and Development of the Population of Gibraltar from 1704.* Gibraltar, Medsun.

Jeggle, Utz 1997: *Trennen und Verbinden. Warum ist es am Grunde des Rheins so schön?*, in: Jeggle, Utz/Raphaël, Freddy: D'une rive à l'autre - Kleiner Grenzverkehr. Paris, Ed. de la Maison des sciences de l'homme: 75-91.

Müller, Klaus E. 1987: *Das magische Universum der Identität: Elementarformen sozialen Verhaltens*. Frankfurt/Main & New York, Campus.

Nussbaum, Martha (o.A.): Patriotism and Cosmopolitanism. http://www.phil.uga.edu/faculty/wolf/nussbaum1.htm

Sahlins, Marshall 1999: „Sentimental Pessimism" and Ethnographic Experience: Or, Why Culture Is Not a „Disappearing" Object, in: Daston, Lorraine, editor *Biographies of Scientific Objects*. Chicago, The University of Chicago Press.

Said, Edward 1978: *Orientalism: Western Representations of the Orient*. London, Routledge & Kegan Paul.

Schilling, Heinz 1986: *Über die Grenze - Zur Interdependenz von Kontakten und Barrieren in der Region Saarland/Lothringen*, in: Leben an der Grenze - Recherchen in der Region Saarland/Lothringen. Frankfurt/Main, Schriftenreihe des Instituts für Kulturanthropologie und Europäische Ethnologie an der Universtität Frankfurt am Main: 345-394.

Stanton, Gareth 1994: *The Play of Identity: Gibraltar and its Migrants*, in: Victoria Goddard, Josep R. Llobera, Cris Shore (eds.): The Anthropology of Europe. Oxford/Providence, Berg Publ.

Ulbrich, Claudia 1993: *Grenze als Chance? Bemerkungen zur Bedeutung der Reichsgrenze im Saar-Lor-Lux-Raum am Vorabend der Französischen Revolution*, in: Pilgram, Arno (Hg.): Grenzöffnung, Migration, Kriminalität. Baden-Baden, Nomos: 139-146.

Venn, Couze 2002: Post-Enlightenment Cosmopolitanism and Transmodern Socialities. Theory, Culture & Society Vol 19 (1-2): 65-80.

Wilson, Thomas M. 1993: *Frontiers Go but Boundaries Remain: the Irish Border as a Cultural Divide*, in: Thomas M. Wilson and M. Estellie Smith (eds.), Cultural Change and the New Europe. Perspectives on the European Community. Boulder, Westview Press: 167-188.

Wilson, Thomas M. 1994: *Symbolic Dimensions to the Irish Border*, in: Donnan and Wilson (eds.), Border Approaches. Anthropological Perspectives on Frontiers. Lanham, MD, University Press of America: 101-118.

Young, Robert J.C. 1995: Colonial Desire - Hybridity in Theory, Culture and Race. London, Routledge & Kegan Paul.

Kapitel 3: Der Wandel nationaler Grenzen in der EU

Christian Banse
Holk Stobbe

Während die Grenzregionen innerhalb der bisherigen Europäischen Union –
bei aller skizzierten Widersprüchlichkeit – Gegenstand langjähriger Integrationsbemühungen waren und eine Tradition der Grenzüberschreitungen aufweisen, so kann dies für die Grenzregionen, die mit der Erweiterung der EU
entstehen, nur für die Zeit seit den frühen 1990ern gelten. Sämtliche Grenzen
in den Beitrittsländern unterliegen einer Neudefinition und einer Neubewertung, unabhängig davon, ob sie schon lange Zeit existierten oder neu geschaffen wurden. Sowohl die EU als auch die noch vor einigen Jahren dem politischen Lager des Warschauer Paktes zugehörigen Staaten stehen vor der Frage, wie eine politische Integration im erweiterten Europa erreicht werden
kann. Dabei werden die Bewohner der Grenzregionen und die regionalen
politischen Akteure mit Anforderungen konfrontiert, die sich national und
regional unterschiedlich darstellen.

Das folgende Kapitel untersucht die vielfältigen politischen, vor allem
aber sozialen Auswirkungen der neuen Situation an den Grenzen der östlichen Beitrittsländer. Der Beitrag zur polnischen Grenzregion zu Tschechien
und Deutschland geht der These nach, dass nicht nur die weitreichenden
Veränderungen an der nationalen Grenze, sondern auch der Systemwechsel
den Bewohnern der Grenzregion neue biographische Strategien abverlangt.
An der Grenze kann die Gleichzeitigkeit von starken Bezügen auf traditionelle Verhaltensmuster und der Integration in ein neues System beobachtet
werden. Folglich changieren die Strategien der Anrainer zwischen zweckori-
entierter Anpassung und einer Rückbesinnung auf traditionelle soziale Bezüge.

Auch an der österreichisch-slowakischen Grenze ist durch den Wegfall
des so genannten Eisernen Vorhanges eine Situation entstanden, auf die die
Anrainer mit neuen Strategien reagieren. Im Beitrag zu dieser Grenzregion
werden die unterschiedlichen Wahrnehmungen der Grenze, wie sie von Menschen auf beiden Seiten gemacht werden, gegenübergestellt. Dabei wurden
einerseits Vorbehalte gegen die zunehmende Öffnung der Grenze und die
Entwicklung der Grenzregion sichtbar. Andererseits sind auch soziale Praktiken und gemeinsame historische Bezüge zu erkennen, die langfristig einer
Integration förderlich sein könnten.

Die Förderung der Grenzregionen durch die EU zielt nicht nur auf die Integration der Grenzanrainer, sondern auch auf den Ausbau eines EU-weiten Migrationsmanagements. Zwar werden die Grenzen für die Bewohner der Beitrittsländer immer durchlässiger, so dass diese unter Ausnutzung des ökonomischen Gefälles ihre Arbeitskraft auf beiden Seiten der Grenze „billig" anbieten können. Migranten aus Drittstaaten treffen jedoch in den Beitrittsländern auf eine Buffer-Zone, die eine Weiterreise in die EU verhindert. Die „gestrandeten" Migranten aus den Drittstaaten nutzen soziale Netzwerke, um in den Beitrittsländern zu arbeiten und ihrem Ziel, einem Arbeitsplatz im Westen, zumindest ein Stückchen näher zu kommen. Die Beitrittsländer werden tendenziell dadurch von Auswanderungs- zu Einwanderungsländern, wodurch sich die Wahrnehmung der Funktion von nationalen Grenzen in diesen Staaten deutlich verändert hat. Das Entstehen einer Buffer-Zone und der Wandel der Wahrnehmung von Grenzen in den Beitrittsländern wird in einem Beitrag über ukrainische Arbeitsmigranten in Tschechien dargestellt.

Im Beitrag über die ostpolnische Außengrenze der EU wird aufgezeigt, wie die Politik der EU und der Regierungen der Beitrittsländer Grenzen zunehmend undurchlässig macht. Im offiziellen politischen Diskurs wird zwar die grenzüberschreitende Kooperation mit den Nachbarstaaten hervorgehoben. Immer deutlicher wird aber, dass eine neue Demarkationslinie zwischen dem „neuen" Europa und den angrenzenden Staaten gezogen wird. Für die unmittelbar an diesen Grenzen lebenden Menschen scheint sie eine kaum überwindbare Barriere zu sein.

Der abschließende Beitrag dieses Kapitels verdeutlicht, dass viele der Grenzregionen in den Beitrittsländern einer paradoxen Situation ausgesetzt sind. Während einerseits die EU eine grenzüberschreitende Kooperation zur Voraussetzung für eine finanzielle Förderung macht, ist andererseits in den Beitrittsländern, die sich nach 1989 neu gründeten, zu beobachten, dass Zentralisierungsbestrebungen und die Abgrenzung von zuvor bestandenen Staatenbündnissen eine grenzüberschreitende Kooperation behindern. In vielen dieser Grenzregionen wird von nationaler Seite einer effektive Minderheitenpolitik entgegengesteuert, da enge Bindungen der Grenzbewohner an die Staaten jenseits der Grenze dem Prozess des *nation building* entgegen stehen.

In allen Beiträgen zur neuen Situation an den osteuropäischen Grenzen wird deutlich, dass die Politik der EU und der Beitrittsländer – sei sie primär auf die Öffnung oder primär auf die Schließung von Grenzen gerichtet – erhebliche soziale und politische Sprengkraft besitzt. Der spezifische historische Kontext und die konkreten Wahrnehmungen der Grenze durch die Anrainer und deren Strategien sind entscheidend für den Erfolg von Integrationsbemühungen, aber auch von Prozessen der Grenzschließung.

Polnisch-tschechisch-deutsche Grenzregion: Biographische Strategien

Irena Szlachcicowa,
Markieta Domecka,
Adam Mrozowicki

Im letzten halben Jahrhundert unterlag die polnische Gesellschaft zwei radikalen gesellschaftlichen Umbrüchen. Der erste wird als „Übergang zum Sozialismus" bezeichnet, der zweite wird durch den Fall des sozialistischen Systems bestimmt (Wnuk-Lipiński 1996: 85). Die Folgen des Zweiten Weltkrieges beeinflussten auf umfassende und dramatische Weise die Lebensbedingungen der Polen. Der Wandel betraf das ganze sozialpolitische System, einschließlich des veränderten ideologischen und kulturellen „Deutungssystems". Die Verschiebung der Nachkriegsgrenzen erzwang Wanderungswellen der Bevölkerung in einem bisher unbekannten Maßstab und war häufig mit einer Unterbrechung der biographischen Kontinuität und einer räumlichen und soziokulturellen Entwurzelung verbunden. Im Vergleich mit Veränderungen der Nachkriegszeit nahm die postkommunistische Transformation einen weniger radikalen Charakter an, indem sie eine Basis für eine eher evolutionäre als revolutionäre Verwandlung aller Sphären des sozialen Lebens im Prozess einer demokratischen und marktwirtschaftlichen Modernisierung schaffte.

Der Prozess der biographischen Identitätsformung im Kontext eines umfassenden gesellschaftlichen Wandels stand im Mittelpunkt unserer Forschungsinteressen. Wir erforschten Biographien der Bewohner eines polnisch-tschechisch-deutschen Grenzgebiets (im polnischen Teil der Euroregion Neiße).[1] Es wurden Lebenswege zweier Generationen analysiert, einer Großelterngeneration, die durch den Krieg und den Nachkriegswandel geprägt wurde, und einer Enkelgeneration, auf die die Systemtransformation in Polen nach 1989 einen entscheidenden Einfluss ausübte. Die Forschung geht der Frage nach, ob sich eine intergenerationale Kontinuität in den gewählten Handlungsstrategien, den Interpretationsweisen der sozialen Welt und den Konstruktionsmethoden der national-kulturellen Identitäten feststellen lässt. Die intergenerationale Kontinuität (oder deren Abwesenheit) in individuellen Einstellungen zum Leben und in der Reaktion auf die neuen Situationen interpretierten wir als eine historisch gestaltete soziale Mentalität.

In einer für unsere Untersuchung angepassten Bearbeitung der Theorie von Pierre Bourdieu (2000: 279) wird die Mentalität von einem Habitus konstituiert, der ein System unbewusster Wahrnehmungs- und Denkschemata und Dispositionen darstellt. Es wird angenommen, dass die Dispositionen des Habitus zwischen Strukturen der Außenwelt und der Alttagspraxis vermitteln. Habitus, als das Produkt eines Milieus und der Lebensbedingungen, wird im Sozialisationsprozess als ein Set brauchbarer Lebensstrategien zur Bewältigung sozialer Wirklichkeit tradiert. Der Wandel von einer gesellschaftlichen Ordnung, die neue Handlungsmöglichkeiten eröffnet, kann auch zur Änderung individueller Gewohnheiten führen, aber erst die Ergebnisse der neuen Handlungen, die der sozialen Wirklichkeit andere strukturelle Eigenschaften geben, können den Habitus ändern. Der in der mentalen Dimension wahrgenommene gesellschaftliche Wandel dauert also viel länger und ist ein dauerhafter Effekt der Änderungen in einer institutionellen Ordnung (Marody 1991: 258).

Die methodologische Forschungskonzeption stützte sich auf eine Verbindung der von Fritz Schütze (1983; 1984) erarbeiteten Methode des biographischen narrativen Interviews mit der Strategie der „Grounded Theory", die von Anselm Strauss und Barney Glaser (1967) entwickelt wurde. Das „theoretische Sampling" führte zu einer Auswahl von 96 Biographien (48 zweigenerationalen Tandems), die sich in Hinsicht auf die sozialen Milieus der Befragten unterscheiden.[2] Der Vergleich zwischen der Großeltern- und Enkelgeneration der erforschten Milieus ermöglichte es, Typen von Verarbeitungsweisen des gesellschaftlichen Wandels zu bilden (vgl. Szlachcicowa et. al 2002) und ein mentales Profil der Grenzraumbewohner zu rekonstruieren. Unsere Studie zeigt auf, dass die historische Prägung von Mentalitäten die Entwicklung der grenzüberschreitenden Beziehungen zwischen Polen, Tschechen und Deutschen sowohl fördern als auch hemmen kann.

Zwei Transformationen in einer polnisch-tschechisch-deutschen Grenzregion

Die Grenzregion als ein Gebiet der „Konfrontation verschiedener Wertsysteme, Lebenshaltungen, Lebensniveaus, ethnischer Kulturen und der Kulturen überhaupt" (Sadowski 1995) ist ein Raum, in dem man die Formungs-, Dauer- und Wandlungsprozesse mentaler Orientierungen besonders gut erforschen kann. Das Leben im Grenzraum hat eine eigene Dynamik, die aus einer räumlichen Nähe und der Unmittelbarkeit und Einfachheit der Kontakte mit einer anderen Gesellschaft und einer anderen Kultur folgt. Aufgrund der tiefgreifenden Umbrüche in den letzten fünfzig Jahren ist das polnisch-tschechisch-deutsche Grenzgebiet besonders geeignet, die Wirkung der Modernisierung auf die Bewältigungsstrategien der Bewohner zu untersuchen. Die in zwei historischen Konstellationen erfasste Sozialgeschichte der Grenzregion dokumentiert bedeutsame Unterschiede in den Lebensbedingungen der beiden untersuchten Generationen.

Die Nachkriegszeit war durch gravierende territoriale und politische Veränderungen geprägt. Infolge des Potsdamer Abkommens wurde das neue polnische Westgrenzland von Umsiedlern aus dem von der Sowjetunion annektierten, ehemaligen polnischen Ostgrenzland und Einwanderern aus Zentralpolen besiedelt, während die deutsche Bevölkerung zwangsweise ausgesiedelt wurde. Die Verschiebung der Grenzen führte zu einem Bruch mit Jahrhunderte alten lokalen Traditionen, zu einer Vereinheitlichung der ethnischen Struktur Polens sowie zu Massenwanderungen in die Westgebiete. Nur zurückhaltend begannen die Einwanderer das von den Deutschen übernommene Land zu erschließen. Die Militarisierung eines Teils der Grenzgebiete, ihre zunehmende Verödung aufgrund der Grenzschließung zwischen (formal befreundeten) Staaten des Warschauer Paktes und Ereignisse wie die Plünderung des Eigentums von Deutschen schufen eine „Wildwest-Atmosphäre": ein Gebiet, das zwar viele neue Chancen und Möglichkeiten anbot, wo aber das Leben schwierig und ungewiss war.

Die regionale Sozialstruktur der Nachkriegszeit war durch die sozialistische Variante von Modernisierung geprägt. Das Programm der beschleunigten Industrialisierung führte zur massenhaften Abwanderung von den Dörfern in die Städte, zum Ausbau der staatlichen Industrie und die Nationalisierung von Privatunternehmen, zur fortschreitenden Urbanisierung und zur Steigerung der Massenproduktion, um die höheren Ansprüche und Konsumbedürfnisse der Bevölkerung zu befriedigen (Wnuk-Lipiński, Ziółkowski, 2001). Die zentralistisch geplante Industrialisierung der Region war extrem energie- und kapitalintensiv und vor allem sehr umweltschädlich. Die sozialistische Modernisierung war ein selektives und unvollendetes Projekt, weil sie nur solche Sphären des gesellschaftlichen Lebens einschloss, die als strategisch wichtig für die Entwicklung des Staates und des sozialistischen Block betrachtet wurden, während Bereiche des Privatlebens, welche für die Entwicklung des Landes unbedeutend oder schwierig manipulierbar waren, nicht beachtet wurden (Ziółkowski 1999). Die nach dem Krieg in Gang gebrachten gesellschaftlichen Prozesse, die ein hohes Modernisierungspotential besaßen und zur Öffnung der Sozialstruktur beitragen konnten, wurden politisch blockiert. Hinter der Fassade der zentral eingerichteten, quasi-modernen Institutionen blieb Polen für lange Jahre eine traditionale Gesellschaft mit einer dominanten Rolle der Familie, mit auf primäre Gruppen gestützten Gemeinschaften (Nowak 1979) und mit einer starken Tendenz zum Autoritarismus im privaten und zum Egalitarismus im öffentlichen Leben.

Im realen Sozialismus verkam das Grenzgebiet aufgrund der Dominanz des Militärs immer mehr zur Peripherie. Die Grenze - mit Ausnahme einer kurzen relativen Öffnung in den 70er Jahren – war eine wirksame Barriere, welche die sozialistischen Völker, die der vorherrschenden Ideologie nach verbrüdert waren, voneinander trennte (Kurcz 1997: 28).

Die Wiederaufnahme des Grenzverkehrs am Ende der 1980er Jahre löste eine Reihe günstiger Ereignisse für den Grenzraum aus, u.a. einen Aufschwung des Unternehmungsgeistes der lokalen Bevölkerung, die Aufnahme von Kontakten zwischen bisher separierten Völkern sowie neue gemeinsame politische und wirtschaftliche Initiativen. Die 1991 gegründete Euroregion Neiße war einer der ersten internationalen Nichtsregierungsverbände in Polen, der zum Zweck der Koordination und Förderung grenzüberschreitender Zusammenarbeit geschaffen wurde. Es kann die These aufgestellt werden, dass die Veränderungen im polnisch-tschechisch-deutschen Grenzland zu Anfang der 1990er Jahre so tiefgreifend waren, dass die Neißeregion eine der sich am schnellsten und am vielseitigsten entfaltenden Grenzregionen in Polen war (ibidem: 33). Andererseits führte der durch die Öffnung der Grenze beschleunigte Wandel – stärker als im Inland – zu sozialer Desintegration. Diese negative Tendenz wurde durch eine Reihe von Faktoren verursacht, u.a. durch (1) ökonomische Disparitäten zwischen Polen und den angrenzenden Ländern, (2) einen raschen Anstieg der Arbeitslosigkeit, (3) einen Zustrom von Einwanderern und Händlern aus verschiedenen Teilen des Landes und aus dem Ausland und (4) eine Zunahme von Delikten wie Diebstahl, Erpressung, Prostitution und Juma[3] (Kurzępa 1998; Baczyńska 1999; Kurcz 2002).

Die Transformation im Grenzland kann man als den Öffnungsprozess eines sozialen und geographischen Raumes verstehen. Es kann ein Zuwachs an sozialer Mobilität festgestellt werden, der durch einen Übergang von politischen zu ökonomischen (und meritokratischen) Kriterien bei der Bestimmung der individuellen Sozialposition bewirkt wird. Die Zunahme des Personen- und Warenverkehrs, die den lokalen wirtschaftlichen Aufschwung begünstigt, geht mit einer Verstärkung abweichenden sozialen Verhaltens einher; die Formierung der Neuen Milieus ist von Prozessen individueller Degradierung und Ausschließung von bisherigen sozialen Einheiten begleitet; das Entstehen der neuen, grenzüberschreitenden Zentren ist gepaart mit der Persistenz des peripheren Grenzraums. Das Ausmaß der sozialen Veränderungen ist keinesfalls in allen Sphären des gesellschaftlichen Lebens gleich. Dem schnellsten Wandel unterliegen die Wirtschafts-, Politik- und Konsumbereiche, viel langsamer ändert sich das Sozialbewusstsein (Ziółkowski 1999: 62). Ein Zusammenstoß der durch den Markt angebotenen Möglichkeiten und erhöhten Erwartungen einerseits mit den individuellen Ressourcen und geerberbten mentalen Dispositionen andererseits bildet den Kern der sozialen Konfiguration während der Transformation.

Die mentalen Orientierungen der Grenzlandbewohner

Der Systemwandel bestimmt die soziale Existenz, indem er Anpassungsstrategien an die neue soziale Realität erzwingt. Die Anpassung an die neue Sozialordnung kann eine aktive oder passive Form annehmen. Die aktiven Adaptationsstrategien bestehen in der Mobilisierung der verfügbaren Ressourcen. Solche Handlungen verfolgen meistens das Ziel der Akkumulation ökonomischen Kapitals, typisch sind aber auch der Aufbau sozialer Beziehungsnetzwerke oder Investitionen in die Bildung, z.B. durch Selbststudium. Die passive Anpassung stützt sich auf die traditionellen, in der modernen Welt disfunktionalen Handlungsschemata; sie wird durch Einstellungen und Erwartungen der Zurückgezogenheit und der Schicksalsergebenheit kennzeichnet. Die kollektiven und individuellen Strategien der Modernisierungsbewältigung basieren also einerseits auf traditionellen Werten, andererseits auf neuen Ressourcen, die aufgrund des Übergangs zur Marktwirtschaft zur Verfügung stehen. Die gleichzeitige Verwertung der alten und neuen Ressourcen dokumentiert eine Kontinuität in der Mentalitätsentwicklung in Polen. Das im Forschungsprozess entwickelte mentale Profil der Bewohner des polnischen Teils der Euroregion Neiße wird durch folgende Merkmale beschrieben: Familiarismus, Kollektivität, bewahrende Aktivität und Pragmatismus.

Familiarismus

Die Verwurzelung in der Familie, der Familiarismus, besteht aus einer dauerhaften Identifikation mit der Familie. Die familiären Bindungen sind das wichtigste Element der biographischen Erzählung, sie bestimmen den Rahmen für die Handlungen des Individuums. In der Zeit des Realsozialismus existierte in der Mentalität der Polen eine deutliche Trennung zweier Welten: der privaten (familiären) Welt und der sozialen (staatlichen) Welt. Der Familiarismus ermöglichte einen Rückzug aus der öffentlichen Sphäre ins Privatleben. In der Mehrheit der Gesellschaft ersetzte die hohe Bewertung des Familienlebens einen Mangel an politischen und ökonomischen Ressourcen. Das Verwurzelungsgefühl in der Familie gibt vielen Menschen Sinn und eine biographische Kontinuität, das Gefühl von Stabilität:

„Ich bin im Jahr `25 geboren, am 28. August 1925 unweit von L., bis nach L. waren es 18 Kilometer, so wie bis nach Z. und... ich war das vierte Kind, na ich hatte gute Eltern und so, so waren wir neun. Vor dem Krieg hatten wir es schwer, aber wir hatten ein Stück

Acker und der Vater war so einfallsreich, immer hielt er die Kühe, wir hatten dort zwei, drei Kühe und ein Paar Pferde und wir wohnten in der Nähe des Waldes, und der Vater war vor dem Krieg ein Waldhüter, der Förster hatte unter sich immer ein Paar Waldarbeiter, aber mein Vater war ein Waldhüter. /.../ Wir im Wald, so groß wie unsere Familie war, weil wir doch neun waren und der Förster hat uns angeheuert, die Samenpflanzen von den Hainbuchen abzureißen, ja, von den Hainbuchen solche Samenpflänzchen. Wir haben gepflückt und der Vater sammelte das Holz, aber nicht dort, wo viele Samenpflanzen waren, sondern da, wo das schönste Holz war, weil wir es für uns gut nutzen wollten. So war es auch gut, der Vater nahm das Holz und fuhr damit nach L... wir haben es in so kleine Stücke geschnitten, passend für den Ofen, der Vater fuhr damit so zweimal in der Woche und für so eine Fuhre gab es acht Złoty, das war sehr viel Geld, vor dem Krieg musste man sich einen Tageslohn schwer erarbeiten. /.../ so lebten wir einigermaßen"

Die biographische Erzählung Herrn Bolesławs illustriert eine starke Verwurzelung in der Familie, in der der Vater die wichtigste Rolle mit der höchsten Verantwortung spielt. Dank des Ideenreichtums des Vaters und der gemeinsamen Arbeit aller Mitglieder konnte die Familie ihren Unterhalt bestreiten. Während der Vorkriegsarmut konnte man sich nur im Rahmen der Familie helfen. Da die ökonomischen Ressourcen knapp waren, mussten selbst Kinder schwere Arbeiten verrichten.

Die Familie von Herrn Bolesław erscheint im Bewusstsein der Enkelin Irmina als eine Gemeinschaft der Bindungen und Erfahrungen. Die Zugehörigkeit zu dieser Gemeinschaft wird traditionell sehr geschätzt und macht deswegen auch für Irmina unbestreitbar einen hohen Wert aus. Die Orientierung an der großen Familie, die von der Großelterngeneration repräsentiert wird, macht eine der Kontinuitäten in der sozialen Welt aus. Die Zugehörigkeit zu einer Familie befriedigt das Bedürfnis, Teil einer Gemeinschaft zu sein. So ist es bis heute – trotz eines Wandels der Familie und einer Verminderung des gemeinschaftlichen Charakters des lokalen Gemeinwesens.

„Das heißt, bei uns haben wir uns getroffen, bei den Großeltern, wenn es eben solche Feiertage gab und jetzt vor kurzem war ihr Jubiläum, der 50. Hochzeitstag, (...) Na, eben, na, die Großeltern sind mehr so, dass man die Familie irgendwie zusammen halten sollte und nicht dass jeder seinen Weg ginge, auf eigenem bliebe und nur bei sich, sondern alle sollen sich bemühen, solche Oster- oder Weihnachtsfeiertage, wir begehen die sehr feierlich, so dass jeder zu den Großeltern geht oder ganz einfach, die Großeltern kommen zu uns. (...) Ja, früher, da war so, da war noch mehr und mit den Nachbarn, und jetzt ist alles nur noch mit der Familie geblieben."

Auch Frau Joanna konzentriert sich in ihrer Erzählung hauptsachlich auf Familienfragen. Sie erinnert sich an ihre frühe Kindheit, den Krieg und die damit verbundene Notwendigkeit, ihr Elternhaus zu verlassen. Die Familie stellt für sie nicht nur den wichtigsten Bezugspunkt, sondern auch einen Punkt der sozialen Verortung dar, denn sie setzt eine intergenerativ geerbte soziale Position fest. Die Familienbindungen werden von Frau Joanna nicht nur in der emotionalen Dimension als wichtig betrachtet, sondern auch in Bezug auf ihre soziale Herkunft:

„Diese M. das war... das waren Privatwälder vom Fürst Mirski und mein Vater bekam dort eine Stelle. Das war eine sehr alte Försterei, ein sehr altes Gebäude...es war acht, acht Kilometer bis zu Niemen, wissen Sie? Zwischen Mir und Niemen war diese Försterei, sie nannte sich M. Ganz bestimmt war dieses Gutshaus aus dem 18. Jahrhundert, diese Försterei, und dort waren solche interessanten Gebäude, so eine Zapfendarre, und, wissen Sie, das muss man...das fühlt man, man erinnert sich daran, dass... das bleibt immer gleich, so, wissen Sie, so nah... Warum? Ich sagte immer, wissen Sie, dass mein Zuhause immer dort ist, wo meine Mutter ist, wo die Mutter ist, wissen Sie, wo... Dass danach unser Zuhause dort sein musste, wo unsere Mutter war. Das war ein einziger Handkoffer und dort war unser Zuhause. So der alte Handkoffer, der mit uns weggeschafft und herbeigeschafft wurde...und unser Zuhause, aber immer diese M., meine M....."

Małgorzata, die Enkelin von Frau Joanna, verspürt auch eine starke Verwurzelung in der Familie. Die Familie gibt ein Gefühl von Sicherheit, sie ist wichtig für die emotionale Entwicklung und ist ein Garant der Lebensstabilisierung:

„Ich erinnere mich vor allem an die Wärme im Zuhause, die Liebe, die mir niemals fehlte, eben hauptsächlich auf Betreiben der Großeltern. Es wurde dadurch die Liebe des Vaters ersetzt, die es von Jugend an nicht gab. Der Stiefvater ist nicht dasselbe...Wenn die Mutter zum zweiten Mal heiratet, wenn die Kinder noch mehrjährig sind, das ist nicht dasselbe. Und so die Familie. Die große, zahlreiche Familie, deren Mitglieder miteinander in Kontakt stehen, sich einander sehr und immer lieben. Wir sind jetzt 22 Personen in dieser nächsten Familie. Ich weiß das gerade, weil ich für eine Trauung zahlte... Das sind tatsächlich die Onkel, die Tanten, die Kinder der Großeltern. Also vor allem diese zementierte Familie, die... einfach ‚jeder für alle, alle für einen‘, es gibt keine Streit, keine Szenen in der Familie... Hmm... Überdies, ferner, ich wohne normalerweise in J.G., also nicht weit von hier, aber ich lasse mich hier nieder, bei meinen Großeltern, im Zuhause. Ja, ich werde mit meinen Kindern und meinen Großeltern wohnen."

Während der makrosozialen Veränderungen garantiert die Verwurzelung in der Familie nicht nur eine materielle Sicherheit (angesichts der Risiken einer ökonomischen Degradierung), sondern auch eine ontologische Gewissheit (angesichts der Risiken einer Desorientierung und Entwurzelung). Der Familiarismus ist soziales Kapital, das um so nützlicher wird, je effektiver es den Tausch einer Kapitalform in eine andere ermöglicht und je schneller sich die anderen Kapitalarten abwerten. Die Familie fungiert als ein Puffer, der die negativen Konsequenzen der Transformation mildert und hilft, die Kontinuität der Lebensstrategien aufrechterhalten hilft. Sie ist ein Träger traditioneller Werte, aber gleichzeitig bietet sie den Rahmen für innovative Handlungen. Einerseits ermöglicht die familiäre Übertragung der Werte und Lebensstrategien die Kohärenz der Gemeinschaft und die Bewahrung des für ihre Mitglieder bedeutsamen normativen Systems. Andererseits begünstigt die Nutzung der familiären Ressourcen und ihre Rekombination mit den auf anderen Feldern erworbenen Kapitalarten die Entwicklung aktiver Anpassungsstrategien:

„Die Familie hat mir in dieser Zeit sehr viel geholfen. Das lobe ich mir am meisten und schätze, dass... so wie ich es am Anfang schon sagte, wenn jemand in der Familie Sorgen hat, dann stellen sich alle auf den Kopf, um ihn zu helfen und nicht, wenn du Sorgen hast, dann mach' s doch allein. So wie in jedem lächerlichen Geschäft, mal schlechter, mal besser... Vati hat jetzt eine Rente, die Mama auch... ruhig sitzen sie und machen, was sie wollen...Ich kann jederzeit mit ihnen rechnen. Und alle diese wichtigen Entscheidungen haben wir zusammen getroffen, es war nie so, dass einer was gesagt hat und so sollte es sein. Alle drei setzten wir uns hin und sprachen alles durch."

Die Gründung von Mareks Firma wurde durch die Hilfe seiner Familie möglich. Die familiäre Unterstützung bestand nicht nur in der Bereitstellung aller vorhandenen ökonomischen Ressourcen, sondern auch in einer guten Platzierung in Kontakt- und Einflussnetzwerken, d.h. bei Mareks Geschäftsgründung halfen die Bekanntschaften seines Vaters mit einflussreichen Personen. Die starke Einbettung in der Familie, die Möglichkeit, sich auf ihre Hilfe und Loyalität zu berufen, gibt Marek das Gefühl von Sicherheit für seine Handlungen und erlaubt ihm, das mit der Geschäftsleitung verbundene Risiko abzuschwächen. Dieser spezifische Familiarismus, der auf kollektive Handlungen zurückzuführen ist, wurde in der sozialistischen „Mangelgesellschaft" erlernt und erfolgreich in die neuen von der „Marktgesellschaft" geschaffenen Bedingungen übertragen.

Kollektivität

Kollektivität in Polen bedeutet in erster Linie eine erlernte Neigung zur Gruppenhandlung. Die Gemeinschaftlichkeit, eine traditionelle Form der Kollektivität, bezieht sich auf ein soziales Netzwerk in einer großen Gruppe, in der eine Solidarität und eine Bereitschaft zur Dienstleistungen zugunsten anderer Mitglieder herrscht. Die Gemeinschaft bietet dem Individuum ein Vertrauens- und Sicherheitsgefühl. Die Stabilität und Sicherheit in der traditionellen Lebensweise ist mit einer konservativen Haltung verbunden:

„Nun haben wir so gelebt, gut gelebt, der Vater, wir haben wirklich gelebt, damals gab es nicht die Unterschiede, die Mutter hatte vier Schwestern, sie war die fünfte, sie ist die einzige, die einen Polen geheiratet hat, die vier Schwestern heirateten Ukrainer und so, war alles durcheinander geraten, dass es zu einem Hause eine Ehe gab, er ein Ukrainer, sie eine Polin und wenn sie wollten, da wurden die Kinder in der Cerkiew getauft und die Töchter in einer Kirche und es war so wie in einer Familie. /.../ Und an den Feiertagen hat man sich gegenseitig eingeladen, manche zu uns und andere zu ihnen, zur Kirmes, denn dort gab es keine Unterschiede gleich vor dem Krieg irgendwann in den Dreißigern..."

Kollektivität wird nicht nur in der Familie, sondern auch in einer ländlichen lokalen Gemeinschaft realisiert. Herr Boleslaw erinnert sich an sein

Dorf als eine Gemeinschaft des Alltagslebens, in der die kulturelle Heterogenität nicht hinderlich war, sondern einen wichtigen Teil des Lebens konstitu-
ierte. In dem durch zahlreiche, miteinander verwandte Familien gebildeten
Dorf waren enge und häufige Kontakte keine Ausnahme: sie wurden vor
allem durch gemeinsames Feiern begünstigt.

Kollektive Handlungen wurden am meisten in Rahmen der Familie praktiziert, aber kollektive Strategien konnten auch durch die Ähnlichkeit der
Situation, in der sich die handelnden Personen befanden, stimuliert werden.
Aus dem Osten kamen ganze Familien in den westlichen Gebieten an und
hielten dort zusammen, weil es inmitten der „Eigenen" leichter war, sich mit
der neuen, bisher unbekannten Umwelt vertraut zu machen. Die räumliche
Nähe bot ihnen die Chance zur Wiederherstellung der Familien- und Nach-
bargemeinschaften. Die wichtigen Lebensentscheidungen wurden in einem
Netzwerk der kollektiven und familiären Beziehungen getroffen, ebenso
wurde dort das Alltagsleben organisiert.

„Und nach der Befreiung war hier schon Herbst, ja, irgendwie schon Herbst, da war von
dort ein Kollege, der sogar gedient hatte in L., aber er hatte sich wohl mit meinem Onkel
getroffen. Der Onkel war auch aus einem Ort unweit von L., er war mit meiner Tante
verheiratet, der Schwester meiner Mutter. /.../ Und nun fuhr er nach K. S., er hatte Ausgang
bekommen, ein Junge, schon Soldat und spricht...du kennst ihn vielleicht, es gibt da so
einen Władek, er kam dort aus L. und das ist der Junge des Nachbarn, unseres Schwagers
und der Tante, die ihn großgezogen haben. Oh ja, ich kenne ihn! Dann sage ihm, er soll zu
Besuch kommen. /.../ Und er sagt: Du hast einen Onkel im Westen, als ich kam, hat dein
Onkel gebeten, dass du zu ihm kommst. Und wir, ich mit meinem Bruder, na gut, dann
fahren wir. Wir sind nach W./W. gefahren, den Tabak noch hingebracht, damit wir Geld
haben, verkauften wir den Tabak und sind gefahren, ja, gefahren glaube ich, zwei Tage
nach L.. In L. angekommen, hat er uns eine Hütte hier gegeben und eine Adresse in O.,
dort war schon der Kollege Ż."

Kollektivität bedeutet die Orientierung an einem gemeinsamen Ziel und
die Verwurzelung in einem Kontaktnetzwerk in einer großen Gruppe. Eine
traditionalistische Dimension der Kollektivität besteht aus Dispositionen zur
Solidarität, zur gegenseitigen Hilfe und zur gemeinschaftlichen Handlung zur
Verteidigung der gefährdeten Interessen und Werte (vor allem des Wertes der
„Menschlichkeit"). Neben dem gemeinschaftlichen Kollektivismus gibt es in
der polnischen Mentalität ein kollektivistisches Erbe des Sozialismus, das
sich in Dispositionen zur Unterordnung unter die von oben eingeführten und
sanktionierten Handlungsmuster äußert. Die sozialistischen kulturellen Muster garantierten einer Person ein Teilhaben an den (materiellen und symbolischen) Ressourcen und Privilegien im Tausch für einen (durch die Macht der
Partei legitimierten) Gehorsam. Der postsozialistische Kollektivismus realisiert sich in Anspruchsorientierungen:

„Es scheint mir, dass im polnischen Volk so etwas ist, dass man zuerst vernichten muss und man dann arbeiten muss... Und gegenwärtig, vernichteten sie diese PGRs[4] nicht? Und warum das alles? Wir, die Leute, arbeiteten doch daran und nicht dieser Kommunismus. Warum vernichteten sie das alles, diese Maschinen, warum wurde alles geschlossen? Man konnte doch das irgendwie... arbeitet Leute, wenn ihr wollt, die Regierung wird euch etwas helfen....(...) Früher war es die ganze Zeit, als es Erholungsaufenthalte und diese Erholungskuren gab, es war so sehr... schön konnte man leben, (...) man konnte würdig leben und man lebte ganz gut hier...“

Frau Bogusława bewertet - sehr ähnlich wie viele andere Befragte der Großelterngeneration - den wirtschaftlichen Wandel in der polnischen Gesellschaft vom Standpunkt eines Verlustes der sozialen Sicherheit und der damit verbundenen Privilegien aus. In der veränderten Situation werden Ansprüche gegenüber Institutionen laut, denen die Verantwortung für die Vernichtung der gemeinsam erarbeiteten Werte zugeschrieben werden. Das Einfordern von Rechten durch individuelle und kollektive Handlungen stellt eine aktive Anspruchsorientierung dar. Eine passive Anspruchsorientierung hingegen äußert sich in Ratlosigkeit, einer Abneigung gegen Eigeninitiative und in einem Abschieben der Verantwortung auf anderen Leute und Institutionen. Sowohl die traditionalistische als auch die postsozialistische Kollektivität tritt zusammen mit einer Neigung zu einer dichotomen und fatalistischen Wahrnehmung der gesellschaftlichen Wirklichkeit, mit Konservatismus und mit Antiindividualismus auf.

Die bewahrende Aktivität

Unter bewahrender Aktivität wird die Rekombination „alter“ und „neuer“ Dispositionen im Anpassungsprozess verstanden. Dazu gehört jede aktive Handlung, die die erfolgreiche Verwirklichung praktischer Ziele verfolgt. Zu diesen Zielen zähl die „Maximierung der Chancen“ und ein sozialer Aufstieg, wobei gleichzeitige eine Degradierung vermieden werden soll. Charakteristisch ist die Vermischung traditioneller und neuer Strategien: Die Aktivität ist eine Reaktion auf die neue Situation und hat einen „bewahrenden“ Charakter, weil sie die „alten“ Strategien nicht durch „neue“ ersetzt, sondern versucht, verschiedene „alte“ und „neue“ Ressourcen zu verbinden. Ein typisches Beispiel ist der Unternehmungsgeist der Transformationsperiode, der auf der Verwurzelung in einer Familie und der Fähigkeit, deren Ressourcen zu nutzen, basiert. Viele Polen sind der Überzeugung, dass Findigkeit und Gewandtheit, die mit Schneid oder gar Draufgängertum verbunden sind, die wichtigsten Eigenarten der eigenen Mentalität darstellen. Diese Merkmale sind nicht nur mit der Neigung gepaart, (oft aussichtslosen) Widerstand gegen die durch „feindliche“ Institutionen auferlegte Beschränkungen zu leisten, sondern auch mit einem außergewöhnlichen Innovationsgeist, der sich oft unter Missachtung der herrschenden Regeln und Gesetze realisiert. Unter den Umständen der Transformation kann diese Mentalitätsart sowohl als eine wirksame Kraft des Wandels als auch als ein disfunktionales Element fungieren. Einerseits ermöglicht sie eine schnellere Anpassung an die neue institutionelle Wirklichkeit. Andererseits kann sie auch aber Transformationsprozesse blockieren. Die spontane, meistens planlose und chaotische Aktivität, das Ergreifen aller verfügbaren Maßnahmen zur Verteidigung eigener Interessen und Werte und die Verwirklichung widersprüchlicher Lebensstrategien zeugen ebensoviel von der Unvollkommenheit der institutionellen Ordnung wie von dem Mangel an Zivilisationskompetenz der Polen (Sztompka, 2000) um die existierenden Institutionen auszunutzen. Einen Beleg für eine bewahrende Aktivität finden wir in einer Aussage von Marek.

„Nach dem Dienst... eine große Enttäuschung, denn, bevor ich zur Armee ging, habe ich gearbeitet /... /als ich zurückkam von der Armee habe ich einen Monat gearbeitet und es hat sich so ergeben, dass es für mich keine Planstelle mehr gibt. Reicht es nicht, dass ich zwei Jahre bei der Armee verbracht habe, dann bin ich noch danach auf dem Eis geblieben, abgesehen davon, dass ich der letzte Jahrgang war, der zwei Jahre gedient hatte, der nächste Jahrgang ging nur noch anderthalb Jahre, so das es eine große Enttäuschung für mich war. Ich kam zurück... na und es gab nichts, weshalb man zurückgehen möchte. Ohne Arbeit, ohne was. Mein Bruder hatte schon eine Ausbildung als Förster, der Vater hat ihm auch eine Arbeit in der Forstwirtschaft besorgt. Er verdient gut. Und ich war wieder da, habe ausgelernt, aber das war nicht so eine gute Beschäftigung. Ich habe einen Kredit aufgenommen und eröffnete mein erstes Unternehmen und deshalb auch so... nach dem ich aus der Armee zurück kam war gerade eine Zeit der Veränderungen in eine... na ja, eine bessere Demokratie. Die Mama und der Vati haben die Arbeit verloren. Alle drei zu Hause ohne Arbeit... ich nahm einen Kredit auf, machte ein Geschäft auf und langsam, langsam...Alle waren wir ohne Arbeit, die Eltern hatten ehemals gearbeitet, gleich nebenan... gegenüber unserer Wohnung ist ein Geschäft und aus dem Grund, dass es ein PSS - Geschäft[5] war, und die PSS zu diesem Zeitpunkt alles schließen musste und mein Vater war als sehr geschäftstüchtig bekannt in dieser Gegend, er kannte den Vorsitzenden, als /der Vorsitzende/ hat ihm das Geschäft abgetreten. Und so begann es...“

Agata erinnert sich an ihre Schuljahre und beschreibt eine Schülerinitiative, die einen Schulladen eröffnete. Die zitierte Passage illustriert den Unternehmungsgeist von jungen Polen, zu dem sie durch den sozioökonomischen Wandel gezwungen waren:

„Unsere erste Schulklasseinitiative....war die Gründung eines Schulladens.... Wir fuhren zur Kartofelernte und wir verdienten das Geld, worum man noch streiten musste, denn ein Herr wollte es uns nicht auszahlen. Für dieses Geld renovierten ein Kollege und sein Vater so einen kleinen Raum (...) Und so eine Verantwortlichkeit entstand bei uns. Die Jungen, selbstverständlich so ein Einkäufergeist... Marketing und Verwaltung überhaupt... Also gewisse Zeit prosperierten es sehr gut und leistungsfähig, da selbstverständlich alle in der Schule... so ein Laden, also sie kamen, die Getränke und immer die frischen Brötchen, die sie von der Bäckerei mitbrachten. Das erste verdiente Geld, das man für Blumen für Lehrer oder zu einer ‚halben Strecke' oder zum Abiturientenball nutzen konnte...“

Wir haben hier eine Initiative einer „von unten" inspirierten Handlung, denn die Schüler selbst wollen ein Unternehmen starten, das Gewinn einbringt. Das ist kein leichtes Vorhaben, denn man muss zuerst die Geldmittel zur Ausbesserung des Raumes und die Wareneinkäufe aufbringen (gemeinsame Arbeit in der Kartoffelernte) und die aufkommenden Schwierigkeiten überwinden (Eintreiben des verdienten Geldes). Die positiven Effekte der untergenommenen Handlungen und vor allem die Gewinne, die diese Handlungen mit sich brachten, werden von den Schülern besonders hoch geschätzt. Das Schülerunternehmen ist eine Art der Selbstbestätigung in der neuen Realität: Der Unternehmungsgeist, der zur Nutzung der günstigen Gelegenheit führte, ermöglichte den eigenen Gewinn.

Der Transformationsprozess ist tief in der Erzählung von Anna verankert: Auch wenn sie ihn nicht ausdrücklich erwähnt, ist sein starker Einfluss auf ihre Biographie deutlich sichtbar. Anna wurde voll und ganz durch Ereignisse der letzten Jahre geformt. Sie hängt einer Transformationsideologie des sozialen Aufstiegs an. Ihre Berufskarriere besteht aus der Überwindung nacheinander folgender Hindernisse auf dem Weg zur erträumten „eigenen Firma".

„Die Situation zu Hause änderte sich diametral Man musste etwas aushecken, damit man von etwas leben konnte. Und damals sagt meine Mutter: ‚Hör zu, da ist ein Kiosk zu verpachten. Wir sind zwei, es gibt keinen besseren Pakt als die Mutter mit ihrer Tochter, es gibt doch einfach keinen...' Also, ich wechselte von einer Arbeit in die nächste und ich habe den Eindruck, ich fühle mich nicht so stabilisiert, als wäre das das die letzte Arbeit. Insbesondere deswegen, da dieser Kiosk mit so einem Vertrag funktioniert, dass ich die Waren ausschließlich von ‚Ruch'[6] nehmen kann. Und in dieser Siedlung, wo wir den Kiosk haben, gibt es überhaupt kein Papiergeschäft... Es gibt unweit davon eine Schule und eine Menge von Leuten geht in diese Schule und ich habe sogar keinen dummen Bleistift, da... es sie in der Großhandlung nicht gibt und von den anderen kann ich sie nicht nehmen. Es scheint, als ob ich eine Arbeit hätte, aber wiederum bin ich jemandem anderen, als ob ich die Flügel nicht ausbreiten könnte oder so etwas...Denn man weiß: je mehr die Waren, desto mehr Geld und wo es mehr Geld gibt, kann man noch etwas verdienen. Das Lokal ist nicht mein, der Grund ist nicht mein... Bloß so viel, dass ich halt arbeite und ich habe so viel Geld, dass ich mich und meine Mutter ohne weiteres unterhalten kann."

Die Kioskpacht ermöglicht gegenwärtig eine halbwegs unabhängige Arbeit und die finanzielle Absicherung von Anna und ihrer Mutter. Anna bewertet das, was sie zu erreichen imstande war, relativ ambivalent. Einerseits fühlt sie eine Zufriedenheit, dass sie sich selbst und ihre Mutter versorgen konnte, nachdem der Vater starb; andererseits ist sie aber unzufrieden, weil ihre Handlungsautonomie als Verkäuferin „von oben" beschränkt wird. Die Unzufriedenheit entsteht vor allem durch die Unmöglichkeit, selbstständige und freie Beschlüsse in der Geschäftsleitung zu fassen. Anna weiß gleichzeitig, dass die Führung der eigenen Firma eine Herausforderung für sie wäre, mit der sie zurechtkommen könnte, wenn die Rahmenbedingungen günstig wären. Ein „familiäres Geschäft" minimiert das wirtschaftliche Risiko, schafft eine Chance, in einem gelernten Beruf zu arbeiten und – was noch wichtiger ist – bietet eine Beschäftigungsmöglichkeit für andere Familienmitglieder. Die Strategie des familiären Geschäfts verbindet die für die polnische Gesellschaft typische Verwurzelung in der Familie mit Unternehmergeist.

Pragmatismus

Eine „pragmatische" Mentalitätsdisposition gründet sich auf einer strengen Orientierung am ökonomischen Kapital. Die materialistische Orientierung verwirklicht sich entweder als eine Konzentration auf finanziellen Erfolg oder als eine Verteidigung des bisherigen materiellen Standards (Ziółkowski 1999). Die „Pragmatisierung" des sozialen Bewusstseins ist nicht nur eine Antwort auf die durch den Markt zur Verfügung gestellten Konsumgüter und die dadurch erweckten materiellen Erwartungen, sondern auch ein Restbestand eines traditionellen Lebenspragmatismus der Großelterngeneration. In einer modernisierten Form tritt der Pragmatismus als ein biographischer Plan des sozialen Aufstiegs und des finanziellen Erfolgs auf, indem er eine Orientierung auf die Erwerbsarbeit mit ökonomischen Investitionen in andere Kapitalarten (meistens in Bildung) verbindet. Die materialistische Orientierung wird nicht durch extremes Konkurrenzdenken begleitet, denn dieses wird durch die starke Verwurzelung in der Familie und die Bindung an kollektivistische Werte gemildert.

Die Biographie von Frau Krystyna belegt, dass die Nachkriegszeit vielen Leuten die Möglichkeit bot, während des Kriegs verlorene ökonomische Ressourcen wiederherzustellen und dadurch die materielle Unabhängigkeit und Lebensstabilität in der neuen sozialen Wirklichkeit abzusichern. Die Erzählerin passt sich neuen Situation an, indem sie sich ausschließlich darauf konzentriert, mittels schwerer Arbeit und unter der Ausnutzung günstiger Gelegenheiten überlebenswichtige Güter zu erhalten. Ein gutes Beispiel für solch eine Anpassungsstrategie ist die Reise von Frau Krystyna in die Westgebiete:

> „Mein Bruder sprach: ‚Fahr, fahr zu den Westgebieten, du wirst sehen...' Also fuhr ich in den Westen. Im Westen... auf eine Ernteaktion. Das war die Jugend aus Łódź, ich hatte Macht über diese Jugend, ich war älter. Das war so eine Schuljugend, sie fuhren die Ernte ein, sie arbeiteten dort an diesem Getreide und ich war ihre Kommandantin. Ich war so ein pfiffiges Mädchen, so, dass ich sie überwachte. Und wenn ich noch dazuverdienen wollte, arbeitete ich mit und ich hatte mehr Gehalt."

Der Lebenspragmatismus in der Enkelgeneration bedeutet vor allem das Streben nach der Anhebung des materiellen Lebensstandards. Jacek, der

Enkel von Frau Krystyna, kann sich dank der schon im jugendlichen Alter aufgenommenen Arbeit die Gegenstände leisten, die für ihn früher unerreichbar waren. Seine Tätigkeit bietet ihm nicht nur die Möglichkeit, Geld für die Familie, sondern auch für Vergnügungen zu verdienen.

„Als ich zur Arbeit ging, denn die Eltern, ich bin schon 20 Jahre alt und im Abendstechnikum ist es so...am Tag mache ich nichts, so wollte ich etwas für die Ferien dazuverdienen, überhaupt fürs Leben etwas Geld dazuverdienen. Und ich verdiente etwas, etwa zwei tausend hatte ich monatlich in der ersten Arbeit, im Kraftwerk. So hatte ich für die Ferien, für alles sparte ich eben an und die Eltern waren auch zufrieden, dass ich ihnen ein wenig helfe. Ich kaufte mir eine Stereoanlage, einen Computer für dieses Geld und es hat sich alles gut ergeben."

Artur, der Enkel von Herrn Jarosław, denkt an seine Zukunft auf pragmatische Weise: Er will ein Sprachstudium absolvieren, um seine Chancen auf eine gute Arbeit zu vergrößern. Die weitere Qualifikation hat einen instrumentellen Charakter: Eine angemessene Ausbildung wird ihm helfen, in der Zukunft eine gute Stelle zu erhalten. Diesem Ziel wird die Wahl des Studienfachs untergeordnet. Arturs Kalkül stimmt mit den Regeln der instrumentellen Rationalität überein: „Es lohnt sich nicht, einen Beruf zu wählen, der keinen Marktwert hat".

„Na und... ab September, ich habe gedacht, dass vielleicht irgendein Studium...vielleicht werde ich eins beginnen. Ich hatte überhaupt so einen Plan, dass ich gerade nach dem Militär nach Deutschland fahren würde, zu meinem Onkel, um mein Deutsch aufzubessern und hier irgendwo, wenn ich Deutsch kann, dass ich irgendwo hin gehen würde, irgendeine Germanistik oder etwas... Man weiß, heute ist es anders als früher, als du irgendein Studium absolviert, nach dem Studium einen 'Magister' und dann bereits eine Arbeit hattest... Heute muss man eine gute Richtung haben, man weiß ... Germanistik, Deutsch – perfekt. Du hast das Studium, dann weiß man, dass sie dich in irgendeiner Firma oder irgendwo einstellen werden. Man muss schon irgendwo ... einfach seine Männer haben, aber darin kann man sich... irgendwo als ein Dolmetscher, das ist schon gut. Aber es ist noch etwas Zeit, wir werden sehen, wie es sein wird."

Die Einstellung, eine Ausbildung als einen Wert an sich anzusehen und einen Studienabschluss „nur um des Diploms Willen" anzustreben, identifiziert Artur mit dem vergangenen (sozialistischen) Zeitalter. Heute herrscht auf dem Arbeitsmarkt ein Wettbewerb, der entscheidet, ob ein junger Mensch Erfolg oder – zumindest – berufliche Sicherheit hat. Diese Sicht stimuliert Artur dazu, Pläne für die weitere Berufsausbildung zu schmieden. Die pragmatische Behandlung der Ausbildung manifestiert sich vor allem in dem Kalkül, welche Studienrichtung am besten gewählt werden sollte. Dieses Kalkül setzt Kenntnisse darüber voraus, nach welchen Qualifikationen die Arbeitsgeber am häufigsten suchen. Die Sicht von Artur beweist auch eine hohe Bewertung der sozialen Bindungen und Netzwerke, die über den Erfolg bei der Arbeitssuche mitentscheiden. Pragmatismus bedeutet in diesem Fall, die gewünschten materiellen Güter langfristig durch strategisches Handeln bei der Wahl der Ausbildung zu erlangen.

Biographische Bilder der kulturell Anderen

Die Wahrnehmung der kulturell Anderen, der Nachbarn Polens in der Euroregion Neiße, ist eng mit dem oben rekonstruierten Profil der polnischen Mentalität verbunden und macht ein wichtiges Element der biographischen Entwürfe unserer Befragten aus. Die Bilder von Deutschen und Tschechen spiegeln nicht nur die historischen und aktuellen Lebenserfahrungen der Grenzraumbewohner, sondern auch die intergenerationalen Traditionen wieder, die für gängige Strategien im Umgang mit der eigenen und der fremden Bezugsgruppe verantwortlich sind. Wenn man die biographischen Erzählungen der älteren Befragten aus der Grenzregion analysiert, muss man bemerken, dass die Mehrheit der Ereignisse, die für ihre heutige Wahrnehmung der Nachbarn konstitutiv sind, vor einer längeren Zeit stattfand und von der Intensität der gegenwärtigen Interaktionen im Grenzraum nicht abhängig sind. Das ist besonders sichtbar im Fall der Deutschen, die für viele Polen eine wichtige Bezugsgruppe für die Konstruktion einer eigenen Identität sind. Zu den Ereignissen, die das heutige Bild der Deutschen in der Perspektive der „langen Dauer" (Braudel, 1999) mitgeformt haben, gehören u.a. die Kämpfe zwischen Polen und Preußen bzw. dem Kreuzritterstaat im Mittelalter, die preußische (und danach deutsche) Besetzung von Westpolen (1772-1919) und – vor allem – der zweite Weltkrieg und die deutsche Okkupation polnischer Gebiete. Im kollektiven Gedächtnis der polnischen Gesellschaft treten Deutsche in zwei widersprüchlichen Rollen auf: einerseits als Vertreter der hochgeschätzten Westzivilisation (vor allen ihres „technologischen" und „organisatorischen" Aspekts: der Ordnung, der Disziplin und der hohen Lebensqualität), andererseits als „uralte Feinde" Polens. Diese beiden Rollen bestimmen auch die heutigen polnisch-deutschen Beziehungen in der erforschten Region. Einerseits wird die Distanz und manchmal auch die offene Abneigung aufrechterhalten (was sowohl aus den negativen historischen Erfahrungen als auch aus einem Gefühl der gegenwärtigen sozioökonomischen Asymmetrie zwischen Deutschland und Polen folgt). Andererseits zeigt sich bei unmittelbaren Kontakten ein Pragmatismus bei der Fremdheitsverarbeitung, der zu einer Dämpfung der Voreingenommenheit führt. Deutsche und Polen schätzen sich bei konkreten Kontakten gegenseitig als Partner, die im Nachbarland Geschäfte tätigen. Aufgrund weit verbreiteter Stereotypen und aufgrund des ökonomischen Ungleichgewichts zwischen Polen und Deutschland sind haben viele Polen jedoch ein ambivalentes Verhältnis zu ihren deutschen Nachbarn. Interessant ist, dass dieses uneindeutige Verhältnis quer zu den von uns erforschten Milieus und den biographischen Verarbeitungsstrategien verläuft. Die Einstellung hängt dabei nicht nur von kollektiven Orientierungen, sondern auch von den Erfahrungen, die man mit Kontakten mit Deutschen gemacht hat.

Im Verhältnis zu den südlichen Nachbarn in Tschechien stellt sich ein ganz anderes Bild dar. Hier dominiert Gleichgültigkeit. Tschechen erscheinen in den biographischen Erzählungen nicht „spontan". Die Fragen nach Kontakten mit ihnen werden meistens fragmentarisch oder negativ beantwortet. Die Hauptbarriere des gegenseitigen Kennenlernens und Verstehens zwischen Polen und Tschechen bildet nicht so sehr eine kulturelle Fremdheit oder eine strenge Voreingenommenheit, als vielmehr ein Mangel an gegenseitigem Interesse. Der formale und labile Kontext der Interaktionen, zu denen meistens Einkäufe im Nachbarland einen Anlass bieten, begünstigt kein gegenseitiges Kennenlernen. Obwohl es nur wenige soziale Kontakte zwischen den Bewohnern der benachbarten Grenzregionen gibt, kann die Existenz solcher Kontakte ein Ausgangspunkt für zukünftige Entwicklungen sein. Auf verschiedene Ebenen sind intensivere Verhältnisse denkbar: von der Teilnahme an grenzüberschreitenden Initiativen über das Bekenntnis zu ähnlichen religiösen oder ideologischen Anschauungen bis zu gemischten polnisch-tschechischen Familien. Da es weder tiefverwurzelte Abneigungen noch negative historische Erfahrungen gibt, besteht eine gute Chance, dass sich mit einer Intensivierung der institutionellen Zusammenarbeit in der Grenzregion die bisher dominierende Gleichgültigkeit in den polnisch-tschechischen Beziehungen nicht nur abschwächen wird, sondern die Beziehungen zwischen Polen und ihren südlichen Nachbarn auf der Alltagslebenebene vertieft werden.

Mentalität und grenzüberschreitende Kontakte

Das zunehmende gegenseitige Interesse und die neuen interkulturellen Kontakte im Grenzraum sind nicht nur das Ergebnis der institutionellen Zusammenarbeit. Das gegenseitige Interesse hängt auch von der Stärke und Richtung der strukturellen Veränderungen in den Nachbarländern und von den historisch geprägten mentalen Orientierungen ab. Aufgrund der vorliegenden Untersuchung kann man feststellen, dass die mentalen Ähnlichkeiten und Unterschiede eine Schlüsselrolle für die weitere Entwicklung der interkulturellen Kontakte in dem erforschten Grenzgebiet haben werden.

Die Verwurzelung in der Familie, das herausragendste mentale Merkmal in Polen, begünstigt nur selten eine Aufarbeitung der xenophoben Stereotype und der Gleichgültigkeit gegenüber anderen Kulturen. Die Unterordnung unter die von der Familie zugewiesenen Rollen schwächt das Bedürfnis nach der Mobilität ab und begrenzt dadurch auch die Chance auf vertiefte Kontakte mit den deutschen und tschechischen Nachbarn. Der Familiarismus erleichtert in Polen die Übertragung von konservativen Mentalitätsdispositionen, indem er eher die kulturelle Geschlossenheit in einer von Familien zusammengesetzten nationalen Gemeinschaft suggeriert und die Überwindung von Voreingenommenheiten gegenüber den Nachbarn verhindert.

Die ambivalenten Beziehungen der Polen zu Tschechen und Deutschen werden auch von einem anderen Kennzeichen der polnischen Mentalität erklärt, nämlich der Kollektivität. Gepaart mit Autoritarismus begünstigt sie einerseits Stereotypisierungstendenzen, Intoleranz und ein Gefühl der Geschlossenheit. Andererseits, indem sie sich auf die fundamentalen Werte der „Würde", der „Ehre" oder der „Menschlichkeit" beruft, regelt sie auch den Umgang mit kulturell Anderen, die als „Menschen wie wir selbst" wahrgenommen werden, also als die Leute, die trotz aller Unterschiede der Wertschätzung und (in der Not) der Hilfe und der Solidarität bedürfen. Die traditionalistische Variante der Gemeinschaftlichkeit ist hierbei vom postsozialistischen Kollektivismus zu unterscheiden. Die politisch konstruierten, sozialistischen Staatsvölker konservierten trotz der formalen Internationalismus- und Freundschaftsrhetorik eine gegenseitige Abneigung, indem sie sich als potentielle Konkurrenten beim Zugang zu knappen Ressourcen sahen. Unter den Transformationsumständen können sich diese latenten „Voreingenommenheiten" in Gestalt von populistischen, fremdfeindlichen und eine interkultureller Verständigung verhindernden Variante von Identität offenbaren.

Der Pragmatismus und die bewahrende Aktivität sind meistens mit biographischen Verarbeitungen von fremdenfeindlichen Einstellungen verbunden, obwohl es auch hier widersprüchliche Tendenzen geben kann. Einerseits begünstigt die materialistische Orientierung die Instrumentalisierung der Beziehungen mit Deutschen und Tschechen, die dann ausschließlich vom Standpunkt des ökonomischen Nutzens wahrgenommen werden. Andererseits können bei grenzüberschreitenden Kontakten einschneidende Erfahrungen gemacht werden, die, je nach Art und Weise, Stereotypen verstärken oder überwinden können. Charakteristisch für die pragmatische Verarbeitungsstrategie wäre die Herausbildung neuer kalkulierter, grenzüberschreitender Interessen und auf Kooperation gestützten sozialen Bindungen, die auf die Verwirklichung gemeinsamer Ziele gerichtet ist. Es ist aber davon auszugehen, dass der Erfolg solcher Initiativen nicht nur vom persönlichen Engagement, sondern auch von anderen mentalen Dispositionen – vor allem von der Verwurzelung in der Familie und der Kollektivität – abhängt.

Anmerkungen

1 Das beschriebene Forschungsvorhaben war Teil des internationalen Forschungsprojekts „Biographische Identitäten im Grenzraum", an dem wir zusammen mit deutschen (Universität Göttingen) und tschechischen (Akademie der Wissenschaften der Tschechischen Republik) Forschern 1999-2002 teilgenommen haben.

2 In Anlehnung an Kriterien des Habitus und der Struktur des Kapitalbesitzes im Sinne Bourdieus haben wir die sieben wichtigsten Milieus definiert: kleinbürgerliche und bäuerliche Restmilieus, Milieus von kulturellen Minderheiten, Arbeitermilieus, Milieu von kulturellen Eliten, Milieu der „weißen Hemdkragen", Milieu von ehemaligen sozialistischen Funktionären und Neue Milieus (von Unternehmern, neuen regionalen Eliten und potentieller Unterklasse). Die Zugehörigkeit zu einem Milieu wurde jeweils in Hinsicht auf die Großelterngeneration bestimmt (mit Ausnahme der Neuen Milieus, bei denen die Enkelgeneration die Basis für die Sampleauswahl bildete).

3 „Juma ist ein Prozedere, das sich zu Beginn der neunziger Jahre mit der weiten Öffnung der polnisch-deutschen Grenze entwickelte und auf Diebstählen beruht, die in Deutschland von Polen begangen werden. Diese gestohlenen Waren werden dann nach Polen gebracht (geschmuggelt) und dort verkauft". (Bojanowski, Kurzępa, 1999)

4 Ein volkseigenes Gut auf dem Land.

5 Ein genossenschaftliches Geschäft aus der sozialistischen Zeit.

6 Ein Zeitschriftengroßhandel.

Literaturverzeichnis

Baczyńska, Elżbieta (1999): Zjawiska patologii społecznej w świadomości mieszkańców pogranicza polsko-niemieckiego. In: Kurcz, Zbigniew (Hrsg.): Pogranicze z Niemcami a inne pogranicza Polski. Wrocław: Wydawnictwo Uniwersytetu Wrocławskiego.

Bojanowski, Tomasz; Kurzępa, Jacek (1999): Legale und illegale grenzüberschreitende Geschäftstätigkeit. In: Binger, Dieter, Malinowski, Krzysztof (Hrsg.): Deutsche und Polen auf dem Weg zu einer partnerschaftlichen Nachbarschaft 1989-1998: Versuch einer Bilanz. Konferenzmaterialien, www.swp-berlin.org/biost/NEW/bingen.doc (Stand: 28.7.2003).

Braudel, Ferdnand (1999): Historia i trwanie. Warszawa: Czytelnik.

Bourdieu, Pierre (2000): Die feinen Unterschiede. Kritik der gesellschaftlichen Urteilskraft. Frankfurt am Main: Suhrkamp.

Glaser, Barney, Strauss, Anselm L. (1967): The Discovery of Grounded Theory. New York: Aldine.

Hermanns, Harry (1987): Narrative Interview - a new tool for sociological field research. In: Folia Sociologica, Nr. 13.

Kurcz, Zbigniew (1997): Pogranicze z Niemcami a inne pogranicza w Polsce. In: Gołdyka, Leszek et al. (Hrsg.): Transgraniczność w perspektywie socjologicznej. Zielona Góra: Lubuskie Towarzystwo Naukowe.

Kurcz, Zbigniew (2002): Pogranicza: modelowe euroregiony i tereny tradycyjnej rywalizacji. In: Kurcz, Zbigniew (Hrsg.): Wybrane problemy życia społecznego na pograniczach. Wrocław: Wydawnictwo Uniwersytetu Wrocławskiego.

Kurzępa, Jacek (1998): Młodzież pogranicza. Juma. Zielona Góra: Lubuskie Towarzystwo Naukowe.

Marody, Mirosława (Hrsg.) (1991): Co nam zostało z tych lat... Społeczeństwo polskie u progu zmiany systemowej. Londyn: Aneks.

Nowak, Stefan (1979): System wartości społeczeństwa polskiego. In: Studia Socjologiczne, Nr. 4.

Sadowski, Andrzej (1995): Socjologia pogranicza. In: Antoni Sułek et al. (Hrsg.): Ludzie i instytucje. Stawanie się ładu społecznego. Lublin: Wyd. UMCS.

Schütze, Fritz (1983): Biographieforschung und narratives Interview. In: Neue Praxis, Nr. 3, pp. 283-293.

Schütze, Fritz (1984): Kognitive Figuren des autobiographischen Stegreiferzählens. In: Kohli, Martin and Robert, Günther (Hrsg.): Biographie und soziale Wirklichkeit. Neue Beiträge und Forschungsperspektiven. Stuttgart: Metzler.

Szlachcicowa, Irena; Domecka, Markieta; Mrozowicki, Adam (2002): Persistence and Change. The Strategies of Working Out Social Change. In: Zich, František (Hrsg.): Biographies in the Borderland. Preliminary Results of the Research on the Biographical Identity of the Borderland Population. Prague: Institute of Sociology, Academy of Sciences of the Czech Republic.

Sztompka, Piotr (2000): Civilisational Competence: a Prerequisite of Post-communist Transition. www.ces.uj.edu.pl/download/Szt_f_1.rtf (Stand: 28.7.2003).

Wnuk-Lipiński, Edmund (1996): Demokratyczna rekonstrukcja. Z socjologii radykalnej zmiany społecznej. Warszawa: Wydawnictwo Naukowe PWN.

Wnuk-Lipiński, Edmund; Ziółkowski, Marek (Hrsg.) (2001): Pierwsza dekada niepodległości. Próba socjologicznej syntezy. Warszawa: ISP PAN.

Ziółkowski, Marek (1999): O imitacyjnej modernizacji społeczeństwa polskiego. In: Sztompka, Piotr (Hrsg.): Imponderabilia wielkiej zmiany. Mentalność, wartości i więzi społeczne czasów transformacji. Warszawa – Kraków: PWN.

„Grenzöffnung extra light" – die Rollfähre zwischen Angern an der March und Záhorská Ves: Blick auf das österreichische Ufer mit österreichischem „Zollwagen"; Foto: Christian Friedrich 2000

Österreichisch-slowakische Grenzregion: Perzeptionen des Funktionswandels

Christian Fridrich

Die österreichisch-slowakische Grenze kann als eine der ältesten in Europa bezeichnet werden, ist jedoch gleichzeitig die Staatsgrenze zum – gemeinsam mit der Tschechischen Republik – jüngsten Nachbarstaat Österreichs, der Slowakei, welche am 1.1.1993 nach der friedlichen Teilung der Tschechoslowakischen Föderativen Republik entstand. Im Laufe der Zeit unterlag die Grenze einem massiven Bedeutungswandel: Zunächst war sie eine Kontaktzone, denn bereits ab dem 11. Jahrhundert berührten einander zwei Siedlungsgebiete, jenes der bayrischen Einwanderer im Weinviertel und das der Slawen sowie Ungarn im Osten (vgl. Scheuch 1994: 27; Täubling und Neuhauser 1999: 60), wobei davon ausgegangen werden kann, dass es sich nicht um eine exakt abgesteckte Grenzlinie im heutigen Sinn, sondern vielmehr um einen breiten Grenzsaum handelte. Ab 1526 war die Grenze Binnengrenze zwischen den österreichischen und ungarischen Ländern (vgl. ebd.: 76), bis 1850 auch Zollgrenze zu Ungarn. Mit dem Erstarken der Nationalbewegungen in der ersten Hälfte des 19. Jahrhunderts wurde sie auch ethnische und Sprachgrenze und ab 1918 Staatsgrenze zweier unabhängiger Staaten. Seit dem Münchner Abkommen von 1938 rückte für sieben Jahre die Sprachgrenze in den Vordergrund, nach dem 2. Weltkrieg – durch Umsiedlungen und Vertreibungen der deutschsprachigen Bevölkerung – wandelte sie sich zur ethnischen Trennlinie (vgl. Komlosy 2001: 42) und war bis 1989 zusätzlich Grenze zweier unterschiedlicher ideologischer und wirtschaftlicher Systeme (vgl. z.B. Kampschulte 1997: 104). Seit 1989 kann sie als „Wohlstandsgrenze" bezeichnet werden, die darüber hinaus seit 1995 EU- und seit 1997 Schengen-Außengrenze ist (vgl. Oberleitner 1998: 83).

Hier stoßen zwei Welten aneinander, die heute vor allem über unterschiedliche Wohlstandsniveaus definiert werden (vgl. Fridrich 2003a), wobei die eine, in Transformation begriffene versucht, an die andere „Anschluss" (Kollár 1996: 226) zu erlangen. Im Gegensatz dazu wird „der Osten" aus westlicher Sicht – beladen mit Vorurteilen und Stereotypen sowie unterstützt vom medialen Diskurs – als bedrohlich wahrgenommen. Durch „Bilder" von unsicheren Atomkraftwerken, instabilen innenpolitischen Verhältnissen, fehlender demokratischer Meinungsäußerung, Unzuverlässigkeit und Unehrlichkeit der Bevölkerung, Kriminalität und „Ostmafia", horrenden Migrationspotenzialen etc. (Pribersky 2000 et al.: 209ff.) wird ein Bedrohungsszenario kreiert, durch das sich die viel zitierten „Grenzen im Kopf" verfestigen. Mehr als anderen ostmitteleuropäischen Nachbarstaaten Österreichs, z.B. Ungarn, wird der Slowakei eine sozioökonomische Rückständigkeit zugeschrieben. Diese Zuschreibung ist nicht gerechtfertigt, da in der Slowakei nach der Teilung ein ungeahnter sozioökonomischer Aufschwung eingeleitet werden konnte.

Eine lange Tradition intensiver grenzüberschreitender Kontakte verband die Menschen im östlichen Weinviertel und in der Westslowakei bis zur Errichtung des Eisernen Vorhangs. Einst lag der March mit mindestens zwölf offiziellen Übertrittsmöglichkeiten und lebendigen kulturellen, sozialen und wirtschaftlichen Beziehungsstrukturen im Zentrum grenzüberschreitender Kommunikation und Interaktion. Doch lässt sich nach der Demontage des Eisernen Vorhangs an diese alten Interaktionsmuster anknüpfen? Wird der March nicht heute von einer Seite eher eine trennende Funktion zugewiesen[1]?

Im Jahre 1997 wurde das Abkommen über die Schaffung der EUREGIO Weinviertel-Südmähren-Westslowakei unterzeichnet, deren Mitglieder durch Information, Organisation, Beratung und Vermittlung im Bereich grenzüberschreitender Nachbarschaft nicht zuletzt mentale Grenzen überwinden helfen.

2. Zu den methodischen Grundlagen dieses Beitrags

Um die Widersprüchlichkeit sozialer Wirklichkeiten im österreichisch-slowakischen Grenzgebiet adäquat erfassen zu können, wurde für diese empirische Studie, die in der Tradition des verhaltenswissenschaftlichen und des handlungstheoretischen Paradigmas der Sozialgeographie steht, eine explorative, die Relevanzsysteme der Gesprächspartner einbeziehende Forschungsmethodologie gewählt. Deren Herzstück sind drei aufeinander aufbauende, teilstrukturierte 1998-2000 durchgeführte Interviewreihen[2], in denen mit durchwegs offenen Fragestellungen die Wohnbevölkerung, lokale Akteure (Lokalpolitiker und Schulleiter) sowie Experten diesseits und jenseits der EU-Außengrenze im österreichisch-slowakischen Grenzgebiet befragt wurden. Die Aufzeichnungen der insgesamt 227 Interviews mit den gemäß den forschungsleitenden Fragestellungen und Themenkomplexen erhobenen relevanten, kollektiv geteilten Perzeptions-, Deutungs- und Handlungsmustern wurden wortwörtlich transkribiert, mittels inhaltsstrukturierender qualitativer Inhaltsanalyse ausgewertet (vgl. Lamnek 1995b: 207 ff.; Spöhring 1995: 203 ff. sowie insbes. Mayring 1999: 91ff. und 2000: 42ff.) und im Hinblick auf unterschiedliche Respondentengruppen sowie nationalen Differenzen miteinander konfrontiert (vgl. Fridrich 2002a; S. 202ff.; siehe Abb.1).

Durch die Gegenüberstellung der Differenzen und Brüche in den subjektiven Bedeutungszuschreibungen der Akteure der drei Ebenen lassen sich unterschiedliche Zugänge, tiefergehende Ergebnisse und somit eine holistische Sichtweise über den Forschungsgegenstand gewinnen (vgl. Lamnek 1995a: 249ff.; Spöhring 1995: 320ff.).

Die Ergebnisse der Fallstudie wurden zudem mit denen anderer europäischer Grenzregionen kontrastiert. Die Strategien von Akteuren auf der Bevölkerungsebene zeigen im Vergleich zu jenen in anderen europäischen Ost-West-Grenzabschnitten eine deutliche Übereinstimmung, auch wenn einige Rahmenbedingungen einen Sonderfall darstellen[3] (vgl. Fridrich 2002a: 140 ff.).

Abbildung 1: Respondenten unterschiedlicher Ebenen sowie Themenkomplexe der qualitativen Interviewreihen (Entwurf und Grafik: FRIDRICH)

interne und externe Experten		
Perspektive	„vom Westen"	„vom Osten"
„von oben" *lokale Akteure*	**Kollektiv geteilte Perzeptions-, Deutungs- und Handlungsmuster sowie alltägliche Regionalisierungen bezüglich folgender Themenkomplexe:**	
„von unten" **Gemeindebevölkerung**	- Grenze und Grenzöffnung - Nachbarn und Nachbarland - Einstellungen gegenüber „den Anderen" - grenzüberschreitende Kontakte - Perspektiven gemeinsamer Zukunft	

Zentrale Ergebnisse der Fallstudie

Vorweg ist festzuhalten, dass der weitaus größte Teil an Brüchen, Gegensätzen und Widersprüchen in den Einschätzungen und Handlungen nicht zwischen den Akteuren der einzelnen Beteiligtenebenen eines Staats festzustellen ist, sondern zwischen den Akteuren der beiden Staaten, wobei die stärksten Gegensätze auf Bevölkerungsebene zwischen Österreich und der Slowakei existieren.

Perzeption der Staatsgrenze und der Grenzöffnung

Nach Jahrzehnten des Eisernen Vorhangs ist die Perzeption der Staatsgrenze und der Grenzöffnung von nationalen Unterschieden und Widersprüchen gekennzeichnet. Während die Situation vor der Grenzöffnung von österreichischer Seite mit einem zur Gewohnheit gewordenen Abgesperrt-Sein charakterisiert wird, wurde sie von slowakischer Seite als unverschuldetes Eingesperrt-Seins wahrgenommen. Von der österreichischen Seite wollte kaum jemand die Staatsgrenze überschreiten, von der anderen durfte kaum jemand.

Seit der Öffnung der Grenze wird sie von vielen Slowaken als kaum mehr existent wahrgenommen, weil sie ein vergleichsweise geringes Hindernis bei der Erweiterung des individuellen Aktionsradius darstellt. Demgegenüber beurteilen viele Befragte aus der österreichischen Bevölkerung die Grenze nun als eher zu durchlässig. Österreichische Experten hingegen charakterisieren sie wegen der Durchführung des Schengener Abkommens und der geringen Anzahl der Grenzübergänge über die March als eher zu undurchlässig.

Die Grenzöffnung selbst wurde von nahezu allen Respondentengruppen begrüßt. Eine Ausnahme bildete die österreichische Bevölkerung, unter welcher neben Erfreuten auch zahlreiche Desinteressierte und Ablehnende zu finden waren. Die „Dreiteilung" der Stimmung in der befragten österreichischen Bevölkerung in Kontaktsuchende, Desinteressierte und Ablehnende (wobei in der letztgenannten – kleinen – Gruppe immer wieder Stimmen für die Wiedererrichtung des Eisernen Vorhangs laut wurden) stand eine „Zweiteilung" der Meinungen innerhalb der slowakischen Bevölkerung gegenüber. Die weitaus größere Gruppe war begeistert und - wie etwa an den ersten Grenzübertritten nach Österreich sowie Erkundungen des bislang „fremden" österreichischen Grenzgebiets ersichtlich – aktiv. Die kleinere Gruppe stellten Verunsicherte, vor allem über 60-jährige.

Auf österreichischer Seite erfolgte eine Ernüchterung über die Grenzöffnung in drei aufeinander folgenden Wellen: Bedeutende Teile der an die jahre- und jahrzehntelange Abgeschiedenheit gewöhnten Bevölkerung erlebten erstens mit einem Schlag eine Zunahme des Straßenverkehrs, der Kleinkriminalität und einen Verlust der Ruhe durch vermehrte Besuche von Slowakischer Seite, zweitens blieben die erhofften wirtschaftlichen Impulse als Folge der Grenzöffnung in den Wahrnehmungen aus und drittens führten illegale Grenzgänger zu einer Verringerung des subjektiven Sicherheitsgefühls. Mit einer zweifachen Ernüchterung anderer Art waren auch beträchtliche Teile der slowakischen Bevölkerung des Grenzgebiets konfrontiert; einerseits durch das Gefühl des Ausgeschlossen-Seins aus der westlichen Konsumwelt aufgrund der persönlichen Finanzmittelknappheit, andererseits durch die trotz eigener Gastfreundschaft und Höflichkeit erfolgte Kontaktverweigerung von zahlreichen westlichen Nachbarn.

Österreichische und slowakische Bürgermeister und Schulleiter sowie vor allem die slowakische – in geringerem Ausmaß auch die österreichische Bevölkerung – setzten Hoffnungen in die Grenzöffnung, die sie überwiegend mit den Handlungen „persönliche Kontakterneuerung" und „grenzüberschreitendes Reisen" realisierten. Generell lassen sich folgende Tendenzen identifizieren: Je höher der Bildungsstand und je intensiver die grenzüberschreitenden Kontakte der Befragten sind, desto positiver fällt die Bewertung

der Auswirkungen der Grenzöffnung aus, wobei das slowakische Grenzgebiet und die dort wohnende Bevölkerung unabhängig vom Bildungsstand der
Befragten als „Grenzöffnungsgewinner" gesehen werden.

Als positive Auswirkungen der Grenzöffnung werden beiderseits Ein-
kaufsmöglichkeiten im jeweiligen Nachbarland und der Aufbau freund-
schaftlicher Beziehungen zum Nachbarn gesehen. Während österreichische
Bürgermeister und Experten als Folgen überdies grenzüberschreitende Kooperationen und die Entwicklung des Fremdenverkehrs sowie der Infrastruktur anführen, wird auf slowakischer Seite generell von einer dynamischen wirtschaftlichen Entwicklung – vor allem in und um Bratislava – berichtet, die durch die Nähe zu Österreich und auch durch internationale Integrationsprozesse der Wirtschaft begünstigt werden, z.b. durch Arbeitsmöglichkeiten in Österreich und die Übernahme von marktwirtschaftlichen
Strukturen, Ansiedlung von Betrieben multinationaler Konzerne und Direk-
tinvestitionszuflüsse. Diese Einschätzung wurde bestätigt: Während die
Westgrenzgebiete der Ostmitteleuropäischen Staaten aufgrund relativ niedri-
ger Transaktionskosten zu EU-Staaten und der niedrigen Arbeitslosigkeit
beinahe durchwegs als „Gewinner" bezeichnet werden können (vgl. Gorzelak
1996: 95; Fassmann 1997: 30f.; Kampschulte 1997: 104; Krätke 1999: 212f.)
und dort eine positive Einstellung der Bevölkerung überwiegt[4], ist für die
Ostgrenzgebiete Westmitteleuropas kein derartig eindeutiger Trend zu verzeichnen[5], weswegen die Ostöffnung und die EU-Integration (von ostmitteleuropäischen Staaten) dort von Vielen als problematisch wahrgenommen
wird.

Negativ werden auch übereinstimmend der jeweilige Kaufkraftabfluss,
die Zunahme des Straßenverkehrs, illegale Grenzübertritte und Kriminalitätsanstieg wahrgenommen, wobei der Kaufkraftzufluss nach Österreich viermal
so stark ist wie der -abfluss (Wirtschaftkammer Wien 2000: 60; Wirtschaftskammer Niederösterreich 1997: 43; Wirtschaftkammer Wien und Wirtschaftskammer Niederösterreich 2000: 85) und die Kriminalitätsrate beiderseits wieder im Sinken begriffen ist (Amesberger und Halbmayr 1997: 143 u.
145; Tatistický Úrad Slovenskej Republiky 2000: 505; Slowakisches Innenministerium 2001).

Das eigene Wohnumfeld wird vom überwiegenden Teil der befragten
österreichischen Bevölkerung als durch den ehemaligen Eisernen Vorhang
benachteiligt perzipiert und das Grenzgebiet als Peripherie bezeichnet. In der
Argumentation treten Widersprüche auf, denn einerseits wird die Strukturschwäche durch die jahrzehntelange Abgeschiedenheit beklagt, andererseits
wurde die Grenzöffnung nicht nur begrüßt; erstens wird der schwach entwik-
kelte Fremdenverkehr moniert, zweitens werden Touristen eher misstrauisch
als Fremde denn als Gäste betrachtet, die eigene Ruhe ist vorrangig; drittens

wird auf geringe Fördermittel bei gleichzeitig häufig anzutreffendem Desinteresse daran verwiesen. Dieser eher statischen Realitätsbewältigung mit überwiegendem Vergangenheitsbezug steht auf slowakischer Seite ein überwiegend dynamischer Zugang mit Zukunftsorientierung gegenüber. Die Mehrheit der befragten Bevölkerung jenseits der Grenze sieht sich in einem „Zentrum" mit schöner Natur, von wo aus Arbeitsmöglichkeiten in Bratislava und in Österreich leicht erreicht, Einkäufe in Bratislava, Mähren und auch in Österreich getätigt sowie kulturelle und sportliche Aktivitäten in Bratislava wahrgenommen werden können. An der Marchgrenze steht ein eher negativer Identitätsbegriff („vernachlässigtes und vergessenes Gebiet") von österreichischer Seite einer mehr oder weniger stark ausgeprägten regionalen Identität auf slowakischer Seite samt einem Regionsnamen, „Záhorie", gegenüber (Fridrich 2002b: 98ff.). Im Vergleich dazu ist im österreichisch-slowakischen Grenzabschnitt südlich der Donau die Normalisierung[6] der Beziehungen bei beiderseits kaum ausgeprägter regionaler Identität bereits weiter fortgeschritten. Dies lässt sich dadurch erklären, dass es auch zur Zeit des Eisernen Vorhangs grenzüberschreitende Kontakte gab und heute zahlreiche Grenzübergänge die Kontakte erleichtern und Alltagskontakte fördern. Zudem ist der Besuch slowakischer Schüler in österreichischen Pflichtschulen („Gastschüler") üblich (Fridrich 2003b). Schließlich fungiert Bratislava als Stadt mit dynamischer Wirtschaftsentwicklung und die burgenländischen sowie slowakischen Gemeinden haben eine gemeinsame Vergangenheit in der ehemaligen ungarischen Reichshälfte der Donaumonarchie.

Auf europäischer Ebene lassen sich diese Beobachtungen in zahlreichen Ost-West-Grenzgebieten, z.B. an der deutsch-polnischen (Kwilecki 1996: 131; Trosiak 1996: 72), österreichisch-tschechischen (Samhaber et al. 1995: 89; Hellein 2000: 56f.), österreichisch-ungarischen (Horvath und Müllner 1992a: 153ff.; Horvath und Müllner 1992b: 163ff.; Aschauer 1995: 81ff.; Langer 1996: 50ff.) und teilweise auch an der finnisch-russischen Staatsgrenze (Häyrynen 1996: 81) wiederfinden. Die Auswirkungen der Grenzöffnung werden allerdings auf lokaler und regionaler Ebene unterschiedlich perzipiert, was bereits für den relativ kurzen Abschnitt des österreichisch-slowakischen Grenzgebiets nachgewiesen werden konnte.

Einschätzungen des jeweiligen Nachbarlands und der Nachbarn

Während in Österreich die Slowakei überwiegend als unordentliches, rückständiges Billigeinkaufsparadies und als Pool günstiger Arbeitskräfte wahrgenommen wird und somit durch Generalisierungen eine negative Stereotypisierung erfolgt, sehen slowakische Interviewpartner die Österreicher als

Nachbarn, Vorbilder und reiche Konsumenten und Österreich als ein saube-res, gepflegtes Land mit legalen und illegalen Arbeitsmöglichkeiten, d.h. es wird eine positive Stereotypisierung vorgenommen. Aus diesen Wahrneh-mungen und den grenzüberschreitenden Handlungen (z.B. Einkäufe, Arbei-ten, Besuche) wird über das Wohlstandsgefälle eine soziale Hierarchie fest-gelegt: Durch das Aufeinandertreffen von Überlegenheitsgefühlen aus dem Westen und Unterlegenheitsgefühlen aus dem Osten wird soziale Hierarchie konstruiert und verfestigt. Dies lässt sich daran ablesen, dass auf österreichi-scher Seite überwiegend Desinteresse an Kontakten zum Nachbarn vor-herrscht, diese zum Teil sogar abgelehnt werden. Diese Haltung wird damit begründet, dass die Zusammenarbeit mit einem ärmeren Staat nichts bringe. Auf slowakischer Seite überwiegen eindeutig Kontaktsuche und – auch zum eigenen Vorteil – Kooperationsinteresse, weswegen die Beziehung als asymmetrisch charakterisiert werden kann. Damit sind die Einstellungs- und Handlungsmuster im österreichisch-slowakischen Grenzgebiet sehr ähnlich zu jenen in anderen europäischen Ost-West-Grenzgebieten[7].

Nachbarschaftsbeziehungen

Das Verhältnis zum jeweiligen Nachbarn ist von folgenden fundamentalen Unterschieden und Missverständnissen, aber auch grenzüberschreitenden Begegnungen geprägt. Während in der Bevölkerung der Slowakei eine aus-geprägte Kontaktbereitschaft vorherrscht, ist auf österreichischer Seite nur eine Subgruppe, nämlich die „Offen-Kontaktfreudigen" zu Beziehungen bereit. Ein anderer, größerer Teil der österreichischen Bevölkerung des Grenzgebiets ist als desinteressiert und der Rest als ablehnend einzuschätzen. Besonders die der Grenzöffnung und den Nachbarn misstrauisch und ableh-nend gegenüberstehenden Menschen verwenden reduktionistische Deu-tungsmuster, indem sie z.B. Entwicklungsrückstände in der Slowakei durch ein zu geringes Engagement ihrer Bürger erklären. Ein Teil der slowakischen Bürger, der als selbstkritisch-verunsichert zu bezeichnen ist, übernimmt diese negativen Wertungen von österreichischer Seite, attribuiert daher Rückstände intern, also aufgrund eigener Schwächen, und rechtfertigt (!) die österreichi-sche Ablehnung darüber hinaus mit slowakischer Kleinkriminalität, dem negativen Image der bis 1998 amtierenden Regierung Me iar und den „Schande bringenden" Roma. Nur ein Teil der befragten slowakischen Bür-ger legt derartige Minderwertigkeitsgefühle an den Tag, ein anderer, als selbstsicher-kritisch zu beschreibender Teil prangert die Arroganz einiger Österreicher an, während der Rest weder die eine noch die andere Seite als höherwertig einstuft.

In den übrigen Interviewreihen mit Bürgermeistern, Schulleitern und Experten spiegelt sich beiderseits– von österreichischen Interviewpartnern allerdings oft sehr vorsichtig formuliert – diese Situation wider. Zudem berichten österreichische Schulleiter übereinstimmend, dass Schüler diese sozialen Wertungen und Vorurteile von ihren Eltern erlernen. Daher wird von slowakischer Schulseite an einem Abbau dieser unreflektierten, positiven Stereotypisierung Österreichs bei gleichzeitiger Stärkung des eigenen Selbstwertgefühls anlässlich von grenzüberschreitenden schulischen Treffen gearbeitet, denn eine geringe Kenntnis des Anderen verfestigt auf beiden Seiten Vorurteile durch „Berichte aus zweiter Hand". Diesem Bestreben in Richtung Normalisierung (s.o.) hinderlich sind vor allem die geringe Anzahl der Grenzübergänge über die March und die von österreichischer Seite als Bedrohung oder zumindest als massive Störung empfundenen illegalen Grenzgänger, wodurch die Abwehrhaltung gegenüber dem Osten intensiviert wird.

Der Mechanismus der Abgrenzung und Ablehnung von Teilen der österreichischen Bevölkerung in Grenzgemeinden gegenüber ihren Nachbarn wurde nach der Öffnung des Eisernen Vorhangs in Gang gesetzt. Zuvor diente dieser der physischen Abgrenzung, die rasch durch eine diskursive Abgrenzung ersetzt wurde. Dieser schafft „Ordnung" in einer komplexen Welt: „Wir sind hier im zivilisierten, reichen etc. Westen, und sie sind dort im unordentlichen, armen etc. Osten", wobei sich die Adjektive situationsangepasst fast beliebig ersetzen und ergänzen lassen. Auch wenn es zu Begegnungen mit dem Nachbarn sowohl „hier" als auch „dort" kommt, funktionieren diese Abgrenzungsstrategien. Sie unterstützen das Identitäts- und Sicherheitsbedürfnis vor allem von österreichischer Seite auf Bevölkerungsebene und umfassen vier Komponenten: Rückgriffe auf die Vergangenheit (Plünderungen in manchen österreichischen Gemeinden durch slowakische Soldaten am Ende des 2. Weltkriegs), illegale Grenzgänger aus dem Osten (bringen vermeintlich Unsicherheit und reaktivieren das Bild eines Außenpostens in der „Festung Europa"), angebliche Mentalitätsunterschiede (mit Betonung des österreichischen Fleißes) und nationale Wohlstandsunterschiede.

Die in diesem Grenzgebiet gewonnenen Ergebnisse lassen sich auf europäischer Ebene bestätigen. Immer wieder wird in verschiedenen Studien auf die perzipierte West-Ost-Dichotomie hingewiesen, innerhalb derer die jeweils westlicher wohnenden Bürger ihre östlichen Nachbarn als rückständiger, aber herzlicher, und diese wiederum ihre westlichen Nachbarn als wohlhabender, aber auch als arrogant und deshalb weniger sympathisch wahrnehmen, woraus Missverständnisse und ein *low trust environment*" erwachsen können (Siptak 1999: 102; Stölting 2000: 26ff.; Kosmala 2001: 31).

Grenzüberschreitende Kontakte und Kooperationen

Auch im Bereich der grenzüberschreitenden Kontakte und Kooperationen können unterschiedliche Handlungsmuster im Grenzgebiet sowie Perzeptionen derselben je nach Nationalität und Akteursebene differenziert werden. Nach der Grenzöffnung nahmen grenzüberschreitende Fahrten kontinuierlich zu, wobei mehr Slowaken Österreich besuchten als umgekehrt. Als Hauptmotive für Fahrten ins Nachbarland stehen in österreichischen Gemeinden Einkaufen und Gaststättenbesuche an erster Stelle, in slowakischen hingegen private Besuche und Ausflüge. Der Anteil der „Nichtfahrer" ist in Österreich wegen der durch die fehlenden Grenzübergänge nötigen Umwege als umständlich empfundenen Fahrten und der angeblich geringen Attraktivität der Orte des slowakischen Grenzgebiets deutlich höher als auf slowakischer Seite, wo Menschen ohne Fahrgelegenheiten und -möglichkeiten das Nicht-Bereisen des Nachbarlands bedauern. Verwandten- und Bekanntenbesuche nahmen relativ rasch nach der ersten Euphorie der Grenzöffnung ab, weil die Erwartungshaltungen zu unterschiedlich waren. Von österreichischer Seite wollte man den „armen Verwandten" punktuell helfen und sie sporadisch treffen, wogegen diese die (Wieder-)Aufnahme intensiver Beziehungen anstrebten.

Die Sprachbarriere ist in verschiedenen Gemeinden und Altersgruppen unterschiedlich stark ausgeprägt, denn ältere Österreicher besonders in und um Hohenau an der March beherrschen noch den Grenzdialekt Zahoracky. Unter 60-jährige einschließlich der Bürgermeister und Schulleiter sprechen kaum Slowakisch und auch die nach der ersten Euphorie eingerichteten Sprachkurse versandeten aufgrund der Schwierigkeit der Sprache, des Desinteresses, der höheren Wertschätzung anderer Sprachen etc. bald. Von slowakischer Seite werden Deutschkenntnisse in grenzüberschreitenden Kontakten ausgiebig genutzt, und Schüler lernen bereits in der Grundschule Deutsch, wodurch die Sprachbarriere stärker von österreichischer Seite wirkt.

Vor der Zeit des Eisernen Vorhangs herrschten im Grenzgebiet vielfältige Austauschbeziehungen über zahlreiche Marchbrücken- und fähren, z.B. in den Bereichen Arbeit (Slowaken kamen als Arbeitskräfte auf österreichische Bauernhöfe), grenzüberschreitender Handel, Heirat (österreichische Männer heirateten slowakische Frauen), Sprache (die Kinder wurden auf begrenzte Zeit zum Spracherwerb getauscht – „Wechsel") und Freizeit (Kirtagsbesuche, Wirtshausbesuche, Sportveranstaltungen). Durch die soziale Marginalisierung der slowakischen Bevölkerung und infrastrukturelle Vernachlässigung des von Slowaken bewohnten Gebiets durch die ungarische Regierung kam es zu einer wirtschaftlichen Schlechterstellung (Scheuch 1994: 134; Kremsmayer 1999: 91; Komlosy 2000: 874; Schönfeld 2000: 60; Winter

2000: 124; Komlosy 2001: 38). Dadurch wurde damals eine soziale Hierarchie in einer „Herren-Knecht-Beziehung" zwischen Österreichern und Slowaken festgelegt, an die heute unter anderen Rahmenbedingungen z.b. durch illegale Arbeitskräfte angeknüpft wird. Im Gebiet um Pressburg griff statt dieses Phänomens eine damals charakteristische Stadt-Umland-Relation, in welcher die Bewohner der umliegenden österreichischen Dörfer die Infrastruktur und Arbeitsmöglichkeiten der Großstadt in Anspruch nahmen. Durch den Eisernen Vorhang erfolgte ein fast völliger Abbruch der gegenseitigen Begegnungen und Beziehungen mit Ausnahme der kurzzeitigen Liberalisierung von 1968, vereinzelter grenzüberschreitender Infrastrukturvorhaben und Treffen auf überregionaler Ebene. Von slowakischer Seite konnten lediglich Pensionisten mit Pass und Visum sowie Bürger mit Sondergenehmigung ausreisen.

Aktuelle grenzüberschreitende Handlungen und Kooperationen finden in unterschiedlicher Intensität statt – abhängig vom jeweiligen Bereich und der jeweiligen Gemeinde. So werden grenzüberschreitende Kontakte auf Bevölkerungsebene von grenzüberschreitenden Verwandtschaftsbeziehungen, Sprachkenntnissen, der „aufgeschlossenen Atmosphäre" in einer Gemeinde und von nahe gelegenen Grenzübergängen begünstigt. Während es im Abschnitt südlich der Donau bereits vermehrte Kontakte gibt, sind diese an der March seltener. Im gesamten Untersuchungsgebiet existierten nach Ansicht der Gesprächspartner zum Befragungszeitpunkt relativ wenige wirtschaftliche Kooperationen, was Enttäuschungen hervorrief, war doch dies ein Bereich, an den sich zahlreiche Hoffnungen knüpften. Das Ausmaß der grenzüberschreitenden Wirtschaftskooperation ist jedoch höher als das wahrgenommene, denn viele Unternehmen pflegen überregionale Kooperationen in Form von Informations-, Arbeitskräfte-, Sachkapital- bzw. Geldkapitaltransfer über die Grenze und verhindern aus verschiedenen Gründen eine Publikmachung. Zahlreiche Begegnungen finden im kulturellen und im sportlichen Bereich statt, die wegen der Ungezwungenheit und Alltäglichkeit der Kontakte dazu geeignet sind, langfristig Vorurteile abbauen zu helfen und eine Normalisierung (s.o.) zu unterstützen.

Viele Bürgermeister halten freundschaftliche Beziehungen in Form von inoffiziellen Treffen, Partnerschaften und gemeinsamen Infrastrukturprojekten aufrecht, um ein besseres gegenseitiges Verständnis zu erlangen. Slowakische Lokalpolitiker betonen die Notwendigkeit der Nutzung von Fördermitteln, was angesichts der Finanzmittelknappheit so mancher slowakischer Gemeinden verständlich ist. Österreichische Bürgermeister, die keine Kooperationen pflegen, begründen dies damit, dass eine Partnerschaft keine Vorteile für ihre Gemeinde bringe. Nicht zuletzt deswegen ist auch die Akzeptanz und Unterstützung derartiger Kontakte auf slowakischer Seite durch die

Gemeindebevölkerung beträchtlich höher als auf österreichischer. Durch Schulkooperationen können auf längere Sicht und unter großem Arbeitseinsatz der betreffenden Lehrer und Schulleiter Vorurteile der Schüler verhindert bzw. abgebaut werden, weswegen diese Kontakte von Lokalpolitikern – eher auf österreichischer als auf slowakischer Seite – unterstützt werden, auch wenn der Abbau von Vorurteilen nur gering auf Eltern und die übrige Gemeindebevölkerung abstrahlt.

Während auf Bevölkerungsebene die Kultur im weiteren Sinne als der bedeutendste Kooperationsbereich mit dem Nachbarn eingeschätzt wird, ist dies auf Expertenebene der Fremdenverkehr mit der Rad- und Wanderwegevernetzung, Errichtung von Infozentren, Einbindung von Gastronomie und lokalen Festen sowie entsprechender Öffentlichkeitsarbeit. Die Entwicklung des – sanften – Tourismus wird in engem Zusammenhang mit den Bereichen Infrastruktur, Umweltschutz und Bildung gesehen, wobei auch hier besonders von slowakischer Seite die Wichtigkeit der EU-Kofinanzierung von Projekten betont und damit die Bevorzugung dieses Grenzgebiets im Vergleich zu anderen Gebieten unterstrichen wird. Drei Haupttrends lassen sich bezüglich grenzüberschreitender Kooperationen auf Expertenebene feststellen. Erstens erfährt die Zusammenarbeit eine zunehmende Formalisierung und Professionalisierung, wobei besonders auf österreichischer Seite eine Vernetzung der Aktivitäten verschiedener Institutionen realisiert wird und sich die österreichische EUREGIO-Servicestelle als Kompetenzzentrum positioniert (siehe unten). Zweitens lösten die durch den EU-Beitritt Österreichs verfügbar gewordenen Grenzlandfördermittel eine Normalisierung der Beziehungen durch die nun verstärkten Kooperationen ein, wobei auf österreichischer Seite noch das Problem einer effizienten Öffentlichkeitsarbeit zu lösen ist, mit der die Erfolge der Kooperationstätigkeit an die Bevölkerung und zum Teil auch an Lokalpolitiker vermittelt werden soll. Drittens werden grenzüberschreitende Kooperationen durch den schrittweisen Aufbau neuer Verwaltungsstrukturen in der Slowakei zunehmend erleichtert.

Bevölkerung, Lokalpolitiker und Experten sind sich einig, dass ein besonders sensibler Bereich grenzüberschreitender Kontakte und Kooperationen die Errichtung neuer Grenzübergänge darstellt. Während in der österreichischen Bevölkerung und auch von der österreichischen Bürokratie eher gebremst wird, mahnen slowakische Bürger lediglich zu überlegter Standortwahl, nämlich außerhalb der bebauten Gemeindegebiete. Die Befürworter aller Adressatengruppen der Befragung sehen in zusätzlichen Grenzübergängen eine weitere Unterstützung in Richtung Normalisierung der Beziehungen und eine Erleichterung der künftigen Zusammenarbeit. Probleme werden überwiegend auf Bevölkerungsebene befürchtet, und zwar übereinstimmend in Form von mehr Straßenverkehr, auf österreichischer Seite zusätzlich durch einen Kriminalitätsanstieg und einer Vorteilslosigkeit von Kontakten, auf slowakischer Seite zusätzlich durch eine Attraktivitätssteigerung der betreffenden Gemeinde für Roma.

Auch an anderen europäischen Ost-West-Grenzabschnitten überwiegen als Gründe für Fahrten ins östliche Nachbarland das Einkaufen und der Konsum von billigen Gütern und Dienstleistungen (Abadziev 1997: 113; Lisiecki 1996: 112; Waack 1999: 145; Jajeniak-Quast 2001: 285), wobei sich im slowakischen Grenzgebiet nicht derartig „typische" Einkaufsstädte wie im westpolnischen (z.b. Sčubice, Gubin), südtschechischen (z.b. Znojmo, Břeclav) und westungarischen (z.b. Mosonmagyaróvár, Sopron) Grenzgebiet herausbildeten. Zudem ist festzuhalten, dass Einkaufsfahrten alleine keine vorurteilsreduzierenden Effekte nachgewiesen werden können[8]. Ähnlich wie im österreichisch-slowakischen Grenzgebiet wird die Entwicklung grenzüberschreitender Kontakte auf privater Ebene auch von externen Faktoren wie etwa von historischen Beziehungen, vom Ausmaß der Sprachkenntnisse sowie von der Existenz von Grenzübergängen begünstigt bzw. beeinträchtigt.

Einschätzung von Zukunftsperspektiven

Spielten die bedeutenden Unterschiede im durchschnittlichen Wohlstandsniveau beider Staaten auf den Ebenen der österreichischen Bevölkerung und teilweise der lokalen österreichischen Akteure eine zentrale Rolle, so gilt das in besonderem Maße für die Einschätzung von Zukunftsperspektiven. Auf Expertenebene hingegen stellen Wohlstandsunterschiede kaum eine Barriere für die künftige Entwicklung dar. Alle Experten erachten eine künftige vertiefte Kooperation als selbstverständlich, wobei auf österreichischer Seite zusätzlich der verstärkte Aufbau von Kooperationsstrukturen und Vernetzungen geplant ist.

Der überwiegende Teil der befragten Bevölkerung in österreichischen Grenzgemeinden schätzt, dass eine künftige (verstärkte) Zusammenarbeit und damit auch ein EU-Beitritt der Slowakei aufgrund des Wohlstandsgefälles – sowie wegen bisheriger vielfältiger Enttäuschungen – nichts Positives bringen wird. Vielmehr wird eine Konkurrenzsituation befürchtet, wobei auch die eigenen Zukunftsaussichten aufgrund der im Grenzgebiet als schwach erachteten wirtschaftlichen Entwicklung und Struktur einschließlich der Arbeitsplatzsituation als negativ betrachtet werden. Nur wenige fordern jedoch eine Abschottung vom Nachbarn, wenngleich auch nur wenige Kooperationschancen in Bereichen wie in der Kultur und im Umweltschutz sehen. Diese abwartend-defensive Haltung trifft auf das Kooperationsinteresse in verschiedenen Bereichen von Seiten der slowakischen Bevölkerung, vor allem, um die Nachbarn besser kennen zu lernen und den eigenen Wohlstand durch

Exporte sowie Arbeit in Österreich zu steigern. Auch deswegen wird die Nähe zum Nachbarland – anders als in anderen slowakischen Grenzgebieten – als Vorteil gesehen. Skepsis herrscht nur in einer slowakischen Untersuchungsgemeinde mit demographischen und baulichen Verfallserscheinungen sowie unter den über 60-jährigen. Dementsprechend wird auch der künftige EU-Beitritt der Slowakei erwartend-hoffnungsvoll beurteilt.

Weniger skeptische Äußerungen von österreichischer Seite stammen von Lokalpolitikern und Schulleitern, von denen ein Teil das Weiterführen der freundschaftlichen Beziehungen beabsichtigt. Ein anderer Teil erwartet künftig aufgrund des Wohlstandsgefälles und anders gelagerter Interessen sowie Probleme kaum Kooperationsmöglichkeiten, während ihre slowakischen Amtskollegen fast ausschließlich eine Vertiefung und Erweiterung der bisherigen Zusammenarbeit anstreben. Ein EU-Beitritt der Slowakei erscheint allen Kooperationsinteressierten als vorteilhaft, da die Grenze durchlässiger wird und weitere Fördermittel für die Grenzgebiete zur Verfügung stehen. U.a. vereinfacht sich die EU-Kofinanzierung von grenzüberschreitenden Projekten und würden die wenig kompatiblen[9] Gemeinschaftsinitiativen INTERREG und PHARE CBC ersetzen. Übereinstimmend erhoffen zahlreiche Lokalpolitiker beiderseits der Grenze eine verstärkte finanzielle Förderung u.a. von großen Industriebetrieben, um die kritische Arbeitsplatzsituation zu entschärfen. Zahlreiche Schulleiter sehen in gegenseitigen Besuchen und gemeinsamen kulturellen Vorhaben sowie von österreichischer Seite in der Fortführung des Gastschülermodells und von slowakischer Seite in einem verstärkten Erfahrungsaustausch eine sinnvolle Vertiefung der Kooperation. Diese werden von den betreffenden Gemeinden, auf österreichischer Seite teilweise zusätzlich von der EU, auf slowakischer besonders in Bratislava von privaten Sponsoren unterstützt.

Österreichische Experten sehen die Perspektiven für eine intensivere grenzüberschreitende Kooperation besser als österreichische Lokalpolitiker und wesentlich besser als die Bevölkerung. Generell gilt: Je „höher" die Akteursebene (d.h. lokale Akteure und am Stärksten auf Expertenebene) auf österreichischer Seite ist, desto größer ist die Akzeptanz von künftigen Kooperationen und eines EU-Beitritts der Slowakei. Weitgehende Übereinstimmung über die Kooperationsziele ist hingegen in der Slowakei zwischen Experten, lokalen Akteuren und der Bevölkerung gegeben. Die Hoffnungen der österreichischen Experten sind jedoch noch etwas optimistischer als die ihrer slowakischen Kollegen. Neben stärkerer finanzieller Unterstützung, die durch einen EU-Beitritt der Slowakei beiderseits erwartet wird, erwarten österreichische Experten eine künftig verstärkte Anerkennung ihres Einsatzes für das Grenzgebiet und der ansässigen Bevölkerung. Ihre slowakischen Kollegen hoffen, dass von staatlicher Seite klare gesetzliche Rahmenbedingungen, solide Arbeitsstrukturen und geregelte Kompetenzverteilungen geschaffen werden. Österreichischen Experten hoffen, dass mit den Kooperationsprojekten eine langsame, aber kontinuierliche Entwicklung eingeleitet wurde; slowakische Experten gehen hingegen davon aus, dass sich Kooperationen in der Grenzregion im Wesentlichen abhängig von den beiden dynamischen Wachstumspolen Bratislava und Wien entwickeln werden.

Ebenso wie die Kooperationsperspektiven wird das Entwicklungspotenzial der EUREGIO unterschiedlich eingeschätzt. Trotz einer überlegten und schrittweise aufbauenden Bottom-up-Strategie der Leitung der österreichischen EUREGIO-Servicestelle ab 1997 überwog unter österreichischen Lokalpolitikern bis zum Befragungszeitpunkt 1999 Skepsis und Uninformiertheit über deren Nutzen. Kritik wurde vor allem an der Ungewissheit der Rentabilität von Mitgliedsbeiträgen und der generellen Unüberschaubarkeit von Förderungsmöglichkeiten geübt. Bei slowakischen Lokalpolitiker überwogen eindeutig Interesse sowie Hoffnungen auf die Förderung der grenzüberschreitenden Zusammenarbeit und auf zusätzliche Unterstützung der wirtschaftlichen Entwicklung des Grenzgebiets, auch wenn sie ebenso wenig konkrete Angaben zum Entwicklungspotenzial der EUREGIO machen konnten. Auf der Ebene der österreichischen Experten wird angenommen, dass sich die EUREGIO-Servicestelle weniger zu einem Verwaltungs-, sondern eher zu einem Dienstleistungszentrum entwickeln wird, das den Aufbau von Kooperationsstrukturen für künftige grenzüberschreitende Projekte unterstützt.

Auch im letzten untersuchten Themenkomplex sind grundsätzliche Übereinstimmungen mit anderen europäischen Grenzregionen zu konstatieren: Negative Zukunftserwartungen auf westlicher Seite versus positive auf östlicher. Während die Erweiterung der EU von der einen Seite eher als Bedrohung wahrgenommen wird, bietet sie aus der Perspektive der anderen gute Entwicklungschancen. Auf der östlichen Seite der EU-Außengrenze werden eher Hoffnungen in die Zukunft gesetzt, vor allem in eine Anhebung des Lebensstandards und eine Mobilitätsverbesserung (vgl. zu Österreich – Ungarn Pribersky et al. 2000: 160f.; vgl. zu Deutschland – Polen Krätke 1998: 126). Auch wenn die Frage eines EU-Beitritts in manchen Untersuchungen ausgeklammert bleibt, lassen sich ähnliche Tendenzen in anderen Grenzabschnitten identifizieren (vgl. zu Österreich – Tschechische Republik Abadziev 1997: 101ff.).

Lösungsansätze

In einer Vernetzung der Ergebnisse und nach Gegenüberstellung der Deutungs- und Handlungsmuster der drei Akteursgruppen Wohnbevölkerung, lokale Akteure (Bürgermeister und Schulleiter) sowie Experten werden im Folgenden die Problemfelder zusammengefasst und darauf aufbauend mögliche Lösungsansätze ausgearbeitet. Nach Abschluss der Fallstudie wurden die zentralen Resultate an die Interviewpartner der oben genannten Respondentengruppen übermittelt (Feedback-Schleife). Dadurch erlangen die Ergebnisse gesellschaftliche Relevanz, weil sie lokalen, regionalen und überregionalen Akteuren einerseits vertiefte, wissenschaftlich fundierte Kenntnisse um komplexe gesellschaftliche Zusammenhänge im Untersuchungsgebiet bieten, andererseits das Treffen von Entscheidungen auf gesicherten Grundlagen ermöglichen. Damit vertritt das Forschungsprojekt den Ansatz von Werlen, Wissenschaft als Politikberatung zu sehen: „Entsprechende empirische Forschung soll dazu beitragen, akute und langfristige soziale Probleme verständlicher zu machen und die Ausgangsbasis für deren politische Lösung verbessern zu helfen." (1995: 7f.).

Es werden im Folgenden lediglich Problemfelder angeführt, für die Lösungsansätze erstens vorwiegend auf lokaler bzw. regionaler Ebene greifen können und zweitens kurz- bzw. mittelfristig realisierbar sind, weswegen z.B. die ausschließlich langfristig reduzierbaren Unterschiede im Wohlstandsniveau beider Staaten nicht behandelt werden, obwohl sie auf Bevölkerungs- und abgeschwächt auch auf Lokalpolitikerebene eine große Bedeutung als Kooperationsbarriere haben. Ähnliches gilt für die im Aufbau befindlichen Kooperationsstrukturen und die akute Finanzmittelknappheit der Slowakei, die sich erst durch eine längerfristige Politik nationaler Entscheidungsträger sowie durch eine stärkere EU-Integration der Slowakei lösen lassen. Um die Entwicklung von zwei nebeneinander existierenden Grenzgebieten zu einem künftig integrierten Grenzgebiet zu fördern, sind – um die Schlussfolgerung vorweg zu nehmen – neue Grenzübergänge im Marchgrenzabschnitt und die Öffnung neuer Informations- und Kommunikationskanäle von zentraler Bedeutung.

Zielgruppenorientierte Förderung grenzüberschreitender Kontakte

Angesichts der identifizierten Subgruppen unter der österreichischen und slowakischen Bevölkerung sind zielgruppenorientierte Maßnahmenbündel denkbar, deren gleichzeitige Realisierung sinnvoll erscheint. Bereits jetzt grenzüberschreitend agierende Personen könnten von vorliegenden Projektergebnissen, Hinweisen zur Antragstellung und Projektkofinanzierungen durch die höher dotierten INTERREG- bzw. PHARE-Kleinprojektfonds profitieren. Dazu wird neben einer besseren Abstimmung der beiden Fonds die Bereitschaft zu fördern sein, eine innere Hemmschwelle zu überwinden und sich bei geeigneten Anlaufstellen der jeweiligen EUREGIO-Servicestelle (Projektberatung, Projektdatenbanken, Partnerbörsen etc.) zu informieren. Obwohl die EUREGIO-Servicestelle intensiv informiert, scheint für zahlreiche Lokalpolitiker eine Projektkonzeption und Antragstellung eine bedeutende Hürde darzustellen. Andererseits wird eine noch stärkere Vernetzung der Einzelprojekte durch die Erstellung von Leitbildern in den bürgernahen Bereichen Kultur, Bildung, Tourismus und Sport sowie durch eine vermehrte Einbeziehung von Interessensgruppen günstig sein. Gemeint sind z.b. Jäger, Fischer, Feuerwehrleute, Wallfahrer und Sportler, die in der Regel traditionell gute grenzüberschreitende Kontakte zu Gleichgesinnten pflegen. Bei entsprechender Unterstützung könnte deren Kooperationsinteresse und positive Einstellungen auf Verwandte, Bekannte und Freunde gleichsam mit einem Schneeballeffekt übergreifen. Verstärkend wirkt hierbei, dass Mitglieder dieser Gruppen in der sozialen Hierarchie einer Gemeinde nicht selten die Funktion von „opinion leaders" innehaben.

Desinteressierte Teile der österreichischen Gemeindebevölkerung können zumindest mit vermehrten Informationen über grenzüberschreitende Freizeitmöglichkeiten wie Radwege, Naturerlebnis-, Kultur- und Sportangebote angesprochen werden. Wenn sie persönlich Vorteile im Zusammenhang mit diesen grenzüberschreitenden Aktivitäten ziehen können, erscheint die Voraussetzung zu deren Realisierung und gleichzeitig zur Kontaktaufnahme mit ihren slowakischen Nachbarn im Zuge von Alltagsbegegnungen günstig. Eine Normalisierung der Beziehungen zu den Nachbarn begünstigt den Abbau von Stereotypen und Vorurteilen. Weitere Schritte in diese Richtung wären das Bewusstmachen und die Förderung existierender Affinitäten durch die Erforschung der gemeinsamen Vergangenheit an der österreichisch-slowakischen Grenze, wobei von Berührungspunkten und Unterschieden im damaligen Alltagsleben ausgegangen werden kann und Parallelen zur aktuellen Situation gezogen werden können. Hilfreich können in diesem Zusammenhang z.B. die Erstellung eines Wörterbuchs über den damals und z.T. auch heute noch gesprochenen mährisch-slowakischen Dialekt mit jeweils deutschen und slowakischen Lehnwörtern, der Nachdruck alter topographischer Karten, der Darstellung des Brauchtums, der Volksmusik und des Erzählungsschatzes sein (vgl. auch Hupf 2000: 376). Die Ergebnisse könnten etwa in Form einer bilingualen Ausstellung in österreichischen und slowakischen Grenzgemeinden vorgestellt werden, um weitere Menschen dafür zu interessieren. In einem Brückenschlag zur aktuellen Situation könnten Vergleiche durchgeführt sowie Chancen und Barrieren der momentanen Beziehungen auf subjektiver Ebene bewusst gemacht werden.

Ablehnende und negativ eingestellte österreichische Bürger werden kaum zu grenzüberschreitenden Kontakten animiert werden können, weswegen es zielführender ist, bei Kindern und Jugendlichen anzusetzen, auch um die Tradierung von Vorurteilen und Feindbildern zu unterbrechen. Deswegen ist die Weiterführung der zahlreichen grenzüberschreitenden schulischen Partnerschaften zu unterstützen. Kinder und Jugendliche, die schon früh den vorurteilslosen Kontakt mit ihren slowakischen Alterskollegen erleben – sei es in Form von slowakischen Gastschülern in ihrer Klasse, sei es bei gemeinsamen Veranstaltungen und Projekten –, werden den Nachbarn wahrscheinlich auch später aufgeschlossener gegenüberstehen. Dazu kommt, dass eine Generation heranwächst, denen sowohl Begriffe wie „Eiserner Vorhang" und „kalter Krieg" aus eigenem Erleben zunehmend fremd werden als auch die ausgeprägten grenzüberschreitenden Beziehungen aus der Zeit vor 1945 unbekannt sind. Diese letztgenannte Wissens- und Erfahrungslücke gilt es möglichst früh mit eigenen Erlebnissen und grenzüberschreitenden Kontakten zu füllen. Möglichkeiten dazu bieten der Jugendaustausch mit den unmittelbaren Nachbarn, gemeinsame Projektwochen und die Einbindung von grenzübergreifenden Schulveranstaltungen in das Gemeindeleben (Gruber 1994: 370). Ein Positivbeispiel dafür wären die Strategien der Bürgermeister von Hohenau an der March und der slowakischen Nachbargemeinde Moravsky Sväty Ján. In trilateralen Informationsveranstaltungen für interessierte Lehrer können darüber hinaus gezielt die Möglichkeiten der Kofinanzierung von Vorhaben im Rahmen von COMENIUS 1-Projekten und die Nutzung bereits existierender Partnerbörsen vorgestellt werden. Oft ergeben sich bei diesen und ähnlichen Veranstaltungen kleine staatenübergreifende „Grüppchen" als Keimzelle für Kooperationsnetzwerke.

Abbau von Unterlegenheitsgefühlen slowakischer Bürger

Unterlegenheits- und Minderwertigkeitsgefühle sowie ungerechtfertigte positive Stereotypisierungen Österreichs auf Seiten der slowakischen Bürger wurden unter Jugendlichen im Zuge von grenzüberschreitenden Schulkooperationen bereits erfolgreich abgebaut. Was durch Präsentation des eigenen Könnens und des gemeinsam Erreichten auf Schülerebene möglich war, sollte auch für Erwachsene im Rahmen von Begegnungen mit dem Nachbarn bei grenzüberschreitenden Kultur-, Sport- und Festveranstaltungen möglich sein. Bei diesen Kontakten mit aufgeschlossenen österreichischen Bürgern stehen die Chancen gut, schlechte Selbstwertgefühle zu verbessern.

Intensivierung des intraregionalen Informationsflusses

Ein sehr bedeutender Aspekt, der mit den beiden oben angeführten Punkten eng zusammenhängt, ist der Mangel an Informationen über die jeweils andere

Seite der Grenze innerhalb des österreichisch-slowakischen Grenzgebiets.
Dieser ist von österreichischer Seite aufgrund des höheren Desinteresses am
Nachbarn im Durchschnitt stärker ausgeprägt als von slowakischer, wo Informationen eher aktiv beschafft werden. Ein Mangel an Informationen begünstigt die Entstehung, Verbreitung und Verfestigung von problematischen
Deutungsmustern sowie Vorurteilen und verhindert die Ausbildung einer
grenzüberschreitenden Verständigung. Ziel ist es, durch das Öffnen von ver-
schiedenartigen Informationskanälen und die Verbesserung des Informationsflusses eine integrierte Regionalkommunikation zu erreichen. Dieses unterstützt die Herausbildung eng verflochtener Grenzgebiete und „(...) äußert sich
in der Erhöhung der Wissensstände von der anderen und über die andere
Seite, in der quantitativen und qualitativen Verbesserung der Informations-
flüsse/zentralörtlichen Verkehre, in der Sensibilisierung für die Belange der
Nachbarn, in der Schaffung von Informationsbedürfnissen bezüglich der
anderen, in der Bekämpfung (ethnischer) Vorurteile, in der Schaffung von
Vertrautheit im Umgang mit dem Nachbarn" (Hupf 2000: 372). Konkrete
Maßnahmen dazu wären: die Einbeziehung regionsinterner Beratungs- und
Forschungseinrichtungen sowie regionsexterner Forschungsergebnisse von
ähnlich gelagerten Fällen in Ost-West-Grenzgebieten. Neue grenzüberschreitende Informationskanäle könnten eröffnet werden: in Form von –
durch die EUREGIO mittlerweile realisierte – Homepages, Informationsbü-
ros und Broschüren, die mehrsprachige Informationen zum gesamten Grenzgebiet offerieren; des weiteren durch Information der jeweils eigenen Bevölkerung über grenzüberschreitende Aktivitäten in Gemeinde- bzw. Regional-
zeitungen und das Reservieren einer Rubrik in Printmedien für Beiträge der
Nachbarn, um der jeweils anderen Seite Platz zur Schilderung ihrer Sichtweise, Anliegen, Ideen, Veranstaltungstermine etc. zu bieten (Amesberger und
Halbmayr 1997: 131). Derartige Gastbeiträge nutzte beispielsweise der Bürgermeister von Marchegg im Jahre 1999 in der Zeitung der slowakischen
Nachbargemeinde. Ein Ziel der integrierten Kommunikation liegt in der
Schaffung vertrauensbildender Maßnahmen zur Reduktion eines auch in
anderen Grenzgebieten festgestellten *„low trust environment"*, was sich letztlich positiv auf lokale bzw. regionale Wirtschaftskooperationen auswirkt.

Förderung der Entwicklung einer grenzüberschreitenden regionalen Identität

Gemäß Paasis Überlegungen zur Etablierung von Regionen (Paasi 1986:
121ff.) ist Folgendes festzuhalten: Die EUREGIO Weinviertel-Südmähren-
Westslowakei wurde zunächst durch Grenzziehungen auf der Basis institutioneller Konventionen im Jahre 1997 festgelegt, wobei sich die Entwicklung

einer Symbolik durch Bewusstseinsbildung unter der Bevölkerung im bi-(tri-) lateralen Grenzgebiet erwartungsgemäß auf beiden Seiten im Anfangsstadium befindet. Auch wenn auf institutioneller Ebene verstärkt grenzüberschreitend gearbeitet wird, überwiegt in den individuellen Alltagspraktiken der Wohnbevölkerung, vor allem von österreichischer Seite, noch deutlich Abgrenzungsdenken. Ein grenzüberschreitendes regionales Bewusstsein konnte in dieser kurzen Zeit noch nicht ausgebildet werden. Der eingeschlagene Weg der EUREGIO-Mitarbeiter erscheint angesichts dieser Betrachtungen richtig: Bewusstmachen der gemeinsamen Vergangenheit, Bemühungen zur Entwicklung eines Regionsnamens, Hervorheben der Stärken und Entwicklungschancen des Gebiets – all das trägt zur Entwicklung eines positiven Selbstbilds (Jäger 1993: 302) und von Identifikationssymbolen bei. Unterstützend wirkt hierbei die weitere Anreicherung eines langfristig wirksamen, verdichteten, profilierten Regionsimages mit Erlebniswerten (Hupf 2000: 373). In weiterer Folge könnten mittels eines integrierten, grenzüberschreitenden Konzepts des sanften Tourismus unter Einbindung von Akteuren aus der Wohnbevölkerung neben wirtschaftlichen Vorteilen (zum Ausweg aus dem Kreislauf benachteiligter Regionen vgl. Weixlbaumer 1998: 118) auch das Bewusstsein unter der Bevölkerung gefördert werden, dass ihr Lebensumfeld wertvoll ist und geschätzt wird, was sich durch das Interesse von Touristen belegen ließe. Durch verstärkte Schulkooperationen könnte bei Kindern und Jugendlichen eine grenzüberschreitende Identität aufgebaut werden.

Feste Brücken erleichtern – nicht nur – Wirtschaftskooperationen

Eine absolut unverzichtbare Voraussetzung für verstärkte grenzüberschreitende Kooperationen in allen Bereichen sind feste Brücken über die March[10], denn bislang existieren im ca. 70 km langen Marchgrenzabschnitt zwischen Österreich und der Slowakei lediglich zwei „atypische" Straßengrenzübergänge: bei Hohenau eine Pontonbrücke und bei Angern eine Rollfähre. Die Pontonbrücke zwischen Hohenau an der March und Moravsky Sväty Ján wurde nach einer Bevölkerungsbefragung am 29. September 1994 für den Personen- und Güterverkehr für österreichische, slowakische und tschechische Staatsbürger geöffnet, ist jedoch nur stark eingeschränkt passierbar: tageszeitlich von 6.00 bis 22.00 Uhr, gewichtsmäßig bis 3,5 Tonnen Nutzlast und jahreszeitlich abhängig – im Winter ist bei Eisstoß, im Frühjahr und Sommer ist bei Hochwasserereignissen kein Grenzübertritt möglich (vgl.

Abb. 2). Mit ähnlichen Befahrbarkeitsproblemen kämpft man bei der Roll-
fähre zwischen Angern an der March und Záhorská Ves, die nach jahrelangen
Befürchtungen auf der einen und ständigen Enttäuschungen auf der anderen
Seite schließlich am 6.5.2001 offiziell in Betrieb gehen konnte und von slowakischer Seite (!) betrieben wird (vgl. Abb. 3) (Fridrich 2002a: 170ff.).
Selbstverständlich dienen Brücken neben der Normalisierung von Beziehungen durch vermehrte, ständige Alltagsbegegnungen auch wirtschaftlichen
Kontakten. Projektförderungen durch INTERREG IIIA und PHARE CBC
werden in den Bereichen Infrastruktur, Umweltschutz, Unternehmen, Quali-
fizierung, Kultur etc. nur mit leichter und kontinuierlicher Erreichbarkeit des
Nachbarn mittelfristig erfolgreich sein und zu positiven Effekten für die Region beitragen können.

„Grenzöffnung light" – keine Baustelle, sondern die Zufahrt zur Pontonbrücke über die
March von Hohenau an der March nach Moravsky Sväty Ján; Foto: Christian Fridrich 1999

Die slowakischen Nachbarn sind nicht nur Konkurrenten auf den Ar-
beits-, Güter- und Dienstleistungsmärkten, sondern auch potenzielle Kooperationspartner im Unternehmensbereich, im grenzüberschreitenden Fremdenverkehr und in der Landwirtschaft. Musterprojekte, die bereits realisierte
Kooperationschancen dokumentieren, sollten stärker publik gemacht werden,
um Alternativen zur bisherigen Skepsis vor allem von österreichischer Seite
aufzuzeigen. So sind z.B. spezialisierte KMUs – mit neuen Arbeitsplätzen –

als Zulieferbetriebe für die jeweils andere Seite durchaus realistisch. Die –
zunächst vielleicht nur in Ansätzen realisierbaren – grenzüberschreitenden
Wirtschaftskontakte sind insofern wichtig, weil dadurch das Bewusstsein
wächst, dass auch durch Kooperationen mit einem wirtschaftlich schwächeren Nachbarn Vorteile zu erzielen sind und dadurch auf österreichischer Seite
mittelfristig eine Reduktion der Vorbehalte unter der Bevölkerung zu erwarten ist.

Kommunikationsprozess über die EUREGIO

Trotz einer überlegten und schrittweise aufbauenden Bottom-up-Strategie der
Leitung der österreichischen EUREGIO-Servicestelle überwog unter österreichischen Lokalpolitikern Skepsis und Uninformiertheit über deren Nutzen,
unter den slowakischen zumindest Unklarheit. Dies könnte durch eine entsprechende Öffentlichkeitsarbeit von Kommunikationsexperten über Ziele
und Aktivitäten der EUREGIO, ihre Positionierung und Profilierung gegenüber anderen Institutionen, bisherige Ergebnisse, Zugänge zu Serviceange-
boten und Projektförderungen etc. behoben werden. Damit könnte parallel
zur behutsam aufbauenden Entwicklung der EUREGIO auch eine Bewusstseinsbildung in der Öffentlichkeit, vor allem unter den Lokalpolitikern, eingeleitet werden.

Aufrechterhaltung der Grenzsicherung

Auch wenn in der Wahrnehmung der österreichischen Bevölkerung zwischen
Slowaken und illegalen Grenzgängern eindeutig unterschieden wird, werden
im österreichischen Grenzgebiet latente Gefahren bzw. Bedrohungen als
„vom Osten" kommend erlebt, historisch durch die Osmanen, später durch
das kommunistische System („Reich des Bösen") und nun durch Schlepper
oder illegale Grenzgänger. Aufgrund dieser „Tradition" fühlen sich viele
Bewohner von österreichischen Grenzanrainergemeinden in das Bollwerk des
westlichen Europas integriert, das nun durch die Schengen-Außengrenze als
Teil der „Festung Europa" reaktiviert wird. Die massive Bewachung der
Grenze durch die Grenzgendarmerie und das österreichische Bundesheer
vermittelt in der Bevölkerung ein Gefühl der Sicherheit und fördert in diesem
Klima eine Reduzierung der Abwehrhaltung sowie eine Normalisierung der
grenzüberschreitenden Beziehungen zum östlichen Nachbarn. Deswegen
erscheint es sinnvoll, die Grenzsicherungsmaßnahmen weiterzuführen, bis
die Situation an der österreichisch-slowakischen Grenze durch künftige geeignete Maßnahmen im Zuge der EU-Integration der Slowakei als nicht mehr
bedrohlich empfunden wird.

Zusammenfassung und Ausblick

Seit der Öffnung des Eisernen Vorhangs im Jahre 1989 sind es vor allem Wohlstandsunterschiede, die als Bezugsrahmen und Orientierungshilfe für Alltagspraktiken von Akteuren im Grenzgebiet herangezogen werden. Durch die daraus entwickelten Über- und Unterlegenheitsgefühle diesseits und jenseits der Staatsgrenze wird einerseits eine soziale Hierarchie konstruiert und andererseits die Gültigkeit der Abgrenzungsfunktion der Staatsgrenze reproduziert.

„Eine" soziale Wirklichkeit im Grenzgebiet existiert nicht, vielmehr sind die Konstitutionsleistungen und Strategien der Subjekte zur Neuordnung ihrer Alltagspraktiken bei – tatsächlich existierenden und dementsprechend perzipierten – fundamental geänderten Bedeutungen und Funktionen von Grenzen sowohl widersprüchlich als auch in hohem Maße fragmentiert. Differenzen bestehen auf und sogar innerhalb der lokalen Ebene in verschiedenen Untersuchungsgemeinden, auf unterschiedlichen Bildungsniveaus etc. Auf nationaler Ebene ist die Einschätzung des westlichen Nachbarn von slowakischer Seite positiver, hier überwiegen „offensiv-dynamische" Einstellungen sowie Kontaktbestrebungen zu Österreich. Auf österreichischer Seite dominiert hingegen eine „defensiv-bewahrende" Grundstimmung gegenüber den Slowaken und der Slowakei.

Obwohl bereits erste Schritte in Richtung eines integrierten Grenzgebiets besonders mit Hilfe des Entwicklungs- und Gestaltungspotenzials der EUREGIO Weinviertel-Südmähren-Westslowakei vor allem in bürgernahen Bereichen wie der Kultur eingeleitet wurden, ist noch ungewiss, inwieweit vor allem die österreichische Bevölkerung auf breiter Basis in diese Normalisierungsprozesse einbezogen und die Ausbildung einer grenzüberschreitenden regionalen Identität unterstützt werden kann. Dies wird nicht zuletzt – auch zum Nutzen aller in diesem Grenzgebiet Agierenden – durch geeignete Maßnahmen zur Verbesserung des grenzüberschreitenden Informationsflusses und durch Erleichterungen des Grenzübertritts vermittels des Neubaus fester Brücken über die March abhängen, womit neben der Förderung von Alltagskontakten auch eine Basis für verstärkte regionale bilaterale Wirtschaftskooperationen vorbereitet werden könnte.

Anmerkungen

1 Vgl. dazu die treffende Feststellung des Historikers Febvre: „Ein Fluß wird von der einen Gesellschaft als Grenze, von der anderen als Verbindungsweg betrachtet." (zitiert nach Burke 1998: 19).

2 Die Durchführung von Teilen der aufwändigen Interviewreihen beiderseits der österreichisch-slowakischen Staatsgrenze war nur aufgrund der finanziellen Unterstützung durch den Jubiläumsfonds der Oesterreichischen Nationalbank möglich (Projektnummer: 7709, Projektleiter: Ch. Fridrich).

3 So etwa die Dominanz der beiden grenznahen Hauptstädte Wien und Bratislava, das Fehlen typischer slowakischer „Einkaufsstädte" im Grenzgebiet (ausgenommen Bratislava), die potenzielle Funktion des Grenzgebiets als Naherholungsgebiet (Marchauen), die hohe Undurchlässigkeit des Marchgrenzabschnitts durch fehlende feste Grenzübergänge gegenüber relativ vielen Grenzübergängen im österreichisch-slowakischen Grenzabschnitt südlich der Donau.

4 Von diesen positiven Effekten konnten keineswegs alle Gebiete Ostmitteleuropas profitieren. Die Grenzöffnung und Transformation führte zu einer Verschärfung regionaler Disparitäten und zur Gefahr einer regionalen Desintegration. „Die regionale Entwicklung folgte in den neunziger Jahren einem West-Ost-Gefälle. Zudem standen einem raschen Wachstum der Wirtschaft in den Großstädten monostrukturierte Industrieregionen und periphere ländliche Gebiete als neue Krisenregionen gegenüber." (Huber und Palme 2001: 151; vgl. dazu bes. Fassmann 1997: 24ff.).

5 Im Gegensatz dazu konnte die österreichische Wirtschaft erhebliche positive Effekte aus den zunehmenden Wirtschaftsverflechtungen mit den MOEL verzeichnen. So wies die österreichische Handelsbilanz mit den 5 MOEL Tschechische Republik, Slowakei, Ungarn, Polen und Slowenien im Jahre 2000 ein Volumen von über 1,5 Mrd. Euro auf (vgl. Havlik 2001: 23), und mehr als die Hälfte aller österreichischen Direktinvestitionsprojekte wurde im angeführten Jahr in diese Staaten realisiert (vgl. ebd.: 24). Durch die zusätzliche Marktpräsenz stieg das österreichische BIP von 1989 bis 1997 kumuliert um 3,3 % stärker (Breuss und Schebeck 1998: 749), mit entsprechenden positiven Auswirkungen auf dem Arbeitsmarkt, jedoch bei Ungleichverteilungen über Regionen, Branchen und Berufsgruppen (vgl. Stankovsky 1998: 667). Die Exporte von Industriewaren nach Polen, Tschechien, Ungarn und Slowenien stiegen von 1989 bis 1996 um einen Wert von etwa 2,9 Mrd. Euro an, wozu die österreichische Industrie fast 20.000 Arbeitskräfte einsetzen musste (Palme 1998: 761).

6 Die Wendung „Normalisierung" bzw. „Normalisierung von Beziehungen" wird im Text noch öfters verwendet, wobei Folgendes gemeint ist: Normalisierung von Beziehungen ist ein langer Entwicklungsprozess von problematischen, mit Vorurteilen behafteten mentalen Perzeptionen und entsprechenden Hand-

lungen hin zu einem wertschätzenden grenzüberschreitenden Umgang miteinander bei einem gleichzeitigen, kontinuierlichen Abbau der "Grenze im Kopf"
und einer Festigung des Bewusstseins der Gleichwertigkeit.

7   Zu Unordnung, Rückständigkeit und geringem ökologischem Bewusstsein z.B. in
    Polen vgl. Lisiecki (1996: 99) und in der Tschechischen Republik Abadziev
    (1997: 135f.). Zu angeblich ausbleibenden wirtschaftlichen Impulsen, auch
    wenn die Fakten etwa durch Kaufkraftzufluss des Einkaufstourismus' das Ge-
    genteil belegen, vgl. Krätke et al. (1997: 203). Zur Assoziation der jeweils
    westlichen Seite der Grenze mit Wohlstand, Sauberkeit und Ordnung vgl.
    Horvath und Müllner (1992b: 173f.) sowie Lisiecki (1996: 97) und zur Wahr-
    nehmung als Vorbild Abadziev (1998: 43).

8   Vgl. dazu auch Lisiecki: „Die bloße Häufigkeit des Grenzwechsels scheint keinen
    größeren Einfluß auf die Meinungen voneinander zu haben." (Lisiecki 1996:
    113)

9   In den Experteninterviews wurde die mangelnde Kompatibilität von INTERREG
    und PHARE CBC beklagt (Krämer 1997: 86f.) und als wesentliches Hindernis
    für eine effiziente Kooperation angeführt. Kritikpunkte waren einerseits
    strukturelle Unterschiede in beiden Programmen, wie etwa Finanzierungsdau-
    er (INTERREG: mehrjähriger Haushalt / PHARE CBC: einjähriger Haushalt),
    Zentralisierungsgrad (dezentral mit regionaler Einbindung / zentral) (Trigon
    1999: 25), EU-Zuständigkeiten (Innenpolitik / Außenpolitik) (Krätke 1997:
    19; Roesler 1998: 101), Finanzierungsbereiche (große Infrastrukturmaßnah-
    men nicht finanzierbar / finanzierbar) (Bauer-Wolf 1998: 24); andererseits
    wurden Projekte auf jeweils nationaler Ebene entwickelt und die andere Seite
    anschließend in den jeweiligen Ausschüssen zur Kenntnis genommen – ge-
    mäß dem Schlagwort „Addition steht noch häufig vor echter funktioneller
    Kooperation" (Trigon 1999: 87). Von diesen Inkompatibilitäten sind in be-
    sonderem Maße die EUREGIOs an den EU-Außengrenzen betroffen (Roesler
    1998: 100f.).

10 Weitere Brücken sind jedoch nur unter Berücksichtigung von Naturschutzinteres-
    sen und der Anliegen der Bevölkerung zu bauen.

Literaturverzeichnis

Abadziev, Petra (1997): Die Grenzöffnung CZ/Österreich. Zur Frage der
    Neuentwicklung sozialer Interaktionen im grenznahen Raum am Beispiel der
    Bevölkerung von Hevlín (Höflein) und Laa/Thaya. Hintergründe, Ursachen,
    Intensität sozialer Kontakte. Diplomarbeit an der Grund- und Integrativwissen-
    schaftlichen Fakultät der Universität Wien. Wien.
Abadziev, Petra (1998): Die Grenzöffnung Tschechien/Österreich. Zur Frage der
    Neuentwicklung sozialer Interaktionen im grenznahen Raum am Beispiel der
    Bevölkerung von Hevlín und Laa/Thaya. Wien. S. 37-46.

Amesberger, Helga und Brigitte Halbmayr (1997): Soziale Dynamik im Grenzraum Österreich – Slowakei. Endbericht. Unveröffentlichter Forschungsbericht im Auftrag des Bundeskanzleramts, Sektion IV. Wien.

Aschauer, Wolfgang (1995): Auswirkungen der wirtschaftlichen und politischen Veränderungen in Osteuropa auf den ungarisch-österreichischen und den ungarisch-rumänischen Grenzraum. Potsdam. (= Potsdamer Geographische Forschungen, Band 10).

Bauer-Wolf, Stefan (1998): Grenzüberschreitende Kooperation an der EU-Außengrenze Österreich – Slowakei. Möglichkeiten und Grenzen des Instruments EUREGIO. Diplomarbeit am Institut für Städtebau, Raumplanung und Raumordnung der Technischen Universität Wien.

Breuss, Fritz und Fritz Schebeck (1998): Kosten und Nutzen der EU-Osterweiterung für Österreich. In: WIFO-Monatsberichte 10. Wien. S. 741-750.

Burke, Peter (1998): Offene Geschichte. Die Schule der „Annales". Frankfurt am Main (= Fischer Wissenschaft Nr. 14 074).

Faßmann, Heinz (1997): Die Rückkehr der Regionen – regionale Konsequenzen der Transformation in Ostmitteleuropa: Eine Einführung. In: Faßmann, Heinz (Hrsg.): Die Rückkehr der Regionen. Beiträge zur regionalen Transformation Ostmitteleuropas. Wien. S.13-35 (= Beiträge zur Stadt- und Regionalforschung, Band 15).

Fridrich, Christian (2002a): Konstitution, Reproduktion und Fragmentierung sozialer Wirklichkeiten im österreichisch-slowakischen Grenzgebiet. Dissertation an der Fakultät für Human- und Sozialwissenschaften der Universität Wien. 2 Bde. Wien.

Fridrich, Christian (2002b): Past, present and future of the Austrian-Slovakian border region as seen in perception- and action-patterns of the population, local players, as well as experts on either side of the border – results of a social geographic case study. In: Proceedings of the International Colloquy. State Border Reflection by Border Region Population of V4 States. 12.-13.September 2002. Nitra. S. 86-109.

Fridrich, Christian (2003a): Leben beiderseits einer europäischen Wohlstandskante – Implikationen auf Deutungs- und Handlungsmuster im österreichisch-slowakischen Grenzgebiet. In: Wiener Osteuropa-Studien, Band 16. Wien. (in Vorbereitung).

Fridrich, Christian (2003b): Slowakische Gastschüler im österreichischen Grenzgebiet als langfristiger Beitrag zum Abbau problembeladener Beziehungen auf lokaler Ebene? – ausgewählte Ergebnisse einer empirischen Studie im österreichisch-slowakischen Grenzgebiet. In: Geographisches Jahrbuch Burgenland 2003. Neutal. (= Band 27) (in Druck).

Gorzelak, Grzegorz (1996): The Regional Dimension of Transformation in Central Europe. London – Bristol. (= Regional Policy and Development Series, Volume 10).

Gruber, Bettina (1994): Das Bild vom Nachbarn. In: Wintersteiner, Werner (Hrsg.): Das neue Europa wächst von unten. Friedenserziehung als Friedenskultur. Klagenfurt. S. 352-370 (= Dissertationen und Abhandlungen 35).

Havlik, Peter (2001): EU Enlargement: Economic Impacts on Austria, the Czech Republic, Hungary, Poland, Slovakia and Slovenia. Wien. (= Research Report No. 280).

Häyrynen, Yriö-Paavo (1996): Borders as Psychological Factors in Europe. Barriers, Zones and Corridores of Symbolik Interaction. In: Éger, György und Josef Langer (Hrsg.): Border, Region and Ethnicity in Central Europe. Results of an International Comparative Research. Klagenfurt. S. 69-90.

Hellein, Anita (2000): Regionalentwicklung im Grenzgebiet Österreich/Tschechien gezeigt am Beispiel des Bezirks Freistadt. Diplomarbeit im Fachbereich Geographie und Wirtschaftskunde an der Pädagogischen Akademie des Bundes in Wien. Wien.

Horvath, Traude und Eva Müllner (1992a): ZAUN-GESPRÄCHE. Ein grenzüberschreitender Dialog. In: Horvath, Traude und Eva Müllner (Hrsg.): Hart an der Grenze: Burgenland und Westungarn. Wien. S. 153-162.

Horvath, Traude und Eva Müllner (1992b): „... die Grenze ist für uns ganz normal." In: Horvath, Traude und Eva Müllner (Hrsg.): Hart an der Grenze: Burgenland und Westungarn. Wien. S. 163-174.

Huber, Peter und Gerhard Palme (2001): Regionale Polarisierung in Ost-Mitteleuropa. In: WIFO-Monatsberichte 3. Wien. S. 151-162.

Hupf, Alexander (2000): Das Grenzland vor neuen Chancen? Die Kommunikation über die Inn-Salzach-Grenze. Dissertation an der Geisteswissenschaftlichen Fakultät der Paris-Lodron-Universität. Salzburg.

Jäger, Siegfried (1993): Handlungsperspektiven und Ausblick. In: Jäger, Siegfried (Hrsg.): BrandSätze. Rassismus im Alltag. 3. Auflage. Duisburg. S. 299-302.

Jajeniak-Quast, Dagmara (2001): Kommunalwirtschaftliche Kooperation geteilter Städte an Oder und Neiße. In: Schultz, Helga: Grenzen im Ostblock und ihre Überwindung. Berlin. S. 275-296 (= Frankfurter Studien zur Grenzregion, Band 6).

Kampschulte, Aandrea (1997): Das österreichisch-ungarische Grenzgebiet. Entwicklungschancen und -probleme im Zuge der Grenzöffnung. In: Geographica Helvetica, Nr.3. 52.Jg. S. 97-105.

Kollár, Daniel (1996): Geographische Aspekte der Ostöffnung am Beispiel der Slowakischen Republik. In: Mitteilungen der Österreichischen Geographischen Gesellschaft, 138. Jg. Wien. S. 223-246.

Komlosy, Andrea (2000): Ökonomische Grenzen. In: Heindl, Waltraud und Edith Saurer (Hrsg.): Grenze und Staat. Paßwesen, Staatsbürgerschaft, Heimatrecht und Fremdengesetzgebung in der österreichischen Monarchie 1750-1867. Wien – Köln – Weimar. S. 805-876.

Komlosy, Andrea (2001): Die Grenzen Österreichs zu den Nachbarn im RGW. In: Schultz, Helga: Grenzen im Ostblock und ihre Überwindung. Berlin. S.37-78 (= Frankfurter Studien zur Grenzregion, Band 6).

Kosmala, Beate (2001): Polenbilder in Deutschland nach dem Zweiten Weltkrieg. In: Bundeszentrale für politische Bildung (Hrsg.): Vorurteile – Stereotype – Feindbilder. München. S. 29-33 (= Informationen zur politischen Bildung, Nr. 271).

Krämer, Raimund (1997): Grenzen der Europäischen Union. Potsdam. (= Internationale Probleme und Perspektiven Nr.7).

Krätke, Stefan et al. (1997): Regionen im Umbruch. Probleme der Regionalentwicklung an den Grenzen zwischen „Ost" und „West". Frankfurt am Main – New York.

Krätke, Stefan (1998): Regionale Integration oder fragmentierte Entwicklung? Die deutsch-polnische Grenzregion im Transformationsprozeß. In: Zeitschrift für Wirtschaftsgeographie, Heft 1, 42.Jg. Frankfurt am Main. S. 117-130.

Krätke, Stefan (1999): Probleme und Perspektiven der deutsch-polnischen Grenzregion. In: Schultz, Helga und Alan Nothnagle (Hrsg.): Grenze der Hoffnung. Geschichte und Perspektiven der Grenzregionen an der Oder. 2. Aufl. Berlin. S. 193-238.

Kremsmayer, Ulla (1999): Das Wissen der Generationen – Erinnerungen aus der March-Thaya-Region. In: Umweltbundesamt (Hrsg.): Fließende Grenzen. Lebensraum March-Thaya-Auen. Wien. S. 78-94.

Kwilecki, Andrzej (1996): Die polnisch-deutsche Grenzregion – eine neue Realität. In: Lisiecki, Stanisław (Hrsg.): Die offene Grenze. Forschungsbericht polnisch-deutsche Grenzregion (1991-1993). Potsdam. S. 129-136 (= Frankfurter Studien zur Grenzregion, Band 2).

Lamnek, Siegfried (1995a): Qualitative Sozialforschung. Band 1: Methodologie. 3. Auflage. Weinheim.

Lamnek, Siegfried (1995b): Qualitative Sozialforschung. Band 2: Methoden und Techniken. 3. Auflage. Weinheim.

Langer, Josef (1996): New Meanings of the Border in Central Europe. In: Éger, György und Josef Langer (Hrsg.): Border, Region and Ethnicity in Central Europe. Results of an International Comparative Research. Klagenfurt. S. 48-67.

Lisiecki, Stanisław (1996): Die offene Grenze – Wandlungen im Bewusstsein der Grenzbewohner. In: Lisiecki, Stanisław (Hrsg.): Die offene Grenze. Forschungsbericht polnisch-deutsche Grenzregion (1991-1993). Potsdam. S.97-115 (= Frankfurter Studien zur Grenzregion, Band 2).

Mayring, Philipp (1999): Einführung in die qualitative Sozialforschung. 4. Auflage. Weinheim.

Mayring, Philipp (2000): Qualitative Inhaltsanalyse. Grundlagen und Techniken. 7. Auflage. Weinheim.

Oberleitner, Rainer (1998): Schengen und Europol. Kriminalitätsbekämpfung in einem Europa der inneren Sicherheit. Wien. (= Schriftenreihe zum gesamten Europarecht, Band 2).

Paasi, Anssi (1986): The institutionalization of regions: a theoretical framework for understanding the emergence of regions and the constitutions of regional identity. In: Fennia 164. Helsinki. S. 105-146.

Palme, Gerhard (1998): Auswirkungen der EU-Osterweiterung auf die österreichische Sachgüterproduktion. Ostöffnungseffekte beleben die österreichische Industrie. In: WIFO-Monatsberichte 11. Wien. S. 761-769.

Priberski, Andreas et al. (2000): Die österreichische West-Ost-Grenze. Qualitative Rekonstruktion der „mentalen" Grenzziehung seit 1989. Endbericht. Wien.

Roesler, Jörg (1998): Die (ost-)deutsche und polnische Grenzlandkooperation an Oder und Neiße als Test für die Glaubwürdigkeit grenzüberschreitender Integrationsprojekte (1966-1996). In: Glass, Krzysztof et al. (Hrsg.): Grenzlandidentitäten im Zeitalter der Eurointegration. Wien. S.87-107.

Samhaber, Thomas et al. (1995): 1989-1994. Fünf Jahre geöffnete Grenze. In: Komlosy, Andrea et al. (Hrsg.): Kulturen an der Grenze: Waldviertel – Weinviertel – Südböhmen – Südmähren. Wien. S.85-94.

Scheuch, Manfred (1994): Historischer Atlas Österreich. Wien.

Schönfeld, Roland (2000): Slowakei. Vom Mittelalter bis zur Gegenwart. Regensburg. (= Ost- und Südosteuropa, Geschichte der Länder und Völker).

Siptak, Ivan (1999): Österreich – Slowakei: gegenseitige Wahrnehmungen, Vorurteile, Stereotypen. Diplomarbeit im Fach Soziologie der Karl-Franzens-Universität. Graz.

Spöhring, Walter (1995): Qualitative Sozialforschung. 2. Auflage. Stuttgart. (= Teubner Studienskripten zur Soziologie, Band 133).

Stankovsky, Jan (1998): Österreichs Osthandel seit der Wende 1989. In: WIFO-Monatsberichte 10. Wien. S.665-678.

Statistická Úrad Slovenskej Republiky (Hrsg.) (2000): Statistická Roenka Slovenskej Republiky. Bratislava.

Stölting, Erhard (2000): The East of Europe: A Historical Construction. In: Breckner, Roswitha et al. (Hrsg.): Biographies and the Division of Europe. Experience, Action, and Change on the „Eastern Side". Opladen. S. 23-38.

Täubling, Annemarie und Gerhard Neuhauser (1999): Die Geschichte der Landschaft. In: Umweltbundesamt (Hrsg.): Fließende Grenzen. Lebensraum March-Thaya-Auen. Wien. S.57-77.

Trigon (Red.) (1999): Zwischenevaluierung der INTERREG IIA-Außengrenzprogramme 1995-1999 in Österreich. Wien. (= Schriftenreihe, Nr. 149).

Trosiak, Cezary (1996): Brandenburg, der „neue Partner – Abriß der geographischen, historischen und demographischen Gegebenheiten. In: Lisiecki, Stanisław (Hrsg.): Die offene Grenze. Forschungsbericht polnisch-deutsche Grenzregion (1991-1993). Potsdam. S.63-73 (= Frankfurter Studien zur Grenzregion, Band 2)

Waack, Christoph (1999): Die gegenwärtige und zukünftige Außengrenze der EU im Osten Europas – Chancen und Risiken betroffener Grenzstädte. In: Pütz, Robert (Hrsg.): Ostmitteleuropa im Umbruch. Wirtschafts- und sozialgeographische Aspekte der Transformation. Mainz. S. 133-148 (= Mainzer Kontaktstudium Geographie, Band 5).

Weixlbaumer, Norbert (1998): Gebietsschutz in Europa: Konzeption – Perzeption – Akzeptanz. Ein Beispiel angewandter Sozialgeographie am Fall des Regionalparkkonzeptes in Friaul-Julisch Venetien. Wien. (= Beiträge zur Bevölkerungs- und Sozialgeographie, Band 8).

Werlen, Benno (1995): Sozialgeographie alltäglicher Regionalisierungen. Band 1: Zur Ontologie von Gesellschaft und Raum. Stuttgart. (= Erdkundliches Wissen, Band 116).

Winter, Balduin (2000): Graben im Wort. Literarische Essays zu Böhmen – Mähren – Slowakei. Ottensheim.

Wirtschaftskammer Niederösterreich (Hrsg.) (1997): Kaufkraftstromanalyse Niederösterreich. Wien.

Wirtschaftskammer Wien (Hrsg.) (2000): Erhebung des Kaufkraftabflusses über die Grenzen zu MOE Staaten. Wien. (= Stadtprofil, Band 21).

Wirtschaftskammer Niederösterreich und Wirtschaftskammer Wien (Hrsg.) (2000): Kaufkraftabflüsse aus Ungarn, Tschechien, Slowakei und Polen. Wien. (= Stadtprofil, Band 22).

www.minv.sk/english/needtoknow/krimisurvey.htm (Abruf am 27.11.2001): Survey on Selected Types of Crime in 1988 - 2001 in the Slovak Republic (Slowakisches Innenministerium).

Ukrainische Bauarbeiter in der Prager Altstadt; Foto: Daniel Satra 2003.

"Buffer Zone" Tschechische Republik: Ukrainische Arbeitsmigranten an den Grenzen der EU

Daniel Satra

Die nach der politischen Wende der Jahre 1989/90 in Ostmittel- und Osteuropa einsetzende neue Ost-West-Wanderung fand ihre wichtigste Voraussetzung in einer neuen Reisefreiheit. Mit dem Fall des „Eisernen Vorhangs" fielen für Bürger Ostmittel- und Osteuropas nach mehr als 40 Jahren die erheblichen bürokratischen Beschränkungen bei der Ausreise. Ostmittel- und Osteuropäer überschritten die Grenzen nach Westeuropa als Touristen und Konsumenten, als Händler und Arbeitskräfte, als Flüchtlinge und Vertriebene (Fassmann, Münz 2000: 26f.).

Angesichts der neuen Wanderungsbewegungen und der wachsenden Zahl von Asylbewerbern verflog in Westeuropa in den frühen 1990er Jahren relativ rasch die anfängliche Euphorie über das Ende der politischen Spaltung Europas. Fassmann und Münz (2000) verweisen auf die Konjunktur von Umfragen, Hochrechnungen und Prognosen, die zu Beginn der 1990er Jahre Befürchtungen im Westen schürten. Es entstand „eine teilweise unreflektierte und vordergründige, aber politisch höchst wirksame Angst vor einer ‚neuen Völkerwanderung' in Europa" (Fassmann, Münz 2000: 7). Vor diesem Hintergrund kam es zu einer Neubewertung der politischen Grenzen zum ehemaligen „Ostblock", die zu einer Erneuerung und Verstärkung von Ab- und Ausgrenzungsmechanismen führte: Ein restriktiver gefasstes Asylrecht, die Ausdehnung der Visumspflicht und verstärkte Grenzkontrollen konnten etabliert werden.

Zugleich entwickelten sich die ostmitteleuropäischen Staaten nach fast fünf Jahrzehnten nahezu vollständiger Abschottung im Verlauf der 1990er Jahre zu Transit- und Zuwanderungsstaaten. Am Beispiel der Tschechischen Republik lässt sich zeigen, dass diese Entwicklung lange weitgehend unbemerkt blieb. Viele Institutionen der tschechischen Gesellschaft, wie Regierung, Parlament, Wissenschaft aber auch die öffentliche und veröffentlichte Meinung hatten diese Entwicklung erst nicht vorausgesehen, später dramatisiert und ähnliche Befürchtungen geschürt, wie sie zuvor bereits bei den westlichen Nachbarn laut geworden waren (Drbohlav 2000: 181; Drbohlav 2001a).

Im folgenden Beitrag wird gezeigt, dass die Staaten Ostmitteleuropas als ein „Grenzraum" zwischen Ost- und Westeuropa unter Regie der EU etabliert werden konnten. Die von den neu konstituierten politischen Grenzen beein-

flussten Wanderungsbewegungen werden in diesem Beitrag für den ostmitteleuropäischen „Grenzraum" entlang der beiden Formen Transitmigration
und „falscher Tourist" nachvollzogen. Im Anschluss daran wird die Tschechische Republik als Zielland der neuen Ost-West-Wanderung untersucht
und es werden Bedingungen der neuen Wanderungsbewegungen in der Region am Beispiel ukrainischer Arbeitsmigranten in Tschechien dargestellt. Es
werden Formen grenzüberschreitender Mobilität ukrainischer Arbeitsmigranten gezeigt und die Auswirkungen der neuen Ab- und Ausgrenzungsmechanismen auf das Wanderungsverhalten veranschaulicht. Migranten-
Netzwerke und Arbeitsvermittler werden als Strukturen ukrainischer Arbeitsmigration vorgestellt. Schließlich werden die sozialen Folgen der neuen
politischen Grenzziehungen für Arbeitsmigranten in Tschechien herausgestellt.

Grenze als Zwischenraum: Ost-West-Wanderung in der „buffer zone"

Die Verstärkung der Mechanismen der Aus- und Abgrenzung blieb nicht auf
die Territorien westeuropäischer Staaten und die Europäische Union (EU)
beschränkt. Im Verlauf der 1990er Jahre lässt sich die Etablierung und Verstärkung von politischen Aus- und Abgrenzungsmechanismen bei den östlichen Nachbarn der EU, allen voran Polen, Ungarn, der Tschechischen und
der Slowakischen Republik beobachten. Gemeinsam bilden die vier Vise-
grad-Staaten in dieser am westlichen Europa orientierten Sicht eine „buffer
zone" (Wallace 1997: 2001). Die „buffer zone" repräsentiert demnach „areas
of social, economic and cultural interaction between East and West" (Wallace 1997: 1), in denen die strukturellen Bedingungen der neuen Wanderungsbewegungen der Region zu suchen sind.

Eine zentrale Bedeutung der „buffer-zone"-Staaten zeigt sich in der *Ab-
federung* der neuen Ost-West-Migration (Wallace 2001: 77ff.; Stola 2001:
86ff.). Nach der Öffnung der Grenzen in Ostmittel- und Osteuropa ist die
Migration aus dieser Region nach Westeuropa und innerhalb Ostmittel- und
Osteuropas deutlich angestiegen. Anders als die zuvor beobachteten Wanderungsbewegungen „traditioneller Migranten", für die Migration als eine Reise
von A nach B mit anschließender dauerhafter Niederlassung in B angenommen wurde, folgten jetzt „die neuen Migranten [...], die im Tages-, Wochen-,
Monats-, Saisonrhythmus oder in ganz unregelmäßigen Abständen zwischen
Herkunftsort und Zielgebiet(en) hin- und herreisen" (Häußermann 1997: 20).

Stola (2001: 85) unterscheidet die neuen Formen der Massenwanderung
in der „buffer zone" in zwei Formen: Transitmigranten und „falsche Touristen". Für beide Migranten-Gruppen kann gezeigt werden wie politische Ab-

und Ausgrenzungsmechanismen in der „buffer zone" im Verlauf der 1990er Jahre etabliert wurden. Insbesondere für die erste Gruppe lässt sich zeigen, dass solche Mechanismen auf Grenz-Politiken Westeuropas zurückzuführen sind (Stola 2001; Wallace 2001).

Transit-buffer: Die neuen West-Ost-Grenzen einer neuen Ost-West-Wanderung

Während Bürgern der „buffer zone" der Grenzübertritt in die Staaten der EU als Touristen oder auf der Grundlage von bilateralen Abkommen als Werkvertragsarbeitnehmer oder Saisonarbeiter im Verlauf der 1990er Jahre gewährt wurde, gelangten Bürger der weiter östlich gelegenen Staaten zwar relativ einfach in die „buffer zone", auf dem Weg nach Westeuropa stießen sie jedoch auf die Visumsgrenze der EU[1].

Transitmigration als Wanderung von Bürgern dritter Staaten[2], die sich nicht in der „buffer zone" niederlassen, sondern in weiter westwärts gelegene Staaten gelangen wollen, unterscheidet sich nicht nur von anderen Formen der Migration, sondern auch von regulärem Transit. Während Transitmigranten in der Regel für unbestimmte Zeit in Transitstaaten bleiben, reisen Transitreisende einfach hindurch. Insbesondere zu Beginn der 1990er Jahre konnten Transitmigranten mit geringem Aufwand die Grenzen zur „buffer zone" legal passieren, erst bei der Grenzüberquerung in Richtung EU fielen sie unter einen illegalen Status[3]. Nach dem Abschluss einer Reihe von Rücknahmeabkommen zwischen Deutschland und Österreich mit Polen, Ungarn, Tschechien und der Slowakischen Republik und deren Anerkennung als sichere Drittstaaten konnten illegal nach Deutschland und Österreich einreisende Personen bereits an der Grenze zurückgewiesen werden oder nach einem Aufgriff innerhalb dieser Staaten in die ‚buffer zone'-Staaten zurück geschoben werden (Fassmann, Münz 2000: 32; vgl. auch die Beiträge von Alscher und Stobbe in diesem Band).

Stola (2001: 91) weist darauf hin, dass die Etablierung von Rücknahmeabkommen auf Unwillen bei den ostmitteleuropäischen Nachbarn stieß und nur durch politischen Druck und finanzielle Versprechen von westlicher Seite durchgesetzt werden konnte: Nachdem Polen zuerst 1991 ein Rücknahmeabkommen mit den Schengen-Staaten abgeschlossen hatte (1993 ein weiteres bilaterales Abkommen mit Deutschland), um die Visums-Freiheit polnischer Bürger bei der Einreise ins Schengen-Gebiet zu bewahren (und 120 Millionen Mark finanzielle Unterstützung zu erhalten), folgte Ungarn, das 1992 ein Rücknahmeabkommen mit Österreich abschloss (allerdings erst nachdem es ein solches zuvor mit Rumänien abgeschlossen hatte). Im Jahr 1994 folgte zuletzt Tschechien, das ein Rücknahmeabkommen mit Deutschland einging und 60 Millionen Mark Unterstützungsgeld zugesichert bekam (Stola 2001: 91). Mittlerweile spannt sich ein Netz von mehr als 50 bilateralen Abkommen über West-, Ostmittel- und Osteuropa sowie über weiter entfernte Staaten: „This is the international readmission system - the basis of Central Europe's buffer role" (Stola 2001: 91).

Neben der Notwendigkeit eigene Rücknahmeabkommen mit aktuellen oder potentiellen Transitstaaten abzuschließen, verstärkten die „buffer zone"-Staaten die Kontrollmaßnahmen an ihren östlichen Grenzen und im Landesinneren, um nicht die Hauptlast einer Zuwanderung aus Osteuropa und anderen Herkunftsregionen tragen zu müssen (Fassmann, Münz 2000: 32). Rücknahmeabkommen verschieben eine Reihe von Problemen der Zielstaaten internationaler Migration auf die Transitstaaten, die ihrerseits versuchen, durch verstärkte Grenzkontrollen illegale Zuwanderung zu verringern (vgl. Beitrag von Dietrich in diesem Band). Stola (2001: 92) beschreibt diesen durch Westeuropa in der „buffer zone" implementierten Ab- und Ausgrenzungsmechanismus als eine *ferngesteuerte Komponente* der Schengen-Staaten im Grenzkontrollsystem der benachbarten Transitstaaten.

Neben der Verstärkung der Schengen-Außengrenzen (hier die Grenzen Deutschlands und Österreichs) konnten Polen, Ungarn, Tschechien und die Slowakische Republik als ein *migration buffer* Westeuropas installiert werden. Die Schengen-Außengrenzen werden entlastet, indem sowohl innerhalb der „buffer zone" als auch an den Grenzen zu Osteuropa Abgrenzungsmechanismen wirksam gemacht werden. In der Folge expandiert ein solches System von Rücknahmeabkommen weiter ostwärts (Stola 2001: 92).

Vor diesem Hintergrund kann der Wandel dieser Region hin zur ‚buffer zone" aus zwei Perspektiven betrachtet werden: Aus Sicht der Schengen-Staaten wurde Ostmitteleuropa von einer Transitregion zu einem „Cordon sanitaire" und „shock absorber" (Stola 2001: 85) umgeformt und konnte als *buffer* der neuen Ost-West-Migration etabliert werden. Aus Sicht aktueller Transitmigranten ist Ostmitteleuropa von einer *Etappe* in Richtung EU zum ungeplanten *Ziel* der Wanderung geworden. Das „Sprungbrett" Ostmitteleuropa wurde zum „Warteraum", der Warteraum ist oft zum „second best place" einer vorläufigen oder dauerhaften Niederlassung geworden (Stola 2001: 94). Wenn die gegenwärtigen Grenzen am östlichen Rand der ‚buffer zone" nach der erwarteten EU-Osterweiterung im Jahr 2004 zu Schengen-Außengrenzen werden (alle Beitrittstaaten sind daran gebunden, den Schengen *aquis* zu übernehmen), werden sich Polen, Ungarn, Tschechien und die Slowakische Republik in größerem Maß von Transitstaaten zu Zielländern wandeln.

Echte Grenzen, falsche Touristen

Die zweite Form der neuen Wanderungsbewegungen in Ostmittel- und Osteuropa lässt sich mit dem Typ „falscher Tourist" fassen. „Falsche Touristen" sind demnach wirtschaftlich motivierte Migranten, die sich als Kleinhändler oder Arbeitsmigranten in der Region betätigen und Grenzen als Touristen überqueren. Ihrer legalen Einreise folgen oft illegale Tätigkeiten (Erwerbstätigkeit ohne Arbeitserlaubnis, Schwarzhandel, usf.) (Bedzir 2001; Okólski 2001; Stola 2001). Diese Wanderer, die den visumsfreien Grenzverkehr im Verlauf der 1990er Jahre (zwischen Polen und Ukraine bis Herbst 2003) nutzten, lassen sich in der Regel treffend als temporäre, Pendel- oder zirkuläre Migranten fassen (Bedzir 2001: 280; Drbohlav 1999: 240; Stola 2001: 94).

Temporäre oder „Quasi-Migration" (Okólski 2001) kann in Ostmittel- und Osteuropa als Ersatz für reguläre Emigration gesehen werden. Der „falsche Tourist" als eine wirtschaftliche Strategie grenzüberschreitender Mobilität ermöglicht es demnach, Migranten (und oft auch ihren am Herkunftsort verbleibenden Familien) ihre Einkünfte zu sichern oder zu steigern, ohne ihren sozialen Herkunftskontext für einen ungewissen und nur schwer planbaren Zeitraum verlassen zu müssen (Frejka et al. 1999; Stola 2001: 95).

Die Grenzen zwischen ostmittel- und osteuropäischen Staaten haben bei der Strukturierung der zirkulären Wanderungen „falscher Touristen" in der Region zwei wichtige Bedeutungen. Weil die ehemaligen Warschauer Pakt- und RGW-Staaten in den frühen 1990er Jahren ihre alten Abkommen über visumsfreien Grenzverkehr bewahrten und zudem eine Reihe bürokratischer Beschränkungen demontierten, waren „falsche Touristen" in ihrer Reisefreiheit kaum eingeschränkt.

Auf der einen Seite ist der „falsche Tourist" von Reisefreiheit und der Durchlässigkeit von Grenzen abhängig. Eine einkommensorientierte Strategie internationaler Mobilität setzt voraus, dass Migranten Grenzen zu geringen Kosten überqueren können, um im Ausland kaufen, verkaufen oder arbeiten zu können. Die Kosten (Reisekosten, Zeitaufwand und Kosten für erforderliche Dokumente, usf.) dürfen den Aufwand der Wanderung nicht übersteigen, soll sich diese „lohnen".

Auf der anderen Seite ist der „falsche Tourist" von der Undurchlässigkeit der Grenzen abhängig. Durch die Aufrechterhaltung von nationalen Grenzen entstehenden Lohndifferenzen können zu internationaler Mobilität von Arbeitsmigranten führen, wenn die Migranten dort einen höheren Lohn für ihre Arbeit erwarten. Neben den Lohndifferenzen besteht ein mitunter starkes Preisgefälle für eine Vielzahl von Produkten. Diese Preisdifferenzen nutzen „falsche Touristen" zum grenzüberschreitende Kleinhandel, vor allem zu

Beginn der unterschiedlichen Transformationsprozesse in den einzelnen Staaten (Stola 2001: 100).

Während die Grenzen zwischen den vormaligen Planwirtschaften der RGW-Staaten im Grundsatz Gleiches von Gleichem trennten, markierten die späteren Grenzen (bereits seit den 1980er Jahren) mitunter radikal unterschiedliche Wirtschaftspolitiken der einzelnen Transformationsstaaten (Stola 2001: 100f.). Mehr oder weniger erfolgreich beschrittene Transformationspfade auf dem Weg zur Marktwirtschaft mit einer Vielzahl von Faktoren (Preisfreigabe, Inflation, Privatisierungen, ausländische Direktinvestitionen, Arbeitslosigkeit usf.) sorgten für (eher kurzfristige) Preisgefälle im Vergleich zu benachbarten Binnenmärkten und für (eher langfristige) Lohngefälle im Vergleich zu benachbarten Arbeitsmärkten. Aus dieser Sicht bildeten die Grenzen zwischen Ost- und Ostmitteleuropa noch am Ende der 1990er Jahre „lines of sharp discontinuity in economic conditions" (Stola 2001: 100).

Mit der zukünftigen vollständigen Implementierung des Schengen *aquis* bis zum EU-Beitritt der gegenwärtigen „buffer zone"-Staaten im Jahr 2004 werden die politischen Grenzen zu Osteuropa analog zu den neuen politischen Grenzen am westlichen Rand der „buffer zone" neu konstituiert. Am Beispiel ukrainischer Arbeitsmigration in Tschechien können Faktoren der neuen Ost-West-Wanderung benannt und die sozialen Folgen neu konstituierter politischer Grenzen gezeigt werden.

Neue Ost-West-Wanderung: Ukraine und Tschechien

Wichtige Faktoren, die Wanderungsbewegungen in der „buffer zone" strukturieren, sind die wirtschaftliche, soziale und politische Lage der Herkunfts- und Zielregion, die „Sogkraft" ausländischer Arbeits- und Handelsmärkte, die migrationspolitischen Regulierungen der jeweiligen Staaten und informelle Migranten-Netzwerke. Diese Bedingungen internationaler Migration werden im Folgenden am Beispiel ukrainischer Arbeitsmigranten in Tschechien dargestellt.

Tschechien als neues Ziel

Die politische und wirtschaftliche Liberalisierung und die minimalen Einreisebeschränkungen führten zusammen mit einer ungleichen ökonomischen Situation in Herkunfts- und Zielregion zu wirtschaftlich motivierter Zuwanderung, die zuvor in Tschechien praktisch nicht existiert hat (Horáková, Drbohlav 1998: 27). Statistiken und Schätzungen zu Folge hielten sich Ende der 1990er Jahre 500 000 internationale Migranten[4] in der Tschechischen Republik auf. 162.108 davon verfügten im Jahr 1999 über eine langfristige

Aufenthaltsgenehmigung (siehe dazu Tabelle 1); 90 v.H. von ihnen waren auf Grund einer Erwerbstätigkeit oder einer Geschäftstätigkeit in Tschechien und gelten als wirtschaftlich motivierte Migranten (Drbohlav/Lupták 1999: 4). Dazu kommen geschätzte 200.000 irreguläre Migranten ohne Aufenthaltsgenehmigung, die oft als Arbeitsmigranten für mehrere Monate in Tschechien arbeiten, und 100.000 bis 150.000 Transitmigranten (Drbohlav 2000: 172). Ukrainische Migranten stellen im Verlauf der 1990er die größte Gruppe registrierter wirtschaftlich motivierter Migranten in der Gruppe ostmittel- und osteuropäischer Wanderer.

Tabelle I: Bürger Ostmittel- und Osteuropas mit langfristiger Aufenthaltsgenehmigung nach Staatsangehörigkeit in der Tschechischen Republik 1994 bis 2001 (31. Dezember)

Staat	1994	1995	1996	1997	1998	1999	2000	2001
Slowak. Rep.	13 818	33 158	40 334	39 489	35 494	27 344	33 136	42 444
Ukraine	12 667	26 038	43 534	38 770	46 444	58 093	41 438	41 916
Russld.	1 877	2 717	4 726	6 463	7 155	13 420	9 158	8 326
Polen	8 111	10 982	12 405	13 079	10 132	6 680	5 281	4 897
Moldawien	87	161	296	2 093	3 038	2 757	1 909	2 160
Weiß-russland	95	236	977	3 094	3 454	3 526	2 134	1 949
Tschechien gesamt:	*71 230*	*120 060*	*152 767*	*153 516*	*155 836*	*162 108*	*134 060*	*140 978*

Quellen: ČSU 2001: 15ff., Horáková 2002a

Für den Verlauf der 1990er Jahre lassen sich unterschiedliche Migrationsperioden in Tschechien beobachten. Die anfänglich langsame Restrukturierung der tschechischen Industrie hatte niedrige Arbeitslosenzahlen zur Folge. Nach der Gründung der beiden souveränen Staaten Tschechische Republik und Slowakische Republik[5] (1993) blieben slowakische Arbeitskräfte integraler Bestandteil des tschechischen Arbeitsmarktes mit nahezu uneingeschränktem Zugang (Drbohlav 2000: 179).

Zur selben Zeit setzte eine verstärkte Zuwanderung nach Tschechien ein, ohne auf restriktive Zuwanderungsregulierungen zu treffen. Der tschechische Arbeitsmarkt bot in einigen Segmenten[6] Platz für ausländische Arbeitskräfte und hielt vor allem höhere Löhne als die Arbeitsmärkte der Nachbarstaaten Polen, Ungarn und Slowakische Republik bereit. Im Jahr 1996 registrierten die Arbeitsämter mit über 80 000 freien Arbeitsplätzen den offiziell höchsten Bedarf an Arbeitskräften auf dem tschechischen Arbeitsmarkt nach dem Jahr 1989.

Seit 1997 verschlechterte sich die Wirtschaftslage mit spürbaren Auswirkungen für die Bevölkerung, vor allem durch die Reduktion der Reallöhne.

Die Arbeitslosigkeit stieg um mehr als das Doppelte von 3,5 Prozent (1996) auf 7,5 Prozent im Jahr 1998. Die liberale Zuwanderungspolitik wich einer restriktiven: Anträge für Aufenthaltsgenehmigungen wurden verstärkt abgelehnt, zunehmend mehr Kontrollen von der Fremden- und Grenzpolizei durchgeführt und nur noch 1,9 Prozent (1998) der Asylantragsteller Asyl gewährt (1991 waren es 39 v.H., 1997 noch 4,6 v.H.). Die Gründe hierfür liegen auch in einer verstärkten „Harmonisierung" mit EU-Politiken mit Blick auf einen möglichen EU-Beitritt.

Die neue Visums-Regelung[7] für eine Reihe von Nicht-EU-Staaten (auch für die Ukraine) im Jahr 2000 unterscheidet nach „Visum unter 90 Tagen" und „Visum über 90 Tagen" (höchstens ein Jahr). Visa werden nur von der tschechischen Vertretung im jeweiligen Herkunftsland (Botschaft, Konsulate) ausgestellt. Dies bedeutet eine wichtige Änderung zu der vormaligen Regelung, die es erlaubte, erst *nach* der Einreise in Tschechien eine Aufenthaltsgenehmigung zu beantragen. Das Visum für einen langfristigen Aufenthalt (über 90 Tage) unterscheidet nach dem Zweck des Aufenthaltes (Studium, Geschäftsaktivitäten, Erwerbstätigkeit, Ehe usw.).

Die Bedingung für die Vergabe eines langfristigen Visums zum Zweck der Erwerbstätigkeit ist, „dass der freie Arbeitsplatz aus Gründen der benötigten Qualifikation oder einem gegenwärtigen Mangel an freien Arbeitskräften nicht mit einem tschechischen Staatsbürger, insbesondere einem erwerbslosen, besetzt werden kann" (Horáková 2001: 21). Das langfristige Visum kann wiederholt verlängert werden, allerdings nur, wenn dieselben Gründe wie bei der ersten Beantragung noch vorliegen (Arbeitsplatz, Gewerbe, Familienzusammenführung usw.). Ändert sich im Verlauf des Aufenthaltes der Grund für diesen, muss die Person aus Tschechien ausreisen und kann nur außerhalb Tschechiens erneut ein Visum beantragen.[8] (ČSU 2000: 8ff., 58; Drbohlav 1999: 225f.; 2000: 166, 170f.; 2001c: 212f.; 2002a: 11f.; 2002b: 10f.; Horáková, Drbohlav 1998: 29f.; Horáková 2000: 1f.; 2001: 20ff.)

Insbesondere mit der Einführung von Visa demonstriert Tschechien im Zuge der Übernahme des Schengen *aquis* die neuen politischen Grenzen am östlichen Rand der „buffer zone". Der Abgrenzungsmechanismus Visum hat eine Reihe von Implikationen für die Strukturierung der Wanderungsbewegungen in der Region, wie im Folgenden gezeigt wird.

Push- und Pull-Faktoren

Die im Verlauf der 1990er Jahre zunehmende politische Regulierung der Möglichkeiten, nach Tschechien zu gelangen, die in der Implementierung eines Visums-Regimes im Jahr 2000 mündete, wird durch zwei zentrale Pull-

Faktoren des tschechischen Arbeitsmarktes konterkariert: Erstens führte der Übergang von einer Plan- zur Marktwirtschaft zu einer grundlegenden Restrukturierung des tschechischen Arbeitsmarktes. Große staatliche Industriebetriebe in allen Branchen wurden in kleinere und flexiblere Einheiten aufgebrochen. Die standardisierte Massenfertigung bei stabiler Nachfrage im planwirtschaftlichen Modell wich verstärkt einer „just-in-time"-Produktion auf Grund einer neuen sich kurzfristig ändernden Nachfrage. Als Folge gewannen zeitlich befristete Arbeitsverträge und häufige Arbeitsplatzwechsel an Gewicht (Drbohlav, Lupták 1999). „More flexible units, required more flexible workers, often in form of female or migrant workers who could be hired as needed and could be relied upon to work very hard for short periods" (Wallace 2001: 55).

Zweitens konnte die tschechische Gesellschaft diese im Verlauf der wirtschaftlichen Transformation entstandenen „Lücken" des Arbeitsmarktes auch am Ende der 1990er nicht geeignet mit inländischen Arbeitskräften auffüllen. Fehlende (oder Über-) Qualifikation paarten sich mit geringen Möglichkeiten zu räumlicher Mobilität auf Grund des eingeschränkten Angebots an Wohnraum (Drbohlav, Lupták 1999: 6).

Der Bedarf des tschechischen Arbeitsmarktes konkretisiert sich insbesondere in den Interessen und Strategien tschechischer Arbeitgeber. Eine interne Studie des tschechischen Ministeriums für Arbeit und Soziales (MPSV) verdeutlicht, dass tschechische Arbeitgeber vor allem bei Tätigkeiten, die nur geringe oder gar keine Qualifikationen voraussetzen (zum Beispiel Hilfsarbeiten im Baugewerbe), ausländische Arbeitskräfte bevorzugen. Als Gründe nennen die Unternehmer flexible Antrittsbereitschaft, eine höhere Arbeitsmoral und geringere Gehaltsansprüche sowie geringere weitere Ansprüche und dadurch die Möglichkeit höherer Gewinne (MPSV ČR 2002: 26). Insbesondere für den Bereich des informellen Arbeitsmarktes kann zudem gelten, dass illegale Erwerbsarbeit von Migranten Unternehmern in Tschechien erleichtert, Steuern und Sozialabgaben zu unterschlagen. All dies stellen wichtige Vorteile vor allem in Branchen mit großer Auftragsunsicherheit oder hohem Wettbewerbsdruck dar.

Eine (legale) Strategie tschechischer Unternehmer, ausländische Arbeitskräfte anzuwerben, ist, in Stellenanzeigen den tschechischen Mindestlohn als Arbeitslohn anzugeben (2002: 5.500 Kronen, etwa 183 Euro). Dieser Monatslohn ist kaum höher als die Sozialhilfe[9]. Ziel der Unternehmer ist es, den Arbeitsplatz für Tschechen unattraktiv zu machen, um eine ausländische Arbeitskraft anstellen zu können.

Empirische Untersuchungen zeigen, dass Arbeitsmigranten aus Ostmittel- und Osteuropa[10] seit Anfang der 1990er Jahre niedrig qualifizierte Arbeiten übernehmen, die zudem unsicher, schwer und meist schlecht bezahlt

sind (Horáková, Čerňanská 2001). Ihre Position am tschechischen Arbeitsmarkt ist schwach, wie niedrige Löhne und die Verteilung auf Berufszweige
(vorwiegend in der Industrie, Baugewerbe sowie Berg- und Tagebau) zeigen.
Diese schwache Position spiegelt sich in schlechten Wohnbedingungen und
insbesondere in den starken Beschränkungen beim Arbeitsmarktzugang wider. Die Beschränkung der Arbeitserlaubnis auf ein konkretes Arbeitsverhältnis verdeutlicht die Grenzen des Zugangs zum regulären Arbeitsmarkt der
ostmittel- und osteuropäischen Arbeitskräfte. Horáková und Čerňanská
(2001) kommen in ihrer Untersuchung zu dem Ergebnis: „Falls geeignete
Bedingungen für eine Integration von Ausländern in der tschechischen Gesellschaft, vor allem auf dem Arbeitsmarkt, geschaffen werden, bestehen
keine Zweifel über das Interesse einer dauerhaften Ansiedlung derjenigen,
die bereits in Tschechien arbeiten" (Horáková, Čerňanská 2001: 21).

Die wichtigste Gruppe ostmittel- und osteuropäischer Arbeitsmigranten
auf dem sekundären Arbeitsmarkt in Tschechien (Drbohlav 1997: 56) stammt
aus der Ukraine. Empirische Untersuchungen über ukrainische Arbeitsmigranten in Tschechien (Drbohlav 1997; Drbohlav et al. 1999; Drbohlav,
Lupták 1999)[11] stellen fest, dass diese wenig qualifizierte und niedrig ent-
lohnte Tätigkeiten ausführen. Sie sind vorwiegend Männer unter 35 Jahren
aus der West- oder mittleren Ukraine, die in Tschechien zu einem großen
Teil im Baugewerbe arbeiten. Drbohlav kommt zu dem Ergebnis, dass ukrainische Arbeiter die typischen Vertreter des tschechischen Sekundärarbeits-
markts darstellen (1997: 56). 73 v.H. aller befragten ukrainischen Migranten
(1995/96) gaben ihre Tätigkeit mit „Hilfsarbeiter" oder „Arbeiter" an. Diese
Zahl bleibt bei einer späteren Befragung (Drbohlav et al. 1999) gleich.
62 v.H. aller Befragten arbeitete mehr als zwölf Stunden am Tag (in der Untersuchung von 1999 arbeiteten 82 v.H. zwischen acht und zwölf Stunden).
40 v.H. bewerten die Arbeitsbedingungen als „schwer" oder sogar als „un-
menschlich" (im Jahr 1999 liegen die Antworten in dieser Kategorie bei
48 v.H.). Die Hälfte aller Befragten gibt an, keine freien Tage zu haben (im
Jahr 1999 sind dies nur 32 v.H.). Zudem waren die Löhne der Befragten
relativ niedrig (80 v.H. der Befragten gaben einen monatlichen Lohn von
8.000 Kronen [etwa 266 Euro] oder weniger an). Durchschnittlich lagen die
Löhne bei den Befragten im Jahr 1999 um 3.000 Kronen höher, und damit in
beiden Zeiträumen etwa 40 v.H. unter dem tschechischen Durchschnittslohn
(Bedzir 2001: 283). Trotz einiger Unterschiede in den Ergebnissen aus den
Jahren 1995/96 und 1999 dokumentieren die Befragungsergebnisse die
schwache Position ukrainischer Arbeitsmigranten auf dem tschechischen
Arbeitsmarkt[12]. Im Vergleich zu Slowaken, die häufig über Dauerjobs und
einen verfestigten Aufenthaltsstatus verfügen, die täglich oder wöchentlich in
grenznahe Gebiete pendeln und die zu den vergleichsweise privilegierten

ausländischen Arbeitskräften in Tschechien zählen, markieren Ukrainer im „low-skilled-low-paid"-Sektor ohne Arbeitsvertrag und arbeitsrechtliche Absicherung den unteren Rand der tschechischen Beschäftigungshierarchie (Drbohlav 2000: 179).

Trotz dieser schwierigen Arbeits- und Lebensbedingungen, dem begrenzten Arbeitsmarktzugang und der zunehmend restriktiveren politischen Zuwanderungsregulierungen zeigen die Untersuchungen, dass es sich bei der ukrainischen Arbeitsmigration nicht um ein vorläufiges und kurzfristiges Phänomen handelt, sondern diese Arbeitskräfte mittlerweile eine Konstante auf dem tschechischen Arbeitsmarkt darstellen (Drbohlav et al. 1999: 33).

Neben dem Arbeitsmarkt ist die geographischen Nähe von Herkunfts- und Zielregion ein wichtiger Pull-Faktor (zwischen Tschechien und der Ukraine verkehren täglich Nachtbusse und Züge). Insbesondere der Sachverhalt, dass Tschechien und die Ukraine *keine* gemeinsame Grenze verbindet (und in der Slowakischen Republik nahezu keine ukrainischen Migranten arbeiten) kann als wichtiger Hinweis auf die Bedeutung der „buffer zone" gewertet werden.

„Sprachliche Nähe" als Pull-Faktor spielt zudem eine wichtige Rolle (Wallace, Palyanitsya 1995: 102). Ukrainer können sich Grundkenntnisse der tschechischen Sprache auf Grund der Sprachverwandtschaft unter den slawischen Sprachen relativ einfach aneignen und haben auf diese Weise Zugang zum alltäglichem Sprachgebrauch (am Arbeitsplatz, im Umgang mit den Behörden usw.).

Traditionelle Verbindungen zwischen dem heutigem Territorium der Tschechischen Republik und den Gebieten der Westukraine[13], die seit dem Ende des 18. Jahrhunderts gemeinsam zur Habsburger Monarchie gehörten, verweisen auf eine historische Dimension der neuen Wanderungsbewegungen zwischen Ukraine und Tschechien (Zylinskyj, Kočík 2001)[14].

Push-Faktoren ukrainischer Arbeitsmigration können verdeutlichen, warum die Ukraine als „main migration-sending country" (Bedzir 2001: 277) in Osteuropa gilt. Nach Auflösung der Sowjetunion und mit der ukrainischen Unabhängigkeit im Jahr 1991 konnten Reformen die wirtschaftlichen Probleme in der Ukraine nicht lösen: „For the ordinary citizens they have resulted in plunging incomes, galloping inflation and shortage of various kinds of goods at affordable prices, which could not be substituted by expensive imports" (Bedzir 2001: 278).

Zwar blieben im Verlauf der 1990er Jahre die offiziellen Arbeitslosenzahlen (1998 3,7 v.H.; EBRD 1999) niedrig, doch wurden viele Ukrainer in unbezahlten ,Zwangsurlaub" geschickt oder Industriebetriebe auf Kurzarbeit umgestellt. Ende der 1990er Jahre waren auf diese Weise 50 bis 60 v.H. der ukrainischen Bevölkerung von Arbeitslosigkeit direkt betroffen.

Gehälter wurden vor allem im öffentlichen Sektor, der nach wie vor die meisten Arbeitsplätze in der Ukraine stellt, nicht gezahlt (Bedzir 2001: 278). 80 v.H. aller ukrainischen Arbeiter bekamen ihren (teils unvollständigen) Lohn im Jahr 1997 mit einer Verspätung von 2 bis 6 Monaten. Insgesamt ein Drittel aller ukrainischen Erwerbspersonen (8,5 Millionen Personen) - teils Arbeitlose, teils Beurlaubte - gingen Mitte der 1990er Jahre einer Arbeit in der Schattenwirtschaft nach, die einen großen Bereich wirtschaftlicher Aktivitäten in der Ukraine ausmacht (Drbohlav, Lupták 1999: 16): Die wachsende Schattenwirtschaft im Jahre 1996 „constitutes up to 60 per cent of the economy. The sum of money circulating within the black economy is six times bigger than the sum of money which ensures the functions of the legal economy" (Drbohlav, Lupták 1999: 14).

Nach Russland ist die Ukraine Ende der 1990er Jahre derjenige Transformationsstaat der Region mit der höchsten Armut: 65 v.H. der Bevölkerung lebt unter der Armutsgrenze (EBRD 1999). Die Hyperinflation der Jahre 1992 bis 1995 hat den Wert der Pensionen und Sozialrenten trotz mehrmaliger Anpassungen ausgehöhlt. Obwohl die Renten seit 1994 durch Sozialhilfe ergänzt werden, liegt der Wert beider Zahlungen zusammen noch 25 v.H. unter der Armutsgrenze und die sozialen Hilfen für Familien und Kinder decken nur 15 v.H. des Mindestbedarfs an Lebensmitteln (UNDP 1996).

Während der monatliche Durchschnittslohn 1994 in der Tschechischen Republik bei 250 USD lag, betrug dieser Wert in der Ukraine im selben Jahr nur 10 bis 15 USD (Wallace, Palyanitsya 1995: 103). Zwar sind die Einkünfte seit dem gestiegen, doch gemessen am Bruttoinlandsprodukt (BIP) pro Kopf liegt die Ukraine mit jährlich 846 USD (1999) am unteren Rand im Vergleich aller ostmittel- und osteuropäischen Transformationsstaaten; in Tschechien liegt das BIP pro Kopf sechs mal höher als in der Ukraine (Bedzir 2001: 278).

Grenzüberschreitende Mobilität kann vor diesem Hintergrund als wichtige Strategie zur Sicherung des wirtschaftlichen Überlebens gesehen werden. Die Gründe für Migration sind komplex, die aufgeführten Push- und Pull-Faktoren können jedoch den regionalen, historischen, wirtschaftlichen und politischen Kontext skizzieren, in dem sich für Ukrainer in den vergangenen Jahren Formen und Strukturen wirtschaftlich motivierter Migration herausgebildet haben.

Ukrainer in Tschechien: Formen, Strukturen, Folgen

Die nachhaltige Präsenz ukrainischer Arbeitsmigranten in den 1990er Jahre konnte sich vor dem Hintergrund der Wechselwirkungen eines tschechischen Sekundärarbeitsmarktes, der geographischen Nähe beider Staaten und der wirtschaftlichen und sozialen Lage in der Ukraine sowie einer Reihe weiterer Faktoren entwickeln. Wie oben gezeigt wurde, bildet der „falsche Tourist" eine neue Form der Wanderungsbewegungen in Ostmittel- und Osteuropa. Als wirtschaftliche Strategie grenzüberschreitender Mobilität hat sich diese temporäre und zirkuläre Form der Migration vor dem Hintergrund der Bewegungs- und Reisefreiheit - also der Durchlässigkeit der Grenzen in Ostmitteleuropa - im Verlauf der 1990er Jahre etabliert (Stola 2001: 84ff.; Okólski 2001: 105ff.). Im Folgenden wird gezeigt, dass die neue Begrenzung der Reisefreiheit durch Visa diese Migrationsform nicht beschränkt, sondern im Gegenteil fördert. Zudem wird die Rolle informeller Migranten-Netzwerke und kommerzieller Arbeitsvermittler in Tschechien verdeutlicht.

Die empirische Basis liefern Interviews mit ukrainischen Arbeitsmigranten in Tschechien, die der Autor dieses Beitrags im Rahmen einer Forschungsarbeit über Funktionen sozialer Netzwerke im ukrainisch-tschechischen Migrationskontext durchgeführt hat und aus denen im Folgenden Zitate verwendet werden. Zu den Quellen zählen zudem Gespräche mit Mitarbeitern des Ministeriums für Arbeit und Soziales der Tschechischen Republik, der Fremden- und Grenzpolizei der Tschechischen Republik und tschechischen Migrationsexperten (Dušan Drbohlav, Milan Lupták).

Quasi-Legalität: Formen der Grenzüberschreitung

Mit der Visums-Einführung im Jahr 2000 gehen die Zahlen registrierter Arbeitsmigranten aus der Ukraine drastisch zurück (vgl. Tabelle 2). Der deutliche Rückgang der langfristigen Aufenthaltsgenehmigungen um 17.000 spiegelt scheinbar den Erfolg dieser restriktiven Maßnahmen politischer Regulierung internationaler Migration wider. Jedoch vermuten Experten nicht das Ausbleiben dieser Migranten, sondern sie gehen vor allem für ukrainischer Arbeitsmigranten von einem Wechsel in die Illegalität ab dem Jahr 2000 aus.

Tabelle II: Wirtschaftlich motivierte Ukrainer und Ukrainer mit Daueraufenthalt (15 Jahre) in der Tschechischen Republik 1991 bis 2001 (31. Dezember)[15]

Jahr	Arbeitserlaubnis	Gewerbeschein	Gesamt	Langfristige Aufenthaltsgenehmigung/ Visum über 90 Tage	Daueraufenthaltsgenehmigung	Gesamt
1991	240	-[16]	240	-	-	-
1992	4 607	-	4 607	-	-	-
1993	7 745	-	7 745	-	-	-
1994	12 682	-	12 682	12 667	1 563	14 230
1995	26 748	809	27 557	26 038	2 120	28 158
1996	42 056	2 670	44 726	43 534	2 769	46 303
1997	25 166	8 696	33 862	38 770	4 632	43 402
1998	19 255	9 942	29 197	46 444	6 240	52 684
1999	16 646	19 521	36 167	58 093	7 790	65 883
2000	15 753	21 402	37 155	41 438	8 774	50 212
2001	17 473	21 590	39 063	41 916	9 909	51 852

Quellen: ČSU 2001: 21, Horáková 2002b

Es lässt sich zeigen, dass während die Zahlen der Personen mit Arbeitserlaubnis (und Aufenthaltsgenehmigung) bis 1996 mitunter erheblich anstiegen, ein deutlicher Zuwachs der Gewerbeanmeldungen (mit Aufenthaltsgenehmigung) erst ab 1997 begann. Die Abnahme der Arbeitserlaubnisse seit dem Jahr 1997 bei gleichzeitiger Zunahme der Gewerbeanmeldungen deutet auf eine Verschiebung von Arbeitserlaubnis zu Gewerbeanmeldung hin.

Mehrere Gründe sprechen für diesen Wechsel zur Gewerbeanmeldung[17]: Ein bilaterales Abkommen zum Arbeitskräfteaustausch zwischen der Ukraine und Tschechien trat zu Beginn des Jahre 1997 mit dem Ziel in Kraft, die Zahl ukrainischer Arbeitsmigranten zu regulieren sowie gegen die illegale Erwerbstätigkeit von „falschen Touristen" anzugehen (Horáková 2000: 15). Die Regelung sieht vor, ein je nach Arbeitsmarktlage angepasstes Kontingent ukrainischer Arbeitskräfte pro Jahr in Tschechien zur Arbeit zuzulassen. Im Jahr 2002 wurde diese Quote auf 30.000 Personen festgelegt, doch nur etwa 15.000 ukrainische Arbeitskräfte nutzten diesen Weg, sich legal in Tschechien Arbeit zu suchen. Auch die Jahre zuvor wurde das jeweilige Limit nicht erreicht.

Zwei Gründe dafür, dass diese Quote trotz hoher ukrainischer Nachfrage nach Arbeit in Tschechien nicht ausgeschöpft wird, sind die bürokratisch langwierigen Prozedur der Antragsbearbeitung, die in der Regel ein halbes

Jahr dauert „and furthermore, the whole process of asking about a permit is accompanied with corruption in the Ukraine" (Drbohlav, Lupták 1999: 40).

Insbesondere lange Wartezeiten stehen dem kurzfristigen Wanderungsverhalten der meisten Ukrainer entgegen. Der „short-term"-Charakter zirkulärer Arbeitswanderungen in Ostmittel- und Osteuropa dominiert auch in der Ukraine. Bei dieser temporären Migration ist die Dauer der Arbeitsaufenthalte im Ausland meist nicht länger als drei oder sechs Monate (Bedzir 2001: 277; Frejka et al. 1999; Okólski 2001: 116ff.). Die lange Antragsbearbeitung im Rahmen des Arbeitskräfteaustauschabkommens erfordert eine Planbarkeit zukünftiger Arbeitsaufenthalte in Tschechien. Dem stehen die oft kurzfristigen Antrittsanforderungen eines auf Flexibilität angewiesenen tschechischen Sekundärarbeitsmarktes entgegen. „It was clearly stated by respondents, that problems due to this ‚non-functioning agreement' lead Ukrainians to either switch to a ‚trade license' which is much easier for a foreigner to obtain, or to simply enter the black market and operate illegally in the country" (Drbohlav, Lupták 1999: 40).

Neben der Form „falscher Tourist" lässt sich für den tschechisch-ukrainischen Migrationskontext demnach seit Mitte der 1990er Jahre der „Quasi-Unternehmer" beobachten. Unter „Quasi-Unternehmer" können Migranten gefasst werden, die auf der Grundlage einer Gewerbeanmeldung in Tschechien mit einer langfristigen Aufenthaltsgenehmigung einreisen, um vor Ort illegal als abhängig Beschäftigte zu arbeiten. „Ukrainian quasi-businessmen are those workers who were provided with trade licenses, but whose working regimes in fact resemble what is typically considered that of classical employees (these are really ‚hidden employees') They are active in the same kind of occupation (‚unqualified employees' in various sectors of economy) as ‚normal employees'" (Drbohlav 2002a: 17). „Quasi-Unternehmer" und „falscher Tourist" können als *quasi-legale* Formen der Migration gefasst werden.

Nach der Visums-Einführung ist demnach die Zahl der „falschen Touristen" und „Quasi-Unternehmer" nicht zurückgegangen, sondern diese beiden Migrationsformen konnten noch an Bedeutung gewinnen. Denn: Bürger aus der Ukraine, die auf der Grundlage eines Visums und einer Arbeitserlaubnis in Tschechien arbeiten, können ihren Arbeitsplatz nicht wechseln; endet das Arbeitsverhältnis, müssen sie Tschechien verlassen und können nur außerhalb Tschechiens erneut ein Visum beantragen (Horáková, Čeřňanská 2001: 13). Insbesondere dieser limitierte Zugang zum regulärem Arbeitsmarkt kann als zentrales Argument für einen prosperierenden informellen Arbeitsmarkt gesehen werden.[18] Bei anhaltender Nachfrage nach Billigarbeitern auf dem tschechischen Sekundärarbeitsmarkt lässt sich trotz der Visums-Einführung auch in Zukunft eine konstante Zuwanderung ukrainischer Arbeitsmigranten

erwarten (Bedzir 2001: 291; Drbohlav 2000: 181). Wichtiger als der Zugang
zu legaler Erwerbstätigkeit ist demnach der Zugang zum Territorium der
Tschechischen Republik. Kosten und Zeitaufwand, ein so genanntes Touri-
sten-Visum („Visum bis 90 Tage") zu erhalten, sind relativ gering. Solange
„falsche Touristen" innerhalb der 90-Tage-Frist aus Tschechien ausreisen
und eine illegale Erwerbstätigkeit verdeckt halten können, kann diese Form
der Migration beliebig wiederholt werden. Als „Quasi-Unternehmer" können
Arbeitsmigranten unabhängig von Fristen innerhalb eines Jahres zu mehreren
Arbeitsaufenthalten nach Tschechien reisen, ohne Probleme bei der Ein- und
Ausreise fürchten zu müssen.[19]

Migranten-Netzwerke und Arbeitsvermittler

Ein entscheidender Faktor für die Entstehung und den Verlauf von Arbeitsmigration ist der individuelle Zugang zu einer Arbeitsmöglichkeit im Ausland. Dieser Zugang ist durch Netzwerke sozialer Beziehungen zwischen
Personen im Herkunfts- und im Zielland beeinflusst (Fassmann et al. 1995;
Gurak, Cases 1992: 153). Die Zuwanderung ukrainischer Arbeitsmigranten
konnte sich im Verlauf der 1990er Jahre zu einer Konstante in Tschechien
entwickeln, unter anderem weil sich informelle Netzwerke ukrainischer Arbeitsmigranten in Ukraine und Tschechien als eine wichtige transnationale
Struktur zirkulärer Wanderungsbewegungen etabliert haben (Bedzir 2001:
283f.; Drbohlav 1999: 240).

Für potentielle Arbeitsmigranten in der Ukraine lassen sich zwei Zugänge zu Arbeitsmöglichkeiten in Tschechien unterscheiden, die in der Regel
auch Zugänge zu Wohnmöglichkeiten darstellen. Der erste Zugang kommt
über private Kontakte zu Verwandten und Freunden zu Stande, die sich bereits in Tschechien aufhalten, als Remigranten in die Ukraine zurückgekehrt
sind oder sich zu einem Heimatbesuch in der Ukraine aufhalten. Über Tele-
fon oder im persönlichen Gespräch erhalten potentielle Arbeitsmigranten
bereits vor ihrer ersten Wanderung Informationen über die Bedingungen am
Zielort. Zudem können potentielle Migranten über ihre sozialen Beziehungen
am Zielort konkrete Unterstützungsleistungen wie Hilfe bei der Arbeits- oder
Wohnungssuche, emotionale Unterstützung, Unterstützung im Umgang mit
den Behörden usw. erhalten. Die Untersuchungen von Drbohlav (1997) und
Drbohlav et al. (1999) liefern Hinweise auf die Etablierung von Netzwerk-
strukturen im Kontext ukrainischer Arbeitsmigration in Tschechien: Für
71 v.H. der ukrainischen Befragten waren Verwandte und Freunde die wichtigste Informationsquelle für mögliche Arbeitsaufenthalte in Tschechien.
61 v.H. empfahlen Verwandten und Bekannten zum Arbeiten nach Tschechien zu fahren (Drbohlav 1997). Zu ähnlichen Ergebnissen kamen Drbohlav

et al. (1999). Auch Interviews mit ukrainischen Arbeitsmigranten, die Ende des Jahres 2002 in Prag geführt wurden, zeigen die Bedeutung von Informationen und Unterstützungsleistungen von Personen am Zielort:

„Über die Freunde hab' ich die Arbeit gefunden, ja. [...] Für Übernachtung war auch schon gesorgt, bei einem Kumpel, der hier gearbeitet hat" (Michal, 34 Jahre, Maurer).

„Ich wusste, ich fahr hier her, und am Bahnhof warteten auf mich schon die Eltern, die haben mich dann mitgenommen, ich hatte etwas zum Wohnen, ich hatte Arbeit. Der Kontakt nach Tschechien war nur über meine Eltern. Ich kam hier nicht einfach so an, also, ich kam nicht an, mit einer Tasche, bin ausgestiegen, und was nun? Das nicht. [...] Also allein deshalb, weil ich hier die Eltern hatte, gerade deshalb kann ich sagen, dass ich hier ankam, wie in eine fertige Situation, alles war schon fertig, ja, fürs Arbeiten, zum Wohnen, für alles halt. Ich kam hier her und alles war schon fertig, so kann man das sagen. Ich hatte keine Sorgen mit gar nichts, dass ich mir, ich weiß nicht, zum Beispiel eine Bleibe suchen muss, oder, dass ich eine Nacht im Park übernachten muss, das nicht, das nicht" (Ivan, 27 Jahre, Zahnmedizinstudium, arbeitet auf Baustellen).

„Ich hab' mich dafür entschieden hier nach Prag zu kommen, ich hatte hier Verwandte. Es war mit ihnen abgesprochen, dass ich hier Arbeit habe, also bin ich direkt wegen dieser Arbeit hier her gekommen. [...] Wie das hier aussieht, darüber haben mich meine Verwandten informiert, auch wie das alles laufen soll mit Arbeit und Wohnen, so dass ich darüber etwas wusste. Es gab also keine Überraschung für mich, in irgendeiner neuen Stadt zu sein, das lief alles ganz in Ordnung. [...] Das war alles vorbereitet, ich musste nur noch kommen" (Roman, 27 Jahre, Koch).

Einen zweiten Zugang zu Arbeits- und Wohnmöglichkeiten in Tschechien bieten kommerzielle Arbeitsvermittler (meist ohne die erforderliche Vermittlungslizenz), die über Mittelsmänner in der Ukraine verfügen. Mittelsmänner und Arbeitsvermittler sind in der Regel Ukrainer. Während sich Arbeitsvermittler in Tschechien aufhalten und dort ukrainische Arbeitskräfte meist illegal als Leiharbeiter an Unternehmen vermitteln, stellen ihre Mittelsmänner die Verbindung zu potentiellen Arbeitsmigranten in der Ukraine her. Dafür nutzen sie die Strukturen informeller Netzwerke von Freunden, Bekannten, Personen in der Herkunftsgemeinde oder Arbeitskollegen um Arbeitskräfte zu rekrutieren (Bedzir 2001: 284).[20] Neben einer „Vermittlungsgebühr" ziehen Arbeitsvermittler den über sie vermittelten Arbeitskräften für die Dauer ihrer Arbeitstätigkeit rund die Hälfte vom Stundenlohn ab.[21]

Arbeitsvermittler stellen Arbeitskräfte zur Verfügung, die Unternehmer in Tschechien flexibel, „just-in-time" beschäftigen und umgehend wieder entlassen können. Der Arbeitsvermittler erfüllt demnach eine Funktion als „Subunternehmer" gegenüber den Unternehmern in Tschechien. Dazu gehört, dass er gezielt vom Unternehmen gewünschte Qualifikationen bei der ‚Rekrutierung" ukrainischer Arbeitskräfte in der Ukraine berücksichtigt. Über ihren ersten Zugang zu Arbeit und Unterkunft über Mittelsmänner und Arbeitsvermittler berichten zwei ukrainische Migranten:

„Ich hab' einem Typen 150 Dollar gegeben, er hat mich hierher gefahren und hat mir Arbeit als Putzfrau in irgendeinem Hotel gegeben, und Unterkunft hat er mir gegeben, so hab' ich hier halt angefangen" (Žaneta, 27 Jahre, ehemalige Verwaltungsangestellte).

„Und über diese Firma in Tschechien hat er sozusagen Leute zur Arbeit in andere Firmen verliehen. [...] Und der Mensch, der bei uns in der Ukraine in der Fabrik gearbeitet hatte, ist nämlich derjenige, der die Leute hierher nach Tschechien bringt. Und je nach Bedarf hat er gefragt, welche Arbeitskräfte er braucht, in welchem Bereich, und solche Dinge. [...] Und ich hab' auch im Unterkunftshaus gewohnt, mit den Männern, und wir waren zu siebt im Zimmer" (Fevzi, 43 Jahre, Schweißer).

Sowohl die sozialen Beziehungen in Migranten-Netzwerken am Zielort als auch Arbeitsvermittler können den Zugang zu Arbeit und Unterkunft in Tschechien über mehrere Arbeitsaufenthalte und über Jahre hinweg sichern. Während einige Migranten berichten, dass sie bereits seit Jahren denselben Arbeitsvermittler aus der Ukraine anrufen, wenn sie in Tschechien arbeiten wollen, stellen andere die Bedeutung gegenseitiger Unterstützung und die Weitergabe nützlicher Informationen über Arbeitsmöglichkeiten in informellen Migranten-Netzwerken heraus.

„Wir machen das so untereinander, also, wenn ein Mädchen irgendeinen Bekannten hat, der ein Mädchen zum einstellen sucht, dann sagt er das halt, und ich ruf' dann jemanden an, von dem ich weiß, dass er keine Arbeit hat, das ist so von mir persönlich so, weil ich dann helfen will, aber das heißt noch lange nicht, dass das jeder so macht" (Žaneta, 27 Jahre, ehemalige Verwaltungsangestellte).

Eine andere Migrantin verweist zudem auf den transnationalen Charakter informeller Migranten-Netzwerke. Sie schildert, dass sie eine Arbeitsmöglichkeit über eine Bekannte aus ihrem 250 Einwohner zählenden Heimatdorf in der Westukraine erhalten hat.

„Das lief alles über die Menschen aus unserem Dorf, weil von unseren Mädchen aus unserem Dorf viele hier in Tschechien sind. Auch die Frau, die Urlaub machen wollte, war aus unserem Dorf, sie ist dann nach Hause gefahren, ich hab' ihren Platz eingenommen und hab' einen Monat gearbeitet. Dann ist sie zurückgekommen und ich bin wieder gegangen" (Olga, 29 Jahre, Schneiderin, arbeitet in einer Bäckerei).

Im Verlauf der 1990er Jahre haben sich zudem in Prag eine Reihe von „Treffpunkten" als Arbeits-, Wohn- und Informationsbörsen ukrainischer Arbeitsmigranten etabliert. Am ehemaligen Prager Messegelände trafen sich bis zum Jahr 1997[22] täglich bis zu 1.000 ukrainische Migranten, um sich von Arbeitsvermittlern oder tschechischen Privatleuten für Arbeit anheuern zu lassen, sich zu unterhalten oder mitgebrachte Briefe und Päckchen aus der Ukraine in Empfang zu nehmen oder Abreisenden mitzugeben. Seit dem Ende der 1990er Jahre gelten drei Kirchen in Prag, in denen ukrainische Messen abgehalten werden, als Treffpunkte sowie einige öffentliche Plätze, an denen sich kleinere Gruppen aufhalten.

Nationale Grenzen und ihre sozialen Folgen

Die im Verlauf der 1990er Jahre in Tschechien eingeführten Ab- und Ausgrenzungsmechanismen zur Erfüllung der Kriterien des Schengen *aquis*, wie die Schaffung eines restriktiven Zuwanderungsgesetzes, der Abschluss einer Reihe von Rücknahmeabkommen, die Verstärkung der Kontrollmaßnahmen an den Grenzen und im Landesinneren, haben Auswirkungen auf die soziale Lage von ukrainischen Arbeitsmigranten in Tschechien. Anders formuliert: Die politisch neu konstituierten Grenzen entfalten nicht allein an den territorialen Rändern Tschechiens ihre Wirkung, sondern sie manifestieren sich insbesondere in konkreten sozialen Folgen für ukrainische Arbeitsmigranten innerhalb der tschechischen Gesellschaft. Diese Folgen offenbaren sich am Deutlichsten in der formalen Ausgrenzung illegaler oder quasi-legaler Migranten. Ihnen ist der Zugang zum regulären tschechischen Arbeitsmarkt versperrt. Insbesondere auf Grund ihrer prekären rechtlichen Situation sind sie billige Arbeitskräfte ohne die Möglichkeit, arbeitsrechtliche Mindeststandards durchsetzen zu können. Die starke Abhängigkeit von ihren Arbeitgebern auf dem informellen Arbeitsmarkt setzt sie immer wieder Willkür aus. Diese formale Ausgrenzung ist neben ihrem Arbeitsalltag zudem in weiteren Bereichen ihres Lebens in Tschechien charakteristisch: Bei der Vermittlung von Arbeit, Unterkunft, Krankenversorgung oder Krediten hängen sowohl illegale als auch quasi-legale Migranten von der Unterstützung informeller Informationskanäle ab. Auf Grund ihrer formalen Ausgrenzung besteht für andere Gruppen und Personen die Möglichkeit, von dieser Situation zu profitieren. Die ‚Monopolstellung" ukrainischer Arbeitsvermittler, die Bauunternehmen und mittelständische Industriebetriebe in Tschechien nahezu flächendeckend mit ukrainischen Arbeitskräften „versorgen" und diesen Zugang zu Arbeitsmöglichkeiten für Stundenlohnabgaben „verkaufen", zeigt besonders deutlich die Ausbeutungssituation, in der sich Ukrainer in Tschechien häufig befinden.

Einen ähnlich institutionellen Charakter der Ausbeutung auf Grund formaler Ausgrenzung ukrainischer Migranten stellt das informelle ‚Grenzregime" an Tschechiens Grenzübergängen zu Polen und der Slowakischen Republik dar: Hat ein Migrant zum Zeitpunkt der Ausreise die reguläre Aufenthaltsdauer überschritten (wie es oft bei „falschen Touristen" der Fall ist), gilt die inoffizielle Regel, dass für jeden weiteren Monat 1.000 Kronen (etwa 33 Euro) in den Pass gelegt werden müssen. Mit dieser Bestechung von Grenzbeamten lässt sich der Stempel im Pass vermeiden, der ein spätere Wiedereinreise nach Tschechien verhindern würde.

Ukrainische Arbeitsmigranten in Tschechien; Foto: Daniel Satra 2003

Schlussbemerkungen

Kaum schien die politische Spaltung Europas überwunden, konnten bereits zu Beginn der 1990er Jahre unter Regie der EU Polen, Ungarn, Tschechische und Slowakische Republik zu einer „buffer zone", d.h. als neuer „Grenzraum" zwischen Ost- und Westeuropa formiert werden. Nachdem die neue Reisefreiheit nach der politischen Wende von 1989/90 in der Region Transitmigration und vor allem temporäre und zirkuläre Formen wirtschaftlich motivierter Migration ermöglicht hatte, wurden die politischen Grenzen in Richtung Osten durch eine Reihe von Ab- und Ausgrenzungsmechanismen erneuert und verstärkt: ein Netz von Rücknahmeabkommen mit den „bufferzone"-Staaten und über diese hinaus, die Durchsetzung des Schengen *aquis* und die zunehmenden Zuwanderungsbeschränkungen bei den EU-Beitrittskandidaten der anstehenden EU-Ost-Erweiterung sowie die verstärkte Kontrolle der Grenzen und innerhalb der jeweiligen Staaten.

Am Beispiel ukrainischer Arbeitsmigranten konnten die Auswirkungen der neuen politischen Grenzziehungen in Tschechien dokumentiert werden: Während der tschechische Sekundärarbeitsmarkt auf der einen Seite als wichtiger Pull-Faktor analysiert wurde, konnten Push-Faktoren den regionalen, historischen und wirtschaftlichen Kontext skizzieren, in dem sich die Formen und Strukturen wirtschaftlich motivierter Migration in der Ukraine entwickelt haben. Ukrainische Arbeitsmigranten finden mittels informeller Netzwerke einerseits und Arbeitsvermittler andererseits Zugang zum tschechischen Sekundärarbeitsmarkt, sowohl bei ihrer ersten Wanderung als auch im weiteren Verlauf der Wanderungen. Insbesondere die quasi-legalen Strategien grenzüberschreitender Mobilität wie „falscher Tourist" und „Quasi-Unternehmer" halten den notwendigen Zugang zum Territorium der Tschechischen Republik offen, trotz zunehmender Ab- und Ausgrenzungsmechanismen wie Visabestimmungen. Damit konnten zwei zentrale Bedingungen formuliert werden, welche die Annahme bestärken, dass auch in Zukunft ukrainische Arbeitswanderer Tschechien erreichen werden, insbesondere so lange die oben dargelegten Push- und Pull-Faktoren wirtschaftlich motivierter Migration weiter bestehen.

Die Auswirkungen für ukrainische Arbeitsmigranten offenbaren die sozialen Dimensionen der neuen nationalen, EU-orientierten Grenzpolitik Tschechiens: Für illegale und quasi-legale Migranten ist durch ihre formale Ausgrenzung der Zugang zum regulären Arbeitsmarkt verstellt. Sie haben keine Möglichkeit, arbeitsrechtliche Mindeststandards durchzusetzen und sie sind der Willkür ihrer Arbeitgeber und -vermittler sowie anderer Gruppen ausgesetzt. Die sozialen Folgen ihrer formalen Ausgrenzung betreffen neben dem Bereich Arbeit alle weiteren Lebensbereiche dieser Migranten.

Anmerkungen

1 Während die Tschechische Republik seit dem Jahr 2000 Visa für eine Reihe von Nicht-EU-Staaten wie die Ukraine, Weißrussland und andere ehemalige Sowjetrepubliken eingeführt hat, hat Polen erst im Oktober 2003 Visa für die Ukraine und weitere Staaten eingeführt.

2 Stola (2001) unterscheidet für die 1990er Jahre drei Gruppen von Transitmigranten in der ,buffer zone": Osteuropäer (insbesondere Rumänen, Bulgaren, Ukrainer, Moldawier und Armenier), Transitmigranten aus dem ehemaligen Jugoslawien (insbesondere während der Balkankriege 1991-93 und 1998/99) und als dritte Gruppe Asiaten und Afrikaner.

3 Der Begriff der „Illegalität" („illegal"/„Illegale") verweist hier entweder auf die Einreisebestimmungen, das Aufenthaltrecht oder das Arbeitsrecht. Nur der Verstoß gegen eines oder mehrere dieser Gesetze rechtfertigt den Begriff der „Illegalität". Illegalität gibt es nicht a priori, sondern ist immer von der herrschenden Rechtslage bestimmt (Alscher, Münz, Özcan 2001: 4). „Regulär" sind diejenigen Migranten mit gültigen Dokumenten (Aufenthaltsgenehmigung, Arbeitserlaubnis, Transitvisum, usf.). Sie sind gleichsam „legal", weil sie nicht gegen herrschendes Recht verstoßen.

4   Diese Zahl entspricht bei rund 10 Millionen tschechischen Bürgern 5 v.H. der
    Wohnbevölkerung und liegt damit ähnlich hoch wie der Anteil von Auslän-
    dern in Dänemark, Frankreich, Irland, den Niederlanden, Schweden, Norwe-
    gen oder Großbritannien (3 bis 6,3 v.H.; Drbohlav 2002b: 4).
5   Die Slowakische Republik verzeichnet seit dem kaum Zuwanderung: Sie umfasste
    etwa 1996 nur rund 6.000, und im Jahr 2000 nur rund 11.000 wirtschaftlich
    motivierte Migranten (Innenministerium Slowakische Republik, Wallace
    2001).
6   Horáková (2000, 21) beobachtet die Beschäftigung (regulärer und irregulärer)
    Arbeitsmigranten in Tschechien vorwiegend in folgenden Arbeitsmarktseg-
    menten: Baugewerbe, Land- und Forstwirtschaft, Dienstleistungen im Pflege-
    und Haushaltsbereich sowie in der Gastronomie, Textil- und andere Industri-
    en, Berg- und Tagebau.
7   Mit der Visums-Einführung wurde die vorherige Regelung des kurzfristigen und
    langfristigen Aufenthalts (i.e. „krátkodobý pobyt", „dlouhodobý pobyt") er-
    setzt. Die Zahlen zu Aufenthaltsgenehmigungen in den folgenden Tabellen
    beziehen sich bis zum Jahr 2000 auf die alte Regelung, wonach eine kurzfri-
    stige Aufenthaltsgenehmigung 180 Tage, ein langfristige über 180 Tage Auf-
    enthaltsrecht einschloss (ČSU 2000: 8).
8   Zwar gelten für ausländische Unternehmer und ausländische Arbeitskräfte jeweils
    die gleichen Rechte wie für tschechische Staatsbürger (Handelsrecht, Arbeits-
    recht, usf.). Jedoch haben ausländische Personen im Falle einer Arbeitslosig-
    keit oder eines Bankrotts kein Anrecht auf Sozialleistungen in Tschechien
    (Horáková 2001: 20ff).
9   Da die Höhe der Sozialhilfezahlungen in Tschechien auf Haushalte bezogen
    berechnet wird, kann hier keine konkrete Angabe gemacht werden.
10 Die Zahlen zu wirtschaftlich aktiven Personen aus Ostmittel- und Osteuropa
    zeigen im Verlauf der 1990er Jahre im Vergleich zu anderen wirtschaftlich
    motivierten Migranten-Gruppen (wie „Elitewanderern" aus dem Westen,
    Asiaten) den deutlichsten Anstieg. Sie stellen 75 v.H. aller wirtschaftlich mo-
    tivierten Migranten in Tschechien (ČSU 2001: 15ff).
11 Drbohlav (1997) befragte anhand eines quantitativen Fragebogens Ende der Jahre
    1995 und 1996 jeweils knapp 100 ukrainische Migranten in und um Prag so-
    wie in Mittelböhmen. Da keine Zahlen über Anzahl und Verteilung ukraini-
    scher Arbeitsmigranten (legal und illegal) in Tschechien vorlagen (und vorlie-
    gen), ist diese Untersuchung nicht repräsentativ. Drbohlav et al. (1999) be-
    fragten anhand eines Fragebogens Ende des Jahres 1999 100 ukrainische Ar-
    beitsmigranten in Prag und Umgebung (nicht repräsentativ) und ergänzten
    diesen quantitativen Forschungsteil durch (Informations-)Gespräche mit acht
    ukrainischen Unternehmern und zwölf ukrainischen Arbeitern in Tschechien.
    Beide Untersuchungen beziehen sowohl Personen mit als auch ohne legalen
    Aufenthalts- und Arbeitsstatus ein. Drbohlav, Lupták (1999) befragten im Jahr
    1998 86 tschechische Arbeits- und Gewerbeaufsichtsämter („job and trade
    centres").

12 Da allerdings beide Untersuchungen nicht repräsentativ sind, ist ein direkter Vergleich der Ergebnisse unzulässig. Die Antworten der einzelnen Untersuchungen können jedoch wichtige Hinweise liefern und helfen das Phänomen ukrainischer Arbeitsmigration in Tschechien zu ordnen.

13 Historisch ist die knapp 50 Millionen Einwohner zählende Ukraine in eine westliche und eine östliche Hälfte geteilt. In der östlichen Ukraine dominiert als Sprache Russisch, im westlichen Teil Ukrainisch (Bedzir 2001: 277).

14 Eine besondere Entwicklung hat die Region Transkarpatien in der heutigen Westukraine durchlaufen, die auf eine Reihe politischer Grenzziehungen zurückblickt und über die 1990er Jahre hinaus eine wichtige Herkunftsregion ukrainischer Arbeitsmigranten in Tschechien darstellt (Bedzir 2001: 277): Bis zum Jahr 1918 war Transkarpatien wie Böhmen und Mähren Teil der Habsburger Monarchie, gehörte daraufhin bis zum Jahr 1939 zur Tschechoslowakei, für kurze Zeit war sie im Jahr 1939 unabhängig, wurde während des Zweiten Weltkrieges an Ungarn angegliedert und gehört erst seit 1945 zur Ukraine.

15 Bis 1993 beziehen sich die Zahlen auf die ČSFR.

16 Für die mit einem Strich markierten Felder liegen keine Zahlen vor.

17 Drbohlav geht davon aus, dass die sinkenden Zahlen der Arbeitserlaubnisse nicht allein durch die steigenden Zahlen der Gewerbeanmeldungen kompensiert werden, sondern ein Teil dieser zuvor mit Arbeitserlaubnis legal in Tschechien arbeitenden Ukrainer in Schattenwirtschaft und Schwarzarbeit abgewandert sind.

18 Hier fehlen bisher jedoch empirische Untersuchungen, die Belege liefern könnten.

19 Im Gegensatz zu Grenzkontrollen sind Personenkontrollen von Migranten im Landesinneren bisher relativ selten und unsystematisch. Auch wenn sie nach 1997 verstärkt wurden, sind die stichprobenartigen Kontrollen, die von der Fremdenpolizei auf Grund von Personalmangel meist nur im Zusammenhang mit einem konkreten Verbrechen in der ‚Ausländer-Szene" durchgeführt werden, wenig effizient (Fremdenpolizei Tschechien 2002).

20 Bei der Untersuchung von Drbohlav (1997) in den Jahren 1995 und 1996 wurden 46 v.H. der Befragten bereits in der Ukraine von einem Mittelsmann zur Vermittlung von Arbeit in Tschechien kontaktiert, 1999 waren es 27 v.H. der Befragten (Drbohlav et al. 1999).

21 Drbohlav (1997) kommt zu dem Ergebnis, dass 97 v.H. aller befragten ukrainische Arbeitsmigranten in Tschechien auf der Basis von Stundenlöhnen bezahlt wurden.

22 Vermehrte Polizeieinsätze und häufigere Festnahmen von Ukrainern führten dazu, dass sich dieser Treffpunkt auflöste.

Literaturverzeichnis

Alscher, Stefan, Rainer Münz und Veysel Özcan (2001): Illegal anwesende und illegal beschäftigte Ausländerinnnen und Ausländer in Berlin. Lebensverhältnis, Problemlagen und Empfehlungen, Berlin.

Bedzir, Vasil: (2001): Migration from Ukraine to Central and Eastern Europe, in: Wallace, Claire und Dariusz Stola (Hrsg.): Patterns of Migration in Central Europe, Wien, S. 277-292.

ČSU [Tschechisches Amt für Statistik] (2001): Cizince v České republice (Ausländer in der Tschechischen Republik), Prag.

Drbohlav, Dušan, Milan Lupták, Eva Janská und Pavla Šelepová (1999): Ukrajinská komunita v České republice (Die ukrainische Community in der Tschechischen Republik), Prag.

Drbohlav, Dušan, Milan Lupták (1999): Labour Migration and Democratic Institutions in the Czech Republic: The Example of Ukrainian Workers, Forschungsbericht, Prag.

Drbohlav, Dušan, Eva Janská und Pavla Šelepová (2001): Ukrajinská komunita v České republice, in: Šišková, Tatjana (Hrsg.): Menšiny a migrace v České republice (Minderheiten und Migration in der Tschechischen Republik), Prag, S. 89-98.

Drbohlav, Dušan (1997): Imigranti v České republice. S důrazem na ukrajinské pracovníky a "západni" firmy operujicí v Praze (Immigranten in der Tschechischen Republik. Mit Fokus auf ukrainische Arbeiter und "westliche" Firmen, die in Prag operieren), Prag.

Drbohlav, Dušan (1999): International Migration and the Czech Republic, in: Hampl, Martin (Hrsg.): Geography of Societal Transformation in the Czech Republic, Prag, S. 223-242.

Drbohlav, Dušan (2000): Die Tschechische Republik und die internationale Migration, in: Fassmann, Heinz und Rainer Münz (Hrsg.): Ost-West-Wanderung in Europa, Wie, Köln und Weimar, S. 163-183.

Drbohlav, Dušan (2001a): Selected Research Activities in the Field of International Migration and Integration of Immigrants in the Czech Republic, in: Bundesinstitut für Bevölkerungsforschung (Hrsg.): Demographic and Cultural Specificity and Integration of Migrants, Wiesbaden, S.155-166.

Drbohlav, Dušan (2001b): Mezinárodní migrace v České republice v kontextu evropských integračních procesu (Internationale Migration in der Tschechischen Republik im Kontext europäischer Integrationsprozesse), in: Hampl, Martin (Hrsg.): Regionální vývoj: Specifika české transformace, evropská integrace a obecná teorie (Regionale Entwicklung: Die Spezifik der tschechischen Transfomation, der europäischen Integration und allgemeine Theorie), Prag, S. 99-126.

Drbohlav, Dušan (2001c): The Czech Republic, in: Wallace, Claire und Dariusz Stola (Hrsg.): Patterns of Migration in Central Europe, Wien, S. 203-226.

Drbohlav, Dušan (2002a): Immigration in the Czech Republic (with a Special Focus on the Foreign Labour Force), unveröffentlichtes Manuskript.

Drbohlav, Dušan (2002b): Migratory Trends in the Czech Republic: "Divergence or Convergence" vis-à-vis the Developed World?, in: Migracijske I etnicke teme, (Migration and ethnic themes), Nr. 18, 2-3, 167-176.

Fassmann, Heinz, Josef Kohlbacher und Ursula Reeger (1995): Die „neue Zuwanderung" aus Ostmitteleuropa: Eine empirische Analyse am Beispiel der Polen in Österreich, Wien.

Fassmann, Heinz und Rainer Münz (2000): Vorwort, in: Fassmann, Heinz und Rainer Münz (Hrsg.): Ost-West-Wanderung in Europa, Wien, Köln und Weimar, S. 7-10.

Fassmann, Heinz und Rainer Münz (2000): Vergangenheit und Zukunft der europäischen Ost-West-Wanderung, in: Fassmann, Heinz und Rainer Münz (Hrsg.): Ost-West-Wanderung in Europa, Wien, Köln und Weimar, S. 11-49.

Frejka, Tomas, Okólski Marek und Keith Sword (1999): In-Depth Studies on Migration in Central and Eastern Europe: The Case of Ukraine, New York und Genf.

Gurak, Douglas T. und Fe Cases (1992): Migration Networks and the Shaping of Migration Systems, in: Kritz, Mary, Lin Lean Lim und Hania Zlotnik (Hrsg.): International Migration Systems. A Global Approach, Oxford, S. 150-176.

Häußermann, Hartmut und Ingrid Oswald (1997): Zuwanderung und Stadtentwicklung, in: Häußermann, Hartmut und Ingrid Oswald (Hrsg.): Zuwanderung und Stadtentwicklung, Leviathan Sonderheft 17, Opladen und Wiesbaden, S. 9-29.

Horáková, Milada und Dušan Drbohlav (1998): Mezinárodní Migrace pracovních sil a Česká republika se zvláštním zaměřením na pracovní migraci Ukrajinců (Internationale Migration von Arbeitskräften und die Tschechische Republik mit besonderem Fokus auf ukrainische Arbeitsmigranten), in: Demografie, 40, Bd. 1, S. 27-38.

Horáková, Milada und Danica Černanská (2001): Zaměstnávání cizinců v České republice. Záverečná zprava z empirického šetření (Ausländerbeschäftigung in der Tschechischen Republik. Abschlussbericht einer empirischen Untersuchung), Prag.

Horáková, Milada (2000): Legal and Illegal Labour Migration in the Czech Republic: Background and Current Trends, ILO-Working-Paper für Informal Network on Foreign Labour in Central and Eastern Europe, Genf.

Horáková, Milada (2001): Zaměstnávání cizinců v České republice. Integrace cinzinců na trhu prace v České republice (Ausländerbeschäftigung in der Tschechischen Republik. Die Integration von Ausländern auf dem Arbeitsmarkt der Tschechischen Republik), Prag.

Horáková, Milada (2002a): Mezinárodní pracovní migrace v ČR (Internationale Arbeitsmigration in der ČR), Heft 9, Forschungsinstitut für Arbeit und Soziales, Prag.

Horáková, Milada (2002b): Trendy ve vývoji mezinárodních pracovních migrací v České republice (Trends in der Entwicklung internationaler Arbeitsmigration in der Tschechischen Republik), Prag.

Horálek, Milan (2001): Economic and Social Transformation in the Czech Republic between 1990 and 1997, in: Hönekopp, Elmar, Stanislawa Golinowska und Milan Horálek (Hrsg.): Economic and Labour Market Development and International Migration - Czech Republic, Poland and Germany, Nürnberg, S. 217-278.

MSVP (2002): Vyhodnocení pusobení cizinců na trhu práce v ČR (Auswertung der Teilnahme von Ausländern auf dem Arbeitsmarkt der Tschechischen Republik), interne und unveröffentlichte Studie des Ministeriums für Arbeit und Soziales der Tschechischen Republik (MSVP ČR), Prag.

OECD (1995): The Labour Market and Policy Reform in Ukraine: An Overview, Paris.

Okólski, Marek (2001): Imcomplete Migration: A New Form of Mobility in Central and Eastern Europe. The Case of Polish and Ukrainian Migrants, in: Wallace, Claire und Dariusz Stola (Hrsg.): Patterns of Migration in Central Europe, Wien, S. 105-128.

Stola, Dariusz (2001): Two Kinds of Quasi-Migration in the Middle Zone: Central Europe as a Space for Transit Migration and Mobility for Profit, in: Wallace, Claire und Dariusz Stola (Hrsg.): Patterns of Migration in Central Europe, Wien, S. 84-104.

UNDP [Ukraine Human Development Report] (1996): Ukraine. Habitat and the Human Environment, Kiew.

Wallace, Claire und Andrii Palyanitsya (1995): East-West Migration and the Czech Republic, in: Journal of Public Policy, 15, S. 89-109.

Wallace, Claire und Dariusz Stola (2001): Patterns of Migration in Central Europe, in: Wallace, Claire und Dariusz Stola (Hrsg.): Patterns of Migration in Central Europe, Wien, S. 2-34.

Wallace, Claire (1997): The Eastern Frontier of Western Europe: Mobility in the Buffer Zone, Sociological Series, 12, Institute for Advanced Studies, Wien.

Wallace, Claire (2001): The New Migration Space as a Buffer Zone?, in: Wallace, Claire und Dariusz Stola (Hrsg.): Patterns of Migration in Central Europe, Wien, S. 73-83.

Zilynskyj, Bohdan und René Kočík (2001): Ukrajinci v České republice (Ukrainer in der Tschechischen Republik), in: Šišková, Tatjana (Hrsg.): Menšiny a migrace v České republice (Minderheiten und Migration in der Tschechischen Republik), Prag, S. 81-88.

Grenzregion Ostpolen und die EU-Außengrenze: Brücke oder Trennlinie?

Stefan Alscher

Als am 30. Juli 2002 Vertreter der polnischen Regierung und der Europäischen Union die Beitrittsverhandlungen im Kapitel 24 „Justiz und Inneres" abschlossen, war eine der größten Hürden auf Polens Weg in die EU beiseite geräumt. Gleichzeitig zeichnete sich aber auch die Errichtung neuer Hürden ab, jedoch nicht für Polen, sondern für seine östlichen Nachbarn. Um den Besitzstand des in die EU-Verträge transferierten Schengener Abkommens übernehmen zu können, muss die polnische Ostgrenze stärker als bisher abgesichert und die visafreie Einreise für Bürger der östlichen Nachbarstaaten Polens abgeschafft werden.

Dabei dauerte die relative Freizügigkeit an der polnischen Ostgrenze nur wenige Jahre. Erst nach dem Zusammenbruch der Sowjetunion wurden die befestigten Grenzanlagen auf sowjetischer Seite geöffnet und Reisefreiheit ermöglicht. 15 Jahre nach der Wende von 1989-91, voraussichtlich im Mai 2004, wird nun die Europäische Union um zehn Staaten erweitert, acht davon waren Teil des sowjetischen Einflussbereiches. Die Osterweiterung der EU sollte die Nachkriegsordnung endgültig beseitigen und die Trennung des europäischen Kontinents in Ost und West aufheben. Es scheint jedoch eher so, als ob östlich der Beitrittsstaaten eine neue Trennlinie gezogen wird.

Dieser Artikel soll einen Überblick über die polnische Ostgrenze geben, wobei das Hauptaugenmerk auf der Grenzregion zwischen Polen, der Ukraine und Weißrussland liegt.[1] Im Vordergrund stehen dabei die Entwicklung der grenzüberschreitenden Beziehungen zwischen den Nachbarstaaten sowie die Chancen und Risiken für die Region nach Abschluss der Osterweiterung. Ein Schwerpunkt liegt außerdem auf der polnischen Einwanderungs-, Asyl- und Grenzschutzpolitik im Zuge des EU-Beitrittsprozesses. Um die Entwicklungen an der polnischen Ostgrenze jedoch einordnen zu können, erfolgt zunächst ein kurzer historischer Aufriss dieser Region.

Ein historischer Exkurs

Die heutige Ostgrenze Polens ist weder eine „historisch gewachsene" Grenze noch ist sie nach ethno-nationalen Kriterien festgelegt worden. Vielmehr ist sie das Produkt von Entscheidungen, die – wie so oft in der polnischen Geschichte – außerhalb Polens getroffen wurden (Rogowska/Stepien 1997).

Die polnischen Grenzen sind im Laufe der letzten Jahrhunderte mehrmals verschoben worden. Nachdem Polen in der dritten Teilung (1795) unter den drei Mächten Russland, Österreich-Ungarn und Preußen aufgeteilt wurde, verschwand es sogar für 123 Jahre von der Landkarte Europas. Erst gegen Ende des ersten Weltkrieges wurde die polnische Republik, unterstützt vom 14-Punkte-Programm des US-Präsidenten Woodrow Wilson, wieder ins Leben gerufen. Es dauerte jedoch noch bis zum Vertrag von Riga (18.03.1921), bis die Staatsgrenzen Polens festgelegt wurden.[2] Bereits 18 Jahre später war wieder außerhalb Polens über die Zukunft des Landes entschieden worden. Nur wenige Tage vor dem Einmarsch der deutschen Wehrmacht in Polen unterzeichneten der Vorsitzende des Rates der Volkskommissare, Wjatscheslaw M. Molotow, und der deutsche Reichsaußenminister, Joachim von Ribbentrop, den als „Hitler-Stalin-Pakt" bekannten deutsch-sowjetischen Nichtangriffspakt. In einem geheimen Zusatzprotokoll planten die Unterzeichner die Aufteilung Polens in eine sowjetische und eine deutsche Interessenssphären, was kurz darauf grausame Wirklichkeit wurde.

Die Sowjetunion setzte sich noch vor dem Ende des Zweiten Weltkrieges auf der Konferenz von Teheran (28.11.1943) gegen die Proteste der polnischen Exilregierung damit durch, dass die von ihr annektierten Gebiete des vormaligen Ostpolens Teile der Sowjetunion bleiben und das polnische Territorium insgesamt nach Westen verschoben werden würde. Die Ostgrenze Polens sollte sich nach dem Willen der Sowjetunion an der so genannten „Curzon-Linie" orientieren, einer imaginären Grenzlinie, die 1919 vom britischen Außenminister George Nathaniel Curzon in die Debatte gebracht, aber zu jenem Zeitpunkt aufgrund des polnisch-sowjetischen Krieges nicht verwirklicht wurde.[3] Ende Juli 1944 verhandelte das gegenüber Stalin loyale „Polnische Komitee der nationalen Befreiung" (PKWN) mit der sowjetischen Seite über die endgültige Ausgestaltung des Grenzverlaufs.[4] Die Konferenzen von Jalta und Potsdam bestätigten den Grenzverlauf entlang der Curzon-Linie, so dass der polnisch-sowjetische Grenzvertrag schließlich am 16. August 1945 in Moskau unterschrieben und daraufhin zunächst von der Sowjetunion sowie am 31. Dezember 1945 vom polnischen Landesnationalrat ratifiziert werden konnte.

Flucht, Vertreibung und Umsiedlung

Sowohl vor als auch nach der endgültigen Festlegung der Grenze kam es beiderseits der Curzon-Linie zu Fluchtbewegungen, Vertreibungen und Zwangsumsiedlungen. Auf der westlichen Seite der Linie lagen ukrainische sowie weißrussische und auf der östlichen Seite polnische Siedlungsgebiete. Abgesehen von den Fluchtbewegungen in den ersten drei Besatzungsjahren, ist zunächst die Flucht von polnischen Wolhyniensiedlern aus der Westukraine im Jahr 1943 zu erwähnen. Völkerrechtlich war die Westukraine zu diesem Zeitpunkt noch polnisches Territorium. Die Polen in Wolhynien und Ostgalizien waren zwar eine Minderheit, sie gehörten aber der dominierenden Schicht an. Während des Krieges kämpften sowohl die bürgerliche polnische Heimatarmee AK als auch die ukrainische Aufstandsarmee UPA für den Anschluss des Gebietes an ihre angestrebten Nationalstaaten. Nach dem Rückzug der deutschen Wehrmacht und vor der Ankunft der Roten Armee entstand ein Machtvakuum, dass die rivalisierenden Partisanengruppen zu füllen versuchten. Infolge der ukrainisch-polnischen Kämpfe flohen etwa 300.000 Polen über die Curzon-Linie nach Westen.

Die Westverschiebung Polens nach dem Kriegsende ging mit einer Trennung der Siedlungsgebiete einher. Um große Gruppen nationaler Minderheiten zu vermeiden, schlossen die Regierungen Polens und der Sowjetunion 1945 ein Abkommen zum Bevölkerungsaustausch, in dessen Rahmen Weißrussen und Ukrainer aus Polen in die entsprechenden Sowjetrepubliken und Polen aus Weißrussland und der Ukraine nach Polen umgesiedelt wurden. Sowohl im Falle der weißrussischen als auch der ukrainischen Sowjetrepublik wurden die Umsiedler zu einem großen Teil nicht direkt in den Grenzregionen, sondern weiter im Osten angesiedelt, in der Hoffnung, sie somit leichter assimilieren zu können.

Widerstand gegen die Zwangsumsiedlung regte sich vor allem in der Bergregion Südostpolens. In diesem Kontext entschied die kommunistische Partei- und Armeeführung Polens 1947, eine weitere Zwangsumsiedlung durchzuführen und somit den Widerstand auszudünnen. Im Rahmen der sogenannten „Aktion Weichsel" deportierte die polnische Armee etwa 150.000 ukrainische Siedler aus Südostpolen. Nach teilweise wochenlangen Irrfahrten wurden die Ukrainer in andere Regionen der Volksrepublik Polen gebracht, zu einem großen Teil auch in die ehemals deutschen Ostgebiete. Der Anteil der umgesiedelten Ukrainer durfte einen Bevölkerungsanteil von 10 v.H. nicht übersteigen.

Ein weiterer Bevölkerungsaustausch fand schließlich 1950 statt, als sowjetische Geologen reiche Braunkohlevorkommen in dem Grenzgebiet um die Stadt Sokal an der polnisch-ukrainischen Grenze fanden. Das Sokaler Gebiet wurde Teil der ukrainischen Sowjetrepublik, im Gegenzug erhielt Polen einen Teil der westlich des Flusses San gelegenen Bergregion Bieszczady. Noch vor dem Gebietstausch wurde die polnische Bevölkerung der Sokaler Region nach Polen und dementsprechend die ukrainische Bevölkerung aus dem Grenzzipfel von Ustrzyki in die ukrainische Sowjetrepublik umgesiedelt. Eine sich aus dieser Grenzverschiebung ergebende Anekdote war, dass die Eisenbahntrasse von Przemyśl nach Ustrzyki nach der neuen

Grenzziehung über sowjetukrainisches Gebiet führte: „Die Reisenden mussten geradezu surrealistische Härten auf sich nehmen, wollten sie das Gebiet
besuchen. Die Züge waren die ganze Zeit von Soldaten bewacht, Aussteigen
und aus dem Fenster Lehnen war verboten, es herrschte Fotografierverbot
zwischen Przemyśl und Ustrzyki" (Bachmann 1999).

Die Regionen beiderseits der polnischen Ostgrenze sind also von Grenzverschiebungen und damit einhergehender Flucht, Vertreibung und Zwangsumsiedlung geprägt. Gerade bei den älteren Generationen sind viele nicht in
der Region geboren. Soziologische Untersuchungen (z.b. Babin-
ski/Mucha/Sadowski 1997) ergaben, dass sich viele Bewohner der Grenzregion nicht zu ihrer Herkunft bekennen und ein von Komplexen geprägtes
Verhältnis zu den Bewohnern der anderen Seite der Grenze aufzeigen, zu
denen jedoch auch oft Verwandtschaftsbeziehungen bestehen. Daher wird in
diesem Zusammenhang auch von einem „Grenzgebiet mit unsicherer Identität" gesprochen (Bachmann 1999).

Minderheiten beiderseits der Grenze

Nach 1989 war sowohl in Polen als auch in Weißrussland und der Ukraine
ein Aufflammen von Minderheitenkonflikten zu beobachten. Die etwa
300.000 Personen zählende weißrussische Minderheit[5] wird von Teilen der
polnischen Mehrheitsbevölkerung des Separatismus verdächtigt. Dabei fehlen jegliche Anzeichen für etwaige separatistische Bewegungen, vielmehr ist
das Nationalbewusstsein bei den Weißrussen in Ostpolen nur sehr schwach
entwickelt (Sadowski 1997: 4 ff.). Dies ist u.a. auf die forcierte Assimilierung in der Zwischenkriegs- und Nachkriegszeit zurückzuführen. Die Weißrussen in Polen sind v.a. in der Wojewodschaft[6] Podlaskie (im Nordosten
Polens) angesiedelt und verfügen zum Teil über geschlossene Siedlungsräu-
me, wie etwa im Kreis Hajnówka. Hier wurde auch ein spezielles Grenzregime zur Erleichterung von Familienbesuchen an Feiertagen eingerichtet,
welches ausschließlich Bewohner der Grenzregion zum Grenzübertritt an
eigens dafür eingerichteten temporären Übergängen berechtigt. Es gibt sogar
Orte, in denen etwa der Friedhof auf der anderen Seite der Grenze liegt.
Weiterhin bestehen starke familiäre Beziehungen über die Grenze hinweg,
wobei sich diese nicht nur auf das unmittelbare Grenzgebiet beschränken,
sondern – infolge des Bevölkerungsaustausches von 1945 – teilweise weit
darüber hinaus reichen. Die Grenzöffnung 1989-91 trug ein Weiteres dazu
bei, die grenzüberschreitenden Kontakte neu zu beleben.

Auf der weißrussischen Seite der Grenze ist scheinbar ein Spannungs-
verhältnis zwischen öffentlicher Meinung und staatlichen Maßnahmen zu
verzeichnen. So zeigte eine im Jahr 2000 in der weißrussischen Oblast Bere-

sta durchgeführte Umfrage eine überwiegend positive Einstellung der Bevölkerung zum Nachbarland Polen (Bachmann 2000), andererseits jedoch beklagt die rund 400.000 Personen zählende polnische Minderheit in Weißrussland Diskriminierungen durch die weißrussische Regierung. Warschau
und Białystok sind die Zentren der weißrussischen Opposition – und die
Weißrussen polnischer Abstammung werden vom Lukaschenko-Regime als
Feinde des Systems betrachtet (Garsztecki 2000; Urban 1999). In den westlichen Grenzregionen der Ukraine und Weißrusslands hat sich die polnische
Sprache wiederum zur Modesprache der Jugend entwickelt. Gerade für die
junge Bevölkerungsgruppe stellt das Nachbarland Polen im Gegensatz etwa
zu den USA und Westeuropa einen näheren und verständlicheren Westen dar.

Obgleich dem offiziellen Diskurs zufolge die Ukraine und Polen ein besonderes Partnerschaftsverhältnis verbindet, ist auch hier der Ballast der
Vergangenheit weiterhin vorhanden sowie Vorurteile und Konflikte zu verzeichnen. Während in der südostpolnischen Stadt Przemyśl die Angst vor
einer „Ukrainisierung" umgeht, so befürchten die Bewohner der westukraini-
schen Stadt Lviv (Lemberg) eine „Repolonisierung". Diese Befürchtungen
drücken sich im Bau von Denkmälern aus, die den „ewig ukrainischen Charakter Lembergs" bzw. den „ewig polnischen Charakter von Przemyśl" darstellen sollen (Bachmann 1999). Das Besondere an beiden Städten sind historische Parallelen: In Przemyśl stellten zu Beginn des 20. Jahrhundert die
Ukrainer die Bevölkerungsmehrheit. Dies änderte sich in der Zeit zwischen
den beiden Weltkriegen, wobei die Polen zwar die Mehrheit in der Stadt
Przemyśl stellten, die Provinz um Przemyśl jedoch ukrainisch dominiert
blieb. Lviv bzw. Lemberg hingegen war vor dem Zweiten Weltkrieg eines
der bedeutendsten polnischen Kulturzentren, aber ebenfalls die Heimstätte
der ukrainischen Nationalbewegung. In beiden Städten lebt heutzutage nur
noch eine kleine Minderheit der jeweils ehemaligen Mehrheitsbevölkerung.
So ist etwa die polnische Bevölkerung Lembergs 1945 zu einem großen Teil
nach Wrocław (Breslau) umgesiedelt worden.

Die Ökonomie der Ameisen

Die Grenzregion hat nicht nur unter Vertreibungen und Umsiedlungen – und
deren Folgen – gelitten, sie leidet auch unter einer schwachen wirtschaftlichen Entwicklung. Gab es vor 1989/90 noch vereinzelt industrielle Großbe-
triebe in der Region, so mussten diese nach der Wende Konkurs anmelden
oder zumindest einen massiven Abbau von Arbeitsplätzen durchführen. Die
offiziell registrierte Arbeitslosigkeit liegt auf der polnischen Seite der Grenze
(Wojewodschaften Podlaskie, Lubelskie und Podkaparpaskie) bei 15-18%,
Schätzungen gehen jedoch von bis zu 30 v.H. Arbeitslosigkeit aus (Autoren-

kollektiv 2000). Das jährliche Pro-Kopf-Einkommen lag im Jahr 2000 zwischen 2.600 Euro (Bezirk Chełm-Zamość) und 3.600 Euro (Bezirk Białystok-Suwałki), was etwa 57 v.H. bzw. 75 v.H. des nationalen Durchschnitts entsprach (Polish Official Statistics 2002). Etwa 15 v.H. der Grenzbevölkerung lebt unter Bedingungen der Armut.

Die Strukturschwäche der Region reicht bis ins 18. und 19. Jahrhundert zurück. Zu jener Zeit war das heutige Ostpolen im russischen Teilungsgebiet, welches im Vergleich zum preußischen und zum österreichisch-ungarischen Teilungsgebiet v.a. hinsichtlich der Infrastruktur besonders unterentwickelt war. Die Auflösung des Wirtschaftsabkommens RGW/Comecon und der damit einhergehende Rückgang des grenzüberschreitenden Handels sowie die Streichung zahlreicher Subventionen seit 1990 stürzten die regionale Ökonomie in eine tiefe Krise. Die Betriebe, die vormals traditionell für Abnehmer in der Sowjetunion produzierten, mussten sich nun auf Exporte in den Westen umstellen.

Die Grenzöffnung zur Sowjetunion rettete die regionale Wirtschaft vor einem absoluten Kollaps. Die schnell einsetzende Versorgung des polnischen Marktes durch westliche Unternehmen füllte die Regale der Einzelhändler in ganz Polen, obgleich das Preisniveau wesentlich anstieg. Östlich der Grenze, in Weißrussland und der Ukraine, waren hingegen die Läden weiterhin mit wenigen Produkten bestückt, dafür aber mit einem vergleichsweise niedrigen Preisniveau. In der ersten Hälfte der 1990er Jahre entwickelte sich in diesem Kontext ein florierender grenzüberschreitender Kleinhandel. Ukrainische und weißrussische, aber auch russische und litauische Verkäufer brachten Produkte aus ihren Ländern nach Ostpolen, um sie dort gegen Devisen zu verkaufen. Man begann, von einem „Ameisenhandel" zu sprechen, da die Kleinhändler die Grenze mehrmals und vollbepackt überquerten. Zeitweise führte die polnische Nationalbank Beschränkungen im Devisentausch für Ausländer ein, um den Abfluss von Hartwährungsreserven zu vermindern. Ab Mitte der 1990er Jahre kam es aufgrund der Aufwertung des Złoty sowie der Liberalisierung des Handels und des Warenverkehrs in Osteuropa zu einer Umkehrung der Waren- und Geldströme. Bürger der östlichen Nachbarstaaten – sowie teilweise aus dem Kaukasus und noch weiter entfernten Regionen – kamen nun nach Polen, um westliche Produkte einzukaufen. Der grenzüberschreitende Kleinhandel wandelte sich zur Devisenquelle für Polen. Schätzungen zufolge wurde 1995 mit diesen Aktivitäten ein Gesamtumsatz von bis zu 6 Mrd. US-Dollar erzielt Dies würde 6-10 v.H. des Bruttosozialprodukts und etwa 25 v.H. der damaligen polnischen Exporte entsprechen (Gutsche 2001).

Als jedoch im Januar 1998 im Zuge der polnischen Anstrengungen zum angestrebten EU-Beitritt die Grenzkontrollen verschärft wurden (vgl. Beitrag von Dietrich in diesem Band), gingen die Einreisen aus Weißrussland sowie auch aus der russischen Oblast Kaliningrad im Vergleich zum Vormonat um 40 v.H. zurück. Die polnischen Grenzschützer wiesen weißrussische Kleinhändler massenhaft an der Grenze zurück, da sie über keine Einladungen (siehe Abschnitt zur Migrationspolitik) verfügten. Proteste der weißrussischen Kleinhändler, die teilweise sogar militant verliefen, zeugen von der angespannten Stimmung. Polnische Autos wurden zeitweise nach ihrer Einreise in Weißrussland mit Steinen beworfen (Autorenkollektiv 2000).

In den folgenden Monaten stieg die Arbeitslosigkeit in der Grenzregion, aber auch in anderen Landesteilen, die über einen großen Anteil am Osthandel verfügten, wie etwa Warschau und Lodz. Im Laufe des Jahres 1998 verstärkten weitere Entwicklungen in Weißrussland und der Ukraine den Rückgang des grenzüberschreitenden Handels. So führte die weißrussische Regierung zeitweise eine Steuer auf den Basarhandel ein, ebenso erfolgte sowohl eine Abwertung des weißrussischen Rubel als auch der ukrainischen Hrywna.[7] Der ukrainisch-polnische Kleinhandel war bis zu jenem Zeitpunkt noch keinerlei Restriktionen unterworfen, da die Grenzverschärfungen zunächst nur den Handel mit Weißrussland und Kaliningrad betrafen. Die Abwertung der Hrywna war gleichbedeutend mit einem Kaufkraftverlust der Ukrainer und führte zusammen mit der Einführung von Importbeschränkungen seitens der ukrainischen Regierung zu einem weiteren Rückgang des Kleinhandels.

Bisherige Prognosen zur Zukunft des grenzüberschreitenden Kleinhandels, insbesondere in Hinblick auf die ab 2004 zu erwartenden Restriktionen im Grenzverkehr, unterscheiden sich v.a. in der Einschätzung, ob der Kleinhandel weiterhin von Bedeutung für die (ost-)polnische Ökonomie sein wird. Während polnische Analysen dem Kleinhandel auch zukünftig eine wichtige Rolle für die regionale Ökonomie beimessen, geht Klaus Bachmann von einer schwindenden Bedeutung aus und beschreibt die durch den Grenzhandel gewachsene Handelsstruktur in Ostpolen als „sehr instabil, anachronistisch und in jedem Fall zum Niedergang verurteilt" (Bachmann 1999). Die Folgen der Anpassung Polens an das Schengener Abkommen würden eher politisch relevant sein, als dass sie gravierende wirtschaftliche und soziale Konsequenzen mit sich brächten. Bachmann begründet dies in erster Linie damit, dass der Kleinhandel aufgrund von Kaufkraftentwicklungen sowieso zurückgehen werde.

Polens Spagat auf dem Weg in die EU

Es ist nicht nur der grenzüberschreitende Kleinhandel, der das Dilemma Polens auf dem Weg in die Europäische Union aufzeigt. Der Spagat zwischen einer möglichst schnellen Übernahme des *Acquis communautaire* (gemein-

schaftlicher Besitzstand der EU) und der Aufrechterhaltung gutnachbar-
schaftlicher Beziehungen zu den östlichen Nachbarstaaten, v.a. der Ukraine,
kennzeichnet den Beitrittsprozess.

Im Westen wird oft übersehen, dass 1989 nicht nur der „Eiserne Vorhang" zwischen Ost und West gefallen ist, sondern dass daraufhin auch die
Grenze zwischen der Sowjetunion und ihren westlichen Nachbarländern
durchlässiger wurde. Die „System" genannte Grenzschutzanlage bestand aus
Stacheldrahtzäunen mit Wachtürmen sowie Signalmeldern, die zum Teil
weiterhin funktionstüchtig sind (Schreiber 2001). Eine ungehinderte Ein- und
Ausreise aus der bzw. in die Sowjetunion war bis zur Wende von 1989-91
nicht möglich.[8] Die Öffnung der Grenzen schuf in den 1990er Jahren einen
Raum relativer Personenfreizügigkeit in Mittel- und Osteuropa und trug ein
Wesentliches dazu bei, um die gegenseitigen Vorurteile, Stereotypen und
Anfeindungen zumindest teilweise zu überwinden (Boratyński/Gromadzki
2001: 7). Ebenso förderte die Möglichkeit des freien Grenzübertritts die
Kontakte zwischen den Angehörigkeiten der Minderheiten beiderseits der
Grenze. Nun besteht jedoch die Gefahr, dass die EU-Osterweiterung die in
wenigen Jahren erreichten Erfolge wieder zugrunde richtet.

Für die mittel- und osteuropäischen Länder hat der Beitritt zur EU seit
Anfang der 1990er Jahre absolute Priorität auf der politischen Agenda. In der
polnischen Außenpolitik wird der Beitritt zur NATO und EU als „Rückkehr
nach Europa" bezeichnet (Garsztecki 2000). Andererseits legte die polnische
Regierung angesichts der historischen Erfahrungen großen Wert auf gute
Beziehungen zu den neuen Nachbarstaaten. Bis 1994 schloss die polnische
Regierung mit allen östlichen Nachbarstaaten Verträge über Freundschaft
und Zusammenarbeit ab. Dabei war und ist die Ukraine der wichtigste Partner im Osten (Olszański 2002: 165 ff.). Polen war dementsprechend auch der
erste Staat, welcher die Unabhängigkeit der Ukraine anerkannte. Ebenso wird
die Ukraine der letzte Staat sein, für den Polen die Visapflicht im Rahmen
der Angleichung an EU-Standards einführen wird. Der polnische Staatspräsident, Aleksander Kwasniewski, versprach im Februar 2003, die Einreisevisa
für ukrainische Staatsbürger kostenlos auszugeben. In einer gemeinsamen
Erklärung bei einem bilateralen Gipfeltreffen in der Westukraine heißt es:
„Die polnische Seite kündigt an, dass für ukrainische Staatsbürger die freizü-
gigste Visaregelung eingeführt wird, während gleichzeitig die Anforderung
der Europäischen Union und des Schengener Abkommens erfüllt werden.
Dies wird kostenlose Visa für Ukrainer beinhalten [...]" (Reuters 2003).
Fraglich ist jedoch, welche Nachweise (etwa zum Einkommen) ein ukrainischer Antragssteller einzureichen hat, um überhaupt ein Visum erhalten zu
können.

Migrationspolitik à la EU

Bürger Weißrusslands und der russischen Enklave Kaliningrad werden solche freizügigen Regelungen – falls sie denn Realität werden sollten – hingegen nicht in Anspruch nehmen können. Für Staatsbürger dieser Nachbarstaaten wurden die Einreisebestimmungen bereits 1998 verschärft, mit weiteren Restriktionen ist nach dem Beitritt Polens zur EU zu rechnen. Diese damals eingeführten Maßnahmen fanden im Kontext der Heranführung der polnischen Einwanderungs-, Asyl- und Grenzschutzpolitik an das EU-Recht statt. Gleichzeitig reagierte die polnische Regierung darauf, dass Polen sich vom Auswanderungs- zum Transitland entwickelt hat – und sich in naher Zukunft zum Einwanderungsland entwickeln wird. Die restriktive Asyl- und Grenzpolitik der EU-15 gilt dabei als Rezept für Polen und die weiteren Beitrittsstaaten (Iglicka 2001: 8).

1991 schloss Polen das erste multilaterale Rückübernahmeabkommen mit den Unterzeichnerstaaten des Schengener Abkommens ab. Zwei Jahre später unterzeichneten Deutschland und Polen ein Abkommen, dass die Rückübernahme von jährlich bis zu 10.000 illegal nach Deutschland eingereisten Migranten vorsah, falls diese nachweislich über polnisches Territorium in das westliche Nachbarland einreisten (vgl. Beitrag von Stobbe in diesem Band). Im Gegenzug erhielt Polen im Zeitraum von 1993 bis 1996 zweckgebundene Mittel in Höhe von insgesamt 120 Mio. DM (61,3 Mio. Euro) zum Aufbau eines Verwaltungssystems für Flüchtlinge, zur Unterbringung von Abschiebehäftlingen sowie zur Aufstockung des Grenzschutzes an der polnischen Westgrenze (FFM 1999). Eine Klausel des Abkommens verpflichtete Polen, mindestens die Hälfte der technischen Geräte für die Grenzüberwachung von deutschen Unternehmen zu kaufen. Durch die damit entstandene Kompatibilität mit dem deutschen Grenzschutzsystem wurde ein Grundstein für den stetigen Ausbau der Kooperation mit dem Bundesgrenzschutz gelegt. Im gleichen Jahr schloss die polnische Regierung ebenfalls Rückübernahmeabkommen mit der Tschechischen Republik, der Ukraine, der Slowakischen Republik, Rumänien und Bulgarien ab. Im September 1995 erhielt das damals noch gültige alte Ausländergesetz einen Passus, der eine Abschiebehaft von maximal 90 Tagen in Fällen unerlaubter Einreise einführte. Dieser Passus wurde jedoch erst ein Jahr später in die Praxis umgesetzt.

Das Jahr 1996 stellte einen Wendepunkt für Flüchtlinge und andere Migranten in Polen dar. In der ersten Hälfte der 1990er Jahre wurde das polnische Ausländergesetz noch relativ großzügig ausgelegt. Migranten, die von den deutschen Grenzbehörden wegen illegaler Einreise zurück nach Polen überführt wurden, erhielten ein so genanntes administratives Visum, mit dem

sie zum Verlassen des Landes aufgefordert wurden. Mit diesem Dokument
hatten sie zumindest die Möglichkeit, nochmals die illegale Einreise in den
Westen zu versuchen. Im Juni 1996 führte die polnische Polizei jedoch erst-
mals eine Großrazzia durch, in deren Rahmen 130 rumänische Sinti und
Roma festgenommen und anschließend in die Ukraine abgeschoben wurden.
Zusätzlich richteten die polnischen Behörden 1997 eine Sonderabteilung zur
Bekämpfung irregulärer Beschäftigung beim nationalen Arbeitsamt mit 500
eigens dafür ausgebildeten Arbeitsinspektoren ein.

Im Dezember des gleichen Jahres trat zudem ein neues Ausländergesetz
in Kraft, dass weitgehend den EU-Normen entsprechen sollte. Zusammenfassend ging es in erster Linie um die Erschwerung der Einreise nach Polen, die
Ausweitung der Kontrollmöglichkeiten der Polizeibehörden sowie die Erleichterung von Abschiebungen. Die Einführung von Listen sicherer Her-
kunfts- und Drittstaaten war ebenso vorgesehen[9] wie Sanktionsmaßnahmen
gegen Transportunternehmen, die Personen ohne gültige Dokumente nach
Polen befördern („carrier sanctions"). Seit dem Inkrafttreten des neuen Ausländergesetzes werden Fingerabdrücke und Fotos von Personen aufgenommen, gegen die eine Ausweisungsentscheidung vorliegt. Langfristig sollen
die gesammelten Daten in ein zentrales Register überführt werden – auch
dies eine Vorbereitung zum EU-Beitritt (vgl. Beitrag von Dietrich in diesem
Band).

Eine weit reichende Änderung betrifft den Umgang mit Asylbewerbern:
Anträge auf Asyl können seitdem nur noch direkt beim Grenzübergang ge-
stellt werden. In Ausnahmefällen, bei denen es um „Gefahren für Leib und
Leben" geht, wird eine Frist von 14 Tagen ab Grenzübertritt gewährt. Vor der
Neuregelung war eine Antragstellung zu jedem Zeitpunkt bei der Abteilung
für Migrations- und Flüchtlingsangelegenheiten in Warschau möglich. Die
Reform hat zur Folge, dass der polnische Grenzschutz indirekt über die Asy-
lanträge entscheidet. Falls keine Einreiseerlaubnis vorliegt, entscheidet der
Grenzschutz über die Gewährung der Einreise aus humanitären Gründen –
insofern ist es ebenfalls möglich, dass ein potenzieller Asylbewerber direkt
an der Grenze abgewiesen wird. Die Neuregelung umgeht zudem die Bestimmungen der Genfer Flüchtlingskonvention (GFK). Wenn ein Asylantrag
nicht an der Grenze gestellt wurde und zu einem späteren Zeitpunkt eine
Verhaftung erfolgt, so kann eine Abschiebung in angrenzende Staaten auch
dann erfolgen, wenn diese – wie die Ukraine – die GFK nicht unterzeichnet
haben. Schließlich handelt es sich in diesem Fall rein rechtlich nicht um
Flüchtlinge.

Ebenfalls im Zusammenhang mit dem neuen Ausländergesetz traten im
Januar 1998 die ersten Restriktionen für Einreisen aus Weißrussland und
Kaliningrad in Kraft. Nach den bis dahin geltenden Bestimmungen genügte

für russische und weißrussische Staatsbürger lediglich eine von einem Notar bestätigte Einladung oder ein für etwa 1,50 Euro erhältlicher Hotelvoucher (Blanco-Voucher), um eine Einreisegenehmigung nach Polen zu erhalten. Nach den Gesetzesänderungen musste ab dem 1. Januar 1998 eine tatsächliche Hotelbuchung oder eine von den Regionalbehörden der Wojewodschaften amtlich überprüfte Einladung vorliegen. Ebenso muss die einladende Person seitdem nachweisen können, dass der Aufenthalt der Besucher finanziell abgesichert ist. Aus Protest gegen diese Maßnahmen besetzten polnische Händler, die starke Einkommenseinbußen zu verzeichnen hatten, mehrmals die Grenze und brachten den Transitverkehr teilweise zum Erliegen (Alscher 1998).

Ebenfalls 1998 erhielt die polnische Regierung 4,6 Mio. Euro von der deutschen Bundesregierung zur Errichtung eines mit dem BGS-Netz kompatiblen Kurzwellennetzes sowie ca. 13 Mio. Euro aus Mitteln des europäischen PHARE-Programmes zum Ausbau des Grenzschutzes an der polnischen Ostgrenze.

Schließlich führten die polnischen Polizeibehörden zwischen dem 15. Juni und 22. Oktober 1998 die so genannte „Akcja Obcy" (Aktion Fremde) durch. Infolge dieser polizeilichen Maßnahmen wurden über 6.000 Personen, abermals überwiegend Roma aus Rumänien, abgeschoben. Der Pressesprecher des polnischen Grenzschutzes, Mirosław Szaciłło, äußerte sich nach Abschluss der „Akcja Obcy" zum Hintergrund der Razzien: „Wir setzen die Vorschriften des Ausländergesetzes sorgfältig um. Ziel der Aktion ist es, die Glaubwürdigkeit unseres Landes vor dem Eintritt in die EU zu beweisen." (Gazeta Wyborcza vom 29.10.1998, zitiert aus: FFM 1999) In der polnischen Öffentlichkeit wurden die Razzien und Abschiebungen größtenteils mit Indifferenz oder Zustimmung aufgenommen. Dass diese Stimmung bereits seit Anfang der 1990er Jahre vorherrschte, spiegelt ein Statement von Jan Grajewski, damals Richter am Obersten Gerichtshof Polens, auf einer Konferenz zum Thema „Schleuserkriminalität" in Stuttgart wider: „Viele Polen befürchten, ihr Land könne von einem Transitland in nicht allzu ferner Zukunft zum Zielland für Flüchtlinge aus aller Welt werden. Für diesen Fall ist Polen völlig unzureichend gerüstet. Dass die Zuwanderer auch kriminelle Taten begehen, liegt auf der Hand, auch dass viele von ihnen gefälschte Pässe besitzen oder sich die für Visa benötigten »Einladungen« auf dem Schwarzmarkt kaufen" (Grajewski 1993). Proteste gegen die „Akcja Obcy" kamen lediglich seitens polnischer Intellektueller. Auch im Vorfeld des EU-Gipfels im finnischen Tampere (15./16.10.1999) bewiesen die polnischen Polizeibehörden ihre Tatkraft: Nach einem Bericht der Gazeta Wyborcza vom 14.10.1999 wurden wenige Tage vor der EU-Ratssitzung 700 Ausländer in der Wojewodschaft Wielkopolska (Warschau und Umgebung) überprüft, etwa 104 illegal anwesende Migranten wurden festgenommen.

Dennoch bleibt festzuhalten, dass Migration – anders etwa als in Deutschland – in Polen weiterhin vor allem über Grenzkontrollen reguliert wird. Kontrollmaßnahmen im Landesinneren finden zwar statt und können seit April 2001 auch vom Grenzschutz im Binnenland durchgeführt werden, haben aber bislang keinesfalls die Ausmaße der Maßnahmen im westlichen Nachbarland erreicht. Hinsichtlich der Aufstockung des Grenzschutzes bemerkte der ehemalige Beauftragte für Asyl- und Ausländerfragen der polnischen Regierung, Krzistof Lewandowski: „Vor 1993 waren wir noch ähnlich eingerichtet wie unsere Freunde aus den GUS-Staaten, doch das Geld aus Deutschland hat uns geholfen. Wir haben uns eingerichtet und stehen heute zu unserer Rolle. Jetzt können wir Vorbilder sein für andere östliche Staaten" (Leuthardt 1999).

Die Wachsamkeit Brüssels

Da die polnische Ostgrenze seitens der EU weiterhin als Sicherheitsrisiko eingestuft wird, flossen auch in den folgenden Jahren weitere Mittel nach Polen. Im Jahr 2000 erhielten die polnischen Behörden 50 Mio. Euro für Spezialfahrzeuge, Nachtsichtgeräte, Uniformen und Grenzschutzexperten aus Deutschland. Die EU-Staaten, allen voran Deutschland, machen Polen gegenüber deutlich, wie wichtig ihnen der Grenzschutz ist. „Ein Unterlaufen der Standards bei den Kontrollen der Außengrenzen wird Deutschland nicht akzeptieren", so der deutsche Bundeskanzler, Gerhard Schröder, auf einer Europakonferenz im April 2001 (Schreiber 2001). Die EU erwartet von allen Beitrittsländern, dass die ins EU-Recht aufgenommenen Bestimmungen des Schengener Abkommens voll übernommen werden. Dies beinhaltet die Beteiligung am computergestützten Schengener Informationssystem, strikte Einreisekontrollen an den Land- und Seegrenzen und auf Flughäfen sowie eine Ausweitung des Visumzwangs für Staatsangehörige aus Drittstaaten.

An der insgesamt etwa 1140 km langen polnischen Ostgrenze zu Kaliningrad, Weißrussland und der Ukraine arbeiten derzeit rund 12.700 Grenzschutzbeamte. Beim Abschluss der Beitrittsverhandlungen im Kapitel 24 („Zusammenarbeit in den Bereichen Justiz und Inneres") am 30. Juli 2002 sicherte die polnische Seite der EU eine weitere Aufrüstung des Grenzschutzes auf insgesamt 18.000 Beamte zu (Berliner Zeitung 2002). Entlang der zukünftigen EU-Außengrenze sollen 156 Wachtürme aufgebaut werden. Etwa alle 20-25 km ist ein Grenzposten zu errichten. Derweil hat die Europäische Union weitere Mittel zur Aufstockung des Grenzschutzes in den Beitrittsländern in Aussicht gestellt. Für das voraussichtliche Beitrittsjahr

2004 werden insgesamt 317 Mio. Euro vergeben, für die weiteren Jahre jeweils 300 Mio. Euro (Frankfurter Rundschau 2003). Die Mittel sind jedoch gemäß der Länge der jeweiligen Außengrenzabschnitte unter den Beitrittsländern aufzuteilen. Da die Länge der polnischen Ostgrenze mehr als einem Viertel der neuen Außengrenze entspricht, werden die polnischen Behörden zunächst etwa 84 Mio. Euro, in den Folgejahren bis zur endgültigen Erfüllung der Schengen-Normen rund 80 Mio. Euro erhalten.

Polnische Staatsbürger werden nach dem Beitritt Polens zur EU vorerst nicht die volle Freizügigkeit genießen können. So gelten zunächst, v.a. auf Druck Deutschlands und Österreichs, Übergangsregelungen für Arbeitnehmer.[10] Aber auch für alle anderen Reisenden werden die Personenkontrollen weiterhin aufrechterhalten, bis sämtliche Kriterien des Schengener Abkommens erfüllt sind sowie die technische Entwicklung des Schengener Informationssystems II abgeschlossen ist. Dies wird beim Beitrittsland Polen frühestens im Jahr 2006, spätesten 2008 der Fall sein (Alscher 2002).

Eine weitere Voraussetzung für den Abschluss der Beitrittsverhandlungen im Bereich Justiz und Inneres war die Einführung von Visa für Staatsbürger der östlichen Nachbarstaaten Polens. Derzeit vergeben die polnischen Konsulate weltweit rund 400.000 Visa pro Jahr. Das polnische Innenministerium rechnet mit einem Anstieg der Visa-Nachfrage um zusätzlich etwa 1 Million pro Jahr. Um diese Nachfrage bewältigen zu können, soll sowohl das Personal in den bestehenden Konsulaten aufgestockt als auch neue Konsulate in den östlichen Nachbarstaaten eröffnet werden.[11]

Die Europäische Kommission beobachtet und dokumentiert die politischen Reformen in Polen im Rahmen des Abkommens zur Beitrittspartnerschaft. In der Schlussfolgerung einer Stellungnahme zum polnischen Beitrittsantrag stellte die Kommission im Juni 1997 noch Folgendes fest: „Im Bereich Justiz und Inneres bestehen in Polen erhebliche Probleme, insbesondere was die Drogenbekämpfung, die Grenzkontrollen, Einwanderungsfragen und den Kampf gegen das internationale Verbrechen anbelangt. Sofern sich Polen weiterhin um Verbesserungen bemüht, könnte es in den nächsten Jahren in der Lage sein, den (derzeitigen und künftigen) *Acquis communautaire* im Bereich der Justiz und des Inneren zu übernehmen" (Europäische Kommission 1997: 119). Fünf Jahre später bewertete die Kommission Polens Schritte im „Regelmäßigen Bericht über die Fortschritte Polens auf dem Weg zum Beitritt" zuversichtlich: „Die positiven statistischen Zahlen bezüglich der Aufdeckung illegaler Einwanderer an der polnischen Ostgrenze und der Rückübernahme von Deutschland bestätigen, dass die Maßnahmen zur Gewährleistung einer effektiveren Verwaltung der künftigen EU-Außengrenze Wirkung zeigen", sparte jedoch auch nicht an Kritik: „Von polnischer Seite sind noch erhebliche Anstrengungen zur Verbesserung der Grenzkontrollen erforderlich" (Europäische Kommission 2002: 140). Ein Blick in die jährlich erscheinenden EU-Berichte gibt ebenso Aufschluss über die Bewertung anderer Politikfelder, wie etwa der Visa-, Einwanderungs- und Asylpolitik, durch die Europäische Kommission. [12]

Perspektiven – Brücke oder Trennlinie gen Osten?

Es bleibt festzuhalten, dass nicht nur Polen im Dilemma zwischen EU-Beitritt und gutnachbarschaftlichen Beziehungen gen Osten steckt, sondern auch die Europäische Union einen ähnlichen Spagat versucht. Erklärter Grundsatz der EU-Politik ist es, die Teilung Europas aufzuheben und neue Teilungen zu verhindern. Die europäischen Staaten östlich der zukünftigen EU-Außengrenze sind jedoch noch weit davon entfernt, die Anforderungen der EU für einen Beitritt erfüllen zu können. [13] Stattdessen setzt die EU auf Förderprogramme wie PHARE oder TACIS sowie Kooperations- und Partnerschaftsabkommen mit den östlichen Nachbarn.

Andererseits bestehen die EU und ihre bisherigen Mitgliedstaaten darauf, dass die Beitrittskandidaten ihre Visa-, Grenz- und Einwanderungspolitik restriktiver gestalten, um die EU vor unerwünschten Migrationsbewegungen abzuschotten – und sorgen dementsprechend für die Bereitstellung finanzieller Mittel. Dass dies zu Verstimmungen in künftigen Nachbarstaaten wie Russland, Weißrussland und der Ukraine führen kann, ist nicht von der Hand zu weisen. Der Ausbau der Ostgrenzen der jetzigen Beitrittskandidaten wird weiter östlich als Bedrohung und Ausschluss empfunden (Boratyński/Gromadzki 2001: 8 f.). Dies kann zu einer Schwächung prowestlicher Strömungen und einer Stärkung post-kommunistischer und EU-kritischer Strömungen in diesen Ländern führen. [14]

Der Bevölkerung Kaliningrads, Weißrusslands und der Ukraine war jedenfalls bereits beim Abschluss des Amsterdamer Vertrages – als das Schengener Abkommen in das Gemeinschaftsrecht überführt wurde – bewusst, dass Polens Beitritt zur EU eine restriktive Grenz- und Visapolitik mit sich bringen würde. Noch bis zum Ende der 1990er Jahre hatten auch Teile der polnischen Wissenschaft und (nicht nur Warschaus) politische Vertreter in Brüssel solche Befürchtungen in den Nachbarländern geschürt. So hieß es etwa, dass die polnische Ostgrenze eine Art „kulturgeschichtliche Bruchlinie" sei, die auf das Schisma zwischen Rom und Konstantinopel im Jahr 1054 zurückgehe - westlich der Grenze also das römisch-katholische und protestantische Europa, östlich der Einflussbereich der orthodoxen Kirche. In anderen Worten: „Im lateinischen Teil habe sich - über Renaissance, Reformation und Aufklärung – ein Wertesystem aufgebaut, dass Demokratie, Rechtsstaat und Privatinitiative förderlich sei und in den mitteleuropäischen Ländern auch die 45

Jahre des kommunistischen Systems überstanden habe, im »byzantinischen Teil« Europas hingegen seien die humanistischen Werte von einer Tradition des Autokratismus und Kollektivismus dominiert" (Lagendijk/Wiersma 2002).

Seitdem jedoch Polens Beitritt zur EU nahezu sicher ist, lautet die offizielle Linie der polnischen Regierung, dass Polen Anwalt der Osteuropäer sei und eine Brückenfunktion zwischen Ost und West, also zwischen „draußen" und „drinnen" wahrnehmen wolle: „Wir wollen nicht, dass die Grenze zwei verschiedene Welten trennt", so der stellvertretende Innenminister Piotr Stachańczyk, „wir werden diejenigen an den Grenzen stoppen, die in der EU unerwünscht sind. Es ist aber dennoch wichtig, dass wir eine freundschaftliche Grenze mit unseren östlichen Nachbarn haben" (Warsaw Voice 2001). Ähnlich äußerte sich der Zolldirektor der grenznahen Großstadt Lublin, Piotr Witkowski, in einem Gespräch mit der deutschen Journalistin Petra Schellen: „Wir haben hier eine Doppelfunktion – wir müssen die ökonomischen Interessen der EU wahren, dürfen aber den Handel nicht behindern. Denn letztlich soll das keine trennende Grenze sein, sondern eine Brücke" (Schellen 2002).

Natürlich hat Polen kein Interesse, auf ewig Frontstaat der EU zu sein. Von der zukünftigen Ostgrenze der Europäischen Union ist der polnische Grenzabschnitt mit etwa 1.140 km der zweitlängste Abschnitt. Nur die finnisch-russische Grenze ist mit einer Ausdehnung von 1.313 km länger. Falls sich die ökonomische – und im Fall Weißrusslands auch die politische – Situation in Polens östlichen Nachbarländern weiterhin verschlechtern sollte, wird der Druck auf die Grenze ansteigen und zu einer weiteren Abschottung führen. Es ist das vitale Interesse Polens, die Ukraine und zukünftig auch Weißrussland an die EU heranzuführen (Süddeutsche Zeitung 2002).

Voraussichtlich im Juli 2003 wird Polen die Visumspflicht für Bürger Kaliningrads, Weißrusslands und der Ukraine einführen. Die Folgen sind bereits heute absehbar: Der grenzüberschreitende Jugend- und Kulturaustausch, der kleine Grenzverkehr und –handel, Kontakte zwischen politischen Parteien, Verbänden, NGO's und Bürgerinitiativen werden erschwert, die weißrussische, ukrainische und polnische Minderheit wird von ihren Bezugsländern weiter isoliert. Im Falle Weißrusslands ist eine Schwächung der von Polen geförderten weißrussischen Opposition und damit einhergehend eine Stärkung des Lukaschenko-Regimes zu erwarten. Kurzum, die in den 1990er Jahren erreichten Erfolge sind ernsthaft gefährdet.

Die Beteuerungen seitens der Europäischen Union und der polnischen Regierung, keine neuen Trennlinien, sondern Brücken gen Osten zu schaffen, sind angesichts der aufgeführten Entwicklungen äußerst zweifelhaft. Es bleibt abzuwarten, inwiefern sich eine Partnerschaft mit dem Osten Europas trotz restriktiver Grenzregime ausbauen lässt. Polen hat zumindest die Chance, eine zentrale Rolle beim Auf- und Ausbau der Beziehungen nach Osten zu spielen und nach dem Beitritt in die EU auf die westlichen Mitgliedstaaten in Richtung einer freizügigeren Grenzpolitik einzuwirken.

Anmerkungen

1   Zur polnischen Ostgrenze zählen auch die Grenzabschnitte zu Litauen und zur russischen Oblast Kaliningrad. Diese bleiben jedoch unerwähnt, da Litauen ebenso wie Polen EU-Beitrittskandidat ist und die komplexe Frage um die Zukunft der Enklave Kaliningrad (umgeben von künftigen EU-Mitgliedstaaten) hier nicht in ausreichendem Maße behandelt werden kann.

2   Der Vertrag von Riga bestätigte die im Laufe des polnisch-sowjetischen Krieges (1919-20) erfolgten Eroberungen Polens (v.a. die östlichen Gebiete des alten polnisch-litauischen Unionsgebietes).

3   Die „Curzon-Linie" entsprach in etwa dem östlichen Rand des geschlossenen polnischen Siedlungsgebietes, schloss jedoch auch litauische, weißrussische und ukrainische Siedlungsinseln mit ein und beließ polnische Siedlungsinseln östlich dieser Linie (ungefährer Verlauf: von der Daugava (Düna) in Litauen, westlich von Wilna und Grodno nach Brest-Litowsk, den Fluss Bug aufwärts bis östlich von Krylow, weiter im Bogen westlich von Lviv/Lemberg und knapp östlich von Przemyśl südwärts bis zur slowakischen Grenze).

4   Spätere Verhandlungen zwischen der Londoner polnischen Exil-Regierung und der Sowjetunion sowie die Verhandlungen auf den Konferenzen von Jalta und Potsdam brachten keine wesentlichen Veränderungen des Grenzverlaufes. Lediglich 1950 wurde im Rahmen eines Gebietstausches zwischen Polen und Sowjetunion die Grenze in der Region Sokal nochmals leicht geändert.

5   Minderheiten in Polen gemäß Daten des polnischen Innenministeriums: 550.000 Deutsche; 400.000 Ukrainer; 300.000 Weißrussen; 30.000 Litauer; 30.000 Roma; 25.000 Slowaken; sonstige: 150.000 (insgesamt: 1,5 Mio = 3,8 v.H. der Gesamtbevölkerung; AiD 2002).

6   Wojewodschaft ist die Bezeichnung für administrative Einheiten in Polen, in etwa den deutschen Bundesländern entsprechend (jedoch mit weniger Kompetenzen ausgestattet).

7   Die Abwertung des weißrussischen Rubel sowie in geringerem Ausmaße auch die der ukrainischen Hrywna erfolgte im Zusammenhang mit der russischen Wirtschaftskrise vom Herbst 1998

8   Die polnisch-sowjetische Grenze war über Jahrzehnte nahezu undurchlässig. Zunächst konnten nur Partei- und Behördenvertreter sowie Jugendliche im Rahmen „sozialistischer Austauschprogramme" in das jeweilige Nachbarland reisen. Erst in den 1970er und 1980er Jahren boten auch Reisebüros Ausflüge an, diese konnten in der Regel jedoch nur Personen in Anspruch nehmen, die sich durch „besondere Leistungen" in Arbeit, Studium etc. profiliert hatten. Nach dem Erstarken der Solidarność-Bewegung 1980 wurde die Grenze bis

Perestrojka wurden Reisen in der zweiten Hälfte der 1980er Jahre wieder liberalisiert. Nach der Auflösung der UdSSR 1991 wurden grenzüberschreitende Reisen unkompliziert (vgl. Rogowska / Stepien 1997).

9   Im EU-Bericht 2001 zu den Fortschritten Polens auf dem Weg zum Beitritt geht hervor, dass die Regelung zu den „sicheren Herkunftsstaaten" erst mit einer Gesetzesnovelle 2001 eingeführt worden ist (Europäische Kommission 2001: 98).

10 Für den Zugang zum Arbeitsmarkt der EU-15 gilt im Falle der Beitrittstaaten die so genannte „2+3+2 Regelung". Die bisherigen EU-Mitgliedstaaten können zunächst fünft Jahre an nationalen Zugangsbeschränkungen festhalten. Zwei Jahre nach den ersten Beitritten soll überprüft werden, ob eine Fristverkürzung möglich ist. Es besteht aber auch die Möglichkeit, nach Ablauf der fünfjährigen Frist die Zugangsbeschränkungen auf nationaler Ebene nochmals um weitere zwei Jahre zu verlängern (vgl. Alscher 2001).

11 In der Ukraine sollen zwei neue Konsulate in Lutsk und Odessa eröffnet werden (Europäische Kommission 2002: 134).

12 Weitere EU-Dokumente zum EU-Beitritt Polens unter folgender Internet-Adresse: http://europa.eu.int/comm/enlargement/poland/index.htm.

13 Auf der EU-Ratssitzung in Kopenhagen vom 21./22.06.1993 formulierten die Staats- und Regierungschefs drei Gruppen von Kriterien, die alle Beitrittsländer erfüllen müssen: 1) politische Kriterien: institutionelle Stabilität, demokratische und rechtstaatliche Ordnung, Wahrung und Achtung der Menschen- und Minderheitenrechte; 2) wirtschaftliche Kriterien: funktionsfähige Marktwirtschaft und Fähigkeit, dem EU-Wettbewerb standzuhalten; 3) Acquis-Kriterium: Übernahme des gemeinschaftlichen Besitzstandes.

14 Interessante Alternativen zu einer restriktiven Grenzpolitik zeigen Jakub Boratyński und Grzegorz Gromadzki (2001: 9 ff.) sowie Joanna Apap et al (2001) auf. Die Vorschläge beziehen sich auf kurz-, mittel- und langfristige Maßnahmen, die größtenteils im Rahmen des Schengener Abkommens möglich wären.

Literaturverzeichnis

AiD (2002): „Transit und mehr – Das Migrationsland Polen", in: AiD – Ausländer in Deutschland 4/2002, Jg. 18 vom 30.12.2002, Saarbrücken. http://www.isoplan.de/aid/2002-4/europa.htm

Alscher, Stefan (2002): „Polen: Beitrittsverhandlungen zur künftigen EU-Außengrenze abgeschlossen", in: Migration und Bevölkerung Nr. 7/2002, Belin. http://www.migration-info.de/migration_und_bevoelkerung/artikel/020705.htm

Alscher, Stefan (2001): „EU-Osterweiterung: Übergangsfristen bei der Freizügigkeit von Arbeitnehmern", in: Migration und Bevölkerung Nr. 3/2001, Berlin. http://www.migration-info.de/migration_und_bevoelkerung/artikel/010305.htm

Alscher, Stefan (1998): „Polen verstärkt Kontrollen an Ostgrenze", in: Migration und Bevölkerung Nr. 3/1998, Berlin.
http://www.migration-info.de/migration_und_bevoelkerung/artikel/980303.htm

Apap, Joanna et al (2001): „Friendly Schengen Borderland Policy on the New Borders of an Enlarged EU and its Neighbours", Collective CEPS-Batory Foundation Paper, Brüssel.
http://www.batory.org.pl/ftp/english/promoting_trust_in_an_enlarged_european _union.pdf

Autorenkollektiv (2000): „Im Osten nichts Neues – Das Beispiel Polen" in: Ohne Papiere in Europa. Illegalisierung der Migration – Selbstorganisation und Unterstützungsprojekte in Europa, Berlin/Göttingen.
http://www.contast.org/borders/kein/ohne/polen.html

Babisnki, Grzegorz / Janusz Mucha / Andrzej Sadowski (1997): „Polskie badania nad mniejszosciami kulturowymi. Wybrane zagadnienia" (Polish Research on Cultural Minorities), Warschau/Białystok.

Bachmann, Klaus (2000): „Ukraine, Polen und die Debatten über die Zukunft der EU. Führt die polnische Brücke ins Nichts?", in: Unabhängige Kulturzeitschrift «Ï», Nr. 20/2001, Lviv/Lemberg.
http://www.ji.lviv.ua/n20texts/ger/bachmann-ger.htm

Bachmann, Klaus (1999): „Polens Ostgrenze", in: Transodra 19, S, 37-58, Berlin.
http://www.dpg-brandenburg.de/nr_19/bachmann.htm

Berliner Zeitung (2002): „Warschau sichert scharfe Kontrolle der Grenze zu", Berliner Zeitung vom 31.07.2002.
http://www.berlinonline.de/berliner-zeitung/archiv/.bin/dump.fcgi/2002/0731/politik/0035/

Boratyński, Jakub; Grzegorz Gromadzki (2001): „The Half-Open Door: The Eastern Border of the Enlarged European Union", On the Future of Europe Policy Papers 2, Warschau, März 2001.
http://www.batory.org.pl/ftp/program/forum/rap2eng.pdf

Europäische Kommission (1997): „Agenda 2000 – Stellungnahme der Kommission zum Antrag Polens auf Beitritt zur Europäischen Union", DOC/97/16 vom 15. Juli 1997, Brüssel.
http://europa.eu.int/comm/enlargement/dwn/opinions/poland/po-op-de.pdf

Europäische Kommission (2001): „Regelmäßiger Bericht 2001 über die Fortschritte Polens auf dem Weg zum Beitritt", vom 13.11.2001, Brüssel.
http://europa.eu.int/comm/enlargement/report2001/pl_de.pdf

Europäische Kommission (2002): „Regelmäßiger Bericht 2002 über die Fortschritte Polens auf dem Weg zum Beitritt", vom 9.10.2002, Brüssel.
http://europa.eu.int/comm/enlargement/report2002/pl_de.pdf

FFM (1999): „Flüchtlings- und Migrationspolitik in Polen", Forschungsgesellschaft Flucht und Migration, in: Transodra Nr. 19, S. 29-35, Berlin.
http://www.dpg-brandenburg.de/nr_19/fluechtling.html.gz

Frankfurter Rundschau (2003): „EU gibt 300 Millionen Euro für Grenzschutz aus", Frankfurter Rundschau vom 13.02.2003.

Garsztecki, Stefan (2000): „Polen als Brücke zum Osten? Die polnische Ostpolitik braucht einen Neuanfang", in: Dialog Nr. 54, Berlin. http://www.dialogonline.org/20002543.html

Grajewski, Jan (1993): „Die Organisierte Kriminalität in Polen und ihre Verbindungen in Osteuropa", in: Landeszentrale für politische Bildung Baden-Württemberg (Hg., 1993): Europa im Griff der Mafia, S. 30-36, Stuttgart. http://www.lpb.bwue.de/publikat/eumafia/polen.htm

Gutsche, Günther (2001): „Ameisen und Basare", in: Freitag – Die Ost-West Wochenzeitung, Nr. 25/2001 vom 15.06.2001, Berlin. http://www.freitag.de/2001/25/01250302.php

Iglicka, Krystina et al (2001): „The Common Challenge – Members and Candidates facing the EU Future Migration Policy", On the Future of Europe Policy Papers 5, Warschau, Dez. 2001.

Lagendijk, Joost; Jan Marinus Wiersma (2002): „Wo endet die Europäische Union?", in: Freitag – Die Ost-West Wochenzeitung, Nr. 09/2002 vom 22.02.2002, Berlin. http://www.freitag.de/2002/09/02090701.php

Leuthardt, Beat (1999): „Die neue Mauer – Länger, gefährlicher, teurer", in: ZOOM, Nr. 1/1999, Wien. http://zoom.mediaweb.at/zoom_199/leuthardt.html

Olszański, Tadeusz (2002): „Bemerkungen zu den Beziehungen Polen – Ukraine", in: Dieter Bingen / Kazimierz Wóycicki (Hrsg.): Deutschland – Polen – Osteuropa. Deutsche und polnische Überlegungen zu einer gemeinsamen Ostpolitik der erweiterten Europäischen Union, Wiesbaden.

Polish Official Statistics (2002): „Voivodships from 1995 till 2001", Central Statistical Office, Warschau. http://www.stat.gov.pl/english/serwis/wojewodztwa/index.htm

Rogowska. Anna; Stanislaw Stepien (1997): „Die polnisch-ukrainische Grenze in den zurückliegenden 50 Jahren.", in: «Ï» - Ukrainische Vierteljahresschrift für Kultur und Politik, Ausgabe 11/1997, Lviv/Lemberg. http://www.ji.lviv.ua/n11texts/rog-st-ger.html

Reuters (2003): „Poland offers Ukrainians free visas, eases fears", Nachrichtenagentur Reuters vom 13.02.2003.

Sadowski, Andrzej (1997): "A peaceful minority. Belorussians in Poland", unveröffentlichter Konferenzbeitrag, Warschau/Białystok/Orchard Lake.

Schellen, Petra (2002): „Schlagbaum zwischen Europa und Europa", in: Freitag – Die Ost-West-Wochenzeitung, Nr. 34/2002 vom 16.08.2002, Berlin. http://www.freitag.de/2002/34/02340801.php

Schreiber, Sylvia (2001): „Das Gewerbe der Ameisen", in: Spiegel-Online vom 24.04.2001. http://www.ji-magazine.lviv.ua/germ-vers/grenze/texts/spiegel-0401.htm

Süddeutsche Zeitung (2002): „Warschau in der Wächterrolle", in: Süddeutsche Zeitung vom 31.07.2002.

Urban, Thomas (1999): „Polen in Weißrussland. Schikanierte Minderheit", in: Süd-
    deutsche Zeitung vom 18.08.1999.
Warsaw Voice (2001): „Snapshot from the Edge", The Warsaw Voice, Nr. 7, März
    2001, Warschau.
    http://www.thepolishvoice.pl/Mar01/PV05.html

Grenzregion Estland-Russland:
Regionalpolitik und EU-Osterweiterung

Stephanie Dittmer

Die EU-Osterweiterung stellt ohne Zweifel das wichtigste und umfangreichste politische und soziale Projekt Europas nach dem Zusammenbruch des Kommunismus in der Sowjetunion und ihren osteuropäischen Satellitenstaaten dar. Von Anfang an wurde in den unabhängig gewordenen osteuropäischen Staaten im Beitritt zur EU (und zur NATO) ein wirksames Mittel zur weiteren politischen und rechtlichen Abgrenzung von Russland und zur ökonomischen Restrukturierung gesehen, beides wesentliche Voraussetzungen zur weiteren Manifestation der neu- beziehungsweise wiedergewonnenen Unabhängigkeit. Infolgedessen haben die EU-Beitrittsländer im letzten Jahrzehnt eine beträchtliche Aktivität entwickelt, um den von der EU im *aquis communautaire* gestellten Anforderungen für einen Beitritt zur Europäischen Union gerecht zu werden. Neben den die öffentliche Diskussion beherrschenden wirtschaftlichen Kriterien hat die EU von Anfang an besonderes Gewicht auf regionale Aspekte gelegt, wobei insbesondere Grenzregionen eine große Bedeutung für den europäischen Integrationsprozess zugemessen wurde.

An den neuen Außengrenzen der EU wird eine gute Zusammenarbeit mit den Nachbarländern angestrebt, die durch grenzüberschreitende Kooperationsprojekte gefördert werden soll. Seit den 1980er Jahren werden daher Grenzregionen wegen der ihr zugeschriebenen integrationspolitischen Bedeutung innerhalb der EU gefördert. Kempe et al. stellen fest, dass sich im Laufe der Jahre der Akzent in der Förderung dahin gehend verschob:

„Sowohl im Maastrichter Vertrag von 1993 als auch im Amsterdamer Vertrag von 1997 erhält die grenzüberschreitende Zusammenarbeit eine neue Akzentuierung. Das europäische Ziel der grenzüberschreitenden Zusammenarbeit richtet sich nicht mehr nur auf die Beseitigung der politischen, wirtschaftlichen und kulturellen Nachteile im Grenzraum, sondern die Grenzregionen sollen zum Motor der europäischen Integration werden" (Kempe; v. Meurs; v. Ow 1999: 43).

Nicht nur für die Integration, sondern auch für die Stabilität und Kooperationsfähigkeit in der durch die östlichen Beitrittskandidaten erweiterten Europäischen Union wird die Gestaltung der Grenzbeziehungen der neuen Mitgliedsländer mit ihren Nachbarstaaten im Osten und Süden eine wichtige Rolle spielen (Haase; Wust 2002: 199). Von dem zweiten Kohäsionsforum, das von der Europäischen Kommission in Brüssel im Mai 2001 veranstaltet

wurde, ging ein deutliches Votum für eine Unterstützung von Regionen auf
Gemeinschaftsebene aus. Dabei wird in der Förderung der Region von Seiten
der EU mehr gesehen als ein Ausgleich der mit der Erweiterung wachsenden
regionalen und sozialen Disparitäten. Verfolgt wird eine über ökonomische
Ziele hinausgehende Realisierung gemeinsamer Wert- und Zielvorstellungen,
um die Idee „von einer gerechten und sozial ausgewogenen Gesellschaft mit
steigendem Lebensstandard und Chancengleichheit für alle, also faktisch um
die Herausbildung eines europäischen Gesellschaftsmodells" (Kohäsionsforum 2001: 4) zu fördern. Es wurde hervorgehoben, dass im „Verlauf des
Erweiterungsprozesses der Aufrechterhaltung des inneren Zusammenhaltes
und der Solidarität" in den Bewerberländern besondere Bedeutung zukomme:
Denn dies sei „eine maßgebliche Voraussetzung für die Vermeidung sozialer
Konflikte und die Gewährleistung der Chancengleichheit und somit für die
Sicherung und Stärkung der Demokratie" (ebd.: 5). Eine der Anforderungen,
die deshalb von der EU an die Beitrittskandidaten Osteuropas gestellt wird,
ist die Einführung regionaler Gebietseinheiten. Gezielte Förderung soll hier
helfen, in den Regionen sozialen und ökonomischen Verwerfungen entgegen
zu wirken.

Regionalpolitik und regionale Förderung stellen damit aus Sicht der Eu-
ropäischen Union deutlich mehr als bloß Subventionen für strukturschwache
Regionen dar, die sich häufig an der Peripherie der Nationalstaaten finden.
Für die Beitrittsländer bedeutet das Verlangen der EU nach einem interregio-
nalen sozialen Ausgleich in der Regel eine erhebliche Umverteilung von
Machtressourcen: Mit einer Wiederbegründung lokaler und regionaler
Selbstverwaltungen galt es für die jungen Staaten, wie Dieringer (2002: 233)
für Ungarn zeigt, „Machtressourcen zwischen den verschiedenen Verwaltungsebenen neu zu verteilen und das Verhältnis der neuen institutionellen
Strukturen zueinander zu regeln" und damit das nach dem Ende des Sozialismus entstandene „administrativ-politische Vakuum" (ebd.) zu füllen. In der
Regel muss der Zentralstaat Macht an regionale und lokale Institutionen
abgeben, was in den Regionen positiv, auf Seiten der Staatsregierung aber
eher negativ wahrgenommen wird. Es liegt deshalb die Vermutung nahe, dass
die Umsetzung der regionalpolitischen Vorstellungen der EU in den Beitrittsländern zu Spannungen führt und keineswegs reibungslos erfolgt. Diese
These soll im Folgenden am Beispiel Estlands und der estnischen Provinz
Ida-Virumaa, die an Russland grenzt und überwiegend von Russen bewohnt
ist, überprüft werden. Dazu werden die Interessen der politischen Akteure auf
zentralstaatlicher und regionaler Ebene gegenübergestellt und auf Kongruen-
zen und Widersprüche geprüft. Gerade in solchen Grenzregionen der EU
lässt sich paradigmatisch zeigen, wie die Rekonstruktion des Nationalstaats
und die gleichzeitige europäische Integration gerade in den Randzonen eth-

nisch heterogener Beitrittsländer zu unterschiedlichen politischen und sozialen Bedürfnislagen und zu erheblichen Unterschieden in der Perzeption des „Innen" und „Außen" führen.

Konfliktlinien zentralstaatlicher und regionalpolitischer Steuerung in Estland

Ganz allgemein gilt für die osteuropäischen Transformationsländer, dass Reformen der Regionalverwaltungen erst in den letzten Jahren in die Wege geleitet wurden. Die Verteilung von Machtressourcen aus der Zentralregierung in die Regionen verlief nicht reibungslos, scheint in einigen Fällen sogar nicht umgesetzt. Kann man im ungarischen Fall trotz einer von Dieringer festgestellten Dezentralisierungsdynamik immer noch nicht von einem regionalisierten oder föderalen Staatswesen sprechen, hat sich in anderen Staaten noch viel weniger bewegt. Für diesen relativ späten Startpunkt förderalistischer Reformen gibt es verschiedene Gründe. Zum einen fehlte vielfach die regionale Ebene als Schnittstelle zwischen nationaler und kommunaler administrativer Ebene oder wenn es sie gab, war sie nicht in der Lage, diese Funktion nach beiden Seiten wahrzunehmen. Zum anderen gab es in vielen Ländern während der mit der Transformation verbundenen Ersetzung sowjetischer Kader durch demokratisch gewählte Politiker zunächst eine klare Fokussierung auf die zentralstaatlichen Institutionen, während die regionale Ebene vernachlässigt wurde. Dadurch konnten sich an diesen politischen Schaltstellen Mitglieder der alten sowjetischen Nomenklatura am längsten erhalten. Diese Politiker fielen als Repräsentanten des alten Regimes als Ansprechpartner für die um grundlegende Reformen bemühten Politiker der zentralen Ebene aus.

Auch in Estland spielte die Regionalisierung – verstanden als eine Reformierung der Regionalverwaltung und als die damit verbundene Dezentralisierung von Ressourcen und Kompetenzen – eine untergeordnete Rolle. Die Transformation konzentrierte sich zunächst auf die demokratische Legitimierung der nationalen Parlamente und der Zentralverwaltung und auf die Etablierung einer funktionierenden kommunalen Selbstverwaltung (Kempe; v.Meurs; v.Ow 1999: 37). Von Seiten der Europäischen Union wurden die bisherigen Reformbemühungen hinsichtlich der Einrichtung einer regionalen Selbstverwaltung Estlands als ungenügend kritisiert. Seit der zweiten Reformphase von 1997 bis 1998 existieren in Estland keine regionalen Selbstverwaltungsorgane, wodurch die regionale Ebene gänzlich der staatlichen Exekutive unterstellt ist.

Da die Lebensverhältnisse und die Entwicklungschancen in den einzelnen Regionen Estlands auch aus Sicht der EU sehr unterschiedlich sind, hat

das Fehlen regionaler Selbstverwaltungsorgane für die in besonderem Maße
von den Wandlungsprozessen betroffene Regionen erhebliche Auswirkungen. Dies verdeutlicht sich in der Region Ida-Virumaa. Im Nordosten Estlands gelegen, ist die Region durch die Narva von Russland getrennt, grenzt
im Norden an den finnischen Meerbusen und im Süden an den Peipus-See.
Wirtschaftlich ist die Region durch den Ölschieferabbau und Schwerindu-
strie, insbesondere im Bereich der Energiegewinnung und -versorgung geprägt. Über 90 v.H. der Bevölkerung der Region ist russischer Herkunft. Dies
ist eine Folge der zur Zeiten der Sowjetunion forcierten Einwanderung von
Industriearbeitskräften. War die Region zu Sowjetzeiten aufgrund ihrer Roh-
stoffvorkommen und ihres Industrialisierungsgrads, aber auch aufgrund ihrer
wichtigen militärstrategischen Lage privilegiert, ist sie unter den Bedingungen einer zum Weltmarkt geöffneten Volkswirtschaft mittlerweile zum Pro-
blemfall avanciert. Die konsequent liberale Wirtschaftspolitik der estnischen
Regierung hat zur Zerschlagung der großen Industriekombinate und damit zu
einer erheblichen Deindustrialisierung geführt. Zudem wurde die Präsenz
militärischer Kräfte in der Region drastisch verringert und neue Arbeitsplätze
finden sich kaum. Die Arbeitslosigkeit in der Region ist die höchste in ganz
Estland. Offiziell lag die Arbeitslosenquote 2002 in Estland bei 9,4 v.H.,
Schätzungen gehen von einer deutlich höheren Arbeitslosenquote aus, die für
Ida-Virumaa zwischen 30 und 50 v.H. liegen.

Vor Ort gibt es ein sehr großes Interesse, die Probleme eigenverantwort-
lich unter Nutzung der endogenen Ressourcen der Region anzugehen. Ziel ist
dabei vor allem, eine grenzüberschreitende Kooperation mit russischen Partnern aufzubauen, von der die Gebiete diesseits und jenseits der Narva profitieren könnten. Gerade dort, wo durch die neue Qualität der Grenze zu Russland, die früher weitaus durchlässiger war, verwandtschaftliche und wirtschaftliche Beziehungen abgeschnitten wurden und zusätzlich durch die allgemeine Strukturschwäche der Grenzregionen die Last der Alltagsprobleme
wächst, ist das Interesse an einer einvernehmlichen praxisorientierten Zusammenarbeit groß und die Identifikation mit der jeweiligen nationalen Politik gering: „Vielmehr versuchen die regionalen Entscheidungsträger in
Pskov, Tartu, Ivangorod oder Narva, administrative und technische Lösungen
für konkrete Einzelfragen zu finden" (Kempe; v. Meurs; v. Ow 1999: 16).

Aufgrund des Fehlens regionaler Selbstverwaltungsorgane haben andere
Institutionen Teile von deren Funktion übernommen, um die Probleme in der
Region besser in den Griff zu bekommen. So sind die Handelskammern zu
Vorreitern der grenzüberschreitenden Kooperation geworden. Auch die Um-
weltschutzinitiative "Lake Peipus" ist grenzüberschreitend aktiv und zielt auf
eine Verringerung der vor allem von der russischen Seite verursachten be-
trächtlichen Umweltbelastungen des Peipussees. (Kempe; v. Meurs; v. Ow

1999: 50). Daneben spielen Kommunalverwaltungen eine wichtige Rolle in der Region. Der Kreis Ida-Virumaa hat versucht, für den Zeitraum 1998 - 2000 einen Regionalen Entwicklungsplan aufzustellen. Ziel des Plans war der Ausbau von Handel und Dienstleistungen beim erwarteten Transithandel zwischen Westeuropa und Russland. Bisher sind diese Pläne jedoch kaum umgesetzt (Raagma 2000). Darüber hinaus ist zu beobachten, dass die Kommunen in der Regel Partikularinteressen vertreten und eine einzelne Kommune weniger Chancen als eine verfassungsrechtlich verankerte selbständige Regionalverwaltung hat, übergreifende Regionalinteressen zu organisieren und durchzusetzen.

Das Bestreben in der Region, auch selbst zur politischen Lösung der eigenen Probleme beizutragen, wird von der EU ausdrücklich anerkannt und unterstützt. Im Berichtsentwurf über den Stand der Beitrittsverhandlungen des Ausschusses für auswärtige Angelegenheiten, Menschenrechte, gemeinsame Sicherheit und Verteidigungspolitik des Europäischen Parlamentes wird explizit die Förderung Ida-Virumaas angemahnt: Hier seien die Anstrengungen zur Förderung neuer Wirtschaftstätigkeiten von estnischer Seite zu verdoppeln. Darüber hinaus werde hier eine wichtige Rolle für die Hilfe der Europäischen Union gesehen (EU Beitrittsverhandlungen 2002: 11f.).

Von der Zentralregierung in Tallinn erfahren die lokalen Akteure in der Region jedoch keine Unterstützung.[1] Den geschilderten regionalen Initiativen stehen auf nationaler Ebene erhebliche Vorbehalte gegenüber. Die Möglichkeiten zur Kooperation mit russischen Stellen werden in Tallinn bestenfalls als minimal eingeschätzt. Das Argument der Zentralregierung lautete, dass für eine funktionierende grenzüberschreitende Kooperation zunächst einmal die Handlungsfähigkeit der potenziellen russischen Kooperationspartner gesichert sein müsste. Tallinn macht damit die Unterstützung der lokalen Initiativen von nicht weniger als einer allgemeinen politischen Stabilisierung Russlands abhängig: „Als Minimalvoraussetzung formulieren estnische Analytiker die Stabilisierung des russischen Transformationsprozesses und der innenpolitischen Situation in Rußland insgesamt" (Kempe; v. Meurs; v. Ow 1999: 17). Mit dieser Haltung werden alle in der Region vorhandenen Optionen und Ressourcen zur Konfliktlösung negiert.

In der Haltung der estnischen Regierung lassen sich, neben den schon genannten Faktoren, mindestens drei Konfliktlinien ausmachen, die das Verhältnis von Zentralregierung und regionalen politischen Akteuren in Ida Virumaa bestimmen. Erstens ist die ablehnende Haltung der Zentralregierung sicherlich durch die generell gespannten Beziehungen zwischen Estland und Russland bestimmt. Estland hat nicht nur in wirtschaftlicher und kultureller Hinsicht den Bruch mit der ehemaligen Hegemonialmacht Russlands vollzogen und enge Verbindung zu Nord- und Westeuropa gesucht. So gibt es zwischen Estland und Russland erhebliche Verstimmungen, weil ein Grenzvertrag bisher nicht zustande gekommen ist. Infolgedessen sind die Visa-Bestimmungen kompliziert und es gibt bisher keinen kleinen Grenzverkehr. Auch die Umweltprobleme des zwischen den beiden Seiten liegenden Peipussees bleibt mangels eines solchen Vertrags ein permanentes Konfliktthema (Kempe; v. Meurs; v. Ow 1999: 16).

Zweitens spielt wie in anderen osteuropäischen Staaten, die sich nach dem Untergang des Sowjetregimes neu oder wieder gegründet haben, das veränderte Selbstverständnis des Staates eine wichtige Rolle. Die neuen Staaten betrachten sich primär als "nationale Einheitsstaaten, nicht nur im ethnischen, sondern auch im regionalen Sinne" (Kempe; v. Meurs; v. Ow 1999: 37). Die Stärkung der regionalen Ebene ist nach diesem Selbstverständnis widersinnig.

Diese Haltung spiegelt sich auch in den institutionellen Vertretungsstrukturen wider: Nur Tschechien und Polen verfügen über einen Senat, in dem die Abgeordneten regionale Interessen auf nationaler Ebene vertreten (ebd.). Kempe et al. weisen in diesem Zusammenhang zu Recht darauf hin, dass mit einer Stärkung der regionalen Selbstverwaltung (im Gegensatz zur Reform der kommunalen Selbstverwaltung, die in allen Transformationsländern schnell verwirklicht wurde) ein erheblicher Kompetenzen- und Ressourcentransfer zu Lasten der Zentralgewalt einher gehen würde. Die Vorgaben für den EU-Beitritt, nämlich die Einführung von mindestens drei Verwaltungsebenen, wiegt hier um so schwerer, da der regionalen Ebene dabei die Aufgabe zugedacht wurde, die Mittel aus den EU-Strukturfonds zu verteilen und zu verwalten.

Drittens spielt die ethnische Zusammensetzung der Bevölkerung in Estland eine wichtige Rolle. Ida-Virumaa ist eine ethnisch nahezu homogen russische Region. Die neuralgischen Punkte der ethnischen Minderheitenpolitik, die von der OSZE, dem Europarat und anderen internationalen Institutionen wiederholt kritisiert wurden, betrafen neben der Staatsbürgerschafts- und Sprachenpolitik, über die der größte Teil der russischen Minderheit von politischer und sozialer Teilhabe im neuen estnischen Staat ausgeschlossen bleiben, die mangelnde staatliche Unterstützung der Integration (vgl. Dittmer 2002: 73ff.).[2] Das im Jahr 2000 aufgelegte Integrationsprogramm, mit dem man der internationalen Kritik begegnen wollte, brachte bisher keine tiefgreifenden Veränderungen. Das Programm konzentriert sich auf die sprachliche Integration, primär durch die Reorganisierung der russischsprachigen Schulen oder durch extensiven Sprachunterricht für Erwachsene. Flankierende Aktivitäten werden zwar nicht ausgeschlossen. Allgemein wird von sozioökonomischen und regionalen Entwicklungsplänen gesprochen, die ihre besondere Zielgruppe in Ida-Virumaa haben sollen. Gleichzeitig wird jedoch betont, dass in vielen Regionen Estlands soziale und ökonomisch prekäre Situationen bestünden und der Nordosten somit nur eines der vielen Probleme darstelle (State Programme 2000: 12).

Auch wenn sich auf regionaler Ebene kaum Anzeichen für eine ethnische Mobilisierung[3] zeigen, besteht in der politischen Elite Estlands kein Interesse an einer Förderung und (Re-) Integration der zunehmend von sozialer und ökonomischer Isolierung betroffenen Region.

So kommt auch Meurs (1999) zu dem Schluss, dass das geringe Interesse der estnischen Zentralregierung an einer regionalpolitischen Förderung Ida-Virumaas ethnisch motiviert ist. Entgegen dem Interesse der EU am Aufbau einer gesamteuropäischen Sicherheitsarchitektur hegt Estland keineswegs die Absicht, qualitativ neue Beziehungen zur russischen Föderation aufzubauen (Kempe; v. Meurs; v. Ow 1999: 26).

Divergente Wahrnehmungen von „Innen" und „Außen": verschiedene politische Handlungspotentiale

Als wesentliche Konsequenz aus den beschriebenen Spannungslinien zwischen der nationalstaatliche und der regionalen Ebene ergeben sich in Estland zwei sehr unterschiedliche Wahrnehmungsweisen von „Innen" und „Außen", aus denen jeweils unterschiedliche politische Handlungsoptionen abgeleitet werden.

Ein großer Teil der Bevölkerung, der überwiegend aus Esten besteht, zeigt eine eindeutige Präferenz für den eigenen, gerade erst wiedergewonnenen Nationalstaat: Sie betonen das „Innen" und stehen dem „Außen", Russland, ambivalent oder - in wesentlich stärkerem Maße - ablehnend gegenüber. Sie zeigen erstens eine grundlegende Aversion gegen eine neue „Bürokratie", die den staatlichen Rahmen sprenge und Abhängigkeiten von einer supranationalen „Zentrale" erzeuge, an die ein Teil der gerade erst mühsam erstrittenen Souveränität wieder abgegeben werden müsse (Järve 2002: 251). In der Erinnerung kann Brüssel leicht durch Moskau, die Europäische Union durch die Union Sozialistischer Sowjetrepubliken ersetzt werden:

„The most frequently asked question here is: ‚We have just escaped from one union, why should we immediately join another one?" (Järve 2002: 251).

In diesem Zusammenhang scheint es natürlich, dass nur 26 v.H. der Esten ein Mitspracherecht von EU-Vertretern in estnischen Angelegenheiten befürworteten.

Zweitens existiert damit verbunden die Angst, die nationale Souveränität einzubüßen. Die Sanktionen der EU gegenüber Österreich, nachdem die rechtspopulistische FPÖ in die Regierung gewählt wurde, haben in der estnischen Bevölkerung einen ausgesprochen negativen Eindruck hinterlassen. Die überwiegende Mehrheit der Esten lehnte diese Sanktionen eindeutig ab, nur 12 v.H. bewerteten sie positiv. Diese Ereignisse haben in Estland Befürchtungen verstärkt, dass gerade die nationale Souveränität der kleinen Länder in der neuen Union durch einen Prozess der „Europäisierung" gefährdet sein könnte.[4] Dabei wird der Terminus der „Europäisierung" mit einer Bedrohung der nationalen Identität gleichgesetzt: Gerade ein kleiner Staat wie Estland mit seiner spezifischen nationalen Identität erscheint bedroht, weil er zur Assimilierung in einem „Superstaat" gezwungen werde, in dem sich die mächtigsten Nationen durchsetzten. Für eine noch kleine „Nein zur EU"-Bewegung[5], die sich gleichzeitig gegen Effekte der Globalisierung wie Massenkultur und oder etwa die Internationalisierung der estnischen Wirtschaft wende, bestehe die Alternative zum EU-Beitritt und der Aufnahme globaler Trends in einer sich selbst erhaltenden Ökonomie und politischer Neutralität, die Estland als geopolitische Pufferzone zwischen Russland und Europa etabliere und gleichzeitig den „Estonian way of life" sichere (Berg 2002:119). Für den estnischen Teil der Bevölkerung ist die Angst vor dem Verlust der staatlichen Souveränität durch einen EU-Beitritt sehr präsent. Für nur 34 v.H. von ihnen hätte das individuelle Wohlergehen angesichts einer potentiellen Gefahr, die staatliche Souveränität einzubüßen, Priorität (Järve 2002: 243ff).

Diesen Befürchtungen stehen in der estnischen Gesellschaft allerdings auch klare Vorstellungen über die Vorteile einer EU-Mitgliedschaft gegenüber: Erstens wird die EU als sicherheitspolitischer Garant angesehen. Da die Aufnahme in die NATO nicht sofort möglich ist, wird die EU-Mitgliedschaft als Alternative verstanden (Järve 2002: 244f.; vgl. auch EHDR 1998: 78), durch welche die nationale Unabhängigkeit gegenüber dem großen Nachbarn Russland abgesichert werden kann. Hier wird von der EU die Absicherung des gerade erst wieder erstandenen estnischen Nationalstaates erwartet.

Zweitens erhofft man sich eine Verbesserung der ökonomischen Situation. Da Estland mit 1,4 Millionen Einwohnern ein kleines Land ist, dessen Probleme rein quantitativ und aufgrund der ernsten Reformanstrengungen bisher überschaubar bleiben, hofft man auf die Bereitschaft der EU, zur wirtschaftlichen und öffentlichen Entwicklung des Landes beizutragen. Die Chancen, außerhalb der EU zu bestehen, werden zudem als gering eingeschätzt.

Die zweite Gruppe, vorwiegend bestehend aus Angehörigen der russischen Minderheit Estlands, unterscheidet sich von der ersten Gruppe in einer skeptischen Haltung gegenüber der Problemlösungskompetenz der estnischen Zentralregierung und steht daher dem „Innen" deutlich reservierter gegenüber als die erste Gruppe. Sie betonen vielmehr das „Außen", das sich zum einen in der angestrebten Kooperation mit russischen Stellen in der Region äußert, zum anderen in einer deutlich positiveren Einstellung gegenüber der EU und dem geplanten Beitritt. Die Unterstützung des EU-Beitritts fällt in dieser Gruppe im Schnitt 10-15 v.H. höher aus als in der ersten Gruppe (Berg 2002: 115). Kennzeichnend für den russischen Teil ist erstens die Hoffnung auf eine Verbesserung ihrer Existenzbedingungen allgemein: In den Umfragen steht für sie die Sicherung und Verbesserung der persönlichen Existenzbedingungen durch die EU-Perspektive vor einem möglichen Verlust staatlicher Souveränität. 74 v.H. der Nicht-Esten gaben dem Wohlergehen Priorität. Zweitens zeigt sich eine positive Haltung der russischen Bevölkerung zur Einschränkung der staatlichen Souveränität durch die Europäische Union: Immerhin 40 v.H. befürworteten ein Mitbestimmungsrecht von EU-Vertretern in estnischen Angelegenheiten (26 v.H. der Esten).[6] Drittens sind die Russen in Estland mit ihrer Situation generell unzufrieden und hoffen auf eine Verbesserung durch den EU-Beitritt. Dies zeigt sich deutlich in der Einschätzung von 43 v.H. der Nicht-Esten, dass Estland in Fragen der staatlichen Minderheitenpolitik von der EU lernen könne (Järve 2002: 252). Diese Ergebnisse deuten darauf hin, dass für den russischen Teil der Bevölkerung die Mitgliedschaft in der EU die Diskriminierungen nach der Bildung des neuen estnischen Staates kompensieren bzw. ausgleichen soll:

„They perceived the European Union as a factor developing a political regime under which all residents in Estonia could receive equal status via European citizenship, and would consequently be freed from their exclusionary alien status. Estonians, on the other hand, had high expectations regarding the EU role in providing security guarantees, both domestic and foreign" (Berg 2002: 114).

Wie realistisch diese Hoffnung ist, sei dahingestellt[7]- sicher ist zumindest, dass die estnischen Russen im Gegensatz zur Gruppe der Esten im EU-Beitritt keine wesentliche Bedrohung der Sprache, Kultur oder der nationalen Souveränität[8] sehen. Im Gegenteil – als ethnische Minderheit konnten sie bereits die Erfahrung machen, dass europäische und internationale Organisationen ihre Situation verbessern und ihnen in einem gewissen Umfang mehr Gewicht im ungleichen Verhältnis zur Titularethnie verleihen konnten. Die OSZE und ihr Hochkommissar, der Europarat, sowie einzelne Länder unterstützten den Integrationsprozess durch diplomatische Interventionen, Auflagen an die estnische Regierung oder die Finanzierung von Sprachkursen (vgl. Järve 2002: 252). Ihre im Vergleich zu den Esten ungünstigere Ausgangslage als oft immer noch Staatenlose und am Arbeitsmarkt Benachteiligte macht die Integration in die EU für sie besonders attraktiv:

„Non-Estonians obviously prefer to be citizens of Europe to belonging to a minority in a small country, where they have already had to assert their rights for almost a decade" (Järve 2002: 252).

Neben der Verbesserung der Existenzbedingungen als Minderheit in Estland mag gerade für die mobilen Jüngeren innerhalb der Minderheit die Abwanderung in die entwickelteren EU-Mitgliedstaaten eine Option sein – die stärkste Unterstützung des EU-Beitritts überhaupt findet sich jedenfalls in der Gruppe der jungen, städtischen Nicht-Esten mit Universitätsabschluss (Saar Poll, zitiert nach Järve 2002: 251). So bestätigte sich auch im Expertengespräch, dass gerade für hochqualifizierte Arbeitskräfte unter der russischen Bevölkerung Westeuropas bessere Arbeits- und Lebensbedingungen attraktiv seien, zumal die estnische Transformation nicht immer so erfolgreich ist, wie sie auf den ersten Blick scheint. Im Endeffekt sei es für die Russen im Lande leichter, Europäer als estnische Staatsbürger zu werden (Interview mit der Verfasserin am 14.03.01).

Fazit

Am Beispiel Estlands und der hauptsächlich von Russen besiedelten Grenzregion Ida-Virumaa lassen sich Problemlagen veranschaulichen, die im Rahmen der Erweiterung der EU möglicherweise keinen Einzelfall darstellen. Sie können grundsätzlich in allen neuen Mitgliedsländern auftreten, die eine ethnisch heterogene Bevölkerung mit einer zahlenmäßig bedeutsamen ethnischen Minderheit aus einem angrenzenden Nicht-EU-Mitgliedsland und unterschiedlichen ethnischen Siedlungsräumen aufweisen. Dies trifft insbesondere auf jene Länder zu, die nach ihrer neu- oder wiedergewonnenen Souveränität einen hohen Anteil an russischen Einwohnern vorweisen, was z.B. auch auf Lettland zutrifft. Die Russen werden durch die Osterweiterung zur neuen größten Minderheit der EU und stellen letztere vor neue Herausforderungen.

Die Vorgaben der EU für die Beitrittsländer in puncto Regionalförderung zeigen, dass sich die EU dieser Problemlage bereits bewusst ist. Nach ihrer Vorstellung sollen bekannte westeuropäische Konzepte förderaler Gewaltenteilung und autonomer Regionalverwaltung den spezifischen Problemlagen strukturschwacher und aus anderen Gründen benachteiligter Regionen begegnen. Die lokalen politischen Initiativen in Ida-Virumaa belegen auch, dass ein solches Konzept durchaus auf einen vor Ort vorhandenen Bedarf wie auch auf ein vorhandenes Potential an politischer Handlungsfähigkeit treffen. Allerdings zeigt das Beispiel Estlands auch, dass der Bedarf an und Ansätze von politischem Handeln auf der regionalen Ebene anders definiert werden als auf der gesamtstaatlichen Ebene. Letztere folgt einer Logik, die vor allem um die Entscheidungskompetenz der Zentralregierung besorgt ist und dazu tendiert, äußere wie innere Eingriffe in die politischen Entscheidungsprozesse als Beschränkungen zu interpretieren und deshalb abzulehnen. Regionalpolitische Erfordernisse, seien sie aus der Perspektive der Menschen in der Region auch noch so verständlich und gut begründet, scheitern an dieser Logik genauso wie Ansätze der EU, politische Verantwortung möglichst breit auf viele Akteure zu verteilen und politisches Handeln dadurch möglichst flexibel an unterschiedlichste Erfordernisse anzupassen. „Hilfe von außen" ist in dieser Logik immer mit dem Beigeschmack des Machtverlusts und des abhängig Werdens behaftet.

Auf der regionalen Ebene folgen die politischen Akteure dagegen einer entgegengesetzten Logik. Weil der Zentralstaat aus den dargestellten Gründen eine auch nur halbwegs autonome regionale Selbstverwaltung nicht zulässt, sich aber auch gegenüber den spezifischen Interessen mancher Regionen, insbesondere Ida-Virumaas, gegenüber verschlossen zeigt, verfallen die Akteure vor Ort geradezu gezwungenermaßen darauf, sich Hilfe außerhalb der zentralstaatlichen Institutionen zu suchen. „Hilfe von außen" ist hier das letzte Mittel, politisch handlungsfähig zu bleiben und politische Lösungen notfalls auch gegen den erklärten Willen der Zentralmacht durchsetzen zu können. Im Gegensatz zur Zentralregierung in Tallinn erleben die Menschen in der nordöstlichen Grenzregion in ihrem täglichen Leben, wie die neue Qualität der Grenze zu Russland ihre von früher gewohnten Freiheiten einschränkt. Obwohl sie erkannt haben, dass die Zentralregierung in Tallinn nur widerwillig bereit ist, ihre Probleme anzuerkennen und auf ihre politische Agenda zu schreiben, fordern sie keine stärkere Regionalautonomie von der Zentralregierung. Die politischen Akteure in der Region versuchen auch nicht, die russische Minderheit durch demagogische Kampagnen gegen den neuen Staat und gegen die EU aufzubringen. Vielmehr setzen sie ihre Hoffnung auf die vorhandenen endogenen Potentiale diesseits und jenseits der Narva und auf die mit dem EU-Beitritt neu hinzukommenden exogenen Potentiale. Zwischenzeitlich wird versucht, die fehlenden regionalen Institutionen durch die Schaffung funktionaler Äquivalente zu ersetzen, was angesichts der prekären sozialen und ökonomischen Lage in Ira-Virumaa besonders bemerkenswert ist.

Für die EU stellt sich die Frage, was es für ihre regionalpolitischen Zielvorstellungen im Kontext der Osterweiterung bedeutet, wenn ein Land wie Estland, das ansonsten als musterhaft in der Umsetzung des *aquis communautaire* gilt, die regionalpolitischen Anforderungen der EU insbesondere in den an Russland grenzenden Regionen nicht umsetzt. Sicher ist, dass die ambivalente Haltung großer Teile der Bevölkerungen zur EU in den Beitrittsländern nicht überwunden werden kann, solange die Widersprüche zwischen zentralstaatlicher und regionalpolitischer Logik politischen Handelns nicht aufgelöst werden. Wie sich dieses Potential an widerstreitenden Erwartungen in der Union auswirkt, bleibt abzuwarten. Sind, wie eingangs erwähnt, gemeinsame Ziel- und Wertvorstellungen schon in der Auffassung von Staat und Nation nicht zu erzielen, zeigt das Beispiel der Regionalisierung die dennoch hohen Erwartungen seitens der Union, die für die Beitrittsländer äußerst prekär sind. Die zukünftigen Mitgliedsstaaten verfolgen jedenfalls eine Integrationsvision, die euroföderalistischen Konzeptionen, wie sie etwa von der Europäischen Kommission im Entwurf des „Europa der Regionen" vertreten wurde, eindeutig ablehnend gegenüberstehen (vgl. Ruge 2001: 726f).

Die Einführung oder Stärkung regionaler Gebietskörperschaften in den meisten Beitrittsländern bedeutet nicht, dass diese eine Regionalisierung und die damit einhergehende Dezentralisierung von Kompetenzen befürworten:

„Zwar wird die interregionale, grenzüberschreitende Zusammenarbeit als nützliches Instrument der Heranführung an die EU durchaus begrüßt und auch erfolgreich praktiziert, dennoch werden mit dem Konzept des „Europa der Regionen" auch ethnisch oder wirtschaftlich begründete regionale Konflikte gleichgesetzt und befürchtet, dass die Realisierung dieses Konzeptes zu möglicherweise gewalttätigen Desintegrationserscheinungen führen könnte" (Ruge 2001:726).

Hier muss die EU prüfen, wie die mit diesen Zielsetzungen verbundenen Verteilungsfragen, die nicht nur materielle Ressourcen, sondern auch politische Entscheidungsbefugnisse betreffen, so gelöst werden können, dass sie dem spezifischen Selbstverständnis vieler osteuropäischer Staaten ebenso gerecht werden wie den regionalen Förderungsbedürfnissen. So vage eine Antwort auf diese Frage an dieser Stelle bleiben muss, eines ist zumindest augenscheinlich: Ein mit westeuropäischen regionalpolitischen Institutionen vergleichbares Ausmaß an Entscheidungsautonomie in der Verteilung materieller Ressourcen dürfte sich kaum mit diesem Staatsverständnis in Einklang bringen lassen. In diesem Punkt dürfte ein Schlüsselaspekt für mögliche Kompromisse zwischen der bisherigen Konzeption regionalpolitischer Förderung seitens der EU und dem nationalstaatlichen Selbstverständnis vieler osteuropäischer Regierungen bestehen.

Anmerkungen

1   Auf russischer Seite sind die Beziehungen zwischen Regionen und Zentralregierung kaum funktionsfähig, was angesichts der schwierigen ökonomischen und politischen Situation des Landes kaum verwundert.
2   In der Forschung sind Legitimität der estnischen Staatsbürgerschafts- und Sprachenpolitik und das Ausmaß der Diskriminierung in der Minderheitenfrage umstritten. Eine Position betont die deutlich erkennbaren sozialen Erosionsprozesse in der estnischen Gesellschaft als Konsequenz des liberalen Steuer-

kurses. Von diesen Erosionsprozessen seien alle Einwohner Estlands betroffen, die Russen jedoch aufgrund besonderer geographischer und wirtschaftsstruktureller - nicht jedoch ethnischer – Faktoren stärker beeinträchtigt als die Esten (Kirch und Kirch 1992). Die überwiegende Zahl der Autoren stellt jedoch eine mehr oder minder starke Benachteiligung der Minderheit in den meisten gesellschaftlichen Sphären fest (Smith/Wilson 1997; Aasland 1998; Laitin 1998; Vihalemm 1999; Andersen 2000).

3   Interviews, die die Verfasserin im Rahmen ihres Dissertationsprojektes in Estland führte, lassen die Region und die Bevölkerung als ein Gebiet erscheinen, an dem weder estnische noch russische politische Akteure interessiert sind und das überdies seine wichtigsten Interessenvertreter verloren hat: „Es gibt Beispiele für regionale Mobilisierungen, wo sich regionale Minoritäten organisieren und Parteien gründen. Die russischen Parteien sind jedoch keine regionalen Parteien, sie versuchen, überregional Wählerschaften anzusprechen. Es gibt keine Partei für Ida-Virumaa, die dort Stimmen sammelt und die Region unterstützt. Der größte Teil der russischen Wählerschaft sitzt in Tallinn, da hier mehr Russen mit estnischer Staatsbürgerschaft sitzen als in Ida-Virumaa. Die Zielgruppe vor Wahlen ist für die Parteien dann auch Tallinn. [...] 1992 waren unter denen, die die Region verließen, Personen mit Universitätsabschluss und Hochqualifizierte doppelt so stark repräsentiert wie Personen mit geringerem Qualifikationsniveau. Das waren vor allem Leute, die ihre Nische auch in Russland hatten, im technologischen oder wissenschaftlichen Bereich. Nicht alle gingen, aber die meisten. So wurde der proletarische beziehungsweise der Arbeiterklassencharakter der Region noch sichtbarer als zuvor" (Interview mit der Verfasserin am 14.03.01).

4   Nach den Umfrageergebnissen von Saar Poll im Mai 2000 änderten 15 v.H. der estnischen Bevölkerung und 9 v.H. der Nicht-Esten aufgrund der Sanktionen ihre Meinung gegenüber der EU (Järve 2002:246).

5   Diese Bewegung wird von kleinen, außer-parlamentarischen Gruppierungen wie der Estnischen Partei der Christen, der Estnischen Republikanischen Partei und der Estnischen Unabhängigkeitspartei getragen (Berg 2002:119).

6   26 v.H. der Nicht-Esten befürworteten die Sanktionen gegenüber Österreich, aber nur 12 v.H. auf estnischer Seite.

7   Hoffnungen auf die Europäische Staatsbürgerschaft können sich zumindest nur diejenigen machen, die im Falle des Beitritts Estlands die estnische Staatsangehörigkeit besitzen – in den Genuss der Unionsbürgerschaft, die u.a. das Recht auf Freizügigkeit und aktives und passives Recht bei Kommunalwahlen einschließt, kommt schließlich nur, wer die Staatsangehörigkeit eines Mitgliedsstaat besitzt. Die Unionsbürgerschaft ergänzt die nationale Staatsbürgerschaft, ersetzt sie aber nicht („Rechte der Bürger – die Unionsbürgerschaft und daraus abgeleitete Rechte" 2001 http://europa.eu.int./abc/cit3_de.htm).

8   Ein Experte: „Die Russen hegen hier auch keine Befürchtungen, dass sie ihre nationale Identität oder ihre Kultur verlieren könnten - sie müssen nur das Fernsehen einschalten und sie haben Moskau 1, 2 und 3 per Satellit. Sie wer-

den immer mit ihrer Kultur und Sprache verbunden bleiben" (Interview mit der Verfasserin am 09.03.01).

Literaturverzeichnis

Aasland, Aadne (1996): Household Composition. In: Grogaard, Jens B. (Hrsg.): Estonia in the Grip of Change. The NORBALT Living Conditions Project. FaFo Report 190. Oslo, 37-47.

Andersen, Erik A. (2000): An Ethnic Perspective on Economic Reform. The Case of Estonia. Aldershot.

Berg, Eiki (2002): Local Resistance, National Identity and Global Swings in Post-Soviet Estonia In: Europe-Asia Studies, Vol. 54 No. 1, 109-122.

Huang, Mel (2000): EC 2000 Progress Report on Estonia. In: Central Europe Review, Vol. 2 No. 39, 13. November 2000.

Järve, Priit (2002): Attitudes towards the EU in Estonia, in: Hubel, Helmut (Hrsg.): EU Enlargement and Beyond: The Baltic States and Russia. Berlin, 243-257.

Kempe, Iris; van Meurs, Wim; von Ow, Barbara (1999): Direkte Nachbarschaft an der Ostgrenze einer erweiterten EU. In: dies. (Hrsg.): Die EU-Beitrittsstaaten und ihre östlichen Nachbarn. Gütersloh.

Laitin, David D. (1998): Identity in Formation: The Russian-Speaking Populations in the Near Abroad, Ithaca.

Norgaard, Ole (1996): The Baltic States after Independence, Cheltenham.

Raagma, Garri (2000): Regional Identity and Public Leaders in Regional Economic Development. Dissertationes Geographicae Universitatis Tartuensis, Tartu.

Ruge, Undine (2001): Demokratisch, praktisch, gut? Das „Europa der Regionen" und die Osterweiterung. In: Blätter für Deutsche und Internationale Politik. H. 6, 719-727.

Smith Graham und Wilson, Andrew (1997): Rethinking Russia's Post-Soviet Diaspora: The Potential for Political Mobilisation in Eastern Ukraine and North-east Estonia In: Europe-Asia Studies, Vol. 49 No. 5, 845-864.

State Programme: Integration in Estonian Society 2000-2007. Approved by the Government of Estonia on March 14, 2000.

Vihalemm, Triin (1999): Group Identity Formation Processes among Russian-Speaking Settlers of Estonia: A Linguistic Perspective. In: Journal of Baltic Studies, Vol. 30 No.1, 18-39.

Zweites Kohäsionsforum (2001). Bericht über die Brüsseler Konferenz v. 21./22. Mai 2001.
http://www.europe.eu.int./comm/regional_policy/debate/document/synthe_de.pdf

Kapitel 4: Grenzpolitik der Europäischen Union

Christian Banse
Holk Stobbe

In den vorhergehenden Kapiteln wird die These vertreten, dass die Grenzregionen der Europäischen Union charakteristische Besonderheiten aufweisen, die sich aus der Geschichte der nationalen Grenze sowie dem politischen, sozialen und ökonomischen Kontext ergeben. Diese Besonderheiten und die unterschiedlichen politischen Zielvorgaben in den Grenzregionen begleiten den Prozess der Erweiterung der Europäischen Union und stellen zudem die Politik der grenzüberschreitenden Kooperation vor fallspezifische Herausforderungen und Widersprüche. Faktisch kann daher nicht von einem einheitlichen Prozess der Europäischen Einigung gesprochen werden, der sich in der Bildung und Förderung von Grenzregionen äußert. Vielmehr bedarf es eines genauen Vergleiches der einzelnen Grenzregionen, ihrer politischen und ökonomischen Funktion, aber auch ihrer Wahrnehmung durch die Bevölkerung an den Grenzen, um so einen differenzierten Eindruck von den nationalen Grenzen in Europa zu erhalten.

Dennoch steht hinter der regional unterschiedlichen Entwicklung der europäischen Grenzregionen etwas Verbindendes, nämlich das Projekt der Europäischen Einigung und speziell das Projekt der gemeinsamen EU-Grenzpolitik. Offiziell ist das Ziel dieser Gemeinschaftspolitik eine stärkere Integration nach innen und eine kooperative Zusammenarbeit nach außen.

Allerdings ist zu fragen, ob die Europäische Einigung nicht auch Nachteile mit sich bringt, z.B. für die Menschen in Staaten, die der EU beitreten wollen. Die Beitrittsländer sehen sich gezwungen, die Anforderungen des Schengen-Acquis zu erfüllen. Die Maßnahmen, die im Bereich der Grenzsicherung vorgenommen werden sollen, sind für weite Teile der Bevölkerung eindeutig nachteilig, da sie Grenzüberschreitungen behindern. Während sich die Grenzen der Beitrittsländer in Richtung EU kontinuierlich öffnen, schließen sie sich nach außen immer stärker. Das Verriegeln der Außengrenzen macht sich jedoch nicht nur in den Beitrittsländern, sondern in allen EU-Nachbarländern bemerkbar. Der Austausch über die Grenzen hinweg wird zunehmend eingeschränkt, da immer weniger Menschen das Privileg erhalten, regulär in die EU oder auch nur in die Anrainerländer einreisen zu dürfen.

Die Untersuchung des Wandels der Funktion nationaler Grenzen in Europa kann daher auf eine Betrachtung der Auswirkungen der EU-Politik an den Außengrenzen nicht verzichten. Es geht dabei um die Frage, welche Prozesse der Inklusion und Exklusion beobachtet werden können. Neben den vielen unsichtbaren Ausschlüssen oder symbolischen Einschlüssen muss auch gefragt werden, welche materielle Bedeutung diese Politik hat. Genau in diesem Bereich befinden sich (trotz der spezifischen Besonderheiten der einzelnen Grenzregionen) die Gemeinsamkeiten bei den Auswirkungen der EU-Politik: Während nach innen Prozesse der Grenzüberschreitung vereinfacht, zum Teil sogar explizit gefördert werden, zielt die EU-Grenzpolitik trotz aller Kooperationsrhetorik darauf ab, mit mehr Kontrollen den Austausch über die Außengrenzen hinweg einzuschränken. Ob diese Kontrollen an den Außengrenzen tatsächlich greifen (Dietrich), ob eine Festung Europa entsteht (Leuthardt) oder ob sie zu wesentlichen Teilen symbolische Funktion haben, um die innere Integration der Mitgliedsländer und der Beitrittskandidaten voranzutreiben (Stobbe), wird in den folgenden Beiträgen diskutiert.

EU-Ostgrenze und Ost-Erweiterung: Grenzregime und Grenzerfahrungen

Helmut Dietrich

Landläufig heißt es, dass die Europäische Union (EU) sich mit der Aufnahme der „Beitrittsländer" quantitativ vergrößert und die eigene Integration deswegen „vertiefen" müsse. Dass sich die EU-Außengrenze um ungefähr 600 Kilometer nach Osten verschiebt, wird lediglich als „Erweiterung des Westens" interpretiert. Parallelen werden bemüht: Gab es nicht auch dort ganz ähnliche Vertreibungen wie beispielsweise aus der Sowjetunion nach Polen? Ist es nicht an der Zeit, auch dort eine Ära der „guten Nachbarschaft" mit Folkloreaustausch und grenzüberschreitender Zusammenarbeit der Polizeien einzuläuten? Selbst die Hatz nach papierlosen Flüchtlingen, kann sie nicht gemeinsam organisiert werden?

Statt nach derartigen Parallelen zu suchen, soll hier nach Unterschieden gefragt werden. Denn wie kann eine Grenze gleichgeartet sein, wenn die sozialen Realitäten ganz andere sind?

Die EU-Osterweiterung hat durch das jahrelange Prozedere schon frühzeitig den Eindruck erweckt, dass es sich um eine einigermaßen homogene Entwicklung in den Beitrittsländern handele. Doch bei näherem Hinsehen erweist sich, dass es eine zersplitterte Bewegung ist: Die EU tritt unilateral den einzelnen Nationalstaaten entgegen, die über wenig organisierte Gemeinsamkeiten verfügen. Aufgrund früherer Studien zur deutsch-polnischen und polnisch-ukrainischen Grenze konzentriert sich mein Beitrag auf die ostpolnische Entwicklung, die, wie sich zeigen wird, in vielen Aspekten representativ für den Prozess der EU-Osterweiterung ist.

Zunächst sei der EU-Rahmen skizziert, in dem sich die polnische Ausländer- und Grenzpolizei entwickelt hat. Anschließend wird nach der Sozialgeschichte der ostpolnischen Region gefragt, in der es schon immer zur Überlebensstrategie gehörte, Grenzen unkontrolliert zu überschreiten. Vor diesem Hintergrund soll schließlich erörtert werden, ob sich die neue EU-Außengrenze als Zollregime auch gegen die lokale Armut kehren wird.

Verlagerung der Grenzaufrüstung

Noch bis 1997 gab es einen recht einfachen Weg der Recherche über die polnische Migrations- und Flüchtlingspolitik: man brauchte nur den Geldern und Vorgaben der deutschen Regierung nachzugehen. Diese hat hauptsächlich in die Infrastruktur des westpolnischen Grenzschutzes investiert – in handfeste polizeiliche Ausrüstung und Abschiebegefängnisse. Mit der EU-Förderung ist die Lage komplizierter geworden.

Im Juli 1997 begann Polen, den EU- und Schengen-Acquis zu überneh-men. Die Beitrittsverhandlungen im Kapitel der Zusammenarbeit in den Be-reichen Justiz und Inneres wurden im Juli 2002 abgeschlossen. Mit dem Bei-trittsprozess verlagerte sich die Grenzaufrüstung von West- nach Ostpolen. Die künftige Außengrenze der EU wird Polen von der Russischen Föderation (Oblast Kaliningrad), von Weißrussland und der Ukraine trennen. Sie ist mit 1.143 Kilometern mehr als doppelt so lang wie die deutsch-polnische Grenze.

Im selben Zeitraum wurden nunmehr unter dem Dach der EU die Finan-zierungen qualitativ und quantitativ umfangreicher. Die haushaltliche Rah-menkompetenz über den Beitrittsprozess liegt bei der EU-Kommission. Seit November 1997 finanziert die Kommission maßgeblich die Aufrüstung der polnischen Ostgrenze. Die EU-Finanzierungsprojekte sind in den Beitritts-ländern in den sog. PHARE-Programmen zusammengefasst.[1] Bei diesen Programmen gilt die Formel: Ein Euro, den die Kommission über PHARE in ein Beitrittsland lenkt, mobilisiert die Vergabe von vier weiteren Euro aus anderen Ländern oder aus internationalen Institutionen. Im jeweiligen Bei-trittsland verursachen diese Geldzuflüsse Ausgaben und Kosten von drei Euro, denn es gibt keine Förderung ohne Eigenbeteiligung. Typische Infra-strukturprojekte der EU wie der Bau von Grenzabfertigungsanlagen schlagen sich in den Haushalten der Beitrittsländer als ein Minus nieder.

Die PHARE-Projekte regeln nicht nur die Mittelvergabe. Die im Internet veröffentlichten PHARE-Planungen aus den Jahren 2001 und 2002 bieten auch einen aufschlussreichen Referenzrahmen für die Modernisierung und den Ausbau der Grenze in Ostpolen. Unter PL01.03. finden sich für das Pla-nungsjahr 2001 elf Einzelprojekte des Polnischen Nationalprogramms für den EU-Beitritt im Bereich Justiz und Inneres, für das Planungsjahr 2002 (PL02.03.) zwei Einzelprojekte (EU-Kommission 2001; EU-Kommission 2002).[2] Die Projekte skizzieren einen Planungsrahmen bis 2005/2006, den die polnische Regierung mit einer "Strategie der integrierten Verwaltung an der Grenze" (2000) und einem Schengen-Aktionsplan (2001) schriftlich umrissen hat. Bis dahin soll die Aufrüstung der künftigen EU-Außengrenze abge-schlossen sein. Erst danach – frühestens 2006, spätestens 2008 – steht der Wegfall der Personenkontrollen an den polnischen EU-Binnengrenzen an (Ratsdok. 2002).

Die Kosten für PHARE 2001 und 2002 (Teil I) in Polen umfassen bis-lang 450 Millionen Euro. Davon sind für Justiz und Inneres sowie für den Zoll 77 Millionen Euro bestimmt. Der Grenzschutz und die eng damit ver-knüpfte Verbrechensbekämpfung erhalten dabei 31 Millionen Euro fast ausschließlich für den Erwerb von Gütern: für Hightech zur Grenzüberwachung sowie Computer, Software und Glasfaserkabel. Das sind die größten Einzelprojekte in der Geschichte der PHARE-Programme.

Am Rande Europas: Kriege, Unterdrückung und Armut

Die Grenzrealität ist nicht als alleiniges Produkt staatlicher Bürokraten und ihrer Phantasien zu verstehen. Gerade die Grenzen Polens zu Weißrussland und zur Ukraine (vgl. Beiträge von Satra und Alscher in diesem Band) können europaweit als Beispiele dafür gelten, dass die lokale Bevölkerung seit dem Ende der Blocksysteme eine beachtliche Definitionskraft über das Grenzgeschehen gewonnen hat. Im 18. und 19. Jahrhundert gehörte das polnisch-russisch-weißrussisch-ukrainische Grenzland zur Peripherie des preußischen Agrarstaats und des zaristischen Russlands. Seine Bewohner haben diese Grenzen nie als Trennung akzeptiert, sondern im Rahmen der west-östlichen Migrationsökonomie – insbesondere durch Kleinhandel – genutzt. Kaum eine andere europäische Region wurde im 20. Jahrhundert dermaßen verwüstet: Erst durch den Ersten Weltkrieg und den antibolschewistischen Bürgerkrieg und dann durch die Okkupation Nazideutschlands, der vor allem die jüdische Bevölkerung zum Opfer fiel. Bis heute überlappen sich in den Grenzgebieten die jeweiligen Nationalitäten, außerdem sind dort LitauerInnen, Roma, MuslimInnen, RussInnen und andere Gruppen ansässig. In der zwiespältigen Tradition der Zwischenkriegszeit wurden manche als nationale Minderheiten immer wieder instrumentalisiert oder als fünfte Kolonnen stigmatisiert. Die unmittelbare Nachkriegszeit hat mit ihren großen Folgemigrationen, dem blutigen ukrainisch-nationalistischen Aufstand und der Zwangsumsiedlung der meisten ostpolnischen UkrainerInnen nach Westpolen tiefe Spuren hinterlassen.

Die bäuerliche Armutsbevölkerung macht in diesen Gegenden Polens noch mehr als die Hälfte der Gesamtbevölkerung aus. Die untergegangenen Industrien (Textilwirtschaft, Raffinerien, Kohlekraftwerke) gründeten sich auf die Billigentlohnung dieser Arbeitskräfte, die ihren Unterhalt größtenteils aus dem eigenen Lebensmittelanbau bezogen. Die Bodenreformen, die die Bevölkerung zum massenhaften Verkauf ihres kleinen Landbesitzes veranlassen sollten, sind bisher immer wieder gescheitert. Derzeit läuft unter dem Zeichen des EU-Beitritts eine neue Arrondierungsoffensive auf dem Bodenmarkt.

Nach Öffnung der sowjetischen Grenzen 1991 bildete sich zwischen Polen und seinen östlichen Nachbarländern ein Währungsgefälle von 10:1 heraus. Allerorts entstanden Basare von HandelstouristInnen und andere informelle grenzüberschreitende Ökonomien. Manche Kommunen erlebten einen

enormen, wenn auch kurzen Aufschwung. Auf der polnischen Seite sind im
Zuge des Grenzhandels vereinzelt neue Landwirtschaftszentren entstanden.
Im Nordosten, in Podlachien, sind heute sechs der zehn größten Molkereibe-
triebe Polens beheimatet. Am Rande von Lublin befindet sich der Elizowka-
Markt, die modernste Gemüsebörse Ostpolens. Holz aus Weißrussland wird
in ostpolnischen Betrieben zu Möbeln verarbeitet und zurückexportiert. Aus
der Ukraine, Weißrussland und der russischen Föderation werden Kleinwaren
aller Art nach Polen gebracht. Mancherorts liegen die wirtschaftspolitischen
Zentren jenseits der Grenze. So fahren aus der südostpolnischen Stadt
Przemysl täglich weit mehr Busse in die westukrainische Metropole Lwiw
(Lemberg) als nach Warschau. Kurzum, die Region lebt von der agrarischen
Selbstversorgung und vom grenzüberschreitenden Handel (NZZ 21.04.2001;
Mync 1997).

Die Anfänge des neuen Grenzregimes gingen dem polnischen EU-
Beitrittsprozess voraus. Seit dem 24. Mai 1993 ist ein Rückübernahmeabkommen mit der Ukraine in Kraft. Im Mai 1994 und im August 1996 folgten
ähnliche Abkommen mit der Russischen Föderation und mit Weißrussland.
1997 verschärfte Warschau die Einreisebestimmungen für UkrainerInnen: Sie
brauchen zwar noch keine Visa, müssen jedoch genügend Barmittel und
einen glaubhaft dokumentierten Reisegrund vorweisen. Da Kiew gleichzeitig
die Mehrwertsteuer einführte und Russlands Finanzkrise auch die Ukraine
und Weißrussland erfasste, ging der statistisch erfasste polnische Ost-Export
in drei Jahren um 75 Prozent zurück, viele Neugründungen meldeten Bankrott an (FR 8.12.2000). Seit dem Jahr 2000 gehen Polens Arbeitsämter,
Grenzschutz und Polizei daran, ukrainische Schwarzarbeiter ausfindig zu
machen und in spektakulären Aktionen abzuschieben (FR 11.4.2001). Das
polnische Wirtschaftsministerium führt derzeit dramatische Angriffe auf die
unrentablen Versorgungsstrukturen der Industriegesellschaft, die auch Nischen für MigrantInnen und Flüchtlinge bieten: Liquidiert werden internatio-
nalisierte Gebrauchtwagenmärkte sowie die Milchbars – subventionierte
Billigstrestaurants, die es in jedem Stadtteil und in jeder Siedlung gibt – und
die Secondhand-Textilläden, die vom internationalen Handel leben. Letztere
umfassen 75.000 Arbeitsplätze in den Sortieranlagen und im Verkauf und
sind für Geringverdienende von großer Bedeutung (NZZ a.S. 2.6.2002).

Geburt einer umfassenden Ausländerpolizei

Das künftige Grenzregime – das zeigt ein Überblick über die elf PHARE-
Projekte des Jahres 2001 – stellt einen sozialtechnologischen Angriff auf die
informelle grenzüberschreitende Ökonomie und auf den Transit dar. Das
erste dieser Vorhaben betrifft die polnische Asylbürokratie. Sie wird zu einer

zentralen Ausländerverwaltung ausgebaut und per EDV an die Grenzüberwa-chung in Ostpolen angebunden. Anfang der 1990er Jahre war auf Druck der deutschen und der schwedischen Regierung das Warschauer Flüchtlings- und Migrationsbüro entstanden. Es befindet seit 1993 landesweit über die Asy-lanträge und betreibt die Flüchtlingslager (FFM 1995; FFM 1996; FFM 1997; Dietrich 1999; Florczak 1999). In den Jahren 2001/2002 wurde das Büro mit dem Ausbau eines umfassenden Ausländerzentralregisters – OBCY-POBYT ("Fremde – Aufenthalt") – beauftragt. Es übernahm ferner die Angelegen-heiten der polnischstämmigen AussiedlerInnen aus den GUS-Staaten und wurde zum 1.7.2001 in "Amt für Rückkehr und Ausländer" umbenannt. Der gemeinsame Nenner seiner verschiedenen Aufgaben ist die Verwaltung der Daten aller nicht- oder neupolnischen Personen.

Die Ausschreibung für den Ausbau des Registers läuft über die EU-Kommission (Abl S 2001; Abl S 2002). Ab Mitte 2003 wird dem Amt für Rückkehr und Ausländer ein Berater aus der EU ("Pre-accession Adviser") vorgestellt. Dieser soll die Entwicklung des Registers in Zusammenarbeit mit dem Innenministerium, dem Grenzschutz und dem Ministerium für Arbeit und Soziales überwachen (Ministero 2002). PHARE finanzierte bereits die Computeranlagen für die erste Ausbauphase, die deutsche Regierung über-nahm zusätzlich die Kosten der landesweit zu verlegenden Glaskabel und der Sicherheitsvorkehrungen der Datenübermittlung.[3]

Den historischen Kern des Ausländerzentralregisters bildet die Compu-tererfassung von Asylanerkennungen und -ablehnungen durch das Flücht-lings- und Migrationsbüro seit 1995. Nach und nach wurde dieses Register mit Hilfe der deutschen Regierung und des PHARE-Programms zu einem Speichermedium diverser Titel des Aufenthalts, der Ausreiseaufforderung und der unerwünschten Einreise erweitert. Seit 1999/2000 enthält es Angaben über Visa und diesbezügliche Einladungen, befristete Aufenthaltstitel und Einreiseverweigerungen. Die Wojwodschaften und die größeren Ämter der polnischen Grenzpolizei haben seit 1998/99 Online-Zugriff, derzeit erfolgt der Anschluss der dezentralen mobilen Terminals an der Ostgrenze (vor al-lem bei der Grenzpolizei). Das novellierte Ausländergesetz vom 1.7.2001 ermöglicht weiteren Behörden (Justiz, Zoll, diversen Polizeistellen usw.) den direkten Zugang zu den Daten des Registers. Im Übrigen hat Polen im Jahr 2001 einen neuen maschinenlesbaren Reisepass eingeführt (Ratsdok. 2002).

Auf das Ausländerzentralregister in Warschau bauen weitere Datenban-ken für die internationale Vernetzung auf (Schengen, Europol u.a.). Das Au-tomatisierte Fingerabdruck-Identifizierungssystem AFIS stellt das polnische Verbindungsglied zur EU-Fingerabdruck-Datenbank Eurodac dar. Ab 2003 soll Polen auch über eine nationale Komponente des Schengener Informati-onssystems (SIS) verfügen.

Visumpolitik und Grenzüberwachung

Das zweite PHARE-Projekt widmet sich der Visapolitik. Die polnische Regierung hat am 27.7.1999 erklärt, dass sie die EU-einheitliche Visapolitik bis zum Beitritt übernehmen wird (Government of Poland 1999, 40).[4] Im Jahr 2000 führte Polen die Visapflicht gegenüber Aserbaidschan, Georgien, Kyrgyzstan, Tadschikistan und Turkmenistan ein; 2001-2002 ließ Polen die Übereinkommen über visafreie Einreise mit weiteren 54 Staaten auslaufen. Bis Ende 2004 wird das zentrale Visaregister funktionstüchtig sein, auf das das konsularische Personal im Ausland Zugriff haben soll (CONF-PL 8/02, 2002). Staatsangehörige der russischen Föderation, Weißrusslands und der Ukraine sind ab dem 1.7.2003 visumspflichtig, sollen aber nach dem Abschluss entsprechender Abkommen in vereinfachten Verfahren Mehrfach- und Langzeitvisa erhalten können. Dennoch ist damit zu rechnen, dass diese Restriktionen erhebliche politische und wirtschaftliche Folgen zeitigen werden. Bliebe ein Großteil der zehn Millionen GUS-Bürger, die jährlich nach Polen reisen, wegen der künftigen Visapflicht aus, wäre der Bankrott zahlloser Geschäfte absehbar. Ein Wirtschaftsgefüge, das auch davon lebt, unkontrolliert über die Grenze hinweg Kleinhandel zu treiben, droht zusammenzubrechen.

Der Grenzüberwachung gilt das dritte PHARE-Projekt des Jahres 2001 und ein weiteres aus 2002. An der Grenze sind neben dem eigentlichen Grenzschutz auch Polizeieinheiten und der Zoll eingesetzt. Bei der eigentlichen Grenzpolizei (Grenzschutz), einer ehemals militärischen Organisation (Grenztruppen), waren 1998 insgesamt 17.210 Personen tätig, davon 3.700 Zivildienst- und 3.050 Wehrdienstleistende, die vor allem an der Ostgrenze Dienst taten (EU-Kommission 1998, 49). Ab 2007 will Polen keine Wehrpflichtigen mehr in der Grenzüberwachung einsetzen. Durch Neueinstellungen und Verlegungen von Einheiten, die bisher im Westen eingesetzt wurden, soll die Zahl der in Ostpolen tätigen Grenzpolizisten – heute 5.300 – mehr als verdoppelt werden. Neben den erwähnten Neuanschaffungen wird auch ein Teil der technischen Ausrüstung von der West- an die Ostgrenze verbracht (CONFL-PL 46/02, 2002). Die größten Einzelposten, die PHARE 2001 für die Ostgrenze aufweist, betreffen die Kommunikationstechnik (Vertrag mit Motorola) und die Optoelektronik (Vertrag mit Zeiss). Beschafft werden fünf Einheiten zu jeweils mehr als einer halben Million Euro für die Luftaufklärung per Militärhubschrauber, 60 mobile optische Überwachungsgeräte zum Stückpreis von 413.000 Euro sowie 236 mobile, von Hand zu bedienende Wärmebildkameras à 49.000 Euro.

Anders als an der deutsch-tschechischen Grenze wird an der polnischen Ostgrenze der demarkierende Stacheldraht aus den Zeiten vor der osteuropäischen Wende nicht entfernt (vgl. Beitrag von Stobbe in diesem Band). Der befestigte Grenzwachturm, eine Erfindung der Eroberungs- und Territorialstaaten, feiert dort seine Wiederauferstehung. Solche Türme sollen alle 15 bis 20 Kilometer errichtet werden, jeweils bestückt mit teuerster Elektronik und Optik. Ausspähung aus der Höhe und Spezialeinheiten am Boden – beim Grenzschutz in Ostpolen gehen militärische und polizeiliche Elemente eine neue Verbindung ein. Dennoch haben sich die EU und die polnische Regierung von einer traditionellen militärischen Frontstellung gegenüber den Nachbarstaaten verabschiedet und suchen statt dessen die Kooperation (Kempe u.a. 1999). Vor allem die deutsche Regierung drängt darauf, dass Polen die östlichen Anrainer zu "Sicheren Drittstaaten" und Herkunftsländern erklärt und damit Rückschiebungen innerhalb von 48 Stunden rechtlich stärker absichert.[5] Die Grenzpolizeien Polens und seiner östlichen Nachbarn sollen gegen Flüchtlinge und MigrantInnen enger zusammenarbeiten – u.a. durch bilaterale Kontaktzentren. Seit dem 10.11. 2001 ist ein entsprechender Vertrag mit Litauen in Kraft (CONFL-PL 5/02, 2002).

Hochmobil, mit unterschiedlichen Behörden vernetzt, elektronisch und optisch aufgerüstet und von deutschen, britischen und niederländischen Grenzpolizeieinheiten trainiert bereitet sich die polnische Grenzwacht auf diese neuen Einsatzaufgaben vor (CONFL-PL 5/02, 2002; CONFL-PL 46/02, 2002). Im Rahmen des PHARE Horizontal Programme (PHP) und über das EU-Odysseus-Programm haben internationale Organisationen – insbesondere das *International Centre for Migration Policy Development* (ICMPD) und die *International Organisation for Migration* (IOM) – einen wesentlichen Part der grenzpolizeilichen Schulung übernommen. Ihre Trainingskonzepte und länderübergreifenden Grenzpolizei-Konferenzen sollen zudem helfen, den Grenzschutz gesellschaftspolitisch zu verankern. Sie beraten die EU und die Beitrittsländer polizeipolitisch bei den neuen Projekten der Personendatenerfassung (ICMPD 1999a, 1999b). Auch die Warschauer Helsinki-Stiftung, deren flüchtlingspolitische Arbeit Mitte der 1990er Jahre vom UNHCR finanziert wurde, avancierte zur Beratungsinstitution der EU-Kommission in Fragen der ostpolnischen Grenzaufrüstung (Kazmierkievicz 1999).

Die PHARE-Projekte vier, fünf und sechs widmen sich der Grenzabfertigung auf den gesamteuropäischen Korridoren, die vor allem in Ost-West-Richtung ausgebaut werden. An den entsprechenden polnisch-weißrussischen und polnisch-ukrainischen Kontrollpunkten entstehen gigantische Anlagen zur Verkehrsabfertigung. In diesen Tempeln der digital erfassten Personen- und Warenmobilität sollen die lokalen GrenzgängerInnen von den internationalen Fernreisenden getrennt werden. Die Architektur dieser Mammut-Übergänge dürfte Blockadeaktionen erheblich erschweren, mit denen die lokale Bevölkerung vor allem im Raum Bialystok seit 1997 immer wieder die Grenze lahmgelegt hat.

Projekt sieben und acht widmen sich den "politischen" Dimensionen: Lokale NGOs und kommunale Vertretungen sollen Mittel erhalten – allerdings in bescheidenem Umfang –, um konsensbildend zu wirken. Internationale Berater werden angeheuert, um sensible Aspekte der Außengrenzpolitik vor Ort zu bearbeiten. Ihnen obliegt ein Teil der begleitenden Auswertung der PHARE-Projekte.

Bei den Projekten 9, 10 und 11 fällt vor allem auf, dass sie in den Kontext der ostpolnischen Grenzüberwachung gestellt werden: Bei der Verbrechensbekämpfung (Projekt 9) geht es unter anderem um den Anschluss der Online-Datenbanken der Ostgrenze an SIS und Europol, um den Aufbau einer DNA-Datei mit britischer und deutscher Unterstützung und um die zentralisierte Bekämpfung der Organisierten Kriminalität. Die sozialen Verhältnisse, die auf Einkommen aus wirtschaftlichen „Grauzonen" beruhen, so heißt es bei diesem PHARE-Punkt, sollen auch mit polizeilichen Mitteln bekämpft werden. Die Zusammenarbeit in den Bereichen Justiz und Polizei sowohl innerhalb der EU wie in Osteuropa und das Lager- und Gefängnissystem (Projekte 10 und 11) werden ebenfalls im Zuge des neuen Grenzregimes neu ausgerichtet. Polen schloss am 3.10.2001 ein Abkommen zur Zusammenarbeit mit Europol. Eine nationale Europol-Einheit besteht bereits. Demnächst sollen VerbindungsbeamtInnen nach Großbritannien, Österreich, Italien und in die skandinavischen Länder entsandt werden. Polizeiabkommen u.a. zur „Bekämpfung der organisierten Kriminalität" existieren bereits mit Finnland (4.11.1999), Litauen (4.4.2000) und Deutschland (18.2.2002), weitere sollen folgen (Ratsdok. 2002).

Moderne Staats-Zollgrenze

Dass eine restriktive Asylpolitik eine neue Fremden- und Grenzpolizei gebiert, ist aus Westeuropa nicht unbekannt. Ausgedient hat das Modell der militärischen Frontstellung gegenüber den Nachbarstaaten, das bis zum Fall der Berliner Mauer nicht nur die Demarkationslinie zwischen den Blöcken dastellte. Auch das Grenzregime innerhalb des Warschauer Pakts war von diesem alten militärischen Muster geprägt. Statt dessen gleichen sich bei dem heutigen Grenzregime neue polizeiliche und militärische Mittel an, wo es um die Bekämpfung von armutsgeprägten, grenzüberschreitenden "Feinden" geht.

Die Kontrolle der EU-Außengrenze an Oder und Neiße wurde auf deutscher Seite seit den 1990er Jahren auf eine Kombination von Elektronik und Denunziationsbereitschaft der Bevölkerung gegründet (FFM 1998, 91 ff.;

vgl. auch Beitrag von Stobbe in diesem Band). Die feindliche, grenzüberschreitende Armut lag dieser Konzeption und Wahrnehmung entsprechend
eindeutig jenseits von Oder und Neiße. Die neue EU-Außengrenze kehrt mit
der PHARE-Programmatik zur Staats-Zollgrenze des 18. und frühen 19.
Jahrhunderts zurück, bei der sich die Grenzüberwachung auch gegen die
Bevölkerung richtete, die innerhalb der Zollgrenzen lebte. Heimliche Grenzüberschreitung oder aber die Blockade der Grenzübergänge gehörten seiner-
zeit zu einem legitimen Mittel der sozialen Auseinandersetzung.

Die PHARE-Programme mit ihrem ökonomischen, neoliberalen Zu-
schnitt sind sicherlich ein Diktat aus Brüssel und Berlin. Von der Zerstörung
der informellen Grenzökonomien verspricht sich aber auch eine neu entstandene polnische Elite Vorteile. Sie sieht den EU-Beitritt als politische wie
wirtschaftliche Chance, um aus der Jahrhunderte langen Peripherisierung
auszubrechen. Auch sie wird ein Interesse daran haben, dass die Grenzpolizei
die kontrollierten Verkehrskorridore einigermaßen barrikadenfrei halten und
einen Teil der unerwünschten Flüchtlinge und MigrantInnen nach Osten
abschieben kann.

Die Frage, ob in Ostpolen ein Experimentierfeld für neue exekutive
Vollmachten entsteht, ausgeübt von mobilen, durch Kommunikations-
technologie vernetzte Einheiten, verdient in den folgenden Jahren größte
Aufmerksamkeit. Ob ein solches Freifeld-Labor möglich ist, hängt nicht nur
von polizeilichen Konzepten und der bekanntlich störungsanfälligen Über-
wachungselektronik ab. Die Grenzbevölkerung hat seit Beginn des Beitritts-
prozesses immer wieder gegen das neue Grenzregime demonstriert und
mehrfach die Region durch Blockaden lahmgelegt. Sie hat erzwungen, dass
die Visapflicht für die Staatsangehörigen der Nachbarländer nicht schon
früher eingeführt wurde. Die Interessen von Flüchtlingen und MigrantInnen
könnten sich dauerhaft mit sozialen Strukturen der dortigen Armut verbinden.
Das Wissen, wie man gut über die Grenze kommt, gehört zur Überleben-
sökonomie von Flüchtlingen wie von dortigen AnwohnerInnen.

Die Frage, was eine EU-Außengrenze ausmacht, wird für die Grenzen in
Osteuropa neu beantwortet werden müssen; die EU-Außengrenze an Oder
und Neiße war jedenfalls nicht nur hinsichtlich der geographischen Expansi-
onsgeschichte Westeuropas nur eine Etappe.

Anmerkungen

1   PHARE, ursprünglich für "Pologne – Hongrie: Assistance à la restructuration
    économique"

2   Die Datei "PL01.03.02: Twinning for Border and visa policy" ist gesperrt. Die
    folgenden Ausführungen beziehen sich, soweit nicht anders vermerkt, auf die-
    se Unterlagen.
3   1998-2000 (Umsetzung in 2000 und 2001) belief sich die deutsche Hilfe für den
    Ausbau des OBCY-POBYT-Systems auf 302.500 Euro, die von PHARE auf
    640.000 Euro, die des polnischen Staats auf 1,35 Mio. Euro.
4   ArmenierInnen sind schon seit dem armenisch-aserbeidschanischen Krieg vi-
    sumpflichtig. In Polen leben ca. 15-20.000 ArmenierInnen.
5   Laut UNHCR haben im Jahr 2001 an der Grenze zu Russland 14, zur Ukraine 34,
    zu Weißrussland 523 Personen einen Asylantrag stellen können. 1.187 Perso-
    nen wurden in Abschiebehaft genommen.

Literaturverzeichnis

Abl S (Amtsblatt der Europäischen Gemeinschaften, Supplement) 2001, PL-
    Warschau: Phare – Modernisierung des Systems OBCY-POBYT, Nrn. 134361-
    2001, 197 (12.10.2001)
Abl S (Amtsblatt der Europäischen Gemeinschaften, Supplement) 2002, PL-
    Warschau: Phare – Modernisierung des Systems OBCY-POBYT, Nrn. 119523-
    2002, 151 (6.8.2002)
CONF-PL 5/02 (Conference on Accession with Poland) 2002, Brüssel
CONF-PL 8/02 (Conference on Accession with Poland) 2002, Brüssel
CONF-PL 46/02 (Conference on Accession with Poland) 2002, Brüssel
Dietrich, Helmut, 1999, "Akcja Obcy" ("Aktion Fremde") in Polen, in: Mittelweg 36,
    2 (1999), 2-11
EU-Kommission, 1998, Regelmäßiger Bericht über Polens Fortschritte auf dem Weg
    zum Beitritt, 4.11.1998
EU-Kommission, 2001, PHARE Poland 2001, Brüssel,
    http://europa.eu.int/comm/enlargement/pas/phare/programmes/national/poland/
EU-Kommission, 2002, PHARE Poland 2002, Brüssel,
    http://europa.eu.int/comm/enlargement/pas/phare/programmes/national/poland/
FFM (Forschungsgesellschaft Flucht und Migration), 1995, Polen, Berlin, Göttingen
FFM (Forschungsgesellschaft Flucht und Migration), 1996, Presseerklärung vom
    30.10.1996
FFM (Forschungsgesellschaft Flucht und Migration), 1997, Ukraine, Berlin, Göttin-
    gen
FFM (Forschungsgesellschaft Flucht und Migration), 1998, Die Grenze. Flücht-
    lingsjagd in Schengenland, hrsg. vom Flüchtlingsrat Niedersachsen, Hilde-
    sheim, Frankfurt am Main
Florczak, Agnieszka, 1999, Refugees in Poland, a new Phenomenon of 90s, in: Pol-
    skie towarzystwo nauk politycznych, Polish Political Science : Yearbook 27-28
    (1997-1998), 181-196
FR (Frankfurter Rundschau)

Government of Poland, 1999, Poland's Negotiation Position in the Area of Free Movement of Persons. Synthesis (= documents 2), Warschau 27.7.1999

ICMPD (International Centre for Migration Policy Development) (Hrsg.), 1999a, Future External Borders of the EU. Teaching Material, edited by R. Schweighofer, September 1999, Seminar "External Borders" for Hungary, Poland, Czech Republic, Slovenia and Estonia (Klagenfurt 19 - 23 October 1998), Seminar "Mediterranean Borders" for Cyprus (Larnaca 17 - 21 May 1999), Seminar "Austria Second Round" for Romania, Bulgaria, Slovakia, Lithuania and Latvia (Illmitz 21 - 25 June 1999)

ICMPD (International Centre for Migration Policy Development), 1999b, Border Management in Europe. An Overview [of the border control systems of EU and candidate countries], December 1999

Kazmierkievicz, Piotr, 1999, Case Study : Polish Helsinki Human Rights Foundation from the Implementing Partner to UNHCR to the Adviser to the European Commission Delegation (1999);
http://www.policy.hu/kazmierkievicz/polishcase.html

Kempe, Iris; Meurs, Wim van; Ow, Barbara von (Hrsg.), 1999, Die EU-Beitrittsstaaten und ihre östlichen Nachbarn, Gütersloh

Ministero degli Affari Esteri, 2002, Rom,
htttp://www.esteri.it/polestera/ue/twinnings/2002/polonia/pl02jh02.doc

Mync, Agnieszka, 1997, Entwicklungsfaktoren der grenzüberschreitenden Zusammenarbeit in den östlichen Grenzgebieten Polens : Raumordnerische und ökonomische Perspektive, in: Kuklinski, Antoni (Hrsg.), European Space Baltic Space Polish Space, Warschau, 257-282

NZZ (Neue Zürcher Zeitung)

NZZ a.S. (Neue Zürcher Zeitung am Sonntag)

Ratsdok. 2002, 11087/02 (23.07.2002) (Enlargement: Preparation of the nexts Accession Conference with Poland; Chpt. 24: Co-operation in the Fields of Justice and Home Affairs)

Essay über die EU-Außengrenzen: Ausgrenzung vom Süden Spaniens bis zum Osten Litauens

Beat Leuthardt

„Ach, geh doch weg. Union ist Union, Sojus ist Sojus. Früher Sowjetunion, heute Europäische Union. Ist alles derselbe Dreck. Sollen die doch machen, was sie wollen." Auf solche Weise angewidert hätten sich einige Passanten in Girkaliai vom Reporter der „Neuen Zürcher Zeitung" abgewendet, der kurz vor dem Referendum über den Anschluss an die EU das übliche Stimmungsbild zeichnen wollte (NZZ vom 10./11.5.2003). Die sonst doch so neoliberale NZZ beschreibt damit recht genau die Gefühlslage sehr vieler Litauerinnen und Litauer. Diese sind durch den Anschluss ihres Kleinstaates an die Europäische Union zu Verlierern gestempelt worden - schon Jahre vor dem historischen Datum der formellen EU-Erweiterung, dem 1. Mai 2004.

Es macht sich ein Gefühl breit, das man Ausgrenzung nennen könnte; es ist ein Gefühl, das eine Realität in den neuen EU-Staaten widerspiegelt. Die Ausgrenzung ist aber keineswegs ein bloß litauisches Phänomen, denn die EU setzt zunehmend auf Abwehr und Überwachung statt auf Zusammenleben und Mitmenschlichkeit. Das Gefühl der Ausgrenzung kennen all jene Staaten, deren Ränder ab dem 1. Mai 2004 die neuen Außengrenzen der EU bilden. An diesen EU-Außengrenzen zeigt sich zu Beginn des 21. Jahrhunderts die Festung Europa in ihrer ganzen Härte.

Geografisch kann man den Bogen der EU-Ausgrenzungspolitik spannen von den Kanarischen Inseln über Tarifa in Südspanien und Marseille nach Lampedusa, der südlichsten Insel Italiens, über Bari an der Adria und die Karawanken an der österreichisch-slowenischen Grenze ins Dreiländereck von Wien, Budapest und Bratislava und vom östlicheren Dreiländereck Čierna nad Tisou (Slowakei), Žahony (Ukraine) und Čop (Ukraine) bis zur ostlitauisch-weißrussischen Grenze von Medininkiai.

Sozial betroffen von der neuen Ausgrenzung sind keineswegs nur die so genannten Randständigen. Jeweils das halbe Volk jener Staaten oder noch mehr findet sich auf der Verliererseite: anständige Bauernpärchen wie die Falčiks in Ostlitauen, anständige Taxifahrer wie Antonio in Südspanien oder anständige Beamtinnen wie Jalinka in der Westukraine (Leuthardt 1999, 2002). Sie alle erfahren mit der Wende vom Ost- zum Westverbund in gewisser Weise etwas von dem, was Migrantinnen, Migranten und Flüchtlingen an den Grenzen und im grenznahen Zwischengelände zunehmend passiert.

Die Sicherheitspolitik der Europäischen Union setzt dem kleinen Grenzverkehr ein Ende und verändert damit auch das Leben dies- und jenseits der Grenzen. In den neuen Befestigungszonen werden Menschen zunehmend kontrolliert und überwacht, zunehmend eingeschränkt in ihrer Bewegungsfreiheit, zunehmend ohne Anlass verdächtigt und ohne ein Delikt begangen zu haben inhaftiert. Bisher strafloses Verhalten wird zunehmend als strafwürdig taxiert und gesetzlich pönalisiert. Was - wie das christlich motivierte Beherbergen von Durchreisenden - bisher als moralisch wertvoll gegolten hat, wird nun unter dem Druck der Verantwortlichen in den Berliner, Pariser und Brüsseler Ministerien als besonders verwerfliches Verhalten hingestellt und als „Aufenthaltserleichterung von Illegalen" drakonisch abgestraft. Dies macht aus Grenznachbarn tendenziell Fremde, aus Menschenfreunden Misstrauische und aus Engagierten Gleichgültige. Ganze Regionen bleiben gedemütigt zurück. Die Folge: Wer an den Außengrenzen wohnt und arbeitet, muss sich zunehmend gegen Einschüchterungen zur Wehr setzen und steht unter massivem Druck, sich den neuen Normen beugen zu müssen. Dieser Druck wird allzu oft weitergegeben an die noch Schwächeren: die Auffälligen, die Ortsfremden, die Asylsuchenden, Migrantinnen und Migranten.

Musterpolizist Frankreich

Ein Beispiel für die Ausgrenzungspolitik ist Sangatte, das große Lager für so genannte Illegale an der französischen Küste. Es befindet sich unweit des Kanaltunnels, der bei seiner Inauguration im Jahre 1994 als ein als ein Völker verbindendes Werk gerühmt wurde. Das Ziel, Völker zu verbinden, haben der neue französische Innenminister Nicolas Sarkozy, die Tunnelbahnverwaltung und die betroffenen Bürgermeister jedoch ganz anders interpretiert. Die Unruhe der nach Großbritannien strebenden Kurden und Afghanen hat ihnen gründlich missfallen. Die Lebensbedingungen im Rotkreuzzentrum von Sangatte verschlechterten sich zusehends. Und so kam es in Sangatte, wie es kommen musste: „Toter nach Streit unter Asyl Suchenden", titelte die Presse im Juni 2002; ein anderer Toter war schon zwei Monate zuvor aufgefunden worden. In der aufgeladenen Atmosphäre des überfüllten Flüchtlingsgefängnisses beschwor die prekäre Lagersituation ständig hässliche Auseinandersetzungen unter Mitbewohnenden herauf.

In der Folge dieses Todesfalles entspann sich eine lange Diskussion: Tragen die Asyl Suchenden selber Schuld an ihrer Situation? Oder womöglich nur der männliche Teil der Migration? Ganz sicher Schuld an der Situation in Sangatte trägt der französische Staat. Dies wird schon durch das Verhalten des offiziellen Frankreich deutlich, als ein Jahr zuvor an der Mittelmeerküste bei St-Raphaël im Departement Var die „East See" gestrandet war.

Das Flüchtlingsschiff hatte 908 kurdische Personen aus dem Irak und aus Syrien an Bord. Nicht der humanitäre Wille der Behörden, sondern einzig die Medienöffentlichkeit hatte die Verzweifelten damals vor einer sofortigen Abschiebung bewahrt.

Die Abschreckung von Flüchtlingen funktioniert – ein schwacher Trost – nicht hundertprozentig, und die Abschottung ist keineswegs hermetisch. So finden sich selbst im streng überwachten Hafen von Marseille täglich Menschen, deren Glück es ist, ohne die erforderlichen Ausweispapiere an Land zu gelangen und dabei unerkannt zu bleiben. Der Preis dafür ist allerdings, dass sie auch keinen noch so kurzen legalisierten Aufenthalt in Marseille erlangen können. Statt dessen sehen sie sich in die Illegalität gedrängt, aus der es kein freundliches Auftauchen mehr gibt (Leuthardt 2002). Die vergeblichen Versuche der Migrantinnen und Migranten, sich einen Moment der Sicherheit und der Neuorientierung im Alltag zu verschaffen, erinnern an die tragischen „Marseille"-Schilderungen aus der Zeit des Zweiten Weltkriegs von Anna Seghers (1947/48) und Louis Mercier Vega (1997).

Im Prinzip macht die französische Regierung nur, was das restliche Westeuropa ihr vorgibt. Ihr Motto: Internationale Vereinbarungen völlig ausreizen oder gar offen verletzen und entsprechende Gesetze so oft abändern, bis der Gesetzeswortlaut mit der sich ständig verschärfenden Abschottungspraxis in Übereinstimmung gebracht ist (Leuthardt 1994). Die in Brüssel erscheinende Monatszeitschrift „Migration Newssheet" ist voll von Ankündigungen solcher Novellierungen eben novellierter Gesetze in allen Mitgliedstaaten. Frankreichs Migrations- und Flüchtlingspolitik ist daher nicht unbedingt ausgrenzender als jene seiner Nachbarn. Aber Paris hat die Politik der Abschreckung stets offen deklariert, während Berlin sie euphemistisch verbrämt und Amsterdam sie verschämt ganz verschweigt.

Schengen hätte eigentlich etwas Gutes werden können...

Seit 1985, dem Gründungsjahr des Schengener Abkommen, bedeutet die Idee Schengen: offene Schlagbäume an der Grenzlinie bei verstärkten Kontrollen hinter dem nächsten Ortsschild beiderseits der Grenze (vgl. Beitrag von Stobbe in diesem Band). Schengen hätte aber auch bedeuten können, die Menschen einzulassen und gemäß der Genfer Flüchtlingskonvention von 1951 aufzunehmen. Es hätte ein gutes Projekt für ein offenes Europa werden können. Doch schon die Gründerkoalition um Bundeskanzler Helmut Kohl und Staatspräsident François Mitterrand haben das offene Europa zu Grabe getragen. Statt dessen begannen die Polizeifahnder und Antiterroreinheiten sich in die Politik einzumischen. Zu dieser Zeit ist der Begriff „Festung Europa" geprägt worden. Von den Offiziellen wurde die Entwicklung damals noch vehement geleugnet und der Begriff „Festung Europa" abgelehnt. Heute führen ihn ihre Nachfolger bei jeder Gelegenheit selber im Munde und sind stolz darauf.

„*La grande nation*" war an der Trendwende von der „bösen" zur „guten" Festung Europa federführend beteiligt. Stets bewertete die Regierung in Paris polizeiliche Stärke höher als demokratische Rechte und die Ausnahmeparagraphen des Schengener Abkommens wurden überstrapaziert. Um die weniger repressive Betäubungsmittelpolitik der Niederlande zu torpedieren, verletzte Paris das Schengener Abkommen und führte Personenkontrollen durch, wann immer der internationale Zug aus Richtung Amsterdam den Bahnhof von Luxemburg verließ. Schengen hätte die Wiedereinrichtung von Grenzkontrollen jedoch nur ausnahmsweise erlaubt. Doch wen kümmerte solche Selbstherrlichkeit, wen das martialische Auftreten der heutigen „*Police aux Frontières*"? Die PAF schüchtert mit ihrem Gardemaß, mit Schlagstöcken und Stiefeln bewehrt jeden und jede ein, wann und wo immer sie will, ob an der Landesgrenze oder im Landesinnern.

Dass Deutschland bei der Militarisierung des Grenzschutzes gleichzog, machte die Sache natürlich ebenso wenig besser wie der Druck, der auf etwas weniger repressive Staaten wie Italien ausgeübt wurde. Dieser Druck führte bloß dazu, dass auch in Ventimiglia oder am Tendapass italienische Grenzkontrolleure zu harten Methoden à la Frankreich griffen.

Damit hat sich zu Beginn des dritten Jahrtausends eine neue Festung Europa aufgetan, die aus jedem Gebäude innerhalb der Festung nochmals eine kleine Kaserne macht. So können Frankreich und Deutschland stolz darauf sein, mit der Osterweiterung der Europäischen Union schließlich auch aus Litauen und Ungarn, Tschechien und Lettland, Slowenien und der Slowakei Kasernen gemacht zu haben – kleine, aber zähe europäische Festungen innerhalb der großen Festung Europa.

Der EU-Gipfel von Sevilla von Ende Juni 2002 machte diese Wende auch nach außen deutlich. Die EU zwingt seither Drittstaaten, die sich „in allen künftigen Kooperations- und Assoziationsabkommen bzw. vergleichbaren Abkommen" auf Entwicklungszusammenarbeit oder jede andere Form von Beziehungen mit der EU einlassen, dazu, dass „eine Klausel über die gemeinsame Kontrolle der Migrationsströme sowie über die obligatorische Rückübernahme im Falle der illegalen Einwanderung aufgenommen" wird (Schlussfolgerungen 2002). Im bürgerlichen Strafrecht würde man vom Tatbestand der Erpressung sprechen, und die christliche Seele sieht darin einen unmoralischen Akt.

Kosovo 1999: Die Nato versucht sich in aggressiver Flüchtlingspolitik

Diese Klauseln passen zur Denkweise, welche die Führung der Europäischen Union schon drei Jahre zuvor in der Kriegs- und Lagerpolitik im Kosovo offenbart hatte. Abschottung und Ausgrenzung haben die Erben von Kohl und Mitterrand 1999 dazu gebracht, Flucht- und Migrationsströme (auch die selber erzeugten) schon weit außerhalb der EU-Außengrenzen zu erkennen, diese Menschen sodann im von der NATO „befriedeten" Gebiet festzusetzen und von Brüssel aus gesteuert in andere Regionen umzulenken. So hatte sich die Militarisierung der Flüchtlingspolitik darin gezeigt, dass man in Bern, Berlin und Wien bloß noch einige Tausend ausgewählte Kontingentsflüchtlinge in die Europäische Union einreisen ließ, während die überwiegende Zahl in Lagern am Rande des Kosovo hausen musste. Im ersten Moment, den das Kriegsende bot, kam es dann zu den gnadenlosen Rückführungen.

Solches Abwehrverhalten außerhalb der eigenen Gebietsgrenzen, wie es zuletzt von der britischen Regierung propagiert wurde, war schon lange zuvor angedacht worden. So hatte sich Peter Arbenz, der als „innovativ" geltende frühere Schweizer „Delegierte für das Flüchtingswesen" (vergleichbar dem Leiter des deutschen Bundesamts für die Anerkennung ausländischer Flüchtlinge), schon in den 1980-er Jahren dafür eingesetzt, dass die Schweiz in der Türkei eine Art exterritoriales Gebiet schaffen könne. Dorthin sollten vom türkischen Regime bedrohte kurdische Flüchtlinge verbracht und unter Aufsicht von Schweizer Verantwortlichen gegen die Unbilden des türkischen Staates geschützt werden. „Konzept der Sicheren Zonen" hieß das ernsthaft diskutierte Unding. Angesichts solcher in Europa oft geäußerter Ideen wundert es kaum, dass im Kosovo-Krieg erstmals in großem Ausmaß die EU-Abschreckungspolitik in gebietsferne Regionen verlegt und sie dort konsequent durchgesetzt hat. Der gedankliche Ansatz und die Tatsache des Tabubruchs verweisen beide auf den Angriffskrieg, den vier Jahre später, im April 2003, Kriegspräsident George W. Bush im Irak militärisch und politisch konsequent und skrupellos durchgeführt hat.

Lohnend ist ein Blick auf die konkreten Abläufe im Kosovo-Krieg von 1999, wie sie von der Berliner Forschungsgesellschaft „Flucht und Migration" geschildert werden (Dietrich 1999). „Die Blockierung der Flucht nach Westeuropa in diesem organisierten Ausmaß war einmalig." Zum Einen sei dies geschehen „durch die Verhinderung der Ausreise aus der Lagerregion", zum Zweiten „durch Erschwerung der Einreise nach Westeuropa" und drittens „durch eine polizeiliche Fahndung längs der Fluchtwege in den Transitstaaten". Die Militarisierung der Flüchtlingslager habe hierzu ebenso beigetragen wie die Aufrüstung der Vorfeldfahndung mit Informationssystemen, welche „eine Fülle von Namen, Adressen, Telefonnummern und individuellem Aussehen von als FluchthelferInnen eingeschätzten Personen aus den Umkreisen von Kirchen, Reisebüros, Parteileuten, Pensionen und Hotels" registrieren und europaweit auswerten. Die „Informellen Konsultationen" mit Sitz in Genf (und einer Art Filialen in Wien und Budapest) unter Jonas Widgren - einem Zögling des oben erwähnten Schweizer Flüchtlingsdelegierten Peter Arbenz - leisteten hierbei sozusagen outgesourct ganze Arbeit im Sinne moderner und betriebswirtschaftlich orientierter Strategiearbeit im Dienste der europäischen Innenministerien.

Kontrolle an den blauen, grünen und braunen Grenzen

Dass bei den so pompös aufgemachten Gipfeln der EU-Staats- und Regierungschefs, von Tampere 1999 bis Sevilla 2002, die so genannte Einwanderung ein überaus beliebtes Thema ist, kommt nicht von ungefähr. Dafür verantwortlich seien „weniger die Wanderbewegungen der Flüchtlinge als jene der Wähler", formulierte der langjährige deutsche Chronist in Madrid Axel Veiel vor dem Sevilla-Gipfel zutreffend. Die immer gleichen Formulierungen, die nach Menschlichkeit klingen und aber Härte vermitteln, in den „Schlussfolgerungen" der jeweiligen Ratspräsidien waren im Laufe der 1990-er Jahre unerträglich geworden. Aus dieser Zeit stammen meine Beobachtungen an den Außengrenzen der EU - sowohl jenen vor als auch nach dem 1. Mai 2004. Entlang den blauen, grünen und gelbbraunen Grenzen, in den Meerengen und Meeresstraßen von Gibraltar, Tunis, Messina und Otranto, entlang der Karawanken und der Karpaten und weit draußen in den Steppen und Ebenen des Baltikums spiegelt sich der Zustand der Festung Europa des 21. Jahrhunderts wider.

Als Beispiel möchte ich die Taxifahrerinnen und -fahrer in den Außengrenzregionen der Europäischen Union anführen. Diese werden seit Jahren in die Kontrollmaßnahmen einbezogen. „Ständig verbreiten Polizei und Behörden die Stimmung, als ob jeder Nordafrikaner automatisch auch ein Illegaler sei", meint Antonio in Tarifa, dem Hafenort an der Meerenge von Gibraltar. Ginge es nach den Behörden, so müssten die Fahrerinnen und Fahrer Gesichtskontrollen durchführen, entgegen ihrer Pflicht, zahlende Fahrgäste ohne Ansehen der Person zu befördern. Mit Kontrollen auf offener Strecke und Mitnahmen auf die Polizeiwachen werden Taxilenkerinnen und Taxilenker in Andalusien und Apulien, in der Steiermark und in Ostdeutschland weich gekocht. Diese Politik hat Erfolg: „Viele meiner Kollegen", meinte Antonio im Jahre 1999, „nehmen jetzt Menschen mit irgendwie marokkanischen Gesichtszügen nicht mehr mit." Wer erträgt es schon auf Dauer, wenn etwa italienische Polizisten in Apulien auf den Ausfallstraßen Taxifahrer anhalten,

ihre Nase in den Wagen stecken und Worte zum Besten geben wie: „Hier
stinkt es nach Albanern." Dass die ungarischen Gesetzeshüter in dieser Frage
auch besonders eifrig sind und an der Ostgrenze zur Ukraine ebenfalls mit
Schikanen gegenüber Taxifahrern begonnen haben, wirft ein Bild auf die
Entwicklung an den Ostgrenzen.

Im Folgenden schildere ich eigene Beobachtungen von meinen Reisen an
die Außengrenzen:

Blaue Grenze Südspanien: Über den südspanischen Hafen Algeciras und
den marokkanischen Hafen von Tánger brachten die großen Fähren stets die
Verwandten und Bekannten aus Marokko und Spanien zusammen. Das ist
weitgehend vorbei, kaum ein Marokkaner bekommt mehr - und sei es auch
nur zu Studienzwecken - ein EU-Einreisevisum bewilligt. An Heiraten über
die Meerenge von Gibraltar hinweg ist kaum noch zu denken. Misstrauen ist
ein vorherrschendes Gefühl und die Menschen auf beiden Kontinenten ent-
fremden sich zusehends. Wen wundert es da noch, dass das ambitionierte
Projekt eines Bahntunnels unter den Meereswogen hindurch von Tarifa nach
Tánger trotz großspuriger Worte früherer Regierungen nicht weiter gediehen
ist als bis zu einem Sondierstollen vor Spaniens Küste.

Blaue Grenze Süditalien: Albanerinnen und Albaner hatten einst Teile
der Adriaküste in Italiens Süden besiedelt und Italiener fuhren über die Adria
nach Albanien, um Geschäfte zu machen. In den 1990er Jahren, als der Austausch zwischen Italien und Albanien mit dem Sturz des albanischen Regimes wieder möglich wurde, hätten die alten Beziehungen aufleben können.
Die Behörden in Apulien waren nicht abgeneigt und ließen Besuche ohne
große bürokratische Hürden geschehen. Doch in Brüssel und der damaligen
deutschen Hauptstadt Bonn drängte man darauf, die Grenzen dicht zu machen und die albanische Bevölkerung als Unerwünschte auszugrenzen. Eine
Kommission wurde eingesetzt, die die Durchsetzung des auf lückenlose
Kontrolle ausgerichteten Schengen-Regimes gewährleisten sollte. Sie maß
den „Erfolg" von Schengen an Hand der ansteigenden Zahlen der „Aufgriffe
von Illegalen an den Grenzen", sprich: der Kontrolle und Abschiebung un-
verdächtiger, nicht-krimineller Personen aus dem Nachbarstaat Albanien.
Wen wundert es, dass der damalige deutsche Innenminister Manfred Kanther
1998 heftig Druck auf Italien machte und der Regierung, ohne sie namentlich
zu nennen, vorwarf, die heimlich Einreisenden nicht lückenlos aufzuspüren,
sie unverzüglich hinter Schloss und Riegel zu bringen und per Charterflug-
zeug in die Herkunftsstaaten abzuschieben (Leuthardt 1999: XVI).

Grüne Grenze Südösterreich: Zu beiden Seiten der mäandernden Grenzlinie, von welcher der österreichisch-slowenische Gebirgszug der Karawanken geprägt ist, finden sich dieselben Familiennamen. Sowohl die „Schopin-
gers" als auch die „Šopingers" lassen leicht die gemeinsame Wurzeln erken-

nen, die stärker sind und auf längere Zeit zurück verweisen als die Grenzziehungen neuerer Regierungsvertreter. Warum nun gegenseitige Besuche nicht oder nur erschwert ausgeführt werden dürfen, ist schwerlich nachvollziehbar (vgl. den Beitrag von Friedrich in diesem Band). Das Geräusch der Rotoren von Grenzpolizeihubschraubern, die hinter dem Hügel auftauchen, drückt auf die allgemeine Stimmung im Grenzgebiet. Wenig beliebt ist auch das Bodenpersonal der Grenzwachen, das in den Bauernfamilien mitunter „Grenzverletzer" zu erkennen glaubt und sie „fahndungsmäßig kontrolliert". Wen wundert es da noch, dass Bauernfamilien unvermittelt zu Bürokratiefachleuten werden müssen, wenn ihr Hof auf österreichischer und ihr Feld ein paar Meter entfernt auf slowenischer Seite liegen und EU-Importbestimmungen von ihnen neue Abgaben und Einschränkungen verlangen - einzig dafür, dass sie tun, was sie schon zuvor taten, nämlich ihre eigene Ernte einbringen?

Grüne Grenze Ostungarn/Ostslowakei: Weiter im Osten, nur gut 400 Kilometer Luftlinie von Wien und noch weniger von Budapest entfernt, haben die Anrainer der Grenzregionen noch viel handfestere Probleme. Ohne Schmuggel könnten sie seit dem Zusammenbruch des Sowjetregimes nicht überleben. Jede ehrenwerte Ukrainerin muss, um sich und ihre Familie durchzubringen, z.B. Benzin günstig über die Grenze holen oder auf einem ungarischen Markt Nippsachen verkaufen. Alle schmuggeln, auch der Vizechef des ungarischen Zollpostens ahony tut es, und niemand käme es in den Sinn, dies als unmoralisch oder gar strafwürdig zu betrachten. Doch was tun die Regierungsvertreter der Europäischen Union? Statt Investitionen für eine breite Mehrheit zu tätigen oder zumindest Verständnis für die Situation der Grenzbevölkerung aufzubringen werden die Märkte beseitigt und die ukrainischen Anbieterinnen und Anbieter kriminalisiert. Dazu werden Zollhöfe ausgebaut und die Grenzen besser überwacht. Die Aufträge werden an Westfirmen wie Siemens statt ans lokale Gewerbe vergeben. Die schlimmste Maßnahme, die sich die Menschen außerhalb der Außengrenzen vorstellen können ist jedoch der neue Visumszwang. Während der Schmuggel unterbunden wird, erhalten die Leute beiderseits der Grenzen keinen Ersatz zum Leben. Im Jahre 1998 konnte man es schon vorausahnen: „Wenn die die Grenze dicht machen, dann wird es schwierig", hieß es damals. „Sollte Ungarn dann auch noch den Visumszwang gegen uns verhängen, wäre das die nackte Katastrophe. Dann", so die Leute eher resigniert als kämpferisch, „gibt es hier Krieg." Der Krieg blieb bisher aus, aber die Verzweiflung der Menschen ist deswegen nicht geringer geworden.

Braune Grenze Ostlitauen: Im baltischen Osten gingen die Menschen bis 1991 hin und her wie man heute über die Grenze zweier deutscher Bundesländer geht. Seither ist aber jenseits der eigenständige Staat Weißrussland und diesseits das ebenso eigenständige Litauen. Dazwischen lebt unverändert

die polnischstämmige Bevölkerung. Sie genießt auf der litauischen Seite eine
Art Autonomiestatus; im Parlament wird offiziell polnisch gesprochen, und
die Harmonie mit der litauischen Mehrheit war bisher verhältnismäßig gut.
Das hat sich verschlechtert, seit sich die Chefs der Grenzpolizei beider neuer
Staaten an einen Tisch gesetzt und einen genauen Grenzverlauf ausgehandelt
haben. Mit der 624 Kilometer langen neuen Grenzlinie – eine Distanz, welche der Stecke vom Hochrhein am Bodensee über Basel und Mainz bis nach
Bonn entspricht – hätten sie leben können. Doch dann kam die EU und ver-
langte die lückenlose Sicherung dieser 624 Kilometer. Mitten durch Bauern-
wesen und Bahnhöfe führt seither eine immer mehr sichtbare und trennende
Grenze, befestigt mit Überwachungsgerät von Siemens und Hundertschaften
neu eingestellter Grenzbediensteter. Unter dem Aus der nachbarlichen Besuche leiden besonders die armen polnischen Bauernfamilien, weil einige Mitglieder der Gemeinschaft im diktatorisch regierten Belarus schmoren und die
andern im demokratisch herausgeputzten Litauen. Besser geht es deswegen
aber auch in Litauen niemandem. Wenn überhaupt, dann werden dereinst die
jüngeren Generationen der polnischen Grenzminderheit profitieren - und im
besten Fall ihren Enkeln einmal erzählen, wie die Fremden im nahen Weißrussland früher mit ihren Urgroßeltern in Frieden und ohne Trennzäune zu-
sammengelebt haben.

Attacken auf Grenz-Eisenbahnen

Betrachtet man das Zusammenleben an den Außengrenzen, so wird Eines
klar: Die Grenzregionen werden in ähnlichem Maße geschwächt, wie die
Zentren gestärkt werden. Das war schon bisher der Fall an den Außengrenzen
der herkömmlichen Europäischen Union und bleibt vorläufig auch so. Und es
zeigt sich noch verstärkt an den neuen, vorgelagerten Außengrenzen in der
erweiterten EU.
    So spiegeln die grenzüberschreitenden Bahnverbindungen auf besondere
Weise den Zustand einer Grenzregion. Denn Bahnen kennen Fahrpläne und
eine Fahrplanpflicht; ihrem Prinzip entspricht es, möglichst schnell und ohne
aufgehalten zu werden vom einen zum nächsten Halt zu fahren. Grenzlinien
und Grenzkontrollen bilden dabei systemfremde Hindernisse. An den Grenz-
bahnhöfen und den dort entstehenden Verzögerungen zeigt sich aber, wer die
Gewinner und wer die Verlierer der europäischen „Harmonisierung" sind.
    An der EU-Außengrenze im Dreiecksland mit Deutschland und Frank-
reich zählt der „Drittstaat" Schweiz zu den Gewinnern. Die Bahnverbindungen klappen hervorragend. Es gibt sogar ein S-Bahnsystem, das in Verlet-
zung der Schengen-Grundprinzipien Massentransporte unkontrolliert über
eine Schengen-Grenze ausführt. Laut EU-Kommissar Günther Verheugen ist

jenes Dreiländereck am Rheinknie ein Paradebeispiel für die grenzüber-schreitende Zusammenarbeit. Es könnte gar Vorbildfunktion für zumindest ein weiteres Dreiländereck mit zwei EU-Staaten und einem Drittstaat besit-zen, nämlich für das neue Dreiländereck Polen-Slowakei-Ukraine.

Von der Gleichstellung der Schweiz mit der Ukraine musste sich Ver-heugen aber distanzieren (Basler Zeitung vom 15.5.2003), denn an Ost-Außengrenzen gibt es nur Verlierer. So war es um die Bahnverbindungen zwischen Wien und Bratislava - immerhin zwei nahe gelegene Hauptstädte - seit Jahrzehnten nie so schlecht bestellt wie zu Anfang des dritten Jahrtau-sends. Einzelne Intercityverbindungen wurden gestrichen, die verbleibenden wurden verlangsamt, und statt fliegender Grenzkontrolle im Zug - ein Min-deststandard eines jeden Qualitätszugs - ließ man die Züge in Grenzbahnhö-fen herumstehen, bis jeder Reisepass und jede Schraube im Zug kontrolliert war. Schlecht steht es auch um den grenzüberschreitenden Regionalzugver-kehr der Slowakei. Gewisse Verbesserungen, z.B. ein S-Bahnsystem, sind zwar im Hinblick auf den Beitritt der Slowakei zur EU im Jahr 2004 geplant; die Bemühungen scheinen aber über das Anfangsstadium nicht hinauszu-kommen. Ähnliche Beispiele ließen sich von weiteren bisherigen Außen- und neuen Binnengrenzen anführen, etwa zwischen Deutschland und Polen oder zwischen Österreich und Slowenien; sie alle lassen kaum substanzielle Ver-besserungen erwarten. Eine (Wieder-) Einführung grenzüberschreitender Straßenbahnlinien etwa in den deutsch-polnischen Doppelstädten zwischen Frankfurt an der Oder und Słubice oder zwischen Görlitz und Zgorcelec ist jedenfalls nicht geplant.

Wen wundert es da, dass sich an den Außengrenzen der Beitrittsländer die Bahnverhältnisse noch drastischer verschlechtert haben. Im Grenzdreieck von Žahony (Ungarn), Čierna nad Tisou (Slowakei) und Čop (Ukraine), wo in den vergangenen Jahren der Handel und der Schmuggel grenzüberschrei-tend blühten und der Bevölkerung des Dreiländerecks das Überleben ermög-lichten, wird der Zugverkehr systematisch ausgedünnt. Die zwei, drei ver-bliebenen Bahnverbindungen täglich werden minutiöse kontrolliert, Reisende werden schikaniert und die Züge im Grenzbahnhof und auf der „Demarkati-onslinie" bis zu einer Stunde aufgehalten. Für eine S-Bahnverbindung in der Distanz von Wien-West nach Wien-Ost brauchen Reisende eine volle Stunde und ein gültiges Visum. Ähnliche Beispiele finden sich überall, wo Regionen mit gemeinsamen gewachsenen Zentren durch die EU-Außengrenzen zerteilt werden.

Ob Brüssel in den Außengrenzregionen die Bedürfnisse der Anwohner-schaft oder eher den Schein einer auf der Landkarte hübsch ausgemalten Gebietserweiterung fördert, wird spätestens beim Betrachten von Grenzbahn-höfen klar beantwortet. Deren Bahnanlagen wirken hochmodern, egal ob im

polnischen Trasziski oder im slowakischen   ierna. Selbst jenseits des EU-
Gebiets im ukrainischen   op oder im weißrussischen Grodno (Hrodna) wurden die Bahnhöfe renoviert. Es finden sich neu gemauerte Bahnsteigkanten,
Piktogramme und elektronische Anzeigesysteme nach westlichem Standard
und auch sonst viel neuer Bahnhofkomfort. Einzelne Grenzbahnhöfe sind
sogar mit Behindertentoiletten ausgestattet. Die Anzeigen und Toiletten bleiben jedoch leer, weil es kaum Züge gibt, die die Bahnhöfe nutzen.

Phare - der „zivile" Schatten von Schengen

Die Phare-Programme der EU sind auf gewisse Weise ebenso wichtig wie
das Schengener Abkommen. Beide Programme optimieren europaweit die
Infrastruktur in den Bereichen Datenverkehr und Straßenverkehr.   Die Finanzierung erfolgt dabei aus den Töpfen der Europäischen Union. Diese
Optimierung kommt allerdings keineswegs den Bürgerinnen und Bürgern zu
Gute. Im Gegenteil: Beide Konzepte sollen den Zugriff auf die Bevölkerung
an den Außengrenzen sichern und das Denken und Handeln dieser Grenzanrainer europafreundlich stimmen.
    Schengen übernimmt dabei die militärisch-polizeiliche Führungsrolle,
während Phare die „zivile" Seite, das Alltagsleben unterstützend absichert.
Entsprechend dem hohen Personalbedarf der militärisch-polizeilichen Si-
cherheitskonzepte wurde in den vergangenen Jahren trotz allgemein großen
Spardrucks und Personaleinstellungsstopps Tausende neuer Stellen geschaffen. Ein Beispiel hierfür ist der Ausbau des deutschen Bundesgrenzschutzes.
    Demgegenüber hat Phare nicht das Ziel, neue neuer Beamtenstellen zu
schaffen, sondern es sollen die ökonomischen Rahmenbedingungen in den
Beitrittsstaaten verbessert und Infrastrukturprojekte initiiert werden. Da aber
auch diese „Wirtschaftshilfe" auf der Inklusion der Beitrittsländer und die
Exklusion des jeweiligen Nicht-EU-Nachbarstaates beruht, zerstört Phare –
wie Schengen – soziale Gemeinschaftsgefüge, anstatt neue Solidarität zu
schaffen.
    Am Beispiel von Polen lässt sich zeigen, wie die Politik der Beitritts-
staaten auf die ökonomisch-polizeilichen Bedürfnisse der EU-Führungsspitze
ausgerichtet wird. Helmut Dietrich (2002) von der Berliner Forschungsgemeinschaft „Flucht und Migration" beschreibt dies detailliert an Hand des
Versuchs,   die   Bevölkerungen   im   polnisch-russisch-weißrussisch-
ukrainischen Grenzland zu spalten. Nach der Wende von 1991 hat sich ein
Währungsgefälle von Polen zu den Nachbarn von 10 zu 1 gebildet. Nur dank
der allerorts entstandenen Basare und weiterer informeller grenzüberschreitender Ökonomien blieb ein Überleben der ländlichen und minderbemittelten
Bevölkerungen möglich. In der Folge führt nun das polnische Wirtschaftsmi-

nisterium „dramatische Angriffe auf die unrentablen Versorgungsstrukturen der Industriegesellschaft, die auch Nischen für MigrantInnen und Flüchtlinge bieten". Dieses Grenzregime, so zeigt Dietrichs Überblick über die elf Phare-Projekte des Jahres 2001, stellt „einen sozialtechnologischen Angriff auf die informelle grenzüberschreitende Ökonomie und auf den Transit" dar (Dietrich 2002).

Den Menschen ergeht es somit ähnlich wie ihren Leidensgenossinnen und Leidensgenossen an den übrigen Außengrenzen.[1] Sie werden Opfer neuer Grenzen, ihre Abschottung durch Visumszwang und durch Online-Datenbanken („Europol"-, „Schengen"-, Fingerabdruck- und DNA-Datenbanken) sowie den dahinter gelagerten Abkommen und vereinheitlichten Standards in Ausbildung und Praxis von Behörden und Gerichtspersonal. Wo sich Beamte oder Richter in den grenznahen Regionen nicht mehr auf die bisherige Praxis verlassen können, sondern – nach Schulungen in Deutschland, Großbritannien oder den Niederlanden– auf neues und bislang fremdes Recht stützen, werden die sozialen Strukturen der EU-Außengrenzregionen umgebaut. Umgebaut werden ebenso die so genannten Drittstaaten, die an die Beitrittsländer der EU angrenzen.

Ausgangspunkt für solche Umstrukturierungen ist im Allgemeinen die Verschärfung der jeweiligen nationalen Asyl- und Ausländerpolitik. Seit den 1980er Jahren zeigt sich, dass Asyl suchenden Flüchtlinge die Musterverlierer sind (Leuthardt 1999). Auf ihrem Rücken wurde die soziale Abwehr eingeübt und „optimiert", die danach auf die übrige, ortsansässige Bevölkerung angewendet wurde.

EU stoppt die Dampfschiffe auf dem Genfer See

Machbarkeitswahn ist vermutlich eine der Haupttriebfedern aller EU-Strategen. Dabei sind sie aber gegenüber dem Partner und Konkurrenten USA im Hintertreffen. Denn obwohl Europa die Grenzüberwachung ständig aufrüstet, scheint es gegenüber einer USA eher abzufallen, die im technischen, politischen und juristischen Wettkampf die Nase vorn hat. Wo nämlich die Europäische Union an technischer Kompatibilität arbeitet, um den hintersten Winkel einer europäischen Durchschnittswohnung auszuhorchen, haben die Vereinigten Staaten von Amerika bereits ein weltweites Abhör- und Kommunikationskontrollsystem auf- und ausgebaut. Wo Brüssel, Paris und Berlin noch an den besten Modems arbeiten, um die Schnittstellen der nationalen Überwachungs-, Fahndungs- und Kontrollsysteme miteinander kompatibel zu machen, da steht der USA diese Technik schon seit langer Zeit zur Verfügung. Und wo in Europa noch in vielen Staaten um die weitere Einschränkung der Datenschutzrichtlinien gerungen wird, damit die längst implementierten Überwachungssysteme auch legal betrieben werden können, da kennen die USA kaum noch Hemmnisse bei Datenschutzrechten.

Europäischer Machbarkeitswahn würde auch erklären, warum die Regierung in Polen, aber auch in der Slowakei oder in Tschechien zuletzt so bereitwillig auf den Kurs der Europäischen Union eingeschwenkt sind. Dabei waren sie auch willfährig genug, Ärgernisse wie NATO, Europol und Schengen sang- und klanglos zu schlucken. Ganz anders verhält sich die Politelite in der Schweiz, die ebenso ein Drittstaat ist wie die EU-Beitrittsstaaten es waren. Die Schweiz gibt sich keineswegs willfährig gegenüber der EU-Spitze. Wohl hätte man in Bern große Freude an europäischen Abkommen und Datenbanken wie Schengen; wirtschaftlich kann es sich die Schweiz aber problemlos leisten, sich gegenüber der EU sperrig zu verhalten.

Der Machbarkeitswahn verbindet aber auch die Schweizer Politelite mit der EU-Spitze. Anders ist es nicht zu erklären, warum sich Bern auf die Provokation Frankreichs eingelassen hat, den G8-Nachfolgegipfel von Genua Anfang Juni 2003 in Evian am Genfersee abzuhalten. Evian liegt nicht nur in unmittelbarer Nachbarschaft zur Schweiz; auch das einzige ökonomische Zentrum der Gegend - Genf – liegt auf Schweizer Gebiet, ebenso Subzentrum Lausanne.

Direktfahrten von Evian nach Lausanne führen über den See. Das großen Verkehrs- und Pendleraufkommen wird mit den altehrwürdigen und mit großen Kapazitäten erbauten Dampfschiffe bewältigt. Dass die Schiffe dabei eine Schengen-Außengrenze überqueren, bedeutet, dass eigentlich alle Fahrgäste kontrolliert werden müssten. Das ist aber eine Illusion: Umgehend würde ein wirtschaftlicher Ausnahmezustand herrschen und die regionale Ökonomie, gerade auch auf der französischen Seite, wäre rasch ruiniert. Gleiches gilt für die Landgrenze zwischen der Region Evian und Genf, an der die „Police aux Frontières" heute ebenfalls bloß Stichproben durchführt.

Der G8-Gipfel hat in der Schweiz Vieles verändert. Die hermetische Abriegelung der Transitverbindung Evian - Lausanne sowie ganzer Uferpartien und Stadtteile hat das Leben in der Schweizer Region für Wochen gelähmt: Dampfschiffe können sich nicht an ihren Fahrplan halten; Pendler müssen Umwege fahren oder bleiben gleich zu Hause; Urlaubsreisende können sich in den mondänen Ferienorten am Genfer See nicht mehr frei bewegen. Diese Lähmung, die nicht zuletzt durch das Rekordaufgebot von über 10 000 Polizei- und Militärpersonen und ihre 15 000 französischen Kolleginnen und Kollegen ausgelöst wurde, ist aus Schweizer Sicht ungehörig und soll sich nicht wiederholen.

Doch selbst wenn unsere Theorie nicht zutreffen sollte, so hat die Militarisierung der Städte Genf und Lausanne allen in der Schweiz und darüber hinaus gezeigt, wie wichtig Grenzen sind, da selbst in einer der wohlhabendsten Grenzregionen Europas faktisch der Ausnahmezustand verhängt werden kann. Man darf den aus liberaler Sicht so wertvollen Arbeits- und Produktionsprozess den Zielen militarisierter Grenzkontrollen unterwerfen und man darf die ungehinderte Mobilität brüsk stoppen. Insofern waren Frankreichs Pendlerinnen und Pendler ebenso Testpersonen für Grenzüberwachung, Online-Kontrollsysteme und militärisch-polizeiliche Kooperation wie die Wohlhabenden aus der ganzen Welt, die in Genf und Lausanne als Urlaubs- oder Geschäftsreisende für hohe Wertschöpfung sorgen.

Egal, welchem Ziel die Grenzüberwachung gilt und wem sie zu Gute kommt, ob wie in Ostpolen einer kleinen Schicht liberaler Wohlstandsgewinner oder ob wie in Evian, Lausanne und Genf einigen Regierungschefs: Grenzenlose Grenzüberwachung nimmt immer neue und groteskere Formen an. Dank Schengen und Phare und nicht zuletzt dank der EU-Osterweiterung hat man eine „grenzenlose Grenzüberwachung" durchgesetzt.

Anmerkungen

1 Vgl. die Berichte und Reportagen aus den jeweiligen Grenzregionen in Leuthardt (1999).

Literaturverzeichnis

Dietrich, Helmut (1999): Europäische Flüchtlingspolitik und der NATO-Krieg. Die Zerschlagung der Fluchtwege aus dem Balkan nach Westeuropa, in: Widerspruch Heft 37, Zürich.

Dietrich, Helmut (2002): Das neue Grenzregime am Bug. Der polnische Osten und die PHARE-Programme, in: Bürgerrechte & Polizei/CILIP 73 (3/2002).

Leuthardt, Beat (2002): Aux marges de l'Europe. Reportages. Lausanne (www.euromarges.ch).

Leuthardt, Beat (1994): Festung Europa. Asyl, Drogen, «Organisierte Kriminalität»: Die «Innere Sicherheit» der 80er und 90er Jahre und ihre Feindbilder. Ein Handbuch. Zürich (www.eurogrenzen.ch).

Leuthardt, Beat (1999): An den Rändern Europas. Berichte von den Grenzen. Zürich (www.eurogrenzen.ch).

Mercier Vega, Louis (1997): Reisende ohne Namen. Hamburg.

Migration News Sheet: Monthly Information Bulletin on Immigrants, Refugees and Ethnic Minorities, Migation Policy Group (MPG) (Hrsg.), Brüssel.

Schlussfolgerungen des Vorsitzes vom 21./22.6.2002, Ziffer 33 (www.europarl.eu.int/summits/index.htm).

Seghers, Anna (1947/48): Transit. Berlin.

Warnhinweis auf Highways im Südwesten der USA; Foto: Holk Stobbe 2000

EU-Grenzpolitik im Vergleich:
Die U.S.-mexikanische Grenze

Holk Stobbe

Die Politik der Grenzen hat in modernen Nationalstaaten eine „materielle" und eine „symbolische" Dimension. In traditionellen Definitionen steht eher die materielle Funktion im Mittelpunkt, indem unter nationalen Grenzen die geographische Linie verstanden wird, die zwei Hoheitsgebiete von einander trennt. Grenzen dienen jedoch nicht allein der Bestimmung des nationalen Territoriums, sondern sind auch Bestandteil der symbolischen Konstruktion des Staatsvolks - der Nation - und staatlicher Souveränität. In der US-amerikanischen Grenzliteratur wird seit Anfang der 1990er diskutiert, ob es sich bei der neuen Grenzpolitik entlang der US-mexikanischen Grenze im wesentlichen um materielle Politik handelt oder ob vornehmlich symbolische Politik betrieben wird, indem das Bild einer „geordneten Grenze" konstruiert und damit staatliche Souveränität reproduziert wird.

In den Staaten der Europäischen Union macht zur gleichen Zeit das Schlagwort von der „Festung Europa" die Runde. Die Aufrüstung der EU-Außengrenzen wird dabei häufig mit der US-amerikanischen Grenzpolitik verglichen. So erinnern Vobruba „die Berichte über die Situation der Mittelmeerregion [...] immer mehr an die Karibik und an die US-mexikanische Grenze" (Vobruba 2000: 337f.).

Dieser Beitrag geht der Frage nach, inwiefern dieser Vergleich gerechtfertigt ist. Weist die EU-Grenzpolitik ähnliche materielle und symbolische Dimensionen wie die US-Grenzpolitik auf und überwiegen die symbolischen Aspekte? Im Folgenden soll zunächst die Diskussion in den USA nachgezeichnet und an Hand der wichtigsten Veränderungen in der Grenzpolitik an der US-mexikanischen Grenzen veranschaulicht werden. Anschließend werden die Maßnahmen an den Außengrenzen der EU untersucht. Ausgehend von der US-amerikanischen Diskussion wird abschließend den symbolischen und materiellen Dimensionen der EU-Grenzpolitik nachgegangen.

Die Doppelung politischer Realität

In Anlehnung an Edelmans (1976) Konzept der „symbolischen Politik" soll für die folgende Analyse von einer Doppelung der politischen Realität ausgegangen werden. Politischen Handlungen und Ereignisse sind hiernach durch eine materielle Dimension – die tatsächlichen Effekte der politischen Handlung – und einen dramaturgischen Symbolwert – die Darstellung der Handlung für die Öffentlichkeit – gekennzeichnet.

Policymaßnahmen werden von politischen AkteurInnen unbewusst und teils bewusst durch politische Symbole sowie deren Ritualisierung für und durch die Massenmedien inszeniert. Nach Edelman können diese Inszenierungen den materiellen Gehalt politischer Handlungen überlagern, denn politische Symbole dienen nicht nur der Vermittlung bzw. Darstellung politischer Realitäten. Im Wettbewerb der Parteien und staatlicher AkteurInnen um Medienaufmerksamkeit können politische Symbole auch zur Vortäuschung einer politischen Scheinrealität instrumentalisiert werden. Für eben diesen konkreten Einsatz von politischen Symbolen im Politikvermittlungsprozess steht der Begriff „symbolische Politik". Dieser spezifische Blick auf politische Symbole hebt Edelmans Konzept von konstruktivistischen und diskurstheoretischen Ansätzen ab.

Es soll dabei nicht suggeriert werden, dass symbolische Politik gänzlich ohne materielle Maßnahmen betrieben werden kann und *vice versa*. Eine rein materielle Politik, also eine politische Wirklichkeit ohne Dramaturgie und ohne symbolischen Zusatz, kann es nicht geben, denn symbolische Politik ist immer ein unausweichlicher Bestandteil des politischen Prozesses. Jedoch sind häufig weder die Ziele noch die Ergebnisse der symbolischen und der materiellen Politik deckungsgleich. Dies soll an den Grenzpolitiken der USA und der EU untersucht werden.

Zulässigkeit des Vergleichs

Doch bevor die Länderbeispiele behandelt werden, soll noch auf ein gängiges Problem der international vergleichenden Politikwissenschaft bei Untersuchung der EU eingegangen werden. Im vorliegenden Beitrag wird ein Vergleich zwischen einem Nationalstaat – auch wenn er, wie die USA, stark föderalistisch geprägt ist - und einem Staatenbund angestrebt. In Politikfeldern, die in der EU im Wesentlichen durch nationale Politiken geprägt sind (z.B. die Sozialpolitik, Umweltrichtlinien etc.), sind derartige Vergleiche unangemessen und impraktikabel. Im vorliegende Politikfeld „Grenzsicherung" ist hingegen der Wille der Mitgliedsländer, gemeinsame Leitlinien zu entwickeln und eine grenzüberschreitende Kooperation zu betreiben, weit verbreitet und entsprechend die Harmonisierung der nationalen Politiken sowie die multilaterale Zusammenarbeit stark ausgeprägt. Die Schaffung eines gemeinsamen Binnenmarktes, d.h. des freien Verkehrs von Waren, Dienstleistungen, Geld und Personen, setzt den Wegfall von Zöllen, Abgaben und Grenzkontrollen voraus. In den Schengener Abkommen (1985/1990) wurde zu diesem Zweck eine einheitliche Grenzpolitik vereinbart, die durch den Amsterdamer Vertrag (1997) mit der Überführung zentraler Bereiche nationaler Grenzsicherungspolitik in die dritte Säule der EU-Innen- und Justizpolitik weiter harmonisiert wurde.[1] Seit dem sind die Handlungsspielräume der einzelnen Mitgliedsstaaten in der Grenzpolitik erheblich eingeschränkt. Auch wenn die EU weit davon entfernt ist, sich von einem Staatenbündnis zu einem souveränen Nationalstaat zu entwickeln, kann im Politikfeld Grenzsicherungsmaßnahmen von einer einheitlichen EU-Politik gesprochen werden, bei der ein Vergleich mit der Politik eines Nationalstaats zulässig ist.

Vier Grenztypen

Im Vergleich der Grenzsicherungsmaßnahmen lassen sich an den US- und EU-Außengrenzen vier Grenztypen bestimmen, die in unterschiedlichem Ausmaß die öffentliche Aufmerksamkeit auf sich ziehen und die mit unterschiedlicher Intensität kontrolliert werden.

Zum Typus 1 zählt die Grenze zwischen den USA und dem NAFTA-Partnerland Kanada, die trotz intensiven Grenzverkehrs und einer nahezu unkontrollierbaren, 8.800 km langen Landgrenze (einschließlich der Grenze zu Alaska) in der Diskussion um Grenzsicherungspolitik kaum Beachtung findet und die hauptsächlich an zentralen Grenzübergängen sowie durch vereinzelte Grenzpatrouillen kontrolliert wird. Die Entsprechung zu diesem Typus findet sich an den EU-Außengrenzen zu assoziierten Staaten wie Norwegen oder zur Schweiz. Als Typus 2 können Seegrenzen charakterisiert werden, die ebenfalls als unproblematisch gelten, da sie weit entfernt vom nächst gelegenen Festland liegen (US-Pazifikküste, EU-Atlantikküste, Irische See, Nordsee etc.) Zum Typus 3 gehören Seegrenzen, die in geringer Distanz zu anderen Staaten liegen. Hierzu zählt in den USA die Seegrenze zu den Großen Antillen und in der EU der gesamte Mittelmeerraum (insbesondere die Straße von Gibraltar, die Adria und die Ägäis) sowie die Seegrenzen an der Ostsee. Als Typus 4 sollen hier Landgrenzen zu Staaten bezeichnet werden, die als Herkunfts- und Transitländer von MigrantInnen gelten und die durch hohe ökonomische und politische Disparitäten gekennzeichnet sind. Hierzu zählt die 3.200 km lange Grenze zwischen den USA und Mexiko und die EU-Außengrenzen in Ost- und Südosteuropa sowie an den spanischen Enklaven Ceuta und Mellila in Nordafrika. Der Beitrag wird sich im Wesentlichen auf den materiellen und symbolischen Gehalt der Politiken an den Grenzen der Typen 3 und 4 konzentrieren.

Grenzpolitik an der US-mexikanischen Grenze

Die Grenze zwischen Mexiko und den Vereinigten Staaten galt bis in die 1980er Jahre als kaum kontrollierbar. Mehr als neun Zehntel der 3.200 km Landgrenze verlaufen durch Wüste und schroffes Bergland. Die Grenzsicherungsmaßnahmen konzentrierten sich auf wenige offizielle Grenzübergänge und auf Kontrollen der US-Grenzpolizei *Border Patrol* im leichter zugänglichen Hinterland der Grenze.

Seit Anfang der 1980er wurden die Kontrollen in Grenznähe und an offiziellen Grenzübergängen zunehmend durch Kontrollmaßnahmen an der eigentlichen Staatsgrenze ergänzt. Anlass hierfür war zum einen der „*war on drugs*", den die Reagan-Administration ausrief. In der Annahme, die Einfuhr von illegalen Drogen verhindern zu können, sollte die Grenze stärker als bisher auch abseits der offiziellen Grenzübergänge kontrolliert werden. Zum anderen sollte die undokumentierte Migration aus Mexiko und anderen lateinamerikanischen Staaten, die bis dahin weitgehend toleriert wurde, unterbunden werden. In „*The militarization of the U.S.-Mexico border*" charakterisiert Dunn (1996) diese US-amerikanische Grenzsicherungspolitik der späten 1980er Jahre als „*low intensity warfare*". Durch den Einsatz militärischer Strategien, militärischer Ausrüstung (Infrarotsensoren, Bewegungsmelder, Nachtsichtgeräte, Helikopter etc.) und militärischer Einheiten (vor allem die mit dem „Krieg gegen Drogen" beauftragte *Joint Task Force 6*) sowie die rhetorische Verknüpfung von undokumentierter Migration mit dem Drogenschmuggel wandelte sich am Ende der 1980er die Grenzsicherungspolitik: aus den Maßnahmen zur Sicherung der territorialen Integrität wurde nach Dunn ein „*war on immigrants*", eine Abschottungspolitik gegenüber der Dritten Welt (Dunn 1996:19f.).

Das Inkrafttreten des NAFTA-Abkommens 1994 hat an dieser Abschottungsdoktrine kaum etwas geändert. Zwischen den Vertragspartnern wurde keine gemeinsame Grenzpolitik vereinbart und auf Druck der USA über die Freizügigkeit von Arbeitskräften explizit nicht verhandelt. In Folge des NAFTA-Vertrages wurden die Maßnahmen zur Grenzsicherung kontinuierlich mit Programmen wie „*Operation Blockade*" (später in „*Operation Hold the Line*" umbenannt) ausgebaut und fanden nach der kalifornischen „*Operation Gatekeeper*" (1994) ihren Höhepunkt 1996 im nationalen *Illegal Immigration Reform and Immigrant Responsibility Act* (*IRAIRA*). Im Zuge von *Operation Gatekeeper* wurde das Personal der *Border Patrol* innerhalb weniger Jahre verdoppelt (1993: 4500 GrenzpolizistInnen; 1999: 9100 (INS 2002)) und der Grenzstreifen zu Mexiko mit militärischer Hochtechnologie aufgerüstet. Als weitere Grenzsicherungsmaßnahme wurde eine „*Re-entry-registration*"-Datenbank eingeführt. Diese Datenbank soll der *Border Patrol* eine Online-Erfassung und den Abgleich von Fingerabdrücken der GrenzgängerInnen ermöglichen. Dadurch werden MigrantInnen, die bereits mehrfach zurückgeschoben wurden, herausgefiltert, in Abschiebehaft genommen und mit Wiedereinreiseverboten sanktioniert. Das System galt in den Anfangsjahren als unzuverlässig und wurde deshalb zunächst nicht umfassend eingesetzt. Derzeit wird es im Zuge des *USA PATRIOT Act* 2002 reformiert und soll ab 2005 flächendeckend eingesetzt werden.

Zudem wurde 1994 ein ca. 75 km langer Grenzzaun zwischen San Diego (USA) und Tijuana (Mexiko) aus Blechplatten errichtet, die nach dem zweiten Golfkrieg 1991 als mobile Landebahnen ausgedient hatten. Dieser Zaun wird derzeit mit großem finanziellen Aufwand zu einer neuen Grenzanlage ausgebaut. Auf ca. 20 km Länge ersetzt die neue Grenzanlage den Blechzaun. Sie besteht aus einer Palisade mit ca. vier Meter hohen Betonsäulen, einem Grenzstreifen, in dem Wachhunde und Geländefahrzeuge der Grenzpolizei patrouillieren, einem zweiten Zaun und einem weiteren Grenzkorridor, der mit Bewegungsmeldern, mobilen Flutlichtanlagen und Infrarot-Nachtsichtgeräten überwacht wird.

Diese Hochsicherheitsgrenze wird häufig mit der Berliner Mauer verglichen. Auch wenn die Architektur diesen Vergleich aufdrängt, ist er ungerechtfertigt, denn die Funktion der Grenzsicherungsanlage ist eine andere. Sie wird nicht gebaut, um die Bevölkerung der USA an der Ausreise zu hindern, denn an jedem Grenzübergang kann die Grenze in Richtung Mexiko zu Fuß ohne größere Kontrollen passiert werden. Sie wird auch nicht gebaut, um jegliche Form der Einreise zu verhindern. Die Absicht ist vielmehr, an diesem Grenzabschnitt eine undokumentierten Einreise zu verhindern.

Das erklärte Ziel der US-Grenzpolitik seit 1994 ist, undokumentierte Migration zu unterbinden. Eine Studie von Cornelius (2001) zeigt jedoch auf, dass dieses Ziel nur insofern erreicht wird, als dass die Zahl der von der *Border Patrol* aufgegriffenen MigrantInnen an den intensiver kontrollierten Abschnitten der Grenze deutlich zurückgegangen ist. Während vor *Operation Gatekeeper* in Kalifornien noch mehr als 40 v.H. aller undokumentierten MigrantInnen im Grenzgebiet von San Diego festgenommen wurden, waren es nach dem Bau der Grenzanlagen im Jahr 2000 nur noch 9 v.H. Die Gesamtzahl der Aufgriffe hat sich jedoch nicht reduziert, sondern ist vielmehr von rund 1 Mio. (1993) auf 1,7 Mio. (1999) (INS 2002) angestiegen. In seiner Analyse zeigt Cornelius, dass das Ansteigen der Zahl der Aufgriffe das Ergebnis der Aufrüstung der Grenze ist: mehr Grenzbeamte können mehr MigrantInnen aufgreifen. Der Anstieg ist gleichwohl auch auf einen Strategiewechsel der GrenzgängerInnen zurückzuführen. Wer bei dem Versuch, in die USA einzureisen, an der Grenze aufgegriffen und – aufgrund eines Abkommens mit Mexiko – umgehend zurückgeschoben wird, versucht es am nächsten Tag an einer weniger kontrollierten Stelle noch einmal - so lange, bis die Einreise schließlich gelingt. Unter GrenzgängerInnen sprechen sich Informationen über intensiv kontrollierte Grenzabschnitte schnell herum, so dass sie versuchen, an anderen, weniger überwachten Grenzbereichen zu passieren. Diese von der *Border Patrol* eingestandene Verlagerung der Grenzübertritte wird auch „*Squeezing the ballon*" bezeichnet: Das Volumen der Grenzübertritte bleibt gleich, durch das „Drücken" der verschärften Grenzkontrollen weichen die MigrantInnen lediglich aus (Singer 1998; Rodríguez 1999).

Der Grenzübertritt an weniger überwachten Stellen birgt für MigrantInnen jedoch erhebliche Risiken. Ohne Ortskenntnisse und ausreichend Proviant kann die Wanderung durch Wüste und karges Bergland zu einer tödlichen Falle werden. Eschbach et al. (1999) gehen davon aus, dass zwischen 1993 und 1997 mehr als 1.600 MigrantInnen bei dem Versuch gestorben sind, die Grenze zu passieren. Cornelius (2000) schätzt, dass seit Ende der 1990er jährlich ca. 400 MigrantInnen auf ihrem Weg über die Grenze umkommen. Die meisten MigrantInnen sterben nicht unmittelbar durch die Aktivitäten der *Border Patrol*[2], sondern sie verdursten, erfrieren, verunglücken in unwegsamem Gelände oder ertrinken beim Überqueren des Grenzflusses Rio Grande und des *All American Canal*. Um diese Risiken zu minimieren, nehmen immer mehr GrenzgängerInnen die Dienstleistungen von sog. *Coyotes* in Anspruch. Mit steigendem Entdeckungsrisiko und gleichzeitig steigender Nachfrage hat sich der Preis für einen professionell organisierten Grenzübertritt seit *Operation Gatekeeper* verzehnfacht und lag im Jahre 2000 bei ca. 1.500 US-Dollar.[3]

Symbolische Politik?

Es stellt sich die Frage, welche Funktion dem 20 km langen Abschnitt der Hochsicherheitsgrenze angesichts einer 3.200 km langen Landgrenze zukommt. Wenn Maßnahmen wie *Operation Gatekeeper* kaum quantitative Auswirkungen auf die Zahl der irregulären Grenzübertritte haben, dabei aber MigrantInnen lebensgefährlichen Risiken aussetzt bzw. von *Coyotes* abhängig macht, ist zu klären, warum überhaupt Grenzanlagen, Zäune, militärisches Know-how und Gerät und immense Summen von Steuergeldern eingesetzt werden.

Andreas (1998; 2000) geht davon aus, dass der Kern der US-Grenzpolitik symbolische Politik ist, d.h. eine Politik, die überwiegend innenpolitische Bedeutung hat:

„while the border control offensive generates some negative side effects and fails to significantly curb illegal immigration and tame the underlying forces that fuel such migration, it very much succeeds in terms of enhancing state claims to territorial authority and creating an image of a more orderly border." (Andreas 1998: 343).

Operation Hold-the-Line und *Operation Gatekeeper* sind als symbolische Politik notwendig, da bis heute PolitikerInnen beider großen Parteien (Demokraten und Republikaner) und einwanderungskritische *Think tanks* wie der einflussreiche *Center for Immigration Studies* (CIS, Washington D.C.) eine wesentliche Ursache für sozial-, arbeitsmarkt- und innenpolitische Probleme in der Durchlässigkeit der Außengrenzen und in undokumentierter Migration (als Chiffre für Migration allgemein) ausmachen. Weniger die ökonomische und soziale Umstrukturierung der US-Gesellschaft seit der Reagan-Administration, sondern vielmehr undokumentierte Migration (und der Schmuggel von Drogen) sind nach dieser Lesart ursächlich für Arbeitslosigkeit, sinkende Löhne, steigende Kriminalitätsraten und bankrotte soziale Sicherungssysteme. Probleme, die vornehmlich durch nationale Politiken verursacht werden, können so argumentativ externalisiert werden und mit der Analyse wird die Lösung dieser Probleme gleich mitgeliefert. Es wird suggeriert, dass die „Wiederherstellung" der (zuvor nie existenten) Kontrolle über die Grenzen Schmuggel und undokumentierte Grenzübertritte unterbinden könne und dass dadurch zentrale gesellschaftliche Probleme gelöst würden.

Diese Sicht ist in der US-Bevölkerung populär. Allerdings ist die Grenz- und Einwanderungspolitik ein Thema, das die Menschen quer zu ihren parteipolitischen Präferenzen polarisiert: NativstInnen, nationalistische NaturschützerInnen und LobbyistInnen für die Begrenzung des Bevölkerungswachstums oder für repressive Sicherheitspolitik, die eher dem republikanischen Lager angehören, befürworten ebenso wie GewerkschafterInnen oder SozialpolitikerInnen, die eher die Demokratische Partei wählen, vehement eine restriktive Grenzpolitik. Dem stehen religiöse Einwanderergruppen, ArbeitgeberInnen und Wirtschaftsliberale gegenüber, die der Republikanischen Partei zugeneigt sind, genauso wie Menschenrechtsorganisationen und Einwandererlobbys, die sich eher der Partei der Demokraten zuordnen. Sie fordern höhere Einwanderungsquoten und den Abbau von Grenzkontrollen.

Indes finden die BefürworterInnen einer restriktiveren Grenzpolitik in der Wählerschaft regelmäßig Mehrheiten. So wurde in den 1990ern nach Volksabstimmungen über neue Anti-Einwanderergesetze wie der kalifornischen *Proposition 187* die Aufrüstung der Grenze kontinuierlich vorangetrieben.

Eine materielle Abschottung der Grenze ist allerdings aus mehreren Gründen nicht möglich. Einer davon ist fiskalisch. Selbst wenn der Ausbau der Hochsicherheits-Grenzanlagen auf die gesamten 3.200 km der US-mexikanische Grenze politisch gewünscht wäre, würden der Bau und die Instandhaltung eine enorme Aufstockung des Personals der *Border Patrol* erfordern und Milliarden US-Dollar kosten. Dies würde eine dauerhafte Belastung des US-Finanzhaushaltes bedeuten, die keine politischen Mehrheiten fände.

Eine hermetische Abriegelung der Grenze ist auch von Teilen der Arbeitgeberverbände nicht gewollt. Ganze Wirtschaftszweige der US-Ökonomie sind von der billigen und vor allem flexiblen Arbeitskraft der (mehrheitlich undokumentierten) MigrantInnen aus dem Süden abhängig. Die Agrarindustrie, der Bausektor, die häuslichen Dienstleistungen, die Textilbranche und das Gaststättengewerbe – sie alle bieten Arbeitsplätze, welche die Mehrzahl der US-AmerikanerInnen auf Grund der schlechten Arbeitsbedingungen nicht annehmen. Die Arbeitgeberlobbies beklagen beständig einen Arbeitskräftemangel, der aus ihrer Sicht nur durch die weitgehend ungehinderte Zuwanderung von (undokumentierten) MigrantInnen zu beheben sei (Cornelius 1998).

Und schließlich würde selbst eine Aufrüstung der gesamten Grenze nicht die angestrebten Ziele - die Verhinderung von undokumentierter Migration und von (Drogen-) Schmuggel - erreichen. Mehr als die Hälfte der 7 Mio. in den USA anwesenden undokumentierten MigrantInnen (INS 2003) sind in die USA mit regulären Papieren (d.h. mit temporären Aufenthaltsgenehmigungen: als TouristInnen, Studierende oder BesucherInnen) eingereist und verblieben als sog. *Overstayer* nach Ablauf der Aufenthaltsbefristung im Land (Espenshade 1995). Andere passieren reguläre Grenzübergänge mit gefälschten Papieren oder mit Hilfe von *Coyotes*, z.B. versteckt in Fahrzeugen.

Zudem ist eine umfassende Kontrolle aller regulären Grenzübergänge kaum realisierbar, wenn gleichzeitig ein möglichst ungehinderter Waren-, Finanz- und Dienstleistungsverkehr sowie verschiedenste Formen von Migration erwünscht sind.

An die Stelle einer vollständigen materiellen Kontrolle der Grenzen, die selbst mit einem enormen Finanzaufwand und unter starker Einschränkung des internationalen Warenverkehrs nicht zu erreichen wäre, tritt die symbolische Grenzpolitik á la *Operation Gatekeeper*. Solange durch die symbolische Inszenierung der Grenze der Eindruck vermittelt wird, politische und staatliche AkteurInnen würden zentrale gesellschaftliche Probleme angehen, indem sie „Ordnung" an der Grenze schaffen, ist eine umfassende materielle Abschottung auch nicht notwendig.

„From the perspective of political elites, the operation has been very successful in creating the image of a secure border in southern California. [... The] U.S.-Mexico divide is today more part of Americans' geographical imagination than it has ever been – a curious development in an age of globalization that is supposedly making boundaries redundant. The accompanying increased emphasis on boundary enforcement and immigration-related illegality is an outgrowth of growing state power vis-à-vis the U.S.-Mexico divide and high levels of public acceptance of this power. [...] Gatekeeper furthers the material and ideological institutionalization of the boundry – the existence of immigration-related illegality and, more important, of the United States as a nation-state." (Nevins 2002: 12f.)

Grenzsicherungsmaßnahmen an der EU-Außengrenze

Da, wie ausgeführt, die EU-Grenzsicherungsmaßnahmen häufig mit den US-amerikanischen verglichen wird, soll nun untersucht werden, ob ein solcher Vergleich auch unter dem Blickwinkel symbolischer und materieller Dimensionen der Grenzpolitik angemessen ist.

Von einer gemeinsamen Grenzpolitik der EU-Staaten kann erst seit Anfang der 1990er Jahre gesprochen werden. Hierzu haben zum einen die Transformation der ehemaligen Ostblockstaaten und zum anderen die Schaffung des gemeinsamen Binnenmarktes durch den Wegfall der Binnengrenzen beigetragen.

Die Öffnung der Grenzen der mittel- und südosteuropäischen Länder hat der Entwicklung einer gemeinsamen EU-Grenzpolitik Vorschub geleistet. Bis 1989 waren die Staaten des Warschauer Paktes darauf bedacht, die Grenzen nach Westeuropa vor allem für die eigene Bevölkerung so undurchlässig wie möglich zu gestalten und den Grenzverkehr auf ein Minimum zu reduzieren. Ein internationaler Warenaustausch fand zum überwiegenden Teil innerhalb der Blöcke und kaum zwischen Ost- und Westeuropa statt. Jedoch mit dem Ende des Warschauer Paktes hinderten die osteuropäischen Staaten ihre Bevölkerung nicht mehr an der Ausreise, die Grenzen wurden in beide Richtungen durchlässiger.

Zur gleichen Zeit war der stufenweise Wegfall der Binnengrenzen zwischen den Mitgliedsländern des ersten Schengener Abkommens von 1985 geplant. Nicht zuletzt auf Grund der politischen Umwälzungen in Osteuropa kam es aber erst nach dem Inkrafttreten des zweiten Schengener Abkommen 1995 zu der geplanten Aufhebung der Binnengrenzen. Österreich, Italien, Griechenland, Dänemark, Finnland und Schweden bauten bis März 2001 ihre Grenzkontrollen schrittweise ab und kamen damit den Vereinbarungen des Amsterdamer Vertrages von 1997 nach (Irland und Großbritannien halten sich bis heute Passkontrollen an den Grenzen vor; Wihtol de Wenden 1999). Der Abbau der Binnengrenzen ging einher mit einer Aufrüstung der EU-Außengrenzen. So regelt lediglich einer der 142 Artikel des Schengener Durchführungsabkommens die Öffnung der Binnengrenzen, die restlichen 141 Artikel befassen sich mit der *Substitution* bzw. *Ausweitung* von Kontrollen. Das Leitbild der neuen Grenzsicherungsmaßnahmen, vor allem in Richtung Südost- und Osteuropa, ist zum einen die Verhinderung von

„grenzüberschreitender Kriminalität" und zum anderen von undokumentierten Grenzübertritten. Somit betreibt die

„gegenwärtige EU-Politik [...] sowohl Exklusion als auch Inklusion. Seit Jahren gibt es eine starke Tendenz zur technischen Aufrüstung der gemeinsamen EU-Außengrenze. [...] Mit dem Schengen-Abkommen wurden die Grenzkontrollen innerhalb der Europäischen Union weitgehend abgeschafft. Damit gerät die Situation an allen Teilen der EU-Außengrenze für den wohlhabenden Kernbereich - und vor allem für Deutschland - zu einem unmittelbar eigenen Interesse. Einen guten Indikator bietet die Entwicklung in Ceuta, dem kleinen afrikanischen Teil Spaniens. Grenzposten dort berichten, daß vor dem Schengen-Abkommen vor zehn Jahren im Grenzgebiet weitgehend Friede herrschte. Das änderte sich mit dem Abkommen schlagartig. Jetzt herrscht dort ein immenser Immigrationsdruck, dem mit einer kostspieligen technischen Aufrüstung der Grenze begegnet wird" (Vobruba 2000: 337f.).

Um undokumentierte Einreisen zu verhindern, wurde das Personal der Grenzpolizeien deutlich aufgestockt und die Grenze mit militärischer Hochtechnologie aufgerüstet. Allein in der Bundesrepublik wuchs der Etat des Bundesgrenzschutzes (BGS) von 665 Mio. Euro (1990) auf 1.690 Mio. Euro (2001) um mehr als 150 v.H. Das Personal des BGS erhöhte sich von 25.000 (1990) auf 39.000 (2000) Beamte (BGS Jahresbericht 2000/2001: 51).

Anders als in den USA wird jedoch an den EU-Außengrenzen auf den Bau von Zäunen und Grenzanlage weitgehend verzichtet. Häufig ist die Grenze durch nicht mehr als Grenzsteine, Hinweisschilder oder einen einfachen Zaun gekennzeichnet, oder (wie an der Oder-Neiße-Grenze) durch einen Grenzfluss markiert. Bewusst werden Maßnahmen vermieden, die an die Grenzsicherungsmaßnahmen des Warschauer Paktes oder an die Berliner Mauer erinnern könnten.[4] Die EU-Außengrenze ist damit jedoch nicht automatisch offener oder durchlässiger als mit einem Grenzzaun. An die Stelle von Grenzzäunen treten drei Strategien zur Grenzkontrolle: 1) die Kooperation mit den Grenzpolizeien der EU-Nachbarländer; 2) die Einbeziehung der Zivilbevölkerung der Grenzregion; 3) die Ausweitung der Kontrollen auf sog. Grenzkorridore.

Im Tausch für den visumsfreien Reiseverkehr und die Aussicht, durch (grenzpolitisches) Wohlverhalten die Chancen auf einen baldigen EU-Beitritt zu erhöhen, haben die südost- und osteuropäischen Nachbarländer bilaterale Abkommen mit den EU-Ländern geschlossen, die nicht nur die Rückübernahme von abgeschobenen MigrantInnen, sondern auch die Kooperation bei Grenzsicherungsmaßnahmen beinhalten. Hinzu kommen die sog. PHARE-Programme, welche EU-Fördermittel für die osteuropäischen EU-Beitrittskandidaten bereitstellen, um ihre Grenzsicherungsmaßnahmen auszubauen, und damit die Anforderungen des Schengen-*Acquis* zu erfüllen (vgl. Beiträge von Alscher, Dietrich und Leuthardt in diesem Band). Die PHARE-Programme beschränken sich nicht nur auf finanzielle Unterstützung, sondern es werden auch technisches und taktisches Know-how in gemeinsamen Schulungen der EU-Grenzpolizeien vermittelt, technisches Gerät (Fahrzeuge, Überwachungstechnologie etc.) zur Verfügung gestellt und grenzüberschreitende Patrouillen institutionalisiert. Faktisch dienen die osteuropäischen Nachbarländer als eine „*buffer zone*", die potentielle MigrantInnen bereits weit vor den EU-Außengrenzen an einem Grenzübertritt hindern soll (vgl. den Beitrag von Satra in diesem Band). Nach dem Beitritt der ostmitteleuropäischen Länder zur EU 2004 wird sich diese „*buffer zone*" weiter nach Osten verlagern. Entsprechende bilaterale Abkommen wurden bereits zwischen EU-Ländern und der Ukraine, Russland, Kroatien etc. geschlossen (Tomei 2000).

Zudem wird versucht, die Bevölkerung der EU-Außengrenzen in die Kontrollen einzubeziehen. So fordern die Grenzpolizeien in Österreich und Deutschland die Bevölkerung auf, vermeintliche GrenzgängerInnen über sog. Bürgertelefone zu melden. Auch private Unternehmen werden bei den Grenzkontrollmaßnahmen eingebunden. TaxifahrerInnen sind z.B. in der Bundesrepublik verpflichtet, dem Bundesgrenzschutz per Funk mitzuteilen, wenn sie vermeintliche GrenzgängerInnen befördern, damit der BGS diese MigrantInnen verhaften kann. Im Bundesland Brandenburg wurden 1997 42 Verfahren gegen TaxifahrerInnen angestrengt, denen vorgeworfen wurde, sie seien der Mitteilungspflicht gegenüber dem BGS nicht nachgekommen (Forschungsgesellschaft Flucht und Migration 1998: 101ff.).

Schließlich sind die südost- und osteuropäischen EU-Außengrenzen in den vergangenen zehn Jahren mit militärtechnischem Gerät wie Bewegungsmeldern, Infrarotkameras, Radar etc. aufgerüstet worden. Diese Überwachungstechnologie kommt nicht nur an der eigentlichen Grenze, sondern vor allem im grenznahen Bereich und in Küstengewässern zum Einsatz. In einem bis zu 80 km breiten Grenzkorridor nehmen die EU-Grenzpolizeien zudem sog. anlassunabhängige Kontrollen vor, um GrenzgängerInnen aufzugreifen. Ein wichtiges Instrument bei diesen Kontrollen sind die EU-Zentraldatenbanken EURODAC (Daten von Flüchtlingen und AsylbewerberInnen) und das Schengen-Informationssystem SIS. Auf diese und nationale Datenbanken wie das deutsche Ausländerzentralregister können die Grenzpolizeien im gesamten EU-Gebiet online zugreifen und Informationen über MigrantInnen - einschließlich biometrischer Merkmale – abrufen (Gortazar 2001).

Im Zuge des Wegfalls der EU-Binnengrenzen wurden die südeuropäischen Mitgliedsländer aufgefordert, ihre Außengrenzen für MigrantInnen, vor allem für Flüchtlinge, zu schließen. Insbesondere die Jugoslawienkriege, die Albanienkrise und die Flüchtlingsschiffe aus der Türkei und dem Maghreb veranlassten die EU, den politischen Druck auf diese Länder zu verstärken, damit diese Flüchtlinge an der Einreise in die EU hindern (Weinfelder 1994). Aufgrund der geographischen Ausdehnung der Küstengebiete, des hohen Aufkommens an Schiffsverkehr und der guten Schiffbarkeit dieser Gewässer gelten sie als äußerst schwierig zu kontrollieren. Mit hohem militärtechnischen Aufwand versuchen die Küstenwachen, Fischerkähne von Schmugglerbooten zu unterscheiden und Schiffe mit MigrantInnen vor ihrer Landung aufzubringen und zur Rückkehr zu zwingen. Dabei werden verstärkt auch militärische Einheiten eingesetzt (z.B. Marineverbänden in Italien, Spanien, Minengürtel an der türkisch-griechischen Grenze).[5]

Eine Zusammenstellung von Clarke (2000: 18f) legt jedoch nahe, dass diese EU-Grenzpolitik in den 1990ern nur geringe Auswirkungen auf die Quantität der Grenzübertritte hatte und es lediglich zu einer Verlagerung weg von stark kontrollierten Grenzen hin zu weniger intensiv kontrollierten Abschnitten kommt. Ein Indiz hierfür sind statistische Daten des deutschen Bundesgrenzschutzes: wurden 1993 noch 54.300 unerlaubte Einreisen und die vor allem an den ostdeutschen Grenzen registriert, waren es 2001 nur noch 28.500. Da die Zahl der an den Schengenbinnengrenzen (vor allem zu Frankreich) aufgegriffenen Personen im Verhältnis dazu deutlich anstieg, kann vermutet werden, dass sich die Einreisen von der stark kontrollierten Ostgrenze an die weniger kontrollierten Mittelmeerküsten verlagern. Zudem wuchs die Zahl der vom BGS aufgegriffenen geschleusten MigrantInnen von weniger als 1.000 (1991) auf ca. 9.200 Personen (2001) (BGS Jahresberichte 1994, 1997 und 2000/2001). Diese Daten deuten darauf hin, dass, ähnlich wie in den USA, die Politik der verschärften Grenzkontrollen MigrantInnen eher in die Hände von professionellen Schmugglern drängen als sie von einem Grenzübertritt abhalten. Daran ändert auch nichts die derzeitige Politik der EU, die sog. Schleuserkriminalität zu bekämpfen (EU COM (2001) 672). Diese Maßnahmen führen nicht zu einem Rückgang von undokumentierter Migration, sondern zu einer Konzentration des Geschäfts mit dem Grenzübertritt in den Händen von professionellen, häufig mafiösen Organisationen und damit zu steigenden Preisen. Zudem sind MigrantInnen einem höheren Risiko ausgesetzt, Opfer von kriminellen Organisationen zu werden.

Die Verlagerung der Grenzübertritte zu weniger kontrollierten bzw. kontrollierbaren Grenzen birgt jedoch auch an den EU-Grenzen erhebliche Risiken für die GrenzgängerInnen. Die europäische Menschenrechtsorganisation UNITED hat zwischen Januar und November 2002 durch eine Auswertung von Medienberichten 375 Fälle ermittelt, bei denen MigrantInnen bei dem Versuch, in die EU einzureisen, ums Leben gekommen sind. Für den Zeitraum zwischen 1993 und 2002 berichtet UNITED von mehr als 3.000 Todesfällen an den EU-Außengrenzen. Die Mehrzahl der MigrantInnen stirbt im Mittelmeerraum durch Ertrinken, andere werden von Beamten der Küstenwachen oder Grenzbehörden sowie durch Minen im Grenzgebiet zwischen Griechenland und der Türkei getötet, viele ersticken, verdursten oder verhungern in ihren Verstecken auf Ladeflächen und in Containern als blinde Passagiere (UNITED 2003; ARI 2003).

Symbolische Grenzsicherungspolitik der EU?

Diese Daten weisen auf Parallelen mit der US-amerikanischen Grenzpolitik hin, welche die Frage nach der Funktion der EU-Grenzkontrollen nahe legen. Die Kosten für die Grenzsicherungsmaßnahmen sind enorm und werden zu einem großen Teil von den strukturschwächeren Mitgliedsländern am Mittelmeer und den osteuropäischen Beitrittskandidaten getragen. Trotzdem ist die Kontrolle an den EU-Außengrenzen alles andere als lückenlos. In Anlehnung an die Thesen von Nevins (2002) und Andreas (1998; 2000) erscheint eine Spekulation über die symbolischen Gehalte der Grenzpolitik auch für die EU-Außengrenzen angemessen.

Die Abwehr des „*illegal alien*" in den USA findet ihre EU-Entsprechung in der Abwehr des (illegalen) Flüchtlings, des Asylbewerbers. So sind es nicht so sehr „*illegal aliens*"[6], sondern Flüchtlinge, die in Mittel- und Westeuropa als Auslöser gesellschaftlicher und grenzbezogener „Unordnung" gesehen werden. Die Konnotation von Grenzsicherungspolitik und Flucht liegt vor allem darin begründet, dass durch die Harmonisierung der EU-Flüchtlingspolitik, z.B. die EU-weite Einführung der sog. Sichere-Drittstaaten-Regelung und diverse Rückübernahmeabkommen, Flüchtlinge kaum eine andere Möglichkeit haben, Schutz in einem EU-Land zu suchen, als undokumentiert einzureisen.

Analog zur „*illegal alien*"-Diskussion in den USA machen europäische Parteien und Regierungen Fluchtmigration verantwortlich für gesellschaftliche Probleme wie Arbeitslosigkeit, Finanznot der sozialen Sicherungssysteme (und dem daraus folgendem Abbau von Sozialleistungen), Kriminalität etc. Dies zeigt sich in der in alle EU-Staaten diskutierten und betriebenen Exklusion von undokumentierten MigrantInnen von sozialen Leistungen,[7] in Arbeitsverboten und in der Beschränkung von Arbeitserlaubnissen für MigrantInnen oder der drastischen Reduktion von Sozialleistungen und medizinischer Versorgung für Flüchtlinge.[8] Es wird suggeriert, dass neben den Anstrengungen, das europäische Flüchtlings- und Migrationsrecht zu harmonisieren und Flüchtlingen die legale Einreise soweit wie möglich zu erschweren, die Lösung für die gesellschaftlichen Probleme in der Schaffung der „Festung Europa", d.h. in der Abschottung der Grenzen für Flüchtlinge (und andere MigrantInnen) liege. Ähnlich wie in den USA finden diese Analyse und die daraus abgeleiteten Policymaßnahmen die Zustimmung eine Mehr-

heit in den EU-Staaten, während BefürworterInnen einer offeneren Grenzpolitik einen kleineren Teil der Bevölkerung ausmachen.

Die US-mexikanische Grenze am Pazifik; Foto: Holk Stobbe 2000

Bei der materiellen Umsetzung der Grenzsicherungsmaßnahmen stellen
sich in der EU jedoch die gleichen Probleme wie in den USA. Auch wenn im
Unterschied zu der US-mexikanischen Grenze an den ost- und südosteuropäischen Grenzen eine Abschottung durch die militärische Hochrüstung der
Grenzen weitgehend erreicht wird, bleiben weite Teile der EU-Außengrenzen
– vor allem die Seegrenzen am Mittelmeer – unkontrollierbar. Eine intensivere Kontrolle aller Landes- und Seegrenzen bleibt mit einem fiskalischen
Aufwand verbunden, der keine politischen Mehrheiten fände.

Überdies gibt es auch in der EU ArbeitgeberInnen und private Haushalte,
die von der Präsenz von undokumentierte MigrantInnen und von Flüchtlingen profitieren. So ist die Landwirtschaft im Süden Italiens, Griechenlands
und Spaniens abhängig von der Arbeitskraft von MigrantInnen; häusliche
Dienstleistungen werden überall innerhalb der EU von MigrantInnen ohne
Aufenthaltsstatus erbracht; die europäische Tourismusbranche, das Gaststättengewerbe und weite Teile der Bauindustrie kämen ohne die Arbeitskraft
von MigrantInnen zum Erliegen.

Und schließlich zeigen selbst die erheblichen Bemühungen, die Grenzen
für Flüchtlinge und undokumentierte MigrantInnen zu schließen, nicht die
gewünschten Auswirkungen. Auch wenn die Grenzmaßnahmen eine erhebli-

che Barriere für MigrantInnen darstellen, schaffen es nach Schätzungen der *International Organisation for Migration* schätzungsweise 3 Mio. MigrantInnen (1998), sich undokumentiert in der Europäischen Union aufzuhalten (IOM 2000: 198; Angenendt, Kruse 2002: 14).[9] Das Gros von ihnen reist mit regulären Papieren ein (Touristen- oder Besuchervisa), ist durch Grenzkontrollen also gar nicht aufzuhalten. Andere reisen undokumentiert ein, z.b. mit der Hilfe von Schleppern, über die „grüne" oder „blaue" Grenze oder mit gefälschten Papieren.

Schlussbemerkungen

Eine materielle Kontrolle der Außengrenzen mag in der EU an einigen Grenzen schon aufgrund der geographischen Gegebenheiten umfassender stattfinden können als in den USA, eine lückenlose Kontrolle kann es hier jedoch genauso wenig wie dort geben. Nach der jahrelangen Inszenierung von Flüchtlingen und undokumentierten MigrantInnen als Ursache für zentrale gesellschaftliche Probleme wird, wie in den USA, die „Lösung" dieser Probleme durch eine verschärfte Grenzpolitik angestrebt. Da die materielle Grenzpolitik dies nicht leisten kann, wird sie durch symbolische Grenzpolitik, durch die Herstellung eines Bildes von „Ordnung", überdeckt. Das Bild einer „geordneten", für MigrantInnen undurchlässigen Grenze wird als notwendig erachtet, um die Handlungsfähigkeit politischer AkteurInnen innerhalb der EU zu demonstrieren. Die Außengrenze wird somit zu dem zentralen Ort, an dem Souveränität und „gesellschaftliche Ordnung" in der EU hergestellt wird.

Mit dieser Grenzpolitik gehen die politischen und staatlichen AkteurInnen sowohl in der EU als auch in den USA ein Risiko ein. Zu offensichtlich ist es, dass sich materiell keine „Ordnung" an den Grenzen herstellen lässt bzw. diese Ordnung lediglich symbolisch vermittelt ist. Dieses Risiko wird jedoch bewusst eingegangen, denn mit der Grenzsicherungspolitik lässt sich dauerhaft eine politische Polarisierung betreiben, die von innergesellschaftlichen Problemen ablenkt. Das Versprechen neuer Maßnahmen, seien sie im Ergebnis eher materieller oder eher symbolischer Natur, hat in der Vergangenheit sowohl in den USA wie auch in Europa bei Wahlen Mehrheiten gesichert. Daher wird der Wunsch nach „geordneten Grenzen" wird immer neu entfacht. Auch wenn die materiellen Hindernisse und konfligierende Politikziele (wie die Schaffung eines gemeinsamen Binnenmarktes) bei der Errichtung einer Festung Europa offensichtlich sind, ist zu vermuten, dass auch in Zukunft an symbolischer Grenzpolitik festgehalten wird.

Anmerkungen

1   Mit Inkrafttreten des Vertrags von Amsterdam am 1. Mai 1999 sind die Asylpoli-
    tik, der freie Personenverkehr, die Visapolitik, Regelungen über das Über-
    schreiten der Außengrenzen der EU, die Einwanderungspolitik und die Rechte
    von Drittstaatsangehörigen Zuständigkeitsbereiche der Gemeinschaft gewor-
    den (Artikel 61-63).

2   Obwohl wiederholt MigrantInnen durch Schüsse der *Border Patrol* und der mexi-
    kanischen Grenzpolizei verletzt werden und am 20.5.1997 Esequiel Hernan-
    dez Jr. in Texas von einem mit Grenzsicherungsmaßnahmen beauftragten Ma-
    rineinfanteristen erschossen wurde.

3   Angaben aus Interviews des Autors an der U.S.-mexikanischen Grenze 2000; vgl.
    Cornelius 2000: 12.

4   Allerdings werden an der zukünftigen EU-Außengrenze in Ostpolen im Rahmen
    der PHARE-Programme Grenzanlagen aufgebaut, welche die alten Grenzan-
    lagen inkorporieren; auch die spanischen Enklaven Ceuta und Mellila sind
    von hohen Grenzzäunen umschlossen, die eine große Ähnlichkeit mit denen
    der US-mexikanischen Grenze oder den ehemaligen Grenzen der Warschauer-
    Pakt-Staaten haben.

5   Seit Januar 2003 wird die Seegrenze zwischen Algeciras (Spanien) und Sizilien
    im Rahmen der sog. Operation Ulysses von spanischen, britischen, französi-
    schen, italienischen und portugiesischen Polizei- und Marinepatroullien ge-
    meinsam kontrolliert. Diese auf europäischer Ebene bisher einzigartige Ko-
    operation ist ein Versuch, in Kooperation die Einreise von Flüchtlingen und
    undokumentierten EinwandererInnen zu verhindern. (Migration News 2003).

6   In südeuropäischen Ländern wird findet der US-Diskurs über *„illegal aliens"*
    seine Entsprechung in der Diskussion um undokumentierte Arbeitsmigration
    aus dem Maghreb und vom Balkan.

7   Z.B. im spanischen Einwanderungsgesetz vom August 2000, welches auf Druck
    der EU das wesentlich liberalere Einwanderungsgesetz vom Dezember 1999
    nach nur acht Monaten ersetzte.

8   Z.B. die Kürzung der Sozialleistungen und die Beschränkung medizinischer Lei-
    stungen auf Notfallversorgung im deutschen Asylbewerberleistungsgesetz.

9   Diese Schätzdaten sind selbstverständlich nur ein Anhaltspunkt und müssen mit
    Vorbehalt betrachtet werden. Sie auf basieren einer Zusammenstellung natio-
    naler Schätzungen, die durch unterschiedlichen Schätzverfahren und Datenba-
    sen zustande gekommen sind. 1991 wurde EU-weit von ca. 2 Mio. undoku-
    mentierten MigrantInnen ausgegangen.

Literaturverzeichnis

Andreas, Peter (1998): The U.S. Immigration Control Offensive: Constructing an
    Image of Order on the Southwest Border. In: Suárez-Orozco, Marcelo M.
    (Hrsg.): Crossings. Mexican Immigration in Interdisciplinary Perspectives.
    Cambridge / London.

Andreas, Peter (2000): Border Games. Policing the U.S.-Mexico Divide. Ithaca / London.

Angenendt, Steffen; Kruse, Imke (2002): Irreguläre Wanderungen und internationale Politik. In: Blum, Matthias; Hölscher, Andreas et al. (Hrsg.): Die Grenzgänger. Opladen.

Antirassistische Initiative Berlin ARI (2003): Bundesdeutsche Flüchtlingspolitik und ihre tödlichen Folgen. Berlin.

Bundesgrenzschutz (BGS) und Bundesministerium des Inneren (1995): Jahresbericht 1994. Koblenz / Berlin.

Bundesgrenzschutz (BGS) und Bundesministerium des Inneren (1998): Jahresbericht 1997. Koblenz / Berlin.

Bundesgrenzschutz (BGS) und Bundesministerium des Inneren (2002): Jahresberichte 2000/2001. Koblenz / Berlin.

Clarke, James (2000): The Problems of Evaluating Numbers of Illegal Migrants in the European Union. In: De Bruycker, Philippe (Hrsg.): Regularisations of Illegal Immigrants in the European Union. Brüssel.

Cornelius, Wayne A. (1998): The Structural Embeddedness of Demand for Mexican Immigrant Labor. In: Suárez-Orozco, Marcelo M. (Hrsg.): Crossings. Mexican Immigration in Interdisciplinary Perspectives. Cambridge / London.

Cornelius, Wayne A. (2001): Death at the Border. The Efficacy and Unintended Consequences of U.S. Immigration Control Policy 1993-2000. In: Population and Development Review Vol. 27, Nr. 4/01: 661-685.

Dunn, Timothey (1996): The Militarization of the U.S.-Mexico Border. Austin.

Edelman, Murray (1976): Politik als Ritual: Die symbolische Funktion staatlicher Institutionen und politischen Handelns. Frankfurt/Main.

Eschbach, Karl, Jacqueline Hagan, et al. (1999): Death at the Border. International Migration Review Vol. 33, Nr. 2/99.

Espenshade, Thomas J. (1995): Using INS Border Apprehension Data to Measure the Flow of Undocumented Migrants Crossing the U.S.-Mexico Frontier. International Migration Review Vol. 29, Nr. 2/95.

European Network for Intercultural Action UNITED (2003): „Fortress Europe": More Than 3490 Deaths. Brüssel (http://www.united.non-profit.nl/).

Gortazar, Cristina (2001): Abolishing Border Controls: Individual Rights and Common Control of EU External Borders. In: Guild, Elspeth und Carol Harlow (Hrsg.): Implementing Amsterdam. Immigration and Asylum Rights in EC Law. Oxford / Portland.

International Organization for Migration IOM (2000): World Migration Report 2000. Genf / New York.

Migration News (2003): Spain, Portugal. Vol. 10, Nr. 2/03.

Nevins, Joseph (2002): Operation Gatekeeper. The Rise of the „Illegal Alien" and the Making of the U.S.-Mexico Boundary. London.

OECD (1999): SOPEMI. Trends in International Migration. Continuous Reporting System on Migration, Annual Report 1999. Paris.

Rodríguez, Néstor (1999): The Battle for the Border: Notes on Autonomous Migration, Transnational Communities and the State. In: Jonas, Susanne; Thomas, Suzie D. (Hrsg.): Immigration. A civil rights issue for the Americas. Wilmington.

Singer, Audrey; Massey, Douglas S. (1998): The Social Process of Undocumented Border Crossing Among Mexican Migrants. International Migration Review Vol. 32 Nr. 3/98.

Tomei, Verónica (2000): Migration in Europa - Grenzabbau und Neukonstruktion im europäischen Migrationsraum. In: Kölner Zeitschrift für Soziologie und Sozialpsychologie. Sonderhefte.

U.S. Immigration and Naturalization Service INS (2002): Statistical Yearbook of the Immigration and Naturalization Service 1999. Washington, D.C.

U.S. Immigration and Naturalization Service INS (2003): Estimates of the Unauthorized Immigrant Population Residing in the United States: 1990 to 2000. Washington D.C.

Vobruba, Georg (2000): Integration und Expansion. Zur Erweiterung der Interessensphäre Europas. In: Blätter für deutsche und internationale Politik Nr. 3/2000.

Weinfelder, Werner, Hrsg. (1994): Das europäische Einwanderungskonzept. Gütersloh.

Wihtol de Wenden, Catherine (1999): Post-Amsterdam Migration Policy and European Citizenship. European Journal of Migration and Law Nr. 1/99, S. 89 - 101.

Kapitel 5: Ausblick: Nationale Grenzen und die Gleichzeitigkeit der Ein- und Ausschließung

Christian Banse
Holk Stobbe

Die Beiträge des vorliegenden Bands thematisieren einen alltagspolitischen Gegenstand: die nationale Grenze, welche nationale Hoheitsgebiete bzw. Staatsterritorien voneinander trennt. Die Zusammenstellung der Artikel für diesen Sammelband beleuchtet unter verschiedenen geographischen und methodischen Blickwinkeln die These, dass sich mit der Binnen-Integration innerhalb Europas, die durch eine zunehmende Durchlässigkeit nationaler Grenzen charakterisiert ist, und mit der Erweiterung der EU, die mit einer Verstärkung der EU-Außengrenzen verknüpft ist, die Wahrnehmung und die Funktion der nationalen Grenze verändert.

Diesen Prozess der gleichzeitigen Schließung und Öffnung von Grenzen in Europa haben die Autoren an verschiedenen Grenzen und anhand von verschiedenen Forschungsgegenständen differenziert nachvollzogen. Die Gegenüberstellung ihrer Erkenntnisse ist äußert fruchtbar für die Auseinandersetzung um die Grenzregionen der EU und die vielfältigen Widersprüche, die die Konstituierung eines neuen Europas begleiten. Außerdem hat sich bei der Arbeit an diesem Band herausgestellt, dass die Betrachtung eines in seiner sozialwissenschaftlichen Ausrichtung noch jungen Forschungsgegenstandes neben der politischen Dimension eine methodische aufweist.

Werden nationale Grenzen unter der Fragestellung der Wahrnehmungsveränderung und der sozialen Interaktionen über die Grenze betrachtet, so kann dies notwendigerweise nur mit differenten Blickwinkeln und entsprechenden methodischen Ansätzen geschehen. Nicht zuletzt werden hier grundlegende sozialwissenschaftliche Fragen berührt: Wie wird Identität konstituiert? Welche räumliche Faktoren spielen dabei eine Rolle? Wie wird Räumlichkeit und Territorialität wahrgenommen? Welchen Einfluss haben nationale und supranationale Politik einerseits und der konkrete Ort andererseits auf die Wahrnehmung und soziale Situation der Akteure? Welche politischen Ziele stehen hinter der Förderung verschiedener Regionen und Identitäten? Diese Fragen sind angesichts der Behauptung, dass im Zuge der Globalisierung die Bedeutung von Raum abnimmt, ein umstrittener Gegenstand in den Sozialwissenschaften geworden. Die in diesem Band vorgenommene Analyse der Persistenz der nationalen Grenze zeigt diesbezüglich eindrücklich, dass die Grenze des Nationalstaates sowohl die Einstellungen der Anrainer als auch die politisch-geographischen Vorstellungen beeinflusst. Indem sich der Begriff der Grenzregion und der der nationalen Grenze – wie in den Beiträgen erläutert – kontextgebunden und regional unterschiedlich ausdrük-ken, wird betont, wie entscheidend die politische Verortung und Verräumlichung von ökonomischen und sozialen Unterschieden ist.

Allgemein wird in der Grenzforschung angenommen, dass soziale Handlungen unweigerlich zu sozialen Grenzbildungen führen. Dabei werden häufig die Besonderheiten verschiedener sozialer Grenzen vernachlässigt. Ein Sonderfall ist die nationale Grenze, die als beharrliche gesellschaftliche Institution auf besondere Art und Weise die Handlungen der Akteure prägt. Sie ist ein Ort, an dem Ähnlichkeiten und Differenzen durch Selbst- und Fremdzuschreibungen symbolisch konstruiert werden, an dem sich vor allem aber Exklusionen und Inklusionen manifest ausdrücken. Ohne die sozialen Deutungen der Grenzüberschreitenden und der Grenzüberschreitungen kann das Phänomen jedoch nicht verstanden werden, denn sie geben der jeweiligen Grenze ihre Kontur. Soziale Beziehungen an der Grenze und über sie hinweg gestalten und reproduzieren sie. Es gibt keine geschlossene Grenze, die nicht in irgendeiner Weise überwunden wird, aber auch keine Grenze, die nicht gleichzeitig eine Barriere-Funktion übernimmt. Dieser Befund zieht sich durch alle Beiträge in diesem Band und veranlasst uns dazu, die nationale Grenze in Europa als *paradox* in Bezug auf Ein- und Ausschließungsprozesse zu bezeichnen. Diese Paradoxie möchten wir im Folgenden noch einmal hervorheben.

Zunächst muss festgestellt werden, dass die nationale Grenze gleichzeitig Sichtbares und Unsichtbares trennt. Ihre Verortung im Raum macht sie in der Regel sichtbar, denn sie trennt zwei Gebiete, die materiell z.B. durch Grenzpfähle oder -zäune fassbar sind. Weniger sichtbar sind die Selbst- und Fremdzuschreibungen bzgl. der Zugehörigkeiten der Menschen, die an der Grenze wohnen, und der Personen, die die Grenze ständig überschreiten. Wenn z.B. ein Bewohner der Grenzregion, wie Kühl in seiner Erläuterung des historischen Begriffs „Gesinnungsnationalismus" darlegt, eine Entscheidung getroffen hat und sich als Deutscher oder Däne definiert, wird die Zugehörigkeit erst durch symbolische Handlungen, die kulturell der einen oder anderen Seite zugeschrieben werden, sichtbar. Die „unsichtbare" Zuschreibung ist auf Repräsentation angewiesen.

So ist es auch bei der nationalen Grenze selbst. Die Linie, also die Grenze selbst, wird nur durch Symbole sichtbar, die ihre Existenz ausdrücken. Dabei verweisen auch diese Symbole auf Unsichtbares, denn sie repräsentieren etwas, was selbst einer Darstellungsform harrt: die Nation. So werden in den Grenzregionen nationale Symbole äußerst wichtig; selbst in den „integrierten" Räumen mit geöffneten Grenzen wird die Differenz weiterhin durch seine symbolische Darstellung verdeutlicht.

Anschließend an diese Beobachtung stellen sich viele Forschungsfragen, die sich um die Bedeutung von Sprache und Kultur für die Vorstellung von Zugehörigkeiten drehen. Denn in den Grenzregionen ist Zweisprachigkeit – wie der Vergleich der Jugendlichen an der deutsch-französischen Grenze zeigt – nicht immer vorhanden. Ob und wieweit Sprache ein Kriterium für Identitätsvorstellungen darstellt, kann an den Grenzen besonders gut untersucht werden, da hier Sprachkenntnisse neue Möglichkeiten eröffnen. Dies lässt sich beispielhaft an den Grenzen Deutschlands und Österreichs zu den östlichen Nachbarn verdeutlichen. Wie die Beiträge zur polnischen und slowakischen Grenze zeigen, wachsen die Sprachkenntnisse nur auf der östlichen Seite der Grenze, während auf der westlichen Seite die Bereitschaft zum Erlernen der Sprache der Nachbarn nicht im gleichen Maße vorhanden ist.

Eine weitere Paradoxie der nationalen Grenze lässt sich beobachten: Während die nationale Grenze und die nationale Souveränität fortbestehen, bekommt die Grenzregion als sozialer Kontaktraum und als wissenschaftlich-politische Kategorie im neuen Europa eine wichtige Rolle bei der Frage der Integration zugeschrieben. Hier zeigen sich Entwicklungen, die das Nationenkonzept zwar nicht aufheben, jedoch in Frage stellen. Es werden Mehrfachzugehörigkeiten erzeugt, wie deutsch, europäisch, elsässisch, die neue Grenzziehungen und Identitätsvorstellungen mit sich bringen. Gerade an osteuropäischen Grenzregionen wird – wie Dittmer zeigt – die Frage nach der Zugehörigkeit eminent wichtig. Neue regionale Zuschreibungen sind von nationalen politischen Eliten häufig weder nachvollziehbar noch gewünscht; zudem sind sie für die Bevölkerung, gerade wenn sich diese neuen Entwicklungen an neu bestimmten Grenzen – nun nicht mehr nur nationalen, sondern europäischen – vollziehen, eine Überforderung, auf die sie unvorbereitet treffen. Häufig werden alte Stereotype wieder benutzt. Ob durch diese Gleichzeitigkeit von makropolitischer Europaidentität und mikropolitischem Regionalismus tatsächlich das Nationale aufweicht oder modifiziert wird, bleibt abzuwarten.

Bei der Frage nach dem Zusammenhang zwischen nationaler Grenze und ihrer Funktion im neuen Europa ist auch innerhalb der EU Paradoxes zu erfahren: Die als Kontaktzone deklarierte nationale Grenze, die – offiziell – nicht mehr politische Hoheitsgebiete trennt, sondern verbindet, ist weiterhin Gegenstand politischer wie medialer Diskurse, die auf die Sicherheit bzw. Unsicherheit der Grenze verweisen. Im Zuge einer medialen Thematisierung und Problematisierung von Migration und grenzüberschreitender Arbeitsmarktkonkurrenz – die, wie Satras Beispiel der ukrainischen Migrationsnetzwerke in Tschechien zeigt, durch Netzwerke „Alternativwelten" zu denen

der Alteingessenen erzeugen – verdichtet sich ein Sicherheitsdiskurs, der
lediglich Gefahren beschwört. Hier zeigt sich die Widersprüchlichkeit des
symbolischen und materiellen Gehalts der nationalen Grenze besonders deutlich. Einerseits ist sie ein Symbol für „Kontakt" und „grenzenlose" Überschreitung, andererseits die materielle Voraussetzung für die Aufrechterhaltung eines Ungleichgewichts, durch das erst ökonomische Prozesse und Migration in Gang gesetzt werden. Hier schließen sich viele Forschungsfragen
an, die sich mit der Notwendigkeit nationaler Grenzen für die Persistenz
ökonomischer und sozialer Ungleichheit beschäftigen. Ein wichtiger Aspekt
dabei ist, dass innerhalb Europas der Fluss von Waren ungleich reibungsloser
verläuft als der von Arbeitskraft.

Die hier versammelten Ansätze verdeutlichen einige Paradoxien der nationalen Grenze, die nicht nur durch Unterschiede in den regionalen Voraussetzungen z.B. für Grenzüberschreitungen oder durch den historischen Kontext erklärt werden können, sondern die sich auch am Gegenstand der nationalen Grenze selbst festmachen. Sie ist von vornherein paradox, wenn sie
durch „willkürliche" Setzungen menschliche Mobilität verhindert und Grup-
penzugehörigkeiten schafft. Sie produziert damit die Gleichzeitigkeit von
Ein- und Ausschließungen.

Der vorliegende Band hat beides gezeigt: Zum einen die grundsätzlich
dem Konzept der nationalen Grenze inhärente Paradoxie der Ein- und Ausschließung und zum anderen die Vielschichtigkeit und die regionalen Spezi-
fika der Entwicklung innerhalb und außerhalb der EU.

Der Band hat zentrale Aspekte der politischen Dynamik und der Widersprüchlichkeit des Wandels von Grenzen im Zuge des EU-Erweiterungs-
prozesses thematisiert. Die weitere Entwicklung der nationalen Grenzen in
Europa wird vor allem Auswirkungen auf die Lebensverhältnisse und die
Wahrnehmungen der Grenzbewohner haben, die nicht nur Gegenstand einer
expandierenden, methodisch und theoretisch facettenreichen Grenzforschung
sein werden, sondern auch neue politische Fragen im europäischen Einigungsprozess aufwerfen. Dabei wird sich am Umgang mit seinen Grenzen
die politische und soziale Ausrichtung des neuen Europas spiegeln.

Die Autorinnen und Autoren

Simone Ahrberg, geboren 1978, Studium der Soziologie, Medien- und Kommunikationswissenschaft, Wirtschafts- und Sozialpsychologie an der Universität Göttingen.

Stefan Alscher, geboren 1972, Mitarbeiter der Bevölkerungswissenschaft an der Humboldt-Universität zu Berlin, Redaktionsmitglied des Newsletters „Migration und Bevölkerung", Doktorand an der Berlin Graduate School for Social Sciences. Dissertationsprojekt: „Migration an den Rändern Europas: Ein Vergleich der südspanischen und der ostpolnischen Grenzregion". Studium der Sozialwissenschaften in Göttingen, Veracruz (Mexiko) und Berlin. Arbeitsschwerpunkt: Migrationsforschung, insbesondere Grenzen und irreguläre Migration. Publikationen u.a. „Märkte, Migration, Maquiladoras: Auswirkungen des Freihandels auf Migrationsprozesse aus regionaler Perspektive – Tijuana/San Diego", Demographie Aktuell Nr. 16, Berlin 2001; „Leben in der Illegalität" (gemeinsam mit Rainer Münz und Veysel Özcan), in: Klaus J. Bade (Hrsg.): „Integration und Illegalität in Deutschland", Osnabrück 2001; „Illegal anwesende und illegal beschäftigte Ausländerinnen und Ausländer in Berlin. Lebensverhältnisse, Problemlagen, Empfehlungen", Demographie Aktuell Nr. 17, Berlin 2001 (gemeinsam mit Rainer Münz und Veysel Özcan).

Christian Banse, geboren 1967, Graduiertenkolleg "Die Zukunft des Europäischen Sozialmodells" am Zentrum für Europa- und Nordamerikastudien der Universität Göttingen. Dissertation: "Nationale Grenzerfahrungen und grenzüberschreitende Prozesse." Studium der Soziologie, Politikwissenschaft und Germanistik in Göttingen. Diverse Lehrtätigkeiten in Göttingen und Mainz. Arbeitsschwerpunkte: Kultursoziologie, Soziologische Theorie, Qualitative Sozialforschung. Publikationen u.a.: Fernsehsucht - Suchtfernsehen. In: Ästhetik & Kommunikation: Regelrecht süchtig. 2000; „Es handelt" - Zu den Grenzen subjektbezogener Deutungsmodelle in der Soziologie. In: Entstaatlichung und soziale Sicherheit. Verhandlungen des 31. Kongresses der Deutschen Gesellschaft für Soziologie in Leipzig 2002 (erscheint 2003); Vor dem Gesetz. (Rezension: Giorgio Agamben. 2002. Homo Sacer.) In: Ästhetik & Kommunikation 2002; Grenzverletzer. (Rezension) In: Ästhetik & Kommunikation 2003.

Helmut Dietrich, geboren 1954, Mitbegründer der "Forschungsgesellschaft Flucht und Migration", Germanist und Historiker; Publikationen u.a.: „Regime di controllo delle frontiere e nuove migrazioni nell'Europa di Schengen. Il caso tedesco", in: S. Mezzadra, A. Petrillo (Hrsg.) „I confini della globalizzazione. Lavoro, culture, cittadinanza" Rom 2000, S. 123-156. „Kosovo. Der Krieg gegen die Flüchtlinge." (zusammen mit Harald Glöde) Berlin/Göttingen/Hamburg 2000.

Dr. Stephanie Dittmer, geboren 1966, Studium der Slavistik, Soziologie und osteuropäischer Geschichte in Göttingen und Moskau. Publikationen u.a. Religion als Ressource im ‚Kampf der Zivilisationen'? Zum Zusammenhang ethnischer Mobilisierung und kultureller Differenz. In: Jahrbuch für Europa- und Nordamerika-Studien. Opladen 1999; EU-Beitritt: Verheißung oder Bedrohung? Die Perspektive der mittel- und osteuropäischen Kandidatenländer. Herausgegeben mit Undine Ruge und Inka Jörs. Opladen 2003.

Markieta Domecka, geboren 1978, Soziologin, Doktorandin am Soziologischen Institut der Universität Wrocław; Arbeitsschwerpunkte: Das Entstehen eines Business-Milieus in Polen, soziologische Theorie, Soziologie des Grenzraums; Publikationen: zusammen mit Szlachcicowa, Irena; Mrozowikki, Adam: „Persistence and Change. The Strategies of Working Out Social Change". In: Zich, František (Hrsg.): Biographies in the Borderland. Preliminary Results of the Research on the Biographical Identity of the Borderland Population. Prague 2002.

Dr. Christian Fridrich, geboren 1966; Professor an der Pädagogischen Akademie des Bundes in Wien, Leiter des Fachbereichs Geographie und Wirtschaftskunde, Koordinator von europäischen Hochschulkooperationen, Lehrerfortbildung, Schulbuchautor; Forschungsprojekt "Perzeptions- und Handlungsanalyse beiderseits der österreichisch-slowakischen Grenze"; Arbeitsschwerpunkte: Didaktik der Geographie und Wirtschaftskunde, Grenzforschung, Mittel- und Osteuropa; aktuelle Publikationen: (als Herausgeber): MINORITY - Minority contra Nationalism: Offer of Human Relation, Interculturality and Teamspirit for Our Youth. Manual and Overhead Transparencies. Wien 2003; Problematische Wahrnehmungs-, Einstellungs- und Handlungsmuster über die ehemalige Ost-/West-Grenze hinweg und Unterrichtsansätze zur Förderung des Verständnisses für Andere/s in einem gemeinsamen Europa. In: Deutscher Schulgeographentag 2002 in Wien (in Druck); Leben beiderseits einer europäischen Wohlstandskante. In: Studien des Instituts für Ost- und Südosteuropa (in Druck).

Dr. Dieter Haller, geboren 1962, Adjunct Associate Professor an der Universität von Texas/Austin; Anthropologe; Habilitation an der Europa-Universität

Viadrina Frankfurt/Oder; Arbeitsschwerpunkte: Territorialität (Grenzgebiete), Geschichte der Anthropologie, Gender, Nation; Publikationen u.a.: „Gelebte Grenze Gibraltar". Wiesbaden 2000.

Dr. Jørgen Kühl, geboren 1965, Direktor des Instituts für Grenzregionsforschung der University of Southern Denmark in Aabenraa/Apenrade. Historiker und Minderheitenforscher. Autor und Herausgeber zahlreicher Bücher und Beiträge zu Fragen nationaler Minderheiten in Europa sowie zur Zeitgeschichte des deutsch-dänischen Grenzlandes.

Beat Leuthardt, geboren 1956 in Basel im Dreiländereck Schweiz - Deutschland - Frankreich, Jurist, Journalist und Mitarbeiter des Büro EuroGrenzen; Seit 1978 Publikationen in verschiedenen deutschen und schweizerischen Medien zu den Themenkreisen Migration, Überwachung und „Innere Sicherheit". Publikationen u.a. „Aux marges de l'Europe. Editions d'en Bas." Lausanne, 2002 ; „An den Rändern Europas. Berichte von den Grenzen." Zürich, 1999; „Leben online." Reinbek bei Hamburg, 1996.

Adam Mrozowicki, geboren 1978, Soziologe, Doktorand am Soziologischen Institut der Universität Wrocław; Arbeitsschwerpunkte: polnische Arbeiterklasse im gesellschaftlichen Strukturwandel; Methodologie qualitativer Sozialforschung, Soziologie des Grenzraums; Publikationen: zusammen mit Szlachcicowa, Irena; Domecka, Markieta: „Persistence and Change. The Strategies of Working Out Social Change" (s.o.); „Tożsamość jako strategia życia: dynamika robotniczego milieu w Euroregionie Nysa (*Die Identität als eine Lebensstrategie: Dynamik des Arbeitermilieus in der Euroregion Neisse*). In: Szlachcicowa, Irena (Hrsg.): Biografia a tożsamość (s.o.).

Dr. Michael Neumann, geboren 1942, wissenschaftlicher Mitarbeiter am Soziologischen Seminar der Universität Göttingen; Diplom Soziologe; aktuelle Forschung zu Sozialformen der Ohnmacht; Arbeitsschwerpunkte: Zivilisation und Gewalt, moderne Gesellschaften, Gesellschaftstheorie; Publikationen u.a.: „Wer Abstand hält, steht in der Schusslinie..." Zu einigen soziologischen Motiven in Canettis 'Masse und Macht'. Mittelweg 36, Heft 6/1, 2002/03.

Daniel Satra, geboren 1974, Journalist und Sozialwissenschaftler. Forschungsarbeit zur neuen Ost-West-Migration. Studium der Soziologie, Slavischen Philologie und Medien- und Kommunikationswissenschaft in Göttingen und Prag. Arbeitsschwerpunkte: Funktionen sozialer Netzwerke, ukrainische Arbeitsmigration in der Tschechischen Republik. Politiker-Interviews in

Tschechien für das Projekt „Regionale Identität und politische Integration" der Deutschen Forschungsgemeinschaft (DFG) an der Universität Regensburg (2000). Mitarbeit in dem Projekt „Potentiale neuer Unternehmens- und Beschäftigungsformen von telekooperativ organisierten Dienstleistungen" des Soziologischen Forschungsinstituts Göttingen (SOFI 2001/2).

Holk Stobbe, geboren 1970, Graduiertenkolleg am Zentrum für Europa- und Nordamerikastudien der Universität Göttingen. Dissertation: „Undokumentierte Migration in den Vereinigten Staaten und Deutschland" (2004). Studium der Sozialwissenschaften in Göttingen, Santiago de Chile und San Diego. Arbeitsschwerpunkte: Migrationspolitik, Antirassismus, qualitative Sozialforschung. Publikationen u.a. „Undocumented Migration in the USA and Germany." CCIS Working Paper No. 4. La Jolla, 2000; „The social and economic situation of undocumented migrants in Germany." In: PICUM (Hrsg.): „Book of Solidarity." Vol 1. Antwerpen, Brüssel, 2002.

Dr. Irena Szlachcicowa, geboren 1955, Soziologin, Dozentin am Soziologischen Institut der Universität Wrocław; Arbeitsschwerpunkte: Theorien des sozialen Wandels, Soziologie der Religion, sozialwissenschaftliche Methoden. Publikationen u.a.: „Religijność czy wiara religijna - różne sposoby uprawiania socjologii religii w Polsce" *(Religiosität oder religiöser Glaube – unterschiedliche Ansätze zur Soziologie der Religion in Polen).* In: Szlachcicowa, Irena (Hrsg.): Religia, przekonania, tożsamość, *(Religion, Anschauungen, Identität).* Wrocław 1998; „Tożsamość mieszkańców polskoniemieckiego pogranicza w Euroregionie Nysa" *(Zur Identität der Bewohner des deutsch-polnischen Grenzgebiets in der Euroregion Neiße).* In: Kurcz, Zbigniew (Hrsg.): Pogranicze z Niemcami a inne pogranicza Polski *(Grenzregion zu Deutschland und andere polnische Grenzregionen).* Wrocław 1999; „Trwanie i zmiana - międzygeneracyjne różnice w strategiach opracowywania zmiany społecznej" *(Persistenz und Wandel – intergenerative Unterschiede in Verarbeitungsweisen des sozialen Wandels).* In: Szlachcicowa, Irena (Hrsg.): Biografia a tożsamość *(Biographie und Identität).* Wrocław 2003 [im Druck].

Dr. Konrad Thomas, geboren 1930, Professor im Ruhestand, Studium der ev. Theologie (mit Abschluß 1955), angelernter Maschinenarbeiter 1955-1959, Assistent am Soziologischen Seminar. Promotion (Theologie) 1964, Habilitation 1968, 1969-71 Gastprofessor in Hyderabad/Indien, ab 1973 apl. Professor (später C3) in Göttingen. Arbeitsschwerpunkte: Kultursoziologie, Soziologische Theorie. Publikationen u.a.: Zugehörigkeit und Abgrenzung (1995), Soziologie nach Plessner (im Erscheinen).

Peter Lang · Europäischer Verlag der Wissenschaften

Dittmar Schorkowitz (Hrsg.)

Transition – Erosion – Reaktion

Zehn Jahre Transformation in Osteuropa

Frankfurt am Main, Berlin, Bern, Bruxelles, New York, Oxford, Wien, 2002.
365 S., zahlr. Abb. und Tab.
Gesellschaften und Staaten im Epochenwandel.
Herausgegeben von Dittmar Schorkowitz. Bd. 8
ISBN 3-631-50392-X · br. € 56.50*

Gut ein Jahrzehnt ist seit Gründung der Gemeinschaft Unabhängiger Staaten vergangen. Auf die epochale Bedeutung des damit einsetzenden Wandels in Osteuropa hatte René Ahlberg im ersten Band dieser Reihe hingewiesen. Inzwischen wurde die Perestroika durch einen Transformationsprozeß überlagert, dem es vor allem um die Implementierung von Marktwirtschaft, Demokratie und nationaler Identität geht. Wie sich die Erwartungen an diesen europäischen Angleichungsprozeß nach einer Dekade der Globalisierung retrospektiv darbieten und wie man die weitere Entwicklung einzuschätzen hat, ist Thema des Bandes. Dabei sind die Bewertungen der Reformwege so verschieden wie die Pfadabhängigkeiten der Transitionsländer selbst. Sie reichen vom Erfüllungsbefund der Mitgliedschaftskriterien internationaler Organisationen und einer Infragestellung regionaler Besonderheiten bis zum gegenteiligen Nachweis kulturraumbezogener Identitäten – eines historischen Erbes der Regionen, das sich oft in Nationalismus und Konservatismus ausdrückt.

Aus dem Inhalt: Sozialer und wirtschaftlicher Wandel (Systemintegration, ökonomische Transformation, soziales Aktionspotential, strukturelle Heterogenität) · Historische Identitäten und erneuerte Integration (Raum, Prägung, Nation) · Ländertypische Prozesse: Pfadabhängigkeiten und Mentalitäten (Rußland, Ukraine, Polen, Slowakei, Tschechien, Makedonien)

Frankfurt am Main · Berlin · Bern · Bruxelles · New York · Oxford · Wien
Auslieferung: Verlag Peter Lang AG
Moosstr. 1, CH-2542 Pieterlen
Telefax 00 41 (0) 32 / 376 17 27

*inklusive der in Deutschland gültigen Mehrwertsteuer
Preisänderungen vorbehalten
Homepage http://www.peterlang.de